Langenscheidt
Vocabulário básico e avançado

Italiano

Langenscheidt

martins fontes
selo martins

© 2020 Martins Editora Livraria Ltda., São Paulo, para a presente edição.
© 2015 PONS GmbH Stuttgart.
Esta obra foi originalmente publicada em alemão sob o título
Langenscheidt Grund- und Aufbauwortschatz – Italienisch.

Publisher	*Evandro Mendonça Martins Fontes*
Coordenação editorial	*Vanessa Faleck*
Produção editorial	*Carolina Cordeiro Lopes*
Capa e diagramação	*Renato Carbone*
Tradução	*Saulo Krieger*
Preparação	*Lucas Torrisi*
Revisão	*Renata Sangeon*
	Barbara Parente
	Júlia Ciasca Brandão
Revisão técnica	*Sergio Maduro*

**Dados Internacionais de Catalogação na Publicação (CIP)
Angelica Ilacqua CRB-8/7057**

Vocabulário básico e avançado Langenscheidt : italiano / tradução de Saulo Krieger. – São Paulo : Martins Fontes – selo Martins, 2020.
420 p.

ISBN: 978-85-8063-386-3
Título original: Langenscheidt Grund- und Aufbauwortschatz Italienisch

Língua italiana – Vocabulário 2. Língua italiana – Estudo e ensino
3. Língua italiana – Conversação e frases – Português I. Krieger, Saulo

19-1642   CDD 458.2469

Índice para catálogo sistemático:
1. Língua italiana – Conversação e frases – Português

Todos os direitos desta edição reservados à
Martins Editora Livraria Ltda.
Av. Doutor Arnaldo, 2076
01255-000 São Paulo/SP Brasil
Tel: (11) 3116 0000
info@emartinsfontes.com.br
www.emartinsfontes.com.br

Prefácio

O *Vocabulário básico e avançado – Italiano* destina-se tanto a iniciantes quanto a estudantes avançados. As palavras e expressões trazidas aqui contemplam os níveis A1 a B2. Para saber se um termo pertence ao vocabulário básico ou ao avançado, deve-se atentar para a coloração do fundo da página, que pode se manter branca ou assumir um tom azulado.

O vocabulário é selecionado segundo frequência e atualidade. É apresentado por temas ao longo de 21 capítulos. Dentro de um capítulo, as palavras são agrupadas segundo campos temáticos, para que sejam aprendidas com mais facilidade.

Para cada **palavra-chave** você vai encontrar como exemplo ao menos um enunciado, que ilustrará seu uso correto. Em caso de significados diferentes de um mesmo termo, serão apresentados mais exemplos. A exceção são palavras cujo significado possa ser nitidamente depreendido pela tradução, como no caso de alimentos, animais ou plantas. Esses conceitos são arrolados em listas temáticas de palavras.

Na seção **Dicas**, uma série de dicas informa o uso e a diferença entre palavras que facilmente podem ser confundidas ou sobre importantes detalhes culturais. Além disso, você poderá encontrar notas para a formação de palavras.

Um **Registro** para cada direção linguística faz que uma palavra possa ser encontrada rapidamente.

Em www.langenscheidt.de/audiowortschatz, com o código gaw48, você pode baixar gratuitamente o áudio do *Vocabulário básico e avançado – Italiano*. O vocabulário em áudio o ajudará a melhorar sua pronúncia, sendo útil também para o aprendizado dos termos. Alguns enunciados estarão ali um pouco diferentes do que se tem no livro impresso. Isso visa facilitar sua compreensão auditiva.

Nós, da redação do Langenscheidt, desejamos que você se divirta muito e tenha sucesso no aprendizado dos termos!

Prefácio

Funciona de modo muito simples:

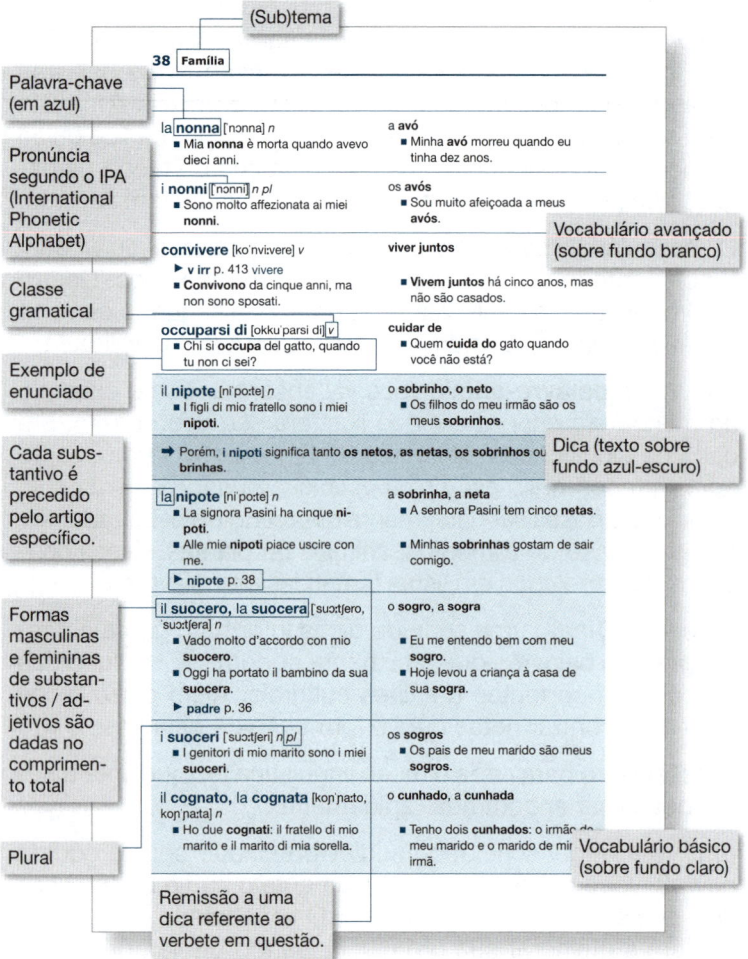

- (Sub)tema
- Palavra-chave (em azul)
- Pronúncia segundo o IPA (International Phonetic Alphabet)
- Classe gramatical
- Exemplo de enunciado
- Cada substantivo é precedido pelo artigo específico.
- Formas masculinas e femininas de substantivos / adjetivos são dadas no comprimento total
- Plural
- Remissão a uma dica referente ao verbete em questão.
- Vocabulário avançado (sobre fundo branco)
- Dica (texto sobre fundo azul-escuro)
- Vocabulário básico (sobre fundo claro)

38 Família

la nonna [ˈnɔnna] n — a avó
- Mia **nonna** è morta quando avevo dieci anni.
- Minha **avó** morreu quando eu tinha dez anos.

i nonni [ˈnɔnni] n pl — os avós
- Sono molto affezionata ai miei **nonni**.
- Sou muito afeiçoada a meus **avós**.

convivere [konˈviːvere] v — viver juntos
▶ v irr p. 413 vivere
- **Convivono** da cinque anni, ma non sono sposati.
- **Vivem juntos** há cinco anos, mas não são casados.

occuparsi di [okkuˈparsi di] v — cuidar de
- Chi si **occupa** del gatto, quando tu non ci sei?
- Quem **cuida do** gato quando você não está?

il nipote [niˈpoːte] n — o sobrinho, o neto
- I figli di mio fratello sono i miei **nipoti**.
- Os filhos do meu irmão são os meus **sobrinhos**.

➡ Porém, **i nipoti** significa tanto **os netos, as netas, os sobrinhos** ou **brinhas**.

la nipote [niˈpoːte] n — a sobrinha, a neta
- La signora Pasini ha cinque **nipoti**.
- A senhora Pasini tem cinco **netas**.
- Alle mie **nipoti** piace uscire con me.
- Minhas **sobrinhas** gostam de sair comigo.
▶ nipote p. 38

il suocero, la suocera [ˈswɔːtʃero, ˈswɔːtʃera] n — o sogro, a sogra
- Vado molto d'accordo con mio **suocero**.
- Eu me entendo bem com meu **sogro**.
- Oggi ha portato il bambino da sua **suocera**.
- Hoje levou a criança à casa de sua **sogra**.
▶ padre p. 36

i suoceri [ˈswɔːtʃeri] n pl — os sogros
- I genitori di mio marito sono i miei **suoceri**.
- Os pais de meu marido são meus **sogros**.

il cognato, la cognata [koɲˈɲaːto, koɲˈɲaːta] n — o cunhado, a cunhada
- Ho due **cognati**: il fratello di mio marito e il marito di mia sorella.
- Tenho dois **cunhados**: o irmão de meu marido e o marido de mir irmã.

Sumário

Indicações de pronúncia e fonética _____ 10

Personalidade _____ 15
Características de personalidade _____ 15
Características pessoais _____ 19
Aparência _____ 24
    Características físicas _____ 24
    Vestuário e calçados _____ 29
    Acessórios _____ 34
Relações sociais _____ 36
    Família _____ 36
    Namoro e casamento _____ 39
    Amizade e outros contatos sociais _____ 43
Ciclo da vida _____ 47

Percepções, comunicação e atividades _____ 52
Pensar e sentir _____ 52
    Pensamentos _____ 52
    Sentimentos _____ 55
    Impressões dos sentidos _____ 62
Situações de fala _____ 64
    Conversas _____ 64
    Perguntas, pedidos e respostas _____ 67
    Ordens e proibições _____ 71
    Discussão e concordância _____ 73
    Solução de conflitos _____ 77
    Saudações e despedidas _____ 80
    Expressões idiomáticas frequentes _____ 81
Atitude e comportamento _____ 83
    Atividades gerais _____ 83
    Esforços e intenções _____ 89
    Ajuda, comprometimento e confiabilidade _____ 92
    Possuir, dar e receber _____ 94

Saúde e cuidados corporais _____ 97
Partes do corpo e órgãos _____ 97
Doenças e comprometimentos físicos _____ 100
Exames clínicos e hospital _____ 107

Emergência	110
Cuidados corporais	112

Formação	**115**
Aprendizado	115
Linguagem	124
Escola, universidade e formação	127
Disciplinas escolares e universitárias	134

Profissão	**136**
Vida profissional	136
Profissão	141
Cotidiano e equipamentos de escritório	147
Candidatura, contratação e demissão	151
Condições de trabalho	154

Interesses culturais	**158**
Leituras	158
Música	161
Arte	165
Teatro e cinema	167

Tempo livre	**171**
Festas e celebrações	171
Feriados cívicos e religiosos	174
Saídas e desfrutes	176
Esporte	178
Hobbies	187
Comprar	192
Escolher e pagar	192
Compras	198

Alimentação	**200**
Conceitos gerais	200
Cereais e derivados de cereais	207
Frutas e verduras	208
Carne, peixe e derivados do leite	211
Temperos, ervas e outros ingredientes	213
Doces, petiscos e guloseimas	214
Bebidas	215

Restaurante e café	**217**
Gastronomia	217
Pratos e aperitivos	218

Servir, pedir e pagar _____ 220

Morar _____ 224
Casas e apartamentos _____ 224
Cômodos e áreas da casa _____ 227
Instalações _____ 231
   Mobiliário _____ 231
   Administração do lar _____ 234

Turismo e transporte _____ 242
Viagens _____ 242
Pernoites _____ 246
Pontos turísticos _____ 249
Indicações de lugar _____ 252
Meios de transporte públicos _____ 255
   Transporte público de curta distância _____ 255
   Transporte ferroviário _____ 256
   Viagens aéreas e marítimas _____ 259
Transporte individual _____ 262

Natureza e meio ambiente _____ 268
Animais e plantas _____ 268
Paisagem _____ 270
Pontos cardeais _____ 275
Universo _____ 276
Meio ambiente, tempo e clima _____ 278

Mídia e meios de comunicação _____ 284
Correio _____ 284
Imprensa e radiodifusão _____ 286
Telefone, celular e internet _____ 290
Computador e multimídia _____ 296

Economia, técnica e pesquisa _____ 301
Indústria, comércio e prestação de serviços _____ 301
Dinheiro, bancos e mercados financeiros _____ 304
Agricultura _____ 308
Técnica, energia e pesquisa _____ 311
Matéria-prima e materiais _____ 317

Sociedade e Estado _____ 321
História _____ 321
Sociedade _____ 324

Religião e moral _____ 329
Política _____ 332
Defesa e segurança _____ 338
Instituições governamentais e administração _____ 341
Lei e jurisprudência _____ 344

Tempo _____ 349
Decurso do ano _____ 349
Meses do ano _____ 350
Dias da semana _____ 350
Períodos do dia _____ 351
Horas _____ 353
Outros conceitos de tempo _____ 354
   Momento presente, passado e futuro _____ 354
   Duração e frequência _____ 356
   Mais cedo, mais tarde _____ 358
   Decurso do tempo _____ 360

Espaço _____ 362
Conceitos de espaço _____ 362
Movimento, velocidade e repouso _____ 366
Ir e vir _____ 368

Cores e formas _____ 370
Cores _____ 370
Formas _____ 371

Números e unidades de medida _____ 373
Números inteiros _____ 373
Números ordinais _____ 375
Pesos e medidas _____ 378
Conceitos de quantidade _____ 379

Classificação – conceitos gerais _____ 382
Diferença e divisão _____ 382
Causa e efeito _____ 386
Modos e maneiras _____ 388

Termos estruturantes _____ 392
Artigos _____ 392
Pronomes _____ 393
   Pronomes pessoais _____ 393
   Pronomes possessivos _____ 397

Pronomes demonstrativos	397
Pronomes interrogativos	398
Pronomes indefinidos e adjetivos indeterminados	398
Preposições	399
Conjunções e advérbios	402
Verbos auxiliares e modais	403
Apêndice	**405**
Verbos irregulares	405
Países, línguas e povos	414

Abreviações gramaticais

adj	adjetivo
adv	advérbio
art	artigo
conj	conjunção
f	feminino
interj	interjeição
inv	invariável
irr	irregular
m	masculino
m/f	masculino e feminino
n	substantivo
neut	neutro
num	número
part	particípio
loc	locução
pl	plural
prep	prep
pron	pronome
sg	singular
v	verbo

Outras abreviações

abrev.	abreviação
col.	coloquial
fig.	sentido figurado
i. e.	isto é
p. e.	por exemplo
refl.	reflexivo
rec.	recíproco
qu	alguém
qc	alguma coisa, algo

Indicações de pronúncia e fonética

Fonética

A transcrição fonética de uma palavra é indicada entre colchetes imediatamente após a entrada do verbete: **applauso** [apˈplauːzo]. Os sinais gráficos e fonéticos geralmente coincidem. Na pronúncia, as sílabas tônicas são indicadas por um [ˈ] anteposto e vogais longas, por um [ː] posposto.

No quadro a seguir, você encontrará as regras de pronúncia mais importantes, com sinais indicativos de pronúncia, exemplos da língua italiana e elucidações sobre a pronúncia.

Vogais e ditongos

Nas sílabas tônicas, as vogais longas são pronunciadas mais demoradamente do que as átonas.

Sinal	Exemplo	Fonética	Pronúncia
[a]	acqua, madre	[ˈakkua], [ˈmadre]	ácade, mato
[aː]	aria, fare	[ˈaːrja], [ˈfaːre]	ária, faro
[e]	effeto, sperare, perché	[efˈfɛtto], [speˈraːre], [perˈke]	efésio, parado, porquê
[eː]	volere	[voˈleːre]	colete
[ɛ]	essere	[ˈɛssere]	ébano
[ɛː]	bene, etica	[ˈbɛːne]	bege, ética
[i]	indirizzo, piccolo	[indiˈrittso], [ˈpikkolo]	ferido, pícaro
[iː]	io, amico	[ˈiːo], [aˈmiːko]	(ele) ia, amigo
[o]	ricordare, orario	[rikorˈdaːre], [oˈraːrjo]	dois, avô
[oː]	ore, per favore	[ˈoːre], [per faˈvoːre]	louco, hoje

[ɔ]	ospite, ricordo	[ˈɔspite], [riˈkɔrdo]	nós, avó
[ɔː]	olio, nuovo	[ˈɔːljo], [ˈnuɔːvo]	óleo, novo
[u]	usare, lungo	[uˈzaːre], [ˈluŋgo]	assunto
[uː]	uso, numero	[ˈuːzo], [ˈnuːmero]	uva, número
[j]	piacere, ieri	[pjaˈtʃeːre], [ˈjɛːri]	pais, saia

Em italiano, assim como em português, além das vogais também os ditongos au (**causa** [ˈkaːuza]), ei (**sei** [ˈsɛːi]) e eu (**euro** [ˈɛːro]) são importantes.

Além disso, também existem os ditongos ie (**miele** [ˈmjɛːle]) e uo (**scuola** [ˈskuɔːla]). Também aqui as vogais são pronunciadas individualmente. Entretanto, a primeira vogal é breve, enquanto a segunda é aberta e acentuada.

Consoantes

Se as consoantes tiverem pronúncia diferente da que se tem em português, serão indicadas na tabela fonética da seguinte forma:

Sinal	Exemplo	Fonética	Pronúncia
[tʃ]	piacere, amicizia; ciao, ufficio	[pjaˈtʃeːre], [amiˈtʃiːtsja], [ˈtʃaːo], [uˈffiːtʃo]	**tch**eco, con**t**igo; **tch**au
[k]	costare, curare, macchina	[kosˈtaːre], [kuˈraːre], [ˈmakkina]	**c**ostas, **c**urar, sé**qu**ito
[dʒ]	gennaio, origine; giallo, giorno	[dʒeˈnnaːjo], [oˈriːdʒine], [ˈdʒallo], [ˈdʒorno]	a**dj**etivo, ha**dj**i; a**dj**acente, **di**a
[ʎ]	figlio	[ˈfiʎʎo]	mi**lh**o
[ɲ]	montagna	[monˈtaɲɲa]	ba**nh**a

[ŋ]	banca	[ˈbaŋka]	banca
[g]	ragazzo, lungo, traghetto	[raˈgattso], [ˈluŋgo], [traˈgetto]	gato, congo, folguedo
[ku]	quattro, squadra	[ˈkuattro], [ˈskuaːdra]	qual, quadro
[s]	simbolo, pensare, diverso	[ˈsimbolo], [penˈsaːre], [diˈvɛrso]	simples, dispensável, tenso
[z]	sbagliare, sgarbato, rosa	[zbaʎˈʎaːre], [zgarˈbaːto], [ˈrɔːza]	azul, base, frase
[ʃ]	pesce, uscire	[ˈpeʃʃe], [uˈʃʃiːre]	brioche, xícara
[sk]	scarpa, scontrino, scusare, scherzare, maschio	[ˈskarpa], [skonˈtriːno], [skuˈzaːre], [skerˈtsaːre], [ˈmaskjo]	casca, escuna, esquecer, rasquiado
[v]	via, vivere	[ˈviːa], [ˈviːvere]	vinho, uva
[ts]	negozio, calza, canzone	[neˈgɔːtsjo], [ˈkaltsa],	tsé-tsé, tútsi, tsunami
[dz]	ozono	[oˈdzɔːno]	som de **dz**, praticamente inexistente em português. Como **dz**eta, nome da sexta letra do alfabeto grego.

Outras indicações de pronúncia:

- Em italiano, o h no início da palavra não é pronunciado, por exemplo, **ho** [ɔ], **hai** [ˈaːi], **ha** [a]
- O r é pronunciado com a vibração da língua, como em "caro".

Sílaba tônica

Em italiano, normalmente, as palavras são pronunciadas com a penúltima sílaba como tônica (**mercato** [merˈkaːto]). Se a sílaba tônica for a última, ela será marcada por um acento grave (**libertà** [liberˈta]). Além disso, há também algumas palavras em que a sílaba tônica é a antepenúltima sílaba (**origine** [oˈriːdʒine]) ou a sílaba anterior à antepenúltima.

O símbolo [ː] indica que a vogal imediatamente precedente é pronunciada de forma prolongada.

Acento

Em italiano, são empregados dois acentos: o acento grave (`) e o acento agudo (´). Estas são as diferentes situações de emprego dos acentos:

- acentos são empregados sobretudo em palavras oxítonas que terminem com uma vogal, por exemplo, **età** [eˈta], **nazionalità** [natsjonaliˈta], **caffè** [kafˈfɛ].

- palavras monossílabas homófonas são diferenciadas por meio de acento quando possuírem diferentes significados, como em **è** e **e** ou **là** e **la**.

- palavras terminadas em **a**, **i**, **o** ou **u** na maioria das vezes levam acento grave: **perciò** [perˈtʃɔ], **giù** [dʒu].

- palavras terminadas em **e** diferenciam-se em pronúncia aberta e fechada, e são diferenciadas nitidamente de acordo com o acento. Um e tônico aberto é indicado por um acento grave; um e tônico fechado, por um acento agudo: **bebè** [beˈbɛ], **cioè** [tʃoˈɛ], **tè** [tɛ] ao contrário de **démodé** [demoˈde], **sé** [se].

- conjunções terminadas em ché recebem um acento agudo: **perché** [perˈke], **poiché** [poiˈke], **benché** [beˈŋke], **finché** [fiˈŋke].

Apóstrofo

Em determinados casos, havendo a coincidência de duas vogais, para se facilitar a pronúncia, uma delas é eliminada e substituída por um apóstrofo. O apóstrofo também pode ser inserido antes de h na sílaba inicial, que em italiano não é pronunciada. Entretanto, essa regra só pode ser empregada no singular.

As possibilidades de combinação são as seguintes:

- artigo definido e substantivo: **l'amicizia**

- preposição e artigo: **all'inizio, dall'anno**

- artigo indefinido feminino e substantivo: **un'amica**

- pronome oblíquo lo/la e o verbo subsequente: **l'hai cercato, l'hai visitato**

- a preposição di e substantivo: **d'argento**

- o advérbio pronominal ci e o verbo subsequente: **c'è**

Personalidade

Características de personalidade

l'**uomo** [ˈuɔːmo] *n m; pl* **uomini** [ˈuɔːmini]
- L'amicizia tra **uomini** e donne è difficile.

o **homem**
- A amizade entre **homens** e mulheres é difícil.

→ **uomo** pode significar também ser humano, enquanto **uomini** pode ser usado no sentido de humanidade

la **donna** [ˈdɔnna] *n*
- Per i posti di assistenti assumono sia **donne** che uomini.

a **mulher**
- Para o cargo de assistente são contratados tanto **mulheres** quanto homens.

il **signore**, la **signora** [siɲˈɲoːre, siɲˈɲoːra] *n*
- Il **signor** Mellini oggi non c'è.
- Una **signora** mi ha aperto la porta.

o **senhor**
- O **senhor** Mellini não se encontra hoje.
- Uma **senhora** abriu a porta para mim.

→ Antes de um nome, **signore** é abreviado para **signor**.
→ **signore**, **signora** e **signorina** são também empregados como vocativo, como em saudações formais: **Buongiorno, signora!**

la **signorina** [siɲɲoˈriːna] *n*
- Ho parlato con una **signorina** molto simpatica.

a **moça**, a **jovem**, a **senhorita**
- Falei com uma **jovem** muito simpática.

→ Diferentemente do português **senhorita**, o termo **signorina** ainda é empregado, tanto como vocativo como com referência a uma mulher jovem (e supostamente solteira).

il **bebè** [beˈbɛ] *n*
- Ma che bel **bebè**!

o **bebê**
- Mas que belo **bebê**!

Características de personalidade

il bambino [baˈmbiːno] *n*
- I nostri **bambini** vanno all'asilo.
- Non vuoi giocare con il **bambino**?

a **criança**, o **menino**
- Nossas **crianças** vão ao jardim de infância.
- Você não quer brincar com o **menino**?

la bambina [baˈmbiːna] *n*
- La **bambina** è dai nonni.

a **menina**
- A **menina** está com os avós.

➡ **bambini** são crianças até a idade de cerca de doze anos, **ragazzi** são crianças maiores e jovens.

il ragazzo [raˈgattso] *n*
- Mario è un **ragazzo** molto simpatico.
- Ieri al cinema ho conosciuto un **ragazzo**.

o **rapaz**, o **jovem**, o **cara**
- Mario é um **rapaz** muito simpático.
- Ontem no cinema, conheci um **cara**.

➡ em ligação com um pronome possessivo, **ragazzo** e **ragazza** têm também o sentido de namorado ou namorada.

la ragazza [raˈgattsa] *n*
- Le **ragazze** si cambiamo qui.
- Una **ragazza** ha trovato le mie chiavi.
▶ ragazzo p. 16

a **garota**, a **jovem**
- As **garotas** se trocam aqui.
- Uma **jovem** encontrou as minhas chaves.

chiamare [kjaˈmaːre] *v*
- **Ho chiamato** il mio cane Fido.

chamar
- **Chamei** meu cachorro de Fido.

chiamarsi [kjaˈmarsi] *v*
- Come **ti chiami**? – **Mi chiamo** Marina.

chamar-se
- Como você **se chama**? – Eu **me chamo** Marina.

il nome [ˈnoːme] *n*
- Non mi ha detto il suo **nome**.
- Il mio secondo **nome** è Antonio.

o **nome**
- Não me disse seu **nome**.
- O meu segundo **nome** é Antonio.

il cognome [koɲˈɲoːme] *n*
- Non dimenticarti di scrivere il tuo nome e **cognome** sul foglio.

o **sobrenome**
- Não se esqueça de escrever seu nome e **sobrenome** na folha.

sposato, sposata [spoˈzaːto, spoˈzaːta] *adj*
- Sono **sposato** e ho una figlia.

casado
- Sou **casado** e tenho uma filha.

Características de personalidade

celibe [tʃɛːlibe] *adj* ■ Un uomo non sposato è **celibe**.	**solteiro** ■ Um homem não casado é **solteiro**.
nubile [ˈnuːbile] *adj* ■ Le donne non sposate sono **nubili**.	**solteira** ■ As mulheres não casadas são **solteiras**.
divorziato, divorziata [divorˈtsjaːto, divorˈtsjaːta] *adj* ■ Teresa è **divorziata** da due anni.	**divorciado, divorciada** ■ Teresa está **divorciada** há dois anos.
vedovo, vedova [ˈveːdovo, ˈveːdova] *adj* ■ Mia sorella è **vedova**.	**viúvo** ■ Minha irmã é **viúva**.
essere separato, essere separata [ˈɛssere sepaˈraːto] *loc* ▶ v irr p. 408 essere ■ I miei genitori **sono separati**.	**ser separado/separada** ■ Meus pais **são separados**.
venire da [veˈniːre da] *v* ▶ v irr p. 413 venire ■ **Veniamo da** Rovigo.	**vir de** ■ **Viemos de** Rovigo.
essere di [ˈɛssere di] *v* ▶ v irr p. 408 essere ■ Il mio ragazzo **è di** Genova.	**ser de** ■ O meu namorado **é de** Gênova.
l'**indirizzo** [indiˈrittso] *n m* ■ Mi dai il tuo **indirizzo**.	o **endereço** ■ Passe-me seu **endereço**.
la **città** [tʃiˈtta] *n* ■ Indicare il proprio nome, cognome, e **città**.	a **cidade** ■ Indique seu próprio nome, sobrenome e **cidade**.

➡ O plural de substantivos terminados em -à ou em outra vogal com acento se mantém inalterado.

la **via** [viːa] *n* ■ Io abito in questa **via**.	a **rua** ■ Moro nesta **rua**.
il **numero (civico)** [ˈnuːmero (ˈtʃiːviko)] *n* ■ Qui bisogna indicare via, **numero civico**, città e Stato.	o **número (de endereço)** ■ Aqui é preciso indicar rua, **número**, cidade e país.

> ➡ **numero civico** é uma expressão do jargão oficial; no uso cotidiano, emprega-se **numero**, por exemplo, **Via Boccaccio, che numero? – Via Boccaccio, qual número?**

il **numero di telefono** [ˈnuːmero di teˈlɛːfono] n • Mi potrebbe ridare il suo **numero di telefono**?	o **número de telefone** • Você poderia me passar novamente seu **número de telefone**?
il **numero di cellulare** [ˈnuːmero di tʃelluˈlaːre] n • Mi dai anche il tuo **numero di cellulare**?	o **número de celular** • Você me passa também seu **número de celular**?
maggiorenne [maddʒoˈrɛnne] adj • Ha dicianove anni, quindi è **maggiorenne**.	**maior de idade** • Tem dezenove anos, portanto é **maior de idade**.
minorenne [minoˈrɛnne] adj • Mia sorella è ancora **minorenne**.	**menor de idade** • Minha irmã ainda é **menor de idade**.
la **persona** [perˈsoːna] n • Ho visto due **persone** sconosciute entrare in giardino.	a **pessoa** • Vi duas **pessoas** desconhecidas entrarem no jardim.
il **sesso** [ˈsɛsso] n • Indicare età e **sesso**.	o **sexo** • Indicar idade e **sexo**.
il **maschio** [ˈmaskjo] n • Che bello questo bambino! È un **maschio** o una femmina?	o **menino** • Que bebê bonito! É **menino** ou menina?
maschile [masˈkiːle] adj • Qui ci sono solo pazienti di sesso **maschile**.	**masculino** • Aqui só há pacientes do sexo **masculino**.
la **femmina** [ˈfemmina] n • Si dice che le **femmine** parlino prima dei maschi.	a **menina** • Dizem que as **meninas** começam a falar antes dos meninos.
femminile [femmiˈniːle] adj • Anche in italiano il sesso **femminile** viene chiamato "il gentil sesso".	**feminino** • Também em italiano o sexo **feminino** é chamado de "o belo sexo".
il **soprannome** [sopraˈnnoːme] n • Il **soprannome** di Luigi è Gigi.	o **apelido** • O **apelido** de Luigi é Gigi.

lo **stato civile** [ˈstaːto tʃiˈviːle] *n* ■ Indicare nome, data di nascita e **stato civile**.	o **estado civil** ■ Indicar nome, data de nascimento e **estado civil**.

➡ Substantivos masculinos em que ao **s** inicial segue uma consoante recebem o artigo definido **lo**, no singular, e **gli**, no plural, bem como o artigo indefinido **uno**, por exemplo, **gli Stati Uniti – os Estados Unidos**.

la **cittadinanza** [tʃittadiˈnantsa] *n* ■ Il nostri figli hanno la doppia **cittadinanza**. ■ Al concorso possono partecipare tutte le persone di **cittadinanza** italiana.	a **cidadania** ■ Nossos filhos têm dupla **cidadania**. ■ No concurso podem participar todas as pessoas de **cidadania** italiana.

Características pessoais

buono, buona [ˈbuɔːno, ˈbuɔːna] *adj* ■ È una persona molto **buona**. ■ Sono stati molto **buoni** con me.	**bom, boa** ■ É uma pessoa muito **boa**. ■ Eles foram muito **bons** comigo.

➡ Com **buono** descreve-se a propriedade de uma pessoa (ou de uma coisa); com **bravo**, ao contrário, descreve-se uma capacidade.

➡ O comparativo de **buono** é **migliore**, enquanto o superlativo é **ottimo** ou **il/la migliore**. O adjetivo, via de regra, é inserido após o substantivo. Antes de uma vogal, **buona** recebe apóstrofo, por exemplo, **di buon'ora**.

➡ Alguns adjetivos frequentemente empregados, como **buono**, **bello**, **brutto**, **grande**, **bravo**, **piccolo** etc. aparecem, em tese, antes do substantivo. São pospostos somente quando for o caso de realçar a propriedade como diferencial.

cattivo, cattiva [katˈtiːvo, katˈtiːva] *adj* ■ Ci sono tante persone **cattive** al mondo. ▶ **buono** p. 19	**mau, má, ruim** ■ Tem tanta gente **ruim** no mundo.

➡ O comparativo de **cattivo** é **peggiore**, o superlativo é **pessimo**.

bravo, brava [ˈbraːvo, ˈbraːva] *adj* ■ La bambina è stata **brava** tutto il pomeriggio. ▶ **buono** p. 19	**bom, boa** ■ Foi uma **boa** menina durante a tarde toda.

gentile [dʒenˈtiːle] *adj*
- È stato molto **gentile** a venire, prego, si accomodi.
- Con me il signor Franchi è sempre molto **gentile**.

gentil
- Você foi muito **gentil** em vir, por favor, acomode-se.
- O senhor Franchi sempre foi muito **gentil** comigo.

cordiale [korˈdjaːle] *adj*
- Sono tutti molto **cordiali**.

cordial
- São todos muito **cordiais**.

cortese [korˈteːze] *adj*
- Quella commesa è sempre **cortese**.

gentil
- Aquela vendedora é sempre **gentil**.

sgarbato, sgarbata [zgarˈbaːto, zgarˈbaːta] *adj*
- Sono stati molto **sgarbati** a risponderci con quel tono.

rude, mal-educado, mal-educada
- Foram bem **rudes** ao nos responder naquele tom.

la pazienza [patˈtsjɛntsa] *n*
- Se continuate così mi fate perdere la **pazienza**!

a paciência
- Se você continuar assim, me fará perder a **paciência**!

paziente [patˈtsjɛnte] *adj*
- Sii **paziente** e cerca di spiergaglielo ancora una volta.

paciente
- Seja **paciente** e procure explicar-lhe mais uma vez.

impaziente [impatˈtsjɛnte] *adj*
- Non essere **impaziente**!

impaciente
- Não seja **impaciente**!

➡ O contrário de um adjetivo é frequentemente formado com o prefixo -im ou -in.

prudente [pruˈdɛnte] *adj*
- È una ragazza **prudente**, no rischia mai niente.

prudente, cuidadoso
- É uma garota **prudente**, nunca arrisca nada.

imprudente [impruˈdɛnte] *adj*
- Siete stati molto **imprudenti** a lasciare qui i vostri bagagli.
▶ impaziente p. 20

imprudente
- Vocês foram muito **imprudentes** em deixar sua bagagem aqui.

serio, seria [ˈsɛːrjo, ˈsɛːrja] *adj*
- È una persona **seria**, ti puoi fidare di lui.
- Questo bambino è sempre **serio**, non l'ho mai visto ridere.

sério, séria
- É uma pessoa **séria**, pode confiar nele.
- Este menino está sempre **sério**, nunca o vejo rir.

Características pessoais 21

simpatico, simpatica [sim'paːtiko, sim'paːtika] *adj*
- I miei vicini sono **simpatici**.

simpático, simpática
- Os meus vizinhos são **simpáticos**.

➡ O plural masculino dos substantivos e adjetivos terminados em vogal + **-co** são formados substituindo a terminação por **-ci**.

antipatico, antipatica [anti'paːtiko, anti'paːtika] *adj*
- Lucia mi è proprio **antipatica**.
▶ simpatico p. 21

antipático, antipática
- Lucia é muito **antipática** comigo.

pigro, pigra ['piːgro, 'piːgra] *adj*
- Sono **pigra** di natura.

preguiçoso, preguiçosa
- Sou **preguiçosa** por natureza.

allegro, allegra [a'lleːgro, a'lleːgra] *adj*
- Sei sempre **allegra**.
- Ho passato una serata **allegra**.

alegre
- Você está sempre **alegre**.
- Tive uma noite **alegre**.

comico, comica ['kɔːmiko, 'kɔːmika] *adj*
- Che cosa ci trovi di così **comico**?
▶ simpatico p. 21

engraçado, engraçada, cômico, cômica
- O que você vê de tão **engraçado**?

depresso, depressa [de'prɛsso, de'prɛssa] *adj*
- Quando la mia amica è **depressa** cerco di tirarla su.

deprimido, deprimida
- Quando minha amiga está **deprimida**, procuro animá-la.

calmo, calma ['kalmo, 'kalma] *adj*
- Non agitarti, stai **calmo**.

calmo, calma
- Não se agite, fique **calmo**.

furbo, furba ['furbo, 'furba] *adj*
- Crede di essere **furbo**.

esperto, esperta, astuto, astuta
- Ele se acha **esperto**.

la stupidità [stupidi'ta] *n*
- Sulla **stupidità** umana ci sono molte teorie, ma sopratutto si sa che è un problema grave.

a estupidez
- Sobre a **estupidez** humana, há muitas teorias, mas sobretudo se sabe que ela é um grande problema.

➡ **stupidità** é empregado apenas para **estupidez** como propriedade; para uma manifestação de estupidez ou ação estúpida se diz **stupidaggine**; **scemenza** e **sciochezza** têm o mesmo significado.

Características pessoais

stupido, stupida [ˈstuːpido, ˈstuːpida] *adj*
- Siamo stati **stupidi** a credergli.

estúpido, imbecil
- Fomos **estúpidos** em acreditar nele.

➡ **Scemo** e **sciocco** têm o mesmo sentido de **stupido**.

il **coraggio** [koˈraddʒo] *n*
- **Coraggio**, vedrai che la prossima volta andrà meglio.

a coragem
- **Coragem**, você vai ver que da próxima vez será melhor.

coraggioso, coraggiosa [koraˈddʒoːso, koraˈddʒoːsa] *n*
- Giampiero è **coraggioso**, no ha paura di niente.

corajoso, corajosa
- Giampiero é **corajoso**, não tem medo de nada.

il **vigliacco**, la **vigliacca** [viʎˈʎakko, viʎˈʎakka] *n*
- Sono un **vigliacco**.

o/a covarde
- Sou um **covarde**.

➡ O plural masculino de substantivos e adjetivos terminados em consoante + -co é formado pela substituição da terminação por -chi.

abituato, abituata [abituˈaːto, abituˈaːta] *adj*
- Sono **abituata** ad alzarmi presto.

acostumado, acostumada, habituado, habituada
- Estou **acostumada** a acordar cedo.

la **personalità** [personaliˈta] *n*
- I bambini piccoli hanno già una **personalità** tutta loro.
▶ città p. 17

a personalidade
- As crianças pequenas já têm sua própria **personalidade**.

il **carattere** [kaˈrattere] *n*
- Anche se a volte si comporta male, ha un buon **carattere**.

o caráter
- Ainda que por vezes se comporte mal, ele tem um bom **caráter**.

l'**onestà** [onesˈta] *n f*
- Non metto in dubbio la sua **onestà**.

a honestidade
- Não coloco sua **honestidade** em dúvida.

onesto, onesta [oˈnɛsto, oˈnɛsta] *adj*
- Non credo che mi stia imbrogliando, è una persona **onesta**.

honesto, honesta
- Não creio que ele esteja me enganando, é um homem **honesto**.

Características pessoais

sincero, sincera [sin'tʃɛːro, sin'tʃɛːra] *adj*
- Ad essere **sincera** non mi piace.

sincero, sincera
- Para ser **sincera**, não me agrada.

generoso, generosa [dʒene'roːso, dʒene'roːsa] *adj*
- I miei nonni sono sempre molto **generosi**.

generoso, generosa
- Meus avós são sempre muito **generosos**.

tirchio, tirchia ['tirkjo, 'tirkja] *adj*
- È così **tirchio** che non ci inviterà mai.

avaro, avarento, pão-duro
- É tão **avarento** que nunca nos convidará.

l'**umorismo** [umo'rizmo] *n m*
- Prendila con **umorismo**.

o **bom humor**
- Leve com **bom humor**.

l'**umore** [u'moːre] *n m*
- Oggi c'è bel tempo, siamo tutti di buon **umore**.

o **humor**
- Hoje o tempo está bom, estamos todos com um **humor** bom.

la **curiosità** [kurjosi'ta] *n*
- Solo per **curiosità**: quanto costa il volo?
▶ città p. 17

a **curiosidade**
- Só por **curiosidade**: quanto custa o voo?

curioso, curiosa [ku'rjoːso, ku'rjoːsa] *adj*
- Sono proprio **curiosa** di vedere chi vince.

curioso, curiosa
- Estou realmente **curiosa** para ver quem ganha.

la **passione** [pas'sjoːne] *n*
- Le macchine sono la sua **passione**.

a **paixão**
- Os carros são a sua **paixão**.

appassionato, appassionnata [appassjo'naːto, appassjo'naːta] *adj*
- È una lettrice **appasionata** di gialli.

apaixonado, apaixonada
- É uma leitora **apaixonada** por romances policiais.

maleducato, maleducata [maledu'kaːto, maledu'kaːta] *adj*
- Ha tirato fuori la lingua, che **maleducato**!

mal-educado, mal-educada, malcriado, malcriada
- Mostrou a língua, que **malcriado**!

sensibile [sen'siːbile] *adj*
- È una ragazza molto **sensibile**, che piange per un nonnulla.

sensível
- É uma garota muito **sensível**, chora por qualquer coisa.

nervoso, nervosa [nerˈvoːso, nerˈvoːsa] *adj* ■ Scusami ma oggi sono un po' **nervosa**.	**nervoso, nervosa** ■ Desculpe-me, mas hoje estou um pouco **nervosa**.
timido, timida [ˈtiːmido, ˈtiːmida] *adj* ■ Non ha detto una parola, è davvero molto **timida**.	**tímido, tímida** ■ Não disse uma palavra, é de fato muito **tímida**.
modesto, modesta [moˈdɛsto, moˈdɛsta] *adj* ■ Generalmente sono **modesto**, ma so di essere bravo.	**modesto, modesta** ■ Costumo ser **modesto**, mas sei que sou bom.
pazzo, pazza [ˈpattso, ˈpattsa] *adj* ■ Gli hai scritto una lettera, ma sei **pazzo**?	**louco, louca** ■ Você escreveu uma carta para ele. Está **louco**?
ragionevole [radʒoˈneːvole] *adj* ■ Mi sembra una proposta **ragionevole**.	**razoável** ■ Parece-me uma proposta **razoável**.
l'orgoglio [orˈgoʎʎo] *n m* ■ È l'**orgoglio** della famiglia.	**o orgulho** ■ É o **orgulho** da família.
orgoglioso, orgogliosa [orgoʎˈʎoːso, orgoʎˈʎoːsa] *adj* ■ Sono **orgogliosa** di te.	**orgulhoso, orgulhosa** ■ Estou **orgulhosa** de você.

Aparência

Características físicas

l'aspetto [aˈspɛtto] *n m* ■ Marisa cura molto il suo aspetto.	**a aparência** ■ Marisa cuida muito de sua **aparência**.
sembrare [semˈbraːre] *v* ■ **Sembri** stanca. Hai dormito male?	**parecer** ■ Você **parece** cansada. Dormiu mal?
carino, carina [kaˈriːno, kaˈriːna] *adj* ■ Che **carina** questa ragazza!	**bonito, bonita** ■ Que **bonita** essa garota!

Características físicas

---

la bellezza [bel'lettsa] *n*
- Anna è una vera **bellezza**, anche senza trucco.

a **beleza**
- Anna é realmente uma **beleza**, mesmo sem maquiagem.

bello, bella ['bɛllo, 'bɛlla] *adj*
- Secondo me gli occhi di Maria sono molto **belli**.
- Francesco è proprio un **bell'**uomo.

▶ **buono** p. 19

belo, bela
- Para mim, os olhos de Maria são muito **belos**.
- Francesco é mesmo um **belo** homem.

➡ Quando **bello** precede um substantivo, apresenta as mesmas terminações do artigo definido: **un bel signore, dei bei regali, un bell'habito, dei begli occhi**.

attraente [attra'ɛnte] *adj*
- Nonostante no sia più giovanissima, rimane una donna molto **attraente**.

atraente
- Mesmo não sendo mais tão jovem, ainda é uma mulher muito **atraente**.

brutto, brutta ['brutto, 'brutta] *adj*
- Ti piace questo cane? Secondo me è abbastanza **brutto**.

▶ **buono** p. 19

feio, feia
- Você gosta desse cão? Para mim, é bastante **feio**.

la faccia ['fattʃa] *n*
- Ma che **faccia** fai?

a **cara**, o **rosto**, a **face**
- Mas que **cara** é essa?

➡ Em vez de **faccia** também pode-se empregar **viso**. O termo **volto**, que tem quase o mesmo sentido, é próprio de uma linguagem mais culta e raramente é empregado.

➡ O plural de substantivos terminados em consoante + **-cia** átono é formado substituindo-se a terminação por **-ce**, por exemplo, **le facce** – **os rostos, as faces**.

la linea ['liːnea] *n*
- Ci tiene molto alla **linea**.

a **forma**
- Ela cuida muito de sua **forma**.

grande ['grande] *n*
- Ho visto un uomo **grande** e grosso salire sul treno.

grande
- Vi um homem **grande** e forte subir no trem.

➡ Diante de substantivos iniciados em vogal, pode-se abreviar **grande** como **gran**, por exemplo, **con gran interesse** – **com grande interesse**.

Características físicas

alto, alta [ˈalto, ˈalta] *adj* ▪ Mio figlio ha solo undici anni ed è già **alto** come me.	**alto, alta** ▪ Meu filho tem apenas 11 anos e já está tão **alto** quanto eu.

➡ **alto** refere-se apenas a comprimento ou altura, e **grande** caracteriza alguém ou algo grande e forte.

grosso, grossa [ˈgrɔsso, ˈgrɔssa] *adj* ▪ Era un uomo **grosso** che mi faceva paura.	**forte** ▪ Era um homem **forte** que me dava medo.
grasso, grassa [ˈgrasso, ˈgrassa] *adj* ▪ Pensa di essere **grassa**.	**gordo, gorda** ▪ Ela se acha **gorda**.
piccolo, piccola [ˈpikkolo, ˈpikkola] *n* ▪ Ho un figlio **piccolo**. ▶ **buono** p. 19	**pequeno, pequena** ▪ Tenho um filho **pequeno**.
basso, bassa [ˈbasso, ˈbassa] *adj* ▪ Suo marito è piú **basso** di lei.	**baixo, baixa** ▪ Seu marido é mais **baixo** que ela.

➡ **basso** refere-se apenas a comprimento ou altura, e **piccolo** tem um significado mais abrangente.

magro, magra [ˈmaːgro, ˈmaːgra] *adj* ▪ È sempre stata **magra**.	**magro, magra** ▪ Ela sempre foi **magra**.
minuto, minuta [miˈnuːto, miˈnuːta] *adj* ▪ Sua sorella è una ragazza **minuta**.	**delicado, delicada** ▪ Sua irmã é uma garota **delicada**.
snello, snella [ˈznɛllo, ˈznɛlla] *adj* ▪ Non capisco perché va in palestra, è così **snella**.	**magro, magra, elegante** ▪ Não entendo por que vai à academia, é tão **magra**.
assomigliare [assomiʎˈʎaːre] *v* ▪ **Assomiglia** tantissimo a sua madre.	**parecer(-se)** ▪ **Parece-se** tanto com sua mãe.
assomigliarsi [assomiʎˈʎarsi] *v* ▪ Si **assomigliano** come due gocce d'acqua.	**parecer(-se), assemelhar-se** ▪ Eles **se parecem** como duas gotas d'água.

Características físicas

come [ˈkoːme] *adv*
- È alto **come** suo padre.

como
- É alto **como** seu pai.

il **capello** [kaˈpello]
- Ti sei tagliato i **capelli**?

o cabelo
- Você cortou o **cabelo**?

➡ No italiano se faz uma diferença entre capelli – cabelos e peli – pelos.

la **pettinatura** [pettinaˈtuːra] *n*
- Mi piace la tua **pettinatura**.

o corte de cabelo
- Eu gosto do seu **corte de cabelo**.

pettinare [pettiˈnaːre] *v*
- La parruchiera l'**ha pettinata** bene.

pentear, fazer o cabelo
- A cabeleireira a **penteou** bem.

biondo, bionda [ˈbjondo, ˈbjonda] *adj*
- **Bionda** e occhi azzurri? Non è il mio tipo.

loiro, loira
- **Loira** de olhos azuis? Não é o meu tipo.

castano, castana [kasˈtaːno, kasˈtaːna] *adj*
- Cinzia ha i capelli **castani**.

castanho
- Cinzia tem cabelos **castanhos**.

➡ castano é empregado apenas para cor de cabelo; para olhos se diz **marrone**.

nero, nera [ˈneːro, ˈneːra] *adj*
- Da giovane avevo i capelli **neri**.

negro
- Quando jovem, eu tinha cabelos **negros**.

rosso, rossa [ˈrosso, ˈrossa] *adj*
- Mi piaccino i capelli **rossi**.

ruivo, ruiva
- Gosto de cabelos **ruivos**.

grigio, grigia [ˈgriːdʒo, ˈgriːdʒa] *adj*; *pl f* **grig(i)e** [ˈgriːdʒe]
- Ho trovato un capello **grigio**.

grisalho, grisalha
- Encontrei um fio de cabelo **grisalho**.

moro, mora [ˈmoːro, ˈmoːra] *adj*
- La ragazza **mora** seduta accanto a Danilo è sua ragazza.

moreno, morena
- A garota **morena** sentada ao lado de Danilo é sua namorada.

➡ moro não se refere apenas a cabelo, mas também à cor da pele: pessoas com cabelos castanhos ou pretos geralmente têm também uma pele mais escura.

Características físicas

chiaro, chiara [ˈkjaːro, ˈkjaːra] *adj* ■ Sono stata al mare e i miei capelli sono diventati ancora più **chiari**.	claro, clara ■ Eu estive na praia e meus cabelos ficaram ainda mais **claros**.
scuro, scura [ˈskuːro, ˈskuːra] *adj* ■ Davide ha gli occhi **scuri**.	escuro, escura ■ Davide tem olhos **escuros**.
ingrassare [iŋgraSˈsaːre] *v* ■ Prendine ancora un po', o hai paura di **ingrassare**?	engordar ■ Pegue um pouco mais, ou está com medo de **engordar**?

➡ Os tempos compostos dos verbos são formados com **essere**.

dimagrire [dimaˈɡriːre] *v* ■ Sei **dimagrito**? ▶ ingrassare p. 28	emagrecer ■ Você **emagreceu**?
essere calvo [ˈɛssere ˈkalvo] *loc* ■ È **calvo** da quando aveva 25 anni.	ficar/estar/ser careca ■ Ele **é careca** desde os 25 anos.
la carnagione [karnaˈdʒoːne] *n* ■ Le persone con la **carnagione** chiara hanno la pelle delicata.	a tez ■ Pessoas de **tez** clara têm pele mais sensível.
il colorito [koloˈriːto] *n* ■ Che bel **colorito** chi hai!	a tez, a (cor da) pele ■ Você tem uma **tez** bonita!
trasandato, trasandata [trazanˈdaːto] *adj* ■ Il ragazzo ha un aspetto **trasandato**.	descuidado, desleixado ■ O garoto tem um aspecto **desleixado**.

➡ para **bem tratado, cuidar-se**, não há correspondente em italiano. Para uma pessoa bem tratada se diz: **Ha cura di sé. – Ele tem cuidado de si.**

pallido, pallida [ˈpallido, ˈpallida] *adj* ■ Sei **pallido**, non ti senti bene?	pálido, pálida ■ Você está **pálido**, não se sente bem?
la barba [ˈbarba] *n* ■ Si è fatto crescere la **barba**.	a barba ■ Ele deixou crescer a **barba**.
i baffi [ˈbaffi] *n pl* ■ Stai bene con i **baffi**.	o bigode ■ Ficou bem com **bigode**.

Vestuário e calçados

l'**abbigliamento** [abbiʎʎa'mento] *n m* ■ Mi piace l'**abbigliamento** sportivo.	a **roupa**, o **vestuário** ■ Gosto de **roupa** esportiva.

➡ Diz-se **abbigliamento maschile** para roupas masculinas e **abbigliamento femminile** para roupas de mulher.

la **moda** ['mɔːda] *n* ■ Sono sempre vestiti all'ultima **moda**.	a **moda** ■ Vestem-se sempre na última **moda**.
elegante [ele'gante] *adj* ■ In autobus incontro sempre una signora **elegante**.	**elegante** ■ No ônibus sempre encontro uma senhora **elegante**.
vestirsi [ves'tirsi] *v* ■ Dai, **vestiti** che usciamo.	**vestir-se** ■ Venha, **vista-se**, vamos sair.
mettersi ['mettersi] *v* ▶ *v irr* p. 409 mettere ■ Non so cosa **mettermi**.	**vestir** ■ Não sei o que **vestir**.
portare [por'taːre] *v* ■ **Porto** sempre i pantaloni.	**usar** ■ Sempre **uso** calças.
togliersi ['tɔʎʎersi] *v* ▶ *v irr* p. 412 togliere ■ Non vedo l'ora di **togliermi** le scarpe.	**tirar** ■ Não vejo a hora de **tirar** os sapatos.
spogliarsi [spoʎ'ʎarsi] *v* ■ Il dottore le ha detto di **spogliarsi**.	**despir-se, tirar a roupa** ■ O médico lhe disse para **tirar a roupa**.
cambiarsi [kam'bjarsi] *v* ■ Prima devo passare da casa a **cambiarmi**.	**trocar-se, trocar de roupa** ■ Primeiro tenho de ir para casa **me trocar**.
provare [pro'vaːre] *v* ■ Posso **provare** questo vestito?	**provar, experimentar** ■ Posso **provar** este vestido?

Vestuário e calçados

stare [ˈstaːre] *v* — ficar, ajustar-se, servir
- ▶ v irr p. 412 stare
- Questo vestito ti **sta** proprio bene.
  - Esse vestido **fica** muito bem em você.
- I miei vechi pantaloni no mi **stanno** più.
  - Minha calça velha já não me **serve** mais.

la giacca [ˈdʒakka] *n* — a **jaqueta**
- Avete delle **giache** blu?
  - Vocês têm **jaqueta** azul?

il cappotto [kapˈpɔtto] *n* — o **casaco**
- Ho appeso il **cappotto** all'attaccapanni.
  - Pendurei o **casaco** no cabideiro.

l'impermeabile [impermɛˈaːbile] *n m* — a **capa de chuva**
- Non porto l'**impermeabile**, tanto no pioverà.
  - Não vou levar a **capa de chuva**, não vai chover.

l'abito [ˈaːbito] *n m* — o **terno**
- Non so che cravatta mettere con l'**abito** grigio.
  - Não sei qual gravata vestir com o **terno** cinza.

➡ **abito** também pode significar **vestido**, por exemplo, **abito da sera – vestido de noite**.

il tailleur [taˈjer] *n* — o **tailleur**
- Al lavoro metto sempre il **tailleur**.
  - No trabalho sempre uso **tailleur**.

il vestito [vesˈtiːto] *n* — o **vestido**
- Ti metti il **vestito** rosso stasera?
  - Vai usar o **vestido** vermelho hoje à noite?

➡ A forma plural **vestiti** se refere a roupas em geral.

i pantaloni [pantaˈloːni] *n pl* — as **calças**
- Prova i **pantaloni**, voglio vedere come ti stanno.
  - Experimente as **calças**, quero ver como ficam em você.

➡ Tal como em português, para calças, além de **pantaloni**, também se pode dizer: **un paio di pantaloni – um par de calças**.

i pantaloncini [pantalonˈtʃiːni] *n pl* — os **shorts**
- Per l'estate ho bisogno di un paio di **pantaloncini**.
  - Para o verão, preciso de um par de **shorts**.

i jeans [ˈdʒins] *n pl* — o **jeans**
- Di solito porta **jeans** e maglietta.
  - Ele normalmente usa **jeans** e camiseta.

Vestuário e calçados

> ➡ Como **pantaloni**, **jeans** é um substantivo plural, mas também se pode dizer **un paio di jeans**.

la gonna ['gɔnna] *n*
- Non so se mettermi una **gonna** o i pantaloni.

a **saia**
- Não sei se uso **saia** ou calças.

la camicia [ka'miːtʃa] *n*
- Ho fatto una lavatrice con la **camicie** sporche.

a **camisa**
- Lavei as **camisas** sujas.

> ➡ O plural de substantivos terminados em vogal + **-cia** são formados pela substituição da terminação por **-cie**.

la camicetta [kami'tʃetta] *n*
- Ho deciso di mettermi una **camicetta** bianca.

a **camiseta**
- Decidi vestir uma **camiseta** branca.

la maglia ['maʎʎa] *n*
- Che bella **maglia**, è di cotone o di lana?

o **pulôver**, o **suéter**
- Que belo **pulôver**, é de algodão ou de lã?

> ➡ O termo **maglia** é sempre usado para qualquer tipo de suéter, mas é usado também para roupas de tricô. Para pulôver de lã mais grosso, diz-se **maglione**.

la maglietta [maʎ'ʎetta] *n*
- Fa caldo, si sta bene in **maglietta**.

a **camiseta**
- Está calor, uma **camiseta** vai bem.

la calza ['kaltsa] *n*
- Se hai freddo ai piedi, mettiti le **calze**.

a **meia**
- Se estiver com frio nos pés, vista as **meias**.

il calzino [kal'tsiːno] *n*
- Ho un buco in un **calzino**.

a **meia**
- Estou com um furo na **meia**.

la scarpa ['skarpa] *n*
- Ho comprato un paio di **scarpe** di pelle.

o **sapato**
- Comprei um par de **sapatos** de couro.

il numero ['nuːmero] *n*
- Che **numero** porta?

o **número**
- Que **número** você veste?

la taglia ['taʎʎa] *n*
- Che **taglia** porta?

o **tamanho**, o **manequim**
- Qual **tamanho** você usa?

> ➡ Para expressar que se usa tamanho 42, diz-se **porto la 42**.

Vestuário e calçados

il **pigiama** [pi'dʒaːma] *n; pl* **pigiami** [pi'dʒaːmi] ■ Lavati i denti e mettiti il **pigiama**.	o **pijama** ■ Escove os dentes e vista o **pijama**.
la **camicia da notte** [ka'miːtʃa da 'nɔtte] *n* ■ Ho dimendicato di portare la **camicia da notte**. ▶ **camicia** p. 31	a **camisola** ■ Esqueci de trazer a **camisola**.
le **mutande** [mu'tande] *n pl* ■ L'elastico di queste **mutande** stringe troppo.	a **cueca** ■ O elástico desta **cueca** é muito apertado.
il **costume da bagno** [kos'tuːme da 'baɲɲo] *n* ■ In piscina porto il **costume da bagno** intero, al mare il bikini. ■ Si porti il **costume da bagno**, che in albergo c'è la piscina.	o **traje de banho** ■ Na piscina uso **maiô**; na praia, biquíni. ■ Leve **traje de banho** porque no hotel tem piscina.
il **bikini** [bi'kiːni] *n* ■ Non mette mai il **bikini** perché pensa di essere troppo grassa.	o **biquíni** ■ Ela nunca usa **biquíni** porque se acha muito gorda.

➡ Para **biquíni**, pode-se dizer também **due pezzi** (duas peças).

stretto, stretta ['stretto, 'stretta] *n* ■ L'ho provato, è troppo **stretto**.	**apertado, apertada** ■ Eu provei, mas fica muito **apertado**.
largo, larga ['largo, 'larga] *adj* ■ Questi patatoni sono troppo **larghi**.	**largo, larga** ■ Essas calças são **largas** demais.

➡ O plural de substantivos e adjetivos terminados em consoante + **-go** é formado pela substituição da terminação por **-ghi**.

corto, corta ['korto, 'korta] *adj* ■ D'estate va in giro in maglietta e patatoni **corti**.	**curto, curta** ■ No verão, ele anda de camiseta e uma calça **curta**.
lungo, lunga ['luŋgo, 'luŋga] *adj* ■ Questo cappotto è troppo **lungo**. ▶ **largo** p. 32	**longo, longa, comprido, comprida** ■ Este casaco é **comprido** demais.

il **reggiseno** [redʤiˈseːno] *n*; *pl* **reggiseni** [redʤiˈseːni] ■ Mi devo comprare dei **reggiseni**.	o **sutiã** ■ Tenho de comprar uns **sutiãs**.
la **canottiera** [kanotˈtjɛːra] *n* ■ Abbottonati la camicia, se vede la **canottiera**.	a **camiseta**, a (**camiseta**) **regata** ■ Abotoe a camisa, dá para ver a **regata**.
il **collant** [kolˈlan] *n* ■ Uffa, ho rotto il **collant**.	a **meia-calça** ■ Droga, rasguei minha **meia-calça**.

➡ **collant** se refere, sobretudo, a **meias-calças**. Para uma **meia-calça** feita de algodão ou de material mais grosso também se pode dizer **calzamaglia**.

la **scarpa da ginnastica** [ˈskarpa da dʒinˈnastika] *n* ■ Ho cinque paia di **scarpe da ginnastica**.	o **tênis** ■ Tenho cinco pares de **tênis**.
lo **stivale** [stiˈvaːle] *n* ■ Cerco un paio di **stivali** neri. ▶ **scarpa** p. 31 ▶ **stato civile** p. 19	a **bota** ■ Procuro um par de **botas** pretas.
il **sandalo** [ˈsandalo] *n* ■ Quei **sandali** sono molto belli. ▶ **scarpa** p. 31	a **sandália** ■ Aquelas **sandálias** são muito bonitas.
démodé [demoˈde] *adj*; *f inv* ■ I vestiti della mia insegnante sono sempre un po' **démodé**.	**fora de moda** ■ Os vestidos da minha professora são sempre um pouco **fora de moda**.
di moda [di ˈmɔːda] *adv* ■ I jeans sono sempre **di moda**.	**na moda** ■ O *jeans* está sempre **na moda**.
la **manica** [ˈmaːnika] *n* ■ Le **maniche** di questa camicetta sono troppo lunghe.	as **mangas** ■ As **mangas** desta camiseta são muito longas.
la **tasca** [ˈtaska] *n* ■ Questi pantaloni sono senza **tasche**.	o **bolso** ■ Estas calças não têm **bolsos**.
il **colletto** [kolˈletto] *n* ■ Il **colletto** di questa camicia si porta aperto.	a **gola** ■ A **gola** desta camisa é usada aberta.

il **bottone** [bot'to:ne] *n* ▪ Mi si è staccato un **bottone**.	os **botões** ▪ Caiu um **botão**.
la **cerniera** [tʃer'njɛ:ra] *n* ▪ Tirati su la **cerniera**.	o **fecho**, o **zíper** ▪ Feche o **zíper**.

➡ Em vez de **cerniera**, emprega-se com cada vez mais frequência o substantivo masculino **zip**.

il **motivo** [mo'ti:vo] *n* ▪ Quest'anno è di moda questo **motivo**.	o **motivo**, o **padrão**, a **estampa** ▪ Este ano está na moda esse **motivo**.
in tinta unita [in'tinta u'ni:ta] *adj* ▪ Vorrei una gonna **in tinta unita**.	**lisa**, **de cor única** ▪ Queria uma saia **de cor única**.
a **righe** [a 'ri:ge] *adj* ▪ Non mi piacciono le magli **a righe**.	**listrado**, **de listras** ▪ Não gosto de pulôver **listrado**.
a **quadri** [a 'kuadri] *adj* ▪ Mi sono messo una camicia **a quadri**.	**xadrez** ▪ Vesti uma camisa **xadrez**.
nudo, nuda ['nu:do, 'nu:da] *adj* ▪ Era completamente **nudo**.	**nu, pelado** ▪ Estava completamente **nu**.
vestito, vestita [ves'ti:to, ves'ti:ta] *adj* ▪ Puoi aspettare fuori, per piacere? Non sono ancora **vestita**.	**vestido, vestida** ▪ Você pode esperar lá fora, por favor? Ainda não estou **vestida**.

Acessórios

la **borsa** ['borsa] *n*	a **bolsa**
la **borsetta** [bor'setta] *n*	a **valise**, a **mala de mão**
il **portafoglio** [pɔrta'foʎʎo] *n*	a **carteira**

➡ Para il **portafoglio** há também as variantes il **portafogli**, *pl* i **portafogli**. O termo **portamonete** designa um pequeno porta-moedas ou estojo em que são guardadas **moedas** (**monete**).

il **cappello** [kap'pɛllo] *n*	o **chapéu**, o **boné**

➡ **cappello** não deve ser confundido com **capello**, **cabelo**.

il **berretto** [berˈretto] *n*	a **toca**
il **guanto** [ˈguanto] *n*	a **luva**
l'**ombrello** [oˈmbrɛllo] *n m*	o **guarda-chuva**
l'**anello** [aˈnɛllo] *n m*	o **anel**
l'**orologio** [oroˈlɔːdʒo] *n m*	o **relógio**

➡ Relógio de pulso chama-se **orologio da polso**, mas tal como em português diz-se apenas **orologio**.

la **collana** [kolˈlaːna] *n*	o **colar**
l'**orecchino** [orekˈkiːno] *n m*	o **brinco**
il **braccialetto** [brattʃaˈletto] *n*	o **bracelete**
gli **occhiali** [okˈkjaːli] *n pl*	os **óculos**

➡ Em vez de **occhiali** pode-se também dizer **un paio di occhiali**.

gli **occhiali da sole** [okˈkjaːli da ˈsoːle] *n pl*	os **óculos de sol**
la **cravatta** [kraˈvatta] *n*	a **gravata**
la **sciarpa** [ˈʃarpa] *n*	o **xale**, o **cachecol**
il **foulard** [fuˈlar] *n*	o **lenço (de pescoço, de cabeça)**
la **cintura** [tʃinˈtuːra] *n*	o **cinto**, a **cinta**
la **lente a contatto** [ˈlɛnte a konˈtatto] *n*	as **lentes de contato**
i **gioielli** [dʒoˈjɛlli] *n pl*	a **joia**
il **fermaglio** [ferˈmaʎʎo] *n*	o **prendedor de cabelo**

Relações sociais

Família

la **famiglia** [faˈmiʎʎa] *n* ■ Siamo una **famiglia** numerosa.	a **família** ■ Somos uma **família** numerosa.
familiare [famiˈljaːre] *adj* ■ Devo risolvere alcuni problemi **familiari**.	**familiar** ■ Tenho de resolver alguns problemas **familiares**.
i **genitori** [dʒeniˈtoːri] *n pl* ■ I nostri **genitori** vivono in Liguria.	os **pais** ■ Nossos **pais** vivem na Ligúria.
il **padre** [ˈpadre] *n* ■ Suo **padre** è ingegnere e sua madre insegnante.	o **pai** ■ Seu **pai** é engenheiro, e a mãe, professora.

➡ Para membros da família no singular, não se usa artigo antes do pronome. Em formas de tratamento familiares, como **mamma** e **papà**, o uso do artigo é opcional.

il **papà** [paˈpa] *n* ■ Il mio **papà** mi ha aggiustato la bicicletta. ▶ **padre** p. 36 ▶ **città** p. 17	o **papai** ■ Meu **papai** consertou a minha bicicleta.

➡ Em muitas regiões da parte central da Itália diz-se **babbo** em vez de **papà**. Em outras regiões, o termo é usado somente para referir ao Papai Noel, **Babbo Natale**.

la **madre** [ˈmadre] *n* ■ Sua **madre** è morta, quando aveva cinque anni.	a **mãe** ■ Sua **mãe** morreu quando ela tinha cinco anos.
la **mamma** [ˈmamma] *n* ■ **Mamma**, ho fame.	a **mamãe** ■ **Mamãe**, estou com fome.

➡ Em italiano, empregam-se os tratamentos carinhosos com mais frequência do que em português para se referir aos pais, por exemplo, **(la) sua mamma** em vez de **sua madre**.

il **figlio,** la **figlia** [ˈfiʎʎo, ˈfiʎʎa] *n* ■ Mio **figlio** ha otto anni. ■ Gaia è la **figlia** di Antonella. ▶ **padre** p. 36	o **filho**, a **filha** ■ Meu **filho** tem oito anos. ■ Gaia é a **filha** de Antonella.
i **figli** [ˈfiʎʎi] *n pl* ■ Siamo una coppia senza **figli**.	os **filhos** ■ Somos um casal sem **filhos**.
il **fratello** [fraˈtɛllo] *n* ■ I miei **fratelli** vanno alle elementari.	o **irmão** ■ Os meus **irmãos** estão no ensino fundamental.
i **fratelli** [fraˈtɛlli] *n pl* ■ Alessandro e Federica no si assomigliano perniente, ma sono **fratelli**.	os **irmãos** ■ Alessandro e Federica não se parecem nem um pouco, mas são **irmãos**.
la **sorella** [soˈrɛlla] *n* ■ Mia **sorella** ha due anni meno di me. ▶ **padre** p. 36	a **irmã** ■ Minha **irmã** tem dois anos a menos que eu.
lo **zio** [ˈtsiːo] *n* ■ Andiamo a trovare lo **zio**. ▶ **padre** p. 36	o **tio** ■ Vamos visitar o **tio**.

➡ Em substantivos masculinos iniciados com **z**, emprega-se o artigo definido **lo**, no singular, e **gli**, no plural, bem como o artigo indefinido **uno**.

➡ O plural **gli zii** pode significar tanto os tios como também **tio** e **tia**.

la **zia** [ˈtsiːa] *n* ■ Mia **zia** Luisa è la sorella di mia madre. ▶ **zio** p. 37 ▶ **padre** p. 36	a **tia** ■ Minha **tia** Luisa é a irmã de minha mãe.
il **cugino,** la **cugina** [kuˈdʒiːno, kuˈdʒiːna] *n* ■ Ho due **cugine** e tre **cugini**.	o **primo**, a **prima** ■ Tenho duas **primas** e três **primos**.
il **nonno** [ˈnɔnno] *n* ■ Come stai oggi, **nonno**?	o **avô**, o **vovô** ■ Como está hoje, **vovô**?

la **nonna** [ˈnɔnna] *n* ▪ Mia **nonna** è morta quando avevo dieci anni.	a **avó** ▪ Minha **avó** morreu quando eu tinha dez anos.
i **nonni** [ˈnɔnni] *n pl* ▪ Sono molto affezionata ai miei **nonni**.	os **avós** ▪ Sou muito afeiçoada a meus **avós**.
convivere [koˈnviːvere] *v* ▶ v irr p. 413 vivere ▪ **Convivono** da cinque anni, ma non sono sposati.	**viver juntos** ▪ **Vivem juntos** há cinco anos, mas não são casados.
occuparsi di [okkuˈparsi di] *v* ▪ Chi si **occupa** del gatto, quando tu non ci sei?	**cuidar de** ▪ Quem **cuida do** gato quando você não está?
il **nipote** [niˈpoːte] *n* ▪ I figli di mio fratello sono i miei **nipoti**.	o **sobrinho**, o **neto** ▪ Os filhos do meu irmão são os meus **sobrinhos**.

➡ Porém, **i nipoti** significa tanto **os netos**, **as netas**, **os sobrinhos** ou **as sobrinhas**.

la **nipote** [niˈpoːte] *n* ▪ La signora Pasini ha cinque **nipoti**. ▪ Alle mie **nipoti** piace uscire con me. ▶ nipote p. 38	a **sobrinha**, a **neta** ▪ A senhora Pasini tem cinco **netas**. ▪ Minhas **sobrinhas** gostam de sair comigo.
il **suocero**, la **suocera** [ˈsuɔːtʃero, ˈsuɔːtʃera] *n* ▪ Vado molto d'accordo con mio **suocero**. ▪ Oggi ha portato il bambino da sua **suocera**. ▶ padre p. 36	o **sogro**, a **sogra** ▪ Eu me entendo bem com meu **sogro**. ▪ Hoje levou a criança à casa de sua **sogra**.
i **suoceri** [ˈsuɔːtʃeri] *n pl* ▪ I genitori di mio marito sono i miei **suoceri**.	os **sogros** ▪ Os pais de meu marido são meus **sogros**.
il **cognato**, la **cognata** [koɲˈɲaːto, koɲˈɲaːta] *n* ▪ Ho due **cognati**: il fratello di mio marito e il marito di mia sorella.	o **cunhado**, a **cunhada** ▪ Tenho dois **cunhados**: o irmão de meu marido e o marido de minha irmã.

il genero [ˈdʒɛːnero] *n* ■ C'era tutta la famiglia, mancava solo mio **genero**.	**o genro** ■ A família toda estava presente, faltava apenas meu **genro**.
la nuora [ˈnuɔːra] *n* ■ La mia futura **nuora** è di Napoli.	**a nora** ■ Minha futura **nora** é de Nápoles.
il/la parente [paˈrɛnte] *n m/f* ■ Al matrimonio abbiamo invitato i **parenti** e gli amici più cari.	**o parente, a parente** ■ Para o casamento convidamos os **parentes** e os amigos mais queridos.
essere parenti [ˈɛssere paˈrɛnti] *loc* ■ Non **siamo parenti**.	**ser parente** ■ Não **somos parentes**.
la famiglia allargata [faˈmiʎʎa allarˈgaːta] *n* ■ La nostra è una **famiglia allargata**.	**a família ampliada** ■ A nossa é uma **família ampliada**.

➡ **famiglia allargata** caracteriza originariamente a **família ampliada**, mas hoje é empregado sobretudo para **famílias "alternativas"**.

il gemello, la gemella [dʒeˈmɛllo, dʒeˈmɛlla] *n* ■ Le due ragazze sono **gemelle**.	**o gêmeo** ■ As duas jovens são **gêmeas**.
l'antenato [antɛˈnaːto] *n m* ■ In questo album ci sono le foto dei miei **antenati**.	**o antepassado, o ancestral** ■ Neste álbum há fotos dos meus **antepassados**.
il figlio adottivo [ˈfiʎʎo adotˈtiːvo] *n* ■ Questi sono i **figli addotivi** di Giovanna.	**o filho adotivo** ■ Estes são os **filhos adotivos** de Giovanna.
la figlia adottiva [ˈfiʎʎa adotˈtiːva] *n* ■ Ha due figli maschi e una **figlia adottiva**.	**a filha adotiva** ■ Ele tem dois filhos homens e uma **filha adotiva**.
adottare [adotˈtaːre] *v* ■ Visto che non possono avere figli, vorrebbero **addottarne** uno.	**adotar** ■ Como não podem ter filhos, gostariam de **adotar** um.

Namoro e casamento

l'amore [aˈmoːre] *n m* ■ Quase tutte le canzoni di musica leggera parlano d'**amore**.	**o amor** ■ Quase todas as músicas populares falam de **amor**.

Namoro e casamento

amare [aˈmaːre] *v*
- Ti **amo** con tutto il cuore.

amar
- Te **amo** com todo meu coração.

amarsi [aˈmarsi] *v*
- Si vede che quei due si **amano**.

amar-se
- Vê-se que aqueles dois **se amam**.

→ **amare** ou **amarsi** e **voler bene a** expressam diferentes graus de afeição. Enquanto **amare** designa o sentimento que se nutre por uma única pessoa, emprega-se **voler bene a** também em relação a amigos, a parentes e a animais.

innamorato, innamorata [innamoˈraːto, innamoˈraːta] *adj*
- Sono **innamorato** di te.

apaixonado, apaixonada
- Estou **apaixonado** por você.

innamorarsi [innamoˈrarsi] *v*
- Si è **innamorata** di un suo vecchio amico.

apaixonar-se
- Ela **se apaixonou** por um velho amigo seu.

voler bene a [voˈlerˈbɛːne a] *loc*
▶ *v irr* p. 413 volere
- Ma lo sai che ti **voglio bene**.

gostar, querer bem
- Mas você sabe que **gosto** muito de você.

l'**odio** [ˈɔːdjo] *n m*
- Amore e **odio** sono molto vicini.

o **ódio**
- O amor e o **ódio** andam muito próximos.

odiare [oˈdjaːre] *v*
- A volte l'amo, a volte lo **odio**.

odiar
- Às vezes o amo, às vezes o **odeio**.

il **bacio** [ˈbaːtʃo] *n*
- Se non mi dai un **bacio**, non me ne vado.

o **beijo**
- Se não me der um **beijo**, não vou embora.

baciare [baˈtʃaːre] *v*
- Coraggio, **baciala**!

beijar
- Vamos lá, **beije**-a!

baciarsi [baˈtʃarsi] *v*
- Gli innamorati **si baciano** teneramente.

beijar-se
- Os apaixonados **se beijam** ternamente.

l'**abbraccio** [aˈbbrattʃo] *n m*
- Gli **abbracci** della zia mi danno fastidio.

o **abraço**
- Os **abraços** da tia me incomodam.

abbracciare [abbraˈttʃaːre] *v*
- **Abbracciami** forte forte!

abraçar
- **Abrace**-me bem forte!

Namoro e casamento

---

sposarsi [spo'zarsi] *v*
- Ci sposiamo la prossima estate.

casar(-se)
- Nós nos casaremos no próximo verão.

---

il matrimonio [matri'mɔːnjo] *n*
- Siamo invitati al matrimonio di un amico.
- Alcune coppie scelgono il matrimonio civile, altre quello reglioso in chiesa.
- Ha un lungo matrimonio alle spalle.

o casamento, o matrimônio
- Fomos convidados para o casamento de um amigo.
- Alguns casais optam pelo casamento civil, outros pelo casamento na igreja.
- Tem um longo casamento nas costas.

---

il marito [ma'riːto] *n*
- Suo marito è tedesco.

o marido
- Seu marido é alemão.

---

la moglie [ˈmoʎʎe] *n*; *pl* **mogli** [ˈmoʎʎi]
- Samuele ha litigato con la moglie.

a mulher, a esposa
- Samuele discutiu com a mulher.

---

la coppia [ˈkɔppja] *n*
- Sono davvero una bella coppia.
- C'eravamo noi e una coppie di anziani.

o casal
- Eles realmente são um belo casal.
- Estávamos nós e um casal de idosos.

---

fedele [fɛˈdeːle] *adj*
- Non so se mio marito sia sempre stato fedele.

fiel
- Não sei se meu marido foi sempre fiel.

---

infedele [infɛˈdeːle] *adj*
Lo ammetto, ti sono stata infedele.

▶ impaziente p. 20.

infiel
- Eu admito, fui infiel a você.

---

la separazione [separatˈtsjoːne] *n*
- Dopo la separazione è tornata dai genitori.

a separação
- Depois da separação, ela voltou para a casa dos pais.

---

separarsi [sepaˈrarsi] *v*
- Abbiamo deciso di comune accordo di separarci.

separar-se
- Decidimos de comum acordo nos separar.

---

lo sposo, la sposa [ˈspɔːzo, ˈspɔːza] *n*
- La sposa è tutta in bianco e lo sposo in abito scuro.

▶ stato civile p. 19

o noivo, a noiva
- A noiva está toda de branco, e o noivo, de terno escuro.

Namoro e casamento

il fidanzamento [ver orig.] *n* ▪ Dopo il **fidanzamento** sono andati a convivere.	o **noivado** ▪ Depois do **noivado**, foram morar juntos.
il fidanzato, la fidanzata [fidanˈtsaːto, fidanˈtsaːta] *n* ▪ Stefano è stato il suo primo **fidanzato**. ▸ ragazzo p. 16	o **namorado**, a **namorada** ▪ Stefano foi seu primeiro **namorado**.
essere fidanzato, essere fidanzata [ˈɛssere fidanˈtsaːto, ˈɛssere fidanˈtsaːta] *loc* ▪ **Sono fidanzati** da poco.	estar namorando, estar comprometido/comprometida ▪ **Estão namorando** há pouco tempo.

➡ O verbo **fidanzarsi** não significa apenas namorar, mas também é empregado quando una pessoa se une a outra sem casar oficialmente. De modo análogo, também se pode traduzir **essere fidanzato** por **estar junto**.

il compagno, la compagna [komˈpaɲɲo, komˈpaɲɲa] *n* ▪ Questo è il mio **compagno** Giampiero.	o **companheiro**, a **companheira** ▪ Este é meu **companheiro** Giampiero.
geloso, gelosa [dʒɛˈloːso, dʒɛˈloːsa] *adj* ▪ Suo marito è molto **geloso**.	ciumento, ciumenta ▪ Seu marido é muito **ciumento**.
fare l'amore [ˈfaːre laˈmoːre] *loc* ▸ v irr p. 409 fare ▪ **Abbiamo fatto l'amore**.	fazer amor ▪ **Fizemos amor**.
il sesso [ˈsɛsso] *n* ▪ Per lui il **sesso** è molto importante.	o **sexo** ▪ Para ele, o **sexo** é muito importante.
tenero, tenera [ˈtɛːnero, ˈtɛːnera] *adj* ▪ Mio marito è un padre molto **tenero**.	carinhoso, carinhosa ▪ Meu marido é um pai muito **carinhoso**.
gay [ˈgeːi] *adj; f inv* ▪ Le coppie **gay** avranno gli stessi diritti delle coppie eterosessuali.	**gay** ▪ Os casais **gays** terão os mesmos direitos que os casais heterossexuais.

> **gay** é pronunciado como em inglês. O termo é empregado tanto para homem como para mulheres, sendo mais usado que **omosessuale**.

lesbico, lesbica [ˈlɛzbiko, ˈlɛzbika] *adj* ■ Ho conosciuto una coppia **lesbica** che vuole adottare un bambino. ▶ simpatico p. 21	**lésbica** ■ Conheci um casal de **lésbicas** que quer adotar uma criança.
l'affetto [afˈfɛtto] *n m* ■ Provo **affetto** per lui, ma non l'amo.	o **afeto** ■ Tenho **afeto** por ele, mas não o amo.
il rapporto [rapˈporto] *n* ■ Abbiamo un **rapporto** di amicizia.	a **relação** ■ Temos uma **relação** de amizade.
contrarre un'unione civile [konˈtrarre un uˈnjoːne tʃiˈviːle] *loc* ■ Hanno contratto un'unione civile in Germania.	**estabelecer/contrair (uma) união civil** ■ Contraíram união civil na Alemanha.
il divorzio [diˈvortsjo] *n* ■ Sua moglie ha chiesto il **divorzio**.	o **divórcio** ■ Sua mulher pediu o **divórcio**.
divorziare [divorˈtsjaːre] *v* ■ Il loro matrimonio non ha funzionato, **hanno divorziato**.	**divorciar-se** ■ O casamento deles não deu certo, **divorciaram-se**.
il genitore single [dʒeniˈtoːre ˈsiŋgol] *n* ■ Sono sempre più numerosi i **genitori single**.	o **pai solteiro**, a **mãe solteira** ■ São cada vez mais numerosos os **pais solteiros**.

Amizade e outros contatos sociais

l'amicizia [amiˈtʃittsja] *n f* ■ Credo molto nell'**amicizia**.	a **amizade** ■ Acredito muito na **amizade**.
l'amico, l'amica [aˈmiːko, aˈmiːka] *n m/f* ■ Lo conosco da una vita ed è il mio più caro **amico**. ▶ simpatico p. 21	o **amigo**, a **amiga** ■ Eu o conheço faz muito tempo, é o meu melhor **amigo**.

essere amici [ˈɛssere aˈmiːtʃi] *loc*
▶ v irr p. 408 essere
- **Siamo amici** da tantissimo tempo.

ser amigos
- **Somos amigos** há muitíssimo tempo.

il giro di amici [ˈdʒiːro di aˈmiːtʃi] *n*
- Usciamo spesso da soli perché non abbiamo un **giro di amici**.

o círculo de amizades
- Frequentemente saímos sozinhos, pois não temos um **círculo de amizades**.

amichevole [amiˈkeːvole] *adj*
- Hanno raggiunto un accordo **amichevole**.

amigável, amistoso
- Chegamos a um acordo **amigável**.

personale [persoˈnaːle] *adj*
- Non voglio parlare, sono cose **personali**.

pessoal
- Não quero falar, são coisas **pessoais**.

la gente [ˈdʒɛnte] *n*
- Il sabato c'è molta più **gente** nei negozi.

a gente, as pessoas
- Aos sábados tem muito mais **gente** nas lojas.

➡ **gente** no sentido de pessoas é usado no singular e não é flexionado no plural.

comune [koˈmuːne] *adj*
- Me l'ha detto un amico **comune**.

comum
- Foi um amigo em **comum** que me disse.

il membro [ˈmɛmbro] *n*
- Ne ha parlato con tutti i **membri** della famiglia.

o membro
- Ele falou com todos os **membros** da família.

➡ O plural de **membro** depende do significado. Se se referir aos membros do corpo, a forma plural é **le membra**. Em outras acepções, o plural é **i membri**.

il vicino, la vicina [viˈtʃiːno, viˈtʃiːna] *n*
- La mia **vicina** mi ha prestato la macchina.

o vizinho, a vizinha
- A minha **vizinha** me emprestou o carro.

il tipo [ˈtiːpo] *n*
- È un **tipo** in gamba.

o cara
- É um **cara** bacana.

vedersi [veˈdersi] *v*
- Ci **vediamo** alle otto?

ver-se, encontrar-se
- **Vamos nos encontrar** às oito?

Amizade e outros contatos sociais 45

l'**incontro** [iŋˈkontro] *n m* ■ È stato un **incontro** casuale. ■ Abbiamo fissato l'**incontro** per giovedì.	o **encontro** ■ Foi um **encontro** casual. ■ Marcamos o **encontro** para quinta-feira.
incontrare [iŋkonˈtraːre] *v* ■ Ho **incontrato** Fabio in centro.	**encontrar** ■ **Encontrei** Fabio no centro.
l'**appuntamento** [appuntaˈmento] *n m* ■ Mi ricordo ancora del nostro primo **appuntamento**.	o **encontro** ■ Ainda me lembro de nosso primeiro **encontro**.
darsi appuntamento [ˈdarsi appuntaˈmento] *loc* ▶ v irr p. 407 dare ■ Ci siamo **dato appuntamento** davanti alla chiesa.	**combinar (um encontro)** ■ Nós **combinamos** na frente da igreja.
partecipare [partetʃiˈpaːre] *v* ■ Alla gara **partecipano** duecentoventi persone.	**participar** ■ Duzentas e vinte pessoas **participam** do concurso

➡ Com o mesmo significado de **partecipare**, porém mais formal e mais rara, é a expressão **prendere parte**.

invitare [inviˈtaːre] *v* ■ Mario e Carla ci **hanno invitati** a bere un caffè da loro, dopo cena.	**convidar** ■ Mario e Carla nos **convidaram** para tomar um café na casa deles depois do jantar.
andare a trovare [aˈndaːre a troˈvaːre] *loc* ▶ v irr p. 405 andare ■ **Vado** spesso **a trovare** i miei cugini a Verona.	**visitar** ■ **Visito** com frequência meus primos em Verona.
l'**ospite** [ˈɔspite] *n m* ■ I nostri **ospiti** partono domani.	o **hóspede** ■ Nossos **hóspedes** partem amanhã.
passare da [paˈssaːre da] *v* ■ Al ritorno **passate da** noi.	**passar (na casa de alguém)** ■ Na volta **passem** aqui.
la **conoscenza** [konoʃˈʃɛntsa] ■ Piacere di fare la sua **conoscenza**.	o **conhecimento** ■ Prazer em **conhecê-lo**.

Amizade e outros contatos sociais

il/la **conoscente** [konoʃʃɛnte] n m/f • È solo un **conoscente**.	o **conhecido** • É apenas um **conhecido**.
il **contatto** [kon'tatto] n • Siete ancora in **contatto** con lei?	o **contato** • Vocês ainda têm **contato** com ele?
contattare [kontat'taːre] v • **Ho** subito **contattato** la mia ex collega.	entrar em contato, contatar • **Entrei** logo **em contato** com uma ex-colega.
il **circolo** ['tʃirkolo] n • Ci vediamo al **circolo**? • Stasera c'è una riunione al **circolo**.	o **clube** • Nós nos vemos no **clube**? • Esta noite tem uma reunião no **clube**.
il **socio** ['sɔtʃo] n • Siamo **soci** dell'Áci.	o **sócio** • Somos **sócios** do ACI.
la **riunione** [rju'njoːne] n • Qual è l'ordine del giorno della **riunione**?	a **reunião** • Qual é a ordem do dia da **reunião**?
unirsi a [u'nirsi a] v • Siamo un gruppo di giovani. Vuoi **unirti a** noi?	**juntar-se a** • Somos um grupo de jovens. Quer **juntar-se** a nós?
accompagnare [akkompaɲ'ɲaːre] v • Mi **accompagni** al treno? • Se devi andare a casa, dimmelo. Ti **accompagno** in macchina.	acompanhar, levar • Você me **acompanha** até o trem? • Se tiver de ir para casa, me diga. Eu o **levo** de carro.
andare d'accordo [a'ndaːre dak'kɔrdo] loc ▶ v irr p. 405 andare • Io e i miei fratelli **andiamo** molto **d'accordo**.	entender-se • Eu e meus irmãos **nos entendemos** muito bem.
sfruttare [sfrut'taːre] v • Comincio a pensare che mi **stia sfruttando**.	usar • Começo a pensar que ele está me **usando**.
stringere la mano ['strindʒere la 'maːno] loc ▶ v irr p. 412 stringere • Non mi **ha stretto la mano**.	estender a mão • Não me **estendeu a mão**.

l'attengiamento [atteddʒaˈmento] *n m* ■ Il suo **atteggiamento** nei miei confronti è cambiato.	a **atitude**, a **postura** ■ Sua **atitude** em relação a mim mudou.
la cosa in comune [ˈkɔːsa in koˈmuːne] *n* ■ Anche se veniamo da due culture diverse, abbiamo molte **cose in comune**.	a **coisa em comum** ■ Ainda que venhamos de duas culturas distintas, temos muitas **coisas em comum**.
l'ambiente [aˈmbjɛnte] *n m* ■ È cresciuto in **un ambiente** molto modesto.	o **ambiente**, o **meio** ■ Cresceu num **ambiente** muito modesto.

Ciclo da vida

umano, umana [uˈmaːno, uˈmaːna] *adj* ■ Sbagliare è **umano**.	**humano** ■ Errar é **humano**.
l'essere umano [ˈɛssere uˈmaːno] *n m* ■ Molti film di fantascienza raccontano di incontri fra **essere umani** ed extraterrestri.	o **ser humano** ■ Muitos filmes de ficção científica tratam de encontros entre **seres humanos** e extraterrestres.
la vita [ˈviːta] *n* ■ Ha avuto una **vita** abbastanza difficile.	a **vida** ■ Ele teve uma **vida** bastante difícil.
vivo, viva [ˈviːvo, ˈviːva] *adj* ■ Era più morto che **vivo**.	**vivo, viva** ■ Estava mais morto do que **vivo**.
vivere [ˈviːvere] *v* ▶ **v irr** p. 413 vivere ■ Sono tedesca, ma **vivo** in Italia.	**viver, morar** ■ Sou alemã, mas **moro** na Itália.

➡ Os tempos compostos de **vivere** podem ser formados com **essere** ou com **avere**.

essere vivo, essere viva [ˈɛssere ˈviːvo, ˈɛssere ˈviːva] *loc* ■ Mio nonno è ancora **vivo**.	**estar vivo/viva** ■ Meu avô ainda **está vivo**.

la **nascita** [ˈnaʃʃita] *n*
- Siamo venuti in Italia dopo la **nascita** di nostro figlio.

o **nascimento**
- Viemos para a Itália depois do **nascimento** de nosso filho.

nascere [ˈnaʃʃere] *v*
- ▶ v irr p. 409 nascere
- **Sono nata** a Salerno, il 20 luglio 1970.
- ▶ ingrassare p. 28

nascer
- **Nasci** em Salerno, em 20 de julho de 1970.

l'**età** [eˈta] *n f*
- Organizziamo corsi di ginnastica per bambini e adulti di ogni **età**.
- ▶ città p. 17

a **idade**
- Organizamos cursos de ginástica para crianças e adultos de todas as **idades**.

avere ... anni [aˈveːre ...ˈanni] *loc*
- ▶ v irr p. 406 avere
- Quando mi sono sposata, **avevo** 36 **anni**.

ter ... anos (de idade)
- Quando me casei, **tinha** 36 **anos**.

l'**infanzia** [iˈnfantsja] *n f*
- Ho vissuto un'**infanzia** felice.

a **infância**
- Vivi uma **infância** feliz.

la **gioventù** [dʒovenˈtu] *n*
- Di sera, i locali si riempiono di **gioventù**.

os **jovens**, a **juventude**
- À noite, os locais ficam repletos de **jovens**.

giovane [ˈdʒoːvane] *adj*
- La vita era più bella quando ero **giovane**.

jovem
- A vida era mais bela quando eu era **jovem**.

l'**adulto** [aˈdulto] *n m*
- Questo è un film per soli **adulti**.

o **adulto**
- Este é um filme somente para **adultos**.

➡ Como substantivo, **adulto** só existe na forma masculina. Quando se quer falar de um adulto do sexo feminino, o termo é usado como adjetivo, por exemplo, **una donna adulta**.

adulto, adulta [aˈdulto, aˈdulta] *adj*
- Sono delle persone **adulte**, troveranno una soluzione.

adulto, adulta
- São pessoas **adultas**, encontrarão uma solução.

la **vecchiaia** [vekˈkjaːja] *n*
- La **vecchiaia** non mi spaventa affatto.

a **velhice**
- A **velhice** absolutamente não me assusta.

Ciclo da vida

vecchio, vecchia [ˈvɛkkjo, ˈvɛkkja] *adj*	**velho, velha**
■ Prima o poi diventiamo tutti **vecchi**.	■ Cedo ou tarde, todos ficamos **velhos**.

crescere [ˈkreʃʃere] *v*

▶ **v irr** p. 407 crescere
■ Ma quanto **sei cresciuto**!
■ Siamo **cresciuti** insieme.
▶ **ingrassare** p. 28

crescer

■ Mas como você **cresceu**!
■ **Crescemos** juntos.

crescere [ˈkreʃʃere] *v*

▶ **v irr** p. 407 crescere
■ Gli zii **hanno cresciuto** me e mio fratello.

criar

■ Meus tios **criaram** a mim e meu irmão.

la **morte** [ˈmɔrte] *n*
■ Solo oggi abbiamo saputo della sua **morte**.

a **morte**
■ Somente hoje ficamos sabendo de sua **morte**.

morto, morta [ˈmɔrto, ˈmɔrta] *adj*
■ Riportatemelo, vivo o **morto**.

morto, morta
■ Tragam-no vivo ou **morto**.

mortale [morˈtaːle] *adj*
■ Soffre di una malattia **mortale**.

mortal
■ Sofre de uma doença **mortal**.

morire [moˈriːre] *v*

▶ **v irr** p. 409 morire
■ Abbiamo sofferto tutti molto quando **è morto** il nostro cane.
▶ **ingrassare** p. 28

morrer

■ Todos sofremos muito quando **morreu** nosso cão.

perdere la vita [ˈpɛrdere la ˈviːta] *loc*
■ Nell'incidente **hanno perso la vita** cinque persone.

perder a vida
■ No acidente, cinco pessoas **perderam a vida**.

il **funerale** [funeˈraːle] *n*
■ Sono andata a Venezia per il **funerale** di mio zio.

o **funeral**
■ Fui a Veneza para o **funeral** de meu tio.

➔ Usa-se o plural, **funerali**, para se referir a um **enterro**.

la **tomba** [ˈtomba] *n*
■ La **tomba** di mio suocero è quella là in fondo.

o **túmulo**
■ O **túmulo** do meu sogro é aquele lá atrás.

seppellire [seppe'lli:re] *v* ■ **È stata seppellita** accanto al marito.	**sepultar** ■ Foi **sepultada** ao lado do marido.
cremare [kre'ma:re] *v* ■ I parenti hanno deciso di farlo **cremare**.	**cremar** ■ Os parentes decidiram **cremá-lo**.
il **lutto** ['lutto] *n* ■ I Compagnini sono in **lutto**.	o **luto** ■ Os Compagnini estão de **luto**.
il **vedovo**, la **vedova** ['ve:dovo, 've:dova] *n* ■ La **vedova** si è risposata molto presto.	o **viúvo**, a **viúva** ■ A **viúva** se casou de novo muito rápido.
la **generazione** [dʒenera'tsjo:ne] *n* ■ Gli Abba sono uno dei miti della mia **generazione**.	a **geração** ■ O Abba é um dos mitos da minha **geração**.
la **gravidanza** [gravi'dantsa] *n* ■ In **gravidanza** è meglio non prendere medicinali.	a **gravidez** ■ Durante a **gravidez**, é melhor não ingerir medicamentos.
(rimanere) incinta [(rima'ne:re) in'tʃinta] *loc* ▶ *v irr* p. 411 rimanere ■ Tre mesi dopo il matriomonio **è rimasta incinta**.	**(ficar) grávida** ■ Três meses depois do casamento ela ficou **grávida**.
la **pubertà** [puber'ta] *n* ■ La **pubertà** è un periodo difficile per i ragazzi e i loro genitori.	a **puberdade** ■ A **puberdade** é um período difícil para os jovens e seus pais.
la **crisi di mezza età** ['kri:zi di mɛd'dza ɛ'ta] *n* ■ È in piena **crisi di mezza età**.	a **crise da meia-idade** ■ Está em plena **crise da meia-idade**.
gli **anziani** [a'ntsja:ni] *n pl* ■ Ci sono sconte per **anziani**?	os **idosos** ■ Há desconto para **idosos**?
il **cordoglio** [kor'dɔʎʎo] *n* ■ Ho espresso il mio **cordoglio** alla vedova.	as **condolências**, os **pêsames** ■ Dei meus **pêsames** à viúva.

il **cadavere** [kaˈdaːvere] *n* ■ La polizia non ha ancora identificado il **cadavere** trovato nell'auto.	o **cadáver** ■ A polícia ainda não identificou o **cadáver** encontrado no carro.
ereditare [erediˈtaːre] *v* ■ **Ha ereditato** una fortuna.	**herdar** ■ **Herdou** uma fortuna.
il **testamento** [testaˈmento] *n* ■ Prima di morire ha fatto **testamento**.	o **testamento** ■ Ele fez um **testamento** antes de morrer.

Percepções, comunicação e atividades

Pensar e sentir

Pensamentos

il **pensiero** [pen'sjɛːro] *n* ■ Al solo **pensiero** mi viene la pelle d'oca.	o **pensamento**, a **ideia** ■ Só a **ideia** já me dá arrepios.
pensare [pen'saːre] *v* ■ **Penso** sempre a lei. ■ Fammici **pensare**.	**pensar** ■ Sempre **penso** nele. ■ Deixe-me **pensar**.

➜ A expressão **pensarci (su)** significa **pensar/refletir a respeito/no assunto**.

pensare di [pen'saːre di] *n* ■ Potremmo andare al cinema, che ne **pensi**?	**achar** ■ Podemos ir ao cinema, o que você **acha**?
il **ricordo** [ri'kɔrdo] *n* ■ Abbiamo molti **ricordi** in comune.	a **lembrança**, a **recordação** ■ Temos muitas **lembranças** em comum.
ricordare [rikor'daːre] *v* ■ Quel tipo mi **ricorda** qualcuno. ■ **Ricordati** di mandarmi una cartolina dalla Calabria. ■ Non **ricordo** dove ci siamo incontrate.	**lembrar, recordar** ■ Aquele cara me **lembra** alguém. ■ **Lembre-se** de me mandar um cartão-postal da Calábria. ■ Não **me lembro** de onde nos conhecemos.
ricordarsi di [rikor'darsi di] *v* ■ Mi **ricordo** confusamente **di** lui.	**lembrar-se, recordar-se** ■ **Lembro-me** vagamente dele.
dimenticare [dimenti'kaːre] *v* ■ Non **dimenticare** quello che ti ho detto.	**esquecer(-se)** ■ Não **esqueça** do que eu lhe disse.
dimenticarsi di [dimenti'karsi di] *v* ■ **Si dimentica** sempre **di** chiudere la porta a chiave.	**esquecer-se** ■ Ele sempre **se esquece** de trancar a porta à chave.

sembrare [sem'bra:re] *v*
- **Sembra** proprio che sia andata così.
- Mi **sembra** di conoscerlo.

parecer, achar, acreditar
- **Parece** que foi bem assim.
- **Acho** que eu o conheço

➡ Depois de verbos e expressões que enunciem uma opinião, uma suposição, uma possibilidade, uma convicção ou algo semelhante, o verbo da oração subordinada deve ser conjugado no modo subjuntivo.

la **speranza** [spe'rantsa] *n*
- Non so più cosa fare. Lei è la mia ultima **speranza**.

a esperança
- Não sei mais o que fazer. Ela é a minha última **esperança**.

sperare [spe'ra:re] *v*
- Sei stata promossa? – **Speriamo** di sì!

esperar
- Foi aprovada? – **Esperamos** que sim!

supporre [su'pporre] *v*
▶ *v irr* p. 410 porre
- **Suppongo** che tu non l'abbia chiamata.
▶ sembrare p. 53

supor

- **Suponho** que você não a tenha chamado.

possibile [po'ssi:bile] *adj, adv*
- Dobbiamo prendere in considerazione tutte le soluzioni **possibili**.
- Torna a casa prima **possibile**.

possível
- Temos de levar em consideração todas as soluções **possíveis**.
- Volte para casa o mais cedo **possível**.

impossible [impo'ssi:bile] *adj*
- È **impossibile**, non ci credo!
▶ impaziente p. 20

impossível
- É **impossível**, não acredito!

forse ['forse] *adv*
- Vieni anche tu stasera? – **Forse**!

talvez
- Você também vem hoje à noite? – **Talvez**!

l'**impressione** [impres'sjo:ne] *n f*
- Spero di aver fatto una buona **impressione**.

a impressão
- Espero ter causado uma boa **impressão**.

Pensamentos

considerare [kɔnsideˈraːre] *v*
- La sua reazione non è sorprendente, se si **considera** che ha solo 15 anni.
- Bisogna **considerare** i vantaggi e gli svantaggi.
- È **considerato** uno dei migliori musicisti viventi.

considerar, levar em conta
- A sua reação não é surpreendente, se se **levar em conta** que tem apenas 15 anos.
- É preciso **considerar** as vantagens e desvantagens.
- É **considerado** um dos melhores músicos vivos.

immaginare [immadʒiˈnaːre] *v*
- **Immagina** di essere su un'isola deserta.
- Non mi **sarei** mai **immaginato** di riuscire a vincere.

imaginar
- **Imagine** estar numa ilha deserta.
- Nunca **imaginei** que pudesse vencer.

immaginarsi [immadʒiˈnarsi] *v*
- **Immaginatevi** una Milano di tre secoli fa.

imaginar
- **Imagine** a Milão de três séculos atrás.

→ **imaginar** também significa **figurarsi**, mas esse verbo é usado sobretudo nas expressões **figurati**, **si figuri** e **figuriamoci**, que, a depender do contexto, podem ser traduzidas como por **mas é claro** ou **claro que não**.

chiedersi [ˈkjɛːdersi] *v*
▶ v irr p. 406 chiedere
- Mi **chiedo** dove sia finito il giornale che ho comprato ieri.

perguntar-se, questionar-se

- **Pergunto-me** onde estaria o jornal que comprei ontem.

accorgersi [aˈkkɔrdʒersi] *v*
▶ v irr p. 405 accorgersi
- Ti sei **accorto** che hai un calzino nero e uno blu?

notar, perceber

- Você **percebeu** que vestiu uma meia preta e outra azul?

aspettarsi [aspeˈttarsi] *v*
- Da te non me l'**aspettavo**!
- Tutti si **aspettavano** che chiedesse scusa.

esperar
- Eu não **esperava** isso de você!
- Todos **esperavam** que ele se desculpasse.

riconoscere [rikoˈnoʃʃere] *v*
▶ v irr p. 406 conoscere
- Ma come, non mi **riconosci**? Sono Elena.

reconhecer

- Mas como você não me **reconhece**? Sou Elena.

ritenere [riteˈneːre] *v*
▶ v irr p. 412 tenere
- Se lo **ritenete** necessario, sono pronto ad andarci.

achar, tomar por

- Se **acharem** necessário, estou pronto para ir embora.

l'apparenza [appaˈrɛntsa] *n f* ■ L'**apparenza** inganna.	a aparência ■ A **aparência** engana.
meravigliarsi [meraviʎˈʎarsi] *v* ■ Non **mi meraviglierei** più di tanto se venisse anche lui.	admirar-se, maravilhar-se ■ Eu não **me admiraria** tanto se ele viesse também.
consapevole [konsaˈpeːvole] *adj* ■ Siamo **consapevoli** del nostro errore.	consciente ■ Estamos **conscientes** do nosso erro.
prevedere [preveˈdeːre] *v* ▶ v irr p. 413 vedere ■ Non possiamo **prevedere** il futuro. ■ Gli esperti **prevedono** un miglioramento della situazione.	prever ■ Não podemos **prever** o futuro. ■ Os especialistas **preveem** uma melhora da situação.
probabile [proˈbaːbile] *adj* ■ È **probabile** che sia stato lui a rubare il quadro.	provável ■ É **provável** que tenha sido ele que roubou o quadro.
soprappensiero [soprappenˈsjɛːro] *adv* ■ La stava ascoltando **soprappensiero**.	distraidamente ■ Ele a ouvia **distraidamente**.
le assurdità [assurdiˈta] *n pl* ■ Ma non dire **assurdità**.	o absurdo ■ Mas não diga **absurdos**!

Sentimentos

il sentimento [sentiˈmento] *n* ■ L'amore è un **sentimento** molto forte.	o sentimento ■ O amor é um **sentimento** muito forte.
provare [proˈvaːre] *v* ■ Non **provo** più niente per lui.	sentir ■ Não **sinto** mais nada por ele.
la felicità [felitʃiˈta] *n* ■ Ti auguriamo tutta la **felicità** del mondo.	a felicidade ■ Nós lhe desejamos toda a **felicidade** do mundo.
felice [feˈliːtʃe] *adj* ■ Siamo una famiglia **felice**.	feliz ■ Somos uma família **feliz**.

Sentimentos

infelice [infeˈliːtʃe] *adj*
- Rita, cosa ti rende così **infelice**?
▶ impaziente p. 20

infeliz
- Rita, o que a deixa tão **infeliz**?

---

l'**allegria** [alleˈgriːa] *n f*
- La sua **allegria** è contagiosa.

a **alegria**
- A sua **alegria** é contagiante.

---

contento, contenta [konˈtɛnto, konˈtɛnta] *adj*
- Siamo veramente **contenti** di rivederla.

contente
- Estamos realmente **contentes** em revê-la.

---

essere contento, essere contenta [ˈɛssere konˈtɛnto, ˈɛssere konˈtɛnta] *loc*
- Suo padre è molto **contento** che sia venuta.

estar contente
- Seu pai **está** muito **contente** que você tenha vindo.

---

la **gioia** [ˈdʒɔːja] *n*
- Era pazzo di **gioia**.

a **alegria**
- Estava fora de si de **alegria**.

---

il **sorriso** [sorˈriːso] *n*
- Non essere così triste, fammi un **sorriso**.

o **sorriso**
- Não fique tão triste, dê-me um **sorriso**.

---

sorridere [sorˈriːdere] *v*
▶ v irr p. 410 ridere
- Quando gli ho detto che mi piaceva, **ha sorriso**.
- Che bel bambino e come **sorride** a tutti.

sorrir
- Quando eu disse que gostava dele, ele **sorriu**.
- Que bela criança, **sorri** para todo mundo.

---

le **risate** [riˈsaːte] *n pl*
- Non riuscivano a trattenere le **risate**.

a **risada**, o **riso**
- Não conseguiam conter o **riso**.

---

ridere [ˈriːdere] *v*
▶ v irr p. 410 ridere
- Le sue barzellette non mi fanno **ridere**.

rir
- Suas piadas não me fazem **rir**.

---

piangere [ˈpjandʒere] *v*
▶ v irr p. 410 piangere
- Perchè **piangi**?

chorar
- Por que você está **chorando**?

Sentimentos 57

il piacere [pja'tʃeːre] *n*
- Che **piacere** sentirti dopo tanto tempo!
- Mi fai un **piacere**?

o prazer, a gentileza, o favor
- Que **prazer** ouvir você depois de tanto tempo!
- Você me faz um **favor**?

piacere [pja'tʃeːre] *v*
- ▶ v irr p. 410 piacere
- Gli **piace** quella ragazza.
- Mi **piacciono** gli spaghetti al pomodoro.
- Ti **piace** sciare?

gostar, agradar

- Ele **gosta** daquela mulher.
- Eu **gosto** de espaguete com molho de tomate.
- Você **gosta** de esquiar?

piacevole [pja'tʃeːvole] *adj*
- C'è un **piacevole** venticello.

agradável
- Está um ventinho **agradável**.

spiacevole [spja'tʃeːvole] *adj*
- Vorrei evitare **spiacevoli** sorprese.

desagradável
- Eu queria evitar surpresas **desagradáveis**.

dispiacere [dispja'tʃeːre] *v*
- ▶ v irr p. 410 piacere
- Mi **dispiace** domani sono già impegnata.
- Le **dispiace** se fumo?

sentir muito, incomodar

- **Sinto muito**, amanhã já tenho compromisso.
- **Incomoda-o** se eu fumar?

➡ Em expressões fixas como **ti dispiace, vi dispiacerebbe, se non le dispiace**, o verbo **dispiacere** pode significar **incomodar, perturbar** ou **ter algo contra**.

dispiacersi [dispja'tʃersi] *v*
- ▶ v irr p. 410 piacere
- Sono il primo che si è **dispiaciuto** per quello che è sucesso.

lamentar

- Sou o primeiro a **lamentar** o que aconteceu.

purtroppo [pur'trɔppo] *adv*
- **Purtroppo** oggi piove.

infelizmente
- **Infelizmente** hoje está chovendo.

preferito, preferita [prefe'riːto, prefe'riːta] *adj*
- È la mia attrice **preferita**.

preferido, favorito

- É a minha atriz **favorita**.

preferire [prefe'riːre] *v*
- **Preferisci** il mare o la montagna?

preferir
- Você **prefere** a praia ou as montanhas?

non sopportare [non soppor'ta:re] *v*
- **Non sopporto** le persone che parlano troppo.

não suportar
- **Não suporto** as pessoas que falam demais.

essere stufo di, essere stufa di ['ɛssere 'stu:fo di, 'ɛssere 'stu:fa di] *loc*
- **Siamo stufi di** alzarci ogni mattina alle sei.

estar farto/farta, estar cansado/cansada
- **Estamos fartos** de acordar toda manhã às seis.

la **sorpresa** [sor'pre:sa] *n*
- Che **sorpresa**! Non mi aspettavo di incontrarti qui.

a surpresa
- Que **surpresa**! Não esperava encontrá-lo aqui.

sorprendere [sor'prɛndere] *v*
▶ v irr p. 410 prendere
- Riesci sempre a **sorprendermi**.
▶ sembrare p. 53

surpreender
- Você sempre consegue me **surpreender**.

soddisfatto, soddisfatta [soddis'fatto, soddis'fatta] *adj*
- Ha funzionato tutto alla perfezione, siamo estremamente **soddisfati**.

satisfeito
- Tudo funcionou com perfeição, estamos extremamente **satisfeitos**.

insoddisfatto, insoddisfatta [insoddis'fatto, insoddis'fatta] *adj*
- È sempre **insoddisfatta**.

insatisfeito, insatisfeita
- Está sempre **insatisfeita**.

la **paura** [pa'u:ra] *n*
- Mamma, ho **paura** del buio, accendi la luce!

o **medo**
- Mamãe, tenho **medo** do escuro, acenda a luz!

preoccupato, preoccupata [preokku'pa:to, preokku'pa:ta] *adj*
- Tua madre era molto **preoccupata** perchè non siete tornati.

preocupado, preocupada
- Sua mãe estava muito **preocupada** porque vocês não tinham voltado.

preoccuparsi [preokku'parsi] *v*
- Non è nienti di grave, non **si preoccupi**!

preocupar-se
- Não é nada grave, não **se preocupe**!

la **tristezza** [tris'tettsa] *n*
- La **tristezza** è spesso legata alla perdita di qualcosa o di qualcuno.

a **tristeza**
- A **tristeza** com frequência está ligada à perda de alguma coisa ou de alguém.

Sentimentos

> ➡ **Che tristezza!** é algo que se diz, por exemplo, quando se se encontra num ambiente ou numa situação lamentável.

triste ['triste] *adj*
- Non essere **triste**, vedrai che ritroviamo la tua bambola.

triste
- Não fique **triste**, você vai ver que encontraremos sua boneca.

solo, sola ['so:lo, 'so:la] *adj*
- Mi sento un po' **sola** stasera, quasi telefono ad Andrea.

só, sozinho, sozinha
- Eu me sinto um tanto **sozinha** esta noite, quase ligo para Andrea.

terribile [te'rri:bile] *adj*
- Vivono in un posto **terribile**, dove c'é sempre nebbia.

horrível, terrível
- Eles vivem num lugar **horrível**, onde sempre tem neblina.

orribile [o'rri:bile] *adj*
- Fa un tempo **orribile**.

horrível
- Está fazendo um tempo **horrível**.

la sensazione [sensa'tsjo:ne] *n*
- Ho la **sensazione** che lui non mi ami piú.

a sensação
- Tenho a **sensação** de que ele não me ama mais.

l'ammirazione [ammira'tsjo:ne] *n f*
- Provo molta **ammirazione** per lui.

a admiração
- Tenho muita **admiração** por ele.

ammirare [ammi'ra:re] *v*
- Vi **ammiriamo** per il vostro coraggio.

admirar
- **Admiramos** vocês por sua coragem.

l'entusiasmo [entu'zjazmo] *n m*
- Sei sempre così piena di **entusiasmo**.

o entusiasmo
- Você está sempre tão cheia de **entusiasmo**.

entusiasta [entu'zjasta] *adj; f inv*
- Siamo **entusiasti** della nostra vacanza in Val d'Aosta.

entusiasmado
- Estamos **entusiasmados** com nossas férias no Vale de Aosta.

> ➡ Há adjetivos cuja forma singular tanto masculina quanto feminina termina em **-a**. O plural masculino termina em **-i**, e o feminino, em **-e**.

agitato, agitata [adʒi'ta:to, adʒi'ta:ta] *adj*
- Era troppo **agitata** per dormire.

agitado, agitada
- Estava **agitada** demais para dormir.

eccitante [ettʃi'tante] *adj*
- Viaggiare in moto, che sensazione **eccitante**!

estimulante, excitante, empolgante
- Viajar de moto, que **empolgante**!

Sentimentos

agressivo, agressiva [aggreˈssiːvo, aggreˈssiːva] *adj* ▪ È molto **aggressivo**, litiga con tutti.	agressivo, agressiva ▪ Ele é muito **agressivo**, briga com todos.
la **noia** [ˈnɔːja] *n* ▪ Qui si muore di **noia**.	o tédio ▪ Aqui se morre de **tédio**.
noiosa, noiosa [noˈjoːso, noˈjoːsa] *adj* ▪ Che **noioso** questo film, cerca qualcosa di più divertente.	tedioso, tediosa, chato, chata ▪ Que filme **chato**, procure algo mais divertido.
annoiarsi [annoˈjarsi] *v* ▪ **Mi sto annoiando** a morte, andiamo da un'altra parte.	entediar-se, estar com tédio ▪ **Estou com** um **tédio** de morte, vamos para algum outro lugar.
la **delusione** [deluˈzjoːne] *n* ▪ In questi ultimi anni ha avuto molte **delusioni**.	a decepção, a desilusão ▪ Nestes últimos anos ele teve muitas **decepções**.
deludere [deˈluːdere] *v* ▶ *v irr* p. 407 deludere ▪ Il governo ci **ha delusi**.	decepcionar-se ▪ O governo **nos decepcionou**.
grato, grata [ˈgraːto, ˈgraːta] *adj* ▪ Ti sono **grata** dell'aiuto che mi hai dato.	grato, grata, agradecido, agradecida ▪ Eu lhe sou **grata** pela ajuda que você me deu.
sorprendente [sorprenˈdɛnte] *adj* ▪ È **sorprendente** che sia arrivato così lontano con questa macchina. ▶ sembrare p. 53	surpreendente, espantoso ▪ É **espantoso** que tenha chegado tão longe com esse carro.
lo **spavento** [spaˈvɛnto] *n* ▪ Mi sono preso uno **spavento** terribile.	o susto ▪ Levei um **susto** enorme.
spaventarsi [spavenˈtarsi] *v* ▪ Si **spaventa** per un nonnulla.	assustar-se ▪ **Assusta-se** por qualquer coisa.
la **compassione** [kompaˈssjoːne] *n* ▪ Ho provato **compassione** per lei.	a compaixão ▪ Tive **compaixão** por ela.

Sentimentos

strano, strana [ˈstraːno, ˈstraːna] *adj* — estranho, estranha
- Sentite anche voi questo **strano** odore?
- È uno **strano** caso.

- Estão sentindo este cheiro **estranho**?
- É um caso **estranho**.

la vergogna [verˈɡoɲɲa] *n* — a vergonha
- È arrossita per **vergogna**.
- Sarebbe una **vergogna** se non chiedessero scusa.

- Ela ficou vermelha de **vergonha**.
- Seria uma **vergonha** se não pedissem desculpas.

vergognarsi [verɡoɲˈɲarsi] *v* — envergonhar-se
- Ma non ti **vergoni**?

- Mas você não **se envergonha**?

fare schifo a [ˈfaːre ˈskiːfo a] *loc* — enojar, dar nojo
- I ragni **mi fanno schifo**.

- Aranhas me **dão nojo**.

→ **Che schifo!** significa **Que nojo!**

il dubbio [ˈdubbjo] *n* — a dúvida
- Sono stati loro, no **ho dubbi**.

- Foram eles, não tenho **dúvidas**.

→ **senza dubbio** ou também **senza alcun dubbio** significa **sem dúvida**.
→ O plural masculino de adjetivos e substantivos terminados em **-io** é formado pela substituição da terminação por **-i**.

dubitare [dubiˈtaːre] *v* — duvidar
- **Dubito** che riesca a finir il lavoro per domani.
- Non **dubitiamo** della sua sincerità.
▶ sembrare p. 53

- **Duvido** que consiga terminar o trabalho até amanhã.
- Não **duvidamos** da sinceridade dele.

commuovere [komˈmwɔːvere] *v* — comover, tocar
▶ v irr p. 409 muovere
- Le tue parole l'hanno **commosso**.

- Suas palavras o **comoveram**.

sentire la mancanza [senˈtiːre la maŋˈkantsa] *loc* — sentir (a) falta
- Se n'è appena andata e io **sento** già **la sua mancanza**.

- Mal ela partiu, e já **sinto** sua **falta**.

→ Para **sinto a sua falta!** diz-se frequentemente: **Mi manchi!**

invidiare [inviˈdjaːre] *v* — invejar
- Le **invidio** la sua forza di volontà.

- **Invejo** sua força de vontade.

il **dispiacere** [dispja'tʃeːre] n ▪ Ho accettato l'invito per non dare un **dispiacere** a mio padre.	o **desprazer**, o **desgosto** ▪ Aceitei o convite para não dar um **desgosto** a meu pai.
la **lacrima** ['laːkrima] n ▪ Luisa ha gli occhi pieni di **lacrime**.	a **lágrima** ▪ Luisa está com olhos cheios de **lágrimas**.
disperato, disperata [dispeˈraːto, dispeˈraːta] adj ▪ Sono **disperato**, no so più cosa fare. ▪ Purtroppo no c'è più niente da fare, è un caso **disperato**.	**desesperado, desesperada, sem esperanças** ▪ Estou **desesperado**, não sei mais o que fazer. ▪ Infelizmente não há mais nada a fazer, é um caso **sem esperanças**.
il **destino** [desˈtiːno] n ▪ Era **destino** che le cose andassero così.	o **destino** ▪ Era o **destino** que as coisas fossem assim.
inquietante [iŋkujeˈtante] adj ▪ Mia sorella mi ha racontato una storia **inquietante**.	**estranho, inquietante, perturbador** ▪ Minha irmã me contou uma história **perturbadora**.

Impressões dos sentidos

vedere [veˈdeːre] v ▶ v irr p. 413 vedere ▪ Che buio, accendi la luce, non **vedo** niente!	**ver, enxergar** ▪ Que escuro! Acenda a luz, não **vejo** nada!
guardare [ɡuarˈdaːre] v ▪ **Guarda** che bel tramonto! ▪ Se hai voglia possiamo **guardare** le foto del nostro viaggio in Umbria. ▪ Accidenti, non trovo più le chiavi della macchina. – Hai **guardato** anche nelle tasche del cappotto?	**olhar** ▪ **Olhe** que belo pôr do sol! ▪ Se você quiser, podemos **olhar** as fotos de nossa viagem para a Úmbria. ▪ Droga, não acho as chaves do carro. – Você **olhou** no bolso do casaco também?
l'**occhiata** [oˈkkjaːta] n f ▪ Dai un'**occhiata** in cucina se è tutto pronto, gli ospiti stanno per arrivare.	a **olhada** ▪ Dê uma **olhada** na cozinha para ver se está tudo pronto, os convidados estão para chegar.

sentire [sen'ti:re] v

▶ v irr p. 411 sentire
- Per favore parli piú forte, non **sento** niente.
- **Senti** quant'è morbido questo tessuto.
- **Senti** questo odore anche tu?

sentir, ouvir

- Por favor, fale mais alto, não **ouço** nada.
- **Sinta** como é macio este tecido.
- Você também **sente** este cheiro?

il **rumore** [ru'mo:re] n
- Cos'è stato quel **rumore**?
- Con questo **rumore** non riesco a lavorare.

o **ruído**, o **barulho**
- O que foi aquele **barulho**?
- Com esse **barulho** não consigo trabalhar.

toccare [tok'ka:re] v
- Il bambino vuole **toccare** tutto quello che vede.

tocar
- A criança quer **tocar** em tudo o que vê.

l'**odore** [o'do:re] n m
- Non mi piace questo **odore**.

o **cheiro**, o **odor**
- Não gosto desse **cheiro**.

avere odore [a've:re o'do:re] loc
- Secondo te questa pianta **ha** un buon **odore**?

ter cheiro
- Você acha que essa planta **tem cheiro** bom?

il **profumo** [pro'fu:mo] n
- Mi piace sentire il **profumo** dell'erba appena tagliata.

o **aroma**, o **perfume**
- Gosto de sentir o **aroma** de grama recém-cortada.

il **senso** ['sɛnso] n
- L'uomo ha cinque **sensi**.

o **sentido**
- O ser humano tem cinco **sentidos**.

➡ **senso** tem uma série de significados diferentes, a maior parte equivalente aos do termo **sentido** em português. Além disso, **senso** também significa sentimento, como em **senso di colpa** – sentimento de culpa –, e orientação, como em **strada a senso único** – uma rua de mão única (de único sentido).

il **tatto** ['tatto] n
- Il **tatto** è il primo senso che si sviluppa nei neonati.

o **tato**
- O **tato** é o primeiro sentido que se desenvolve nos recém-nascidos.

l'**olfatto** [ol'fatto] n m
- L'**olfatto** è il senso con cui si percepiscono gli odori.

o **olfato**
- O **olfato** é o sentido com o qual são percebidos os odores.

il **gusto** [ˈgusto] *n*
- Il **gusto** è il senso attraverso il quale percepiamo i sapori dei cibi.

o **gosto**, o **paladar**
- O **paladar** é o sentido pelo qual percebemos os sabores da comida.

la **vista** [ˈvista] *n*
- Ha quasi la **vista** di un'aquila.

a **visão**
- Ele tem uma **visão** quase de águia.

l'**udito** [uˈdiːto] *n m*
- Il nonno ha problemi di **udito**.

a **audição**
- O vovô tem problemas de **audição**.

osservare [osserˈvaːre] *v*
- Se **osserviamo** la stelle ne vediamo alcune più luminose.

observar
- Se **observarmos** as estrelas, veremos que algumas são mais luminosas.

puzzare [puˈttsaːre] *v*
- Il tagliere **puzza** di cipolla.

cheirar mal, feder
- A tábua de cortar **fede** a cebola.

Situações de fala

Conversas

il **discorso** [disˈkorso] *n*
- Si è seduto di fianco a me e ha cercato di attacare **discorso**.
- Il presidente vuole fare un **discorso**.

a **conversa**, o **discurso**
- Ele sentou ao meu lado e tentou começar uma **conversa**.
- O presidente quer fazer um **discurso**.

parlare [parˈlaːre] *v*
- Lei **parla** anche lo spagnolo?
- Abbiamo **parlato** di politica per due ore.

falar
- Você também **fala** espanhol?
- **Falamos** de política por duas horas.

dire [ˈdiːre] *v*
- ▶ v irr p. 408 dire
- Non ho capito cos'**ha detto**. Può ripetere, per favore?

dizer
- Não entendi o que o senhor **disse**. Poderia repetir, por favor?

raccontare [rakkonˈtaːre] *v*
- Allora **raccontaci** come va il lavoro.

contar, narrar
- Então, **conte**-nos como está o trabalho.

chiamare [kjaˈmaːre] *v*
- Il cane non viene quando io **chiamo**.

chamar
- O cachorro não vem quando eu **chamo**.

il **silenzio** [siˈlɛntsjo] *n*
- In chiesa c'è sempre **silenzio**.
- C'era un **silenzio** imbarazzante.

o **silêncio**
- Na igreja, há sempre **silêncio**.
- Havia um **silêncio** constrangedor.

➡ Com a exclamação **silenzio!**, pede-se a alguém que se cale. Do mesmo modo que em português *O silêncio é ouro, a palavra é prata*, tem-se o italiano: **Il silenzio è d'oro, la parola d'argento**.

silenzioso, silenziosa [silenˈtsjoːso] *adj*
- Perché sei sempre così **silenzioso** quando ci sono i miei?

silencioso, quieto
- Por que você é sempre assim **quieto** quando meus pais estão aqui?

zitto, zitta [ˈtsitto, ˈtsitta] *adj*
- State **zitti**, per favore!

quieto, quieta
- Fiquem **quietos**, por favor!

la **dichiarazione** [dikjaraˈtsjoːne] *n*
- Questo pomeriggio il ministro fa una **dichiarazione** alla televisione.

a **declaração**
- Esta tarde o ministro fará uma **declaração** na televisão.

dichiarare [dikjaˈraːre] *v*
- Il presidente **ha dichiarato** che la situazione economica sta migliorando.

declarar
- O presidente **declarou** que a situação econômica está melhorando.

il **messaggio** [meˈssaddʒo] *n*
- Ha ricevuto il mio **messaggio**?
▶ **dubbio** p. 61

a **mensagem**
- Você recebeu minha **mensagem**?

sapere [saˈpeːre] *v*
▶ *v irr* p. 411 sapere
- Abbiamo **saputo** della morte di tuo zio.

saber
- Ficamos **sabendo** da morte de seu tio.

fare sapere [ˈfaːre saˈpeːre] *loc*
▶ *v irr* p. 409 fare
- Mi **faccia sapere** quando ha deciso.

fazer saber, avisar
- **Avise**-me quando tiver decidido.

avvertire [avverˈtiːre] v ▶ v irr p. 408 divertire ▪ Qualcuno **ha avvertito** Ivano? ▪ Hai fatto di testa tua, ma io ti avevo **avvertito**.	**advertir, avisar** ▪ Alguém **avisou** Ivano? ▪ Você fez do seu jeito, mas eu o **adverti**.
l'**osservazione** [osservaˈtsjoːne] n f ▪ Bianca ha fatto un'**osservazione** intelligente.	a **observação** ▪ Bianca fez uma **observação** inteligente.
menzionare [mentsjoˈnaːre] v ▪ Nell'enciclopedia questo scrittore non viene neppure **menzionato**.	**mencionar** ▪ Esse escritor não é sequer **mencionado** na enciclopédia.
l'**espressione** [espresˈsjoːne] n f ▪ Non conosco l'**espressione** "fare quattro chiacchiere".	a **expressão** ▪ Não conheço a **expressão** "bater um papinho".
esprimere [eˈspriːmere] v ▶ v irr p. 408 esprimere ▪ Un aggettivo **esprime** una qualità.	**expressar, exprimir** ▪ Um adjetivo **expressa** uma qualidade.
esprimersi [eˈspriːmersi] v ▶ v irr p. 408 esprimere ▪ Non riesce ancora ad **esprimersi** in italiano.	**expressar-se, exprimir-se** ▪ Ele ainda não consegue **se expressar** em italiano.
la **comunicazione** [komunikaˈtsjoːne] n ▪ Ho ricevuto una **comunicazione** dalla scuola.	o **comunicado** ▪ Recebi um **comunicado** da escola.
comunicare [komuniˈkaːre] v ▪ C'era tanto rumore che dovevamo **comunicare** a gesti. ▪ La banca **ha comunicato** ai clienti di aver aumentato gli interessi.	**comunicar** ▪ Havia tanto barulho que tivemos de nos **comunicar** por gestos. ▪ O banco **comunicou** aos clientes o aumento dos juros.
sottolineare [sottolineˈaːre] v ▪ Il ministro **ha sottolineato** che le tasse non aumenteranno.	**sublinhar, ressaltar** ▪ O ministro **ressaltou** que os impostos não vão subir.
chiachierare [kjakkjeˈraːre] v ▪ Ho **chiachierato** per ore con Marina.	**conversar** ▪ **Conversei** por horas com Marina.

tacere [taˈtʃeːre] v ▶ v irr p. 412 tacere ■ Non vuole parlare, continua a **tacere**.	**calar** ■ Ele não quer falar, continua **calado**.
sussurrare [sussuˈrraːre] v ■ Le **sussurrò** qualcosa all'orecchio.	**sussurrar** ■ **Sussurrou**-lhe algo no ouvido.
i **pettegolezzi** [pettegoˈlettsi] n pl ■ Ma non ti preoccupare, sono solo **pettegolezzi**.	a **fofoca** ■ Não se preocupe, são apenas **fofocas**.

Perguntas, pedidos e respostas

chiedere [ˈkjɛːdere] v ▶ v irr p. 406 chiedere ■ **Chiediamo** la strada al vigile. ■ Posso **chiederti** un favore? ■ I lavoratori **chiedono** il rispetto delle misure di sicurezza sul posto di lavoro.	**perguntar, pedir, exigir, demandar** ■ **Perguntemos** o caminho ao vigia. ■ Posso lhe **pedir** um favor? ■ Os trabalhadores **exigem** o respeito às medidas de segurança no ambiente de trabalho.

➡ Atenção: **perguntar a alguém** diz-se por **chiedere a qu**.

pregare [preˈgaːre] v ■ Vi **prego** restare ancora un po'!	**pedir** ■ **Peço**-lhes que fiquem mais um pouco!

➡ Diferentemente de **chiedere**, **pregare** caracteriza um pedido insistente, quase beirando o implorar. Um pedido insistente em italiano diz-se **preghiera**.

la **domanda** [doˈmanda] n ■ Rispondi quanto ti faccio una **domanda**. ■ Bisogna presentare **domanda** al comune.	a **pergunta**, o **pedido** ■ Responda quando lhe faço uma **pergunta**. ■ É preciso apresentar um **pedido** à comunidade.
la **richiesta** [riˈkjɛsta] n ■ Abbiamo rifiutato la sua **richiesta**. ■ Siamo pronti a soddisfare ogni sua **richiesta**.	o **pedido**, a **exigência** ■ Recusamos seu **pedido**. ■ Estamos prontos para satisfazer todas as suas **exigências**.
Come? [ˈkoːme] loc	**Como?**

Perguntas, pedidos e respostas

Prego! [ˈprɛːgo] *loc*	**Não há de quê.**

➡ **prego** se diz como resposta a **grazie**, ou quando alguém pede para entrar ou para se sentar, por exemplo: **Prego, si accomodi! – Por favor, queira se sentar.**

per favore [per faˈvoːre] *loc* ▪ Cameriere, il conto **per favore**.	**por favor** ▪ Garçom, a conta, **por favor**!

➡ Para expressar um desejo ou um pedido, diz-se **per favore, per piacere** ou **per cortesia**.

Potrebbe … ? [poˈtrɛbbe] *loc*	**O senhor/a senhora poderia … ?**
la **risposta** [risˈpondere] *n* ▪ Stiamo ancora aspettando una **risposta**.	a **resposta** ▪ Ainda estamos esperando uma **resposta**.
rispondere [risˈpondere a] *v* ▶ v irr p. 411 rispondere ▪ Alla domanda del giudice **ha risposto** di non saperne niente.	**responder** ▪ À pergunta do juiz, ele **respondeu** que não sabia de nada.
rispondere a qc. [risˈpondere a] *v* ▶ v irr p. 411 rispondere ▪ Devo **rispondere a** molte lettere.	**responder a algo** ▪ Tenho de **responder a** uma porção de cartas.
sì [si] *adv* ▪ Stai bene? – **Sì**, grazie. ▪ Non siete andati a scuola oggi? – Ma **sì** che ci siamo andati.	**sim** ▪ Você está bem? – **Sim**, obrigado. ▪ Vocês não foram à escola hoje? – **Sim**, claro que fomos.

➡ Dire di **sì** significa **dizer sim**; rispondere di **sì** (a una domanda) significa responder afirmativamente.

no [nɔ] *adv* ▪ Viene anche lei? – **No**, lei non viene.	**não** ▪ Ela também vem? – **Não**, ela não vem.

➡ Dire di **non** significa **dizer não**; rispondere di **non** (a una domanda) significa responder negativamente.

non [non] *adv* ▪ Perché **non** mi hai telefonato? – **Non** ho avuto tempo.	**não** ▪ Por que você **não** me telefonou? – **Não** tive tempo.

ringraziare [riŋgraˈtsjaːre] *v*
- Vi **ringrazio** per la vostra attenzione.
- Dobbiamo **ringraziare** per iscritto.

agradecer
- **Agradeço**-lhes por sua atenção.
- Temos de **agradecer** por escrito.

Grazie! [ˈgraːtsje] *loc*

Obrigado!

Tante grazie [ˈtante ˈgraːtsje] *loc*

Muito obrigado!

➡ **tante grazie** é empregado geralmente de maneira irônica, por exemplo, **Tante grazie, mi hai rovinato la serata! – Muito obrigado, você estragou a minha noite!**

Grazie mille! [ˈgraːtsje ˈmille] *loc*

Muitíssimo obrigado!

Di niente! [di ˈnjɛnte] *loc*

Não há de quê! De nada!

Non c'è di che! [non tʃɛ di ˈke] *loc*

Não há de quê!

la **promessa** [proˈmessa] *n*
- Le **promesse** vanno sempre mantenute.

a **promessa**
- **Promessas** são sempre cumpridas.

promettere [proˈmettere] *v*
▶ *v irr* p. 409 **mettere**
- Mi **avevi promesso** di portarmi fuori a cena stasera.

prometer
- Você **prometeu** me levar para jantar fora esta noite.

la **volontà** [volonˈta] *n*
- Non potete obbligarmi a farlo contro la mia **volontà**.
▶ **città** p. 17

a **vontade**
- Vocês não podem me obrigar a fazê-lo contra a minha **vontade**.

➡ **Le ultime volontà** significa **o último desejo**.

volere [voˈleːre] *v*
▶ *v irr* p. 413 **volere**
- **Vuoi** un'altra fetta di torta?

querer
- **Quer** outro pedaço de torta?

il **desiderio** [desiˈdɛːrjo] *n*
- Cercherò di soddisfare tutti i tuoi **desideri**.
▶ **dubbio** p. 61

o **desejo**
- Tentarei satisfazer todos os seus **desejos**.

desiderare [deside'ra:re] *v*
- Caro Babbo Natale, **desidero** ricevere una bambola.
- Buongiorno, **desidera**?

desejar
- Querido Papai Noel, **desejo** ganhar uma boneca.
- Bom dia. O que **deseja**?

realizzare [realid'dza:re] *v*
- Chissà se potrò mai **realizzare** il mio sogno di andare al polo nord.
- Il progetto è **statto realizzato** dal Comune.

realizar, executar, implementar
- Quem sabe se algum dia poderei **realizar** meu sonho de ir ao Polo Norte.
- O projeto **foi realizado** pelo município.

la **scusa** ['sku:za] *n*
- Ti ha almeno chiesto **scusa**?
- Ha sempre una **scusa** pronta.

a **desculpa**
- Ele ao menos lhe pediu **desculpas**?
- Sempre tem uma **desculpa** pronta.

scusare [sku'za:re] *v*
- Mi **scusi**, ho sbagliato numero.

desculpar
- **Desculpe**-me, disquei errado.

scusarsi [sku'zarsi] *v*
- Figurati, non c'è niente da **scusarsi**.

desculpar-se
- Imagine, não tem o que **se desculpar**.

(Mi) scusi! [(mi) 'sku:zi] *loc*

Desculpe-me!

➡ **(mi) scusi** diz-se para uma pessoa a quem dirigimos tratamento formal, **scusa(mi)** é para uma pessoa que tratamos informalmente e **scusate(mi)**, para mais pessoas.

perdonare [perdo'na:re] *v*
- Questa no te la **perdonerò** mai.

perdoar
- Eu nunca vou **perdoar** isso.

Permesso? [per'messo] *loc*

Com licença.

➡ Quando se tem a intenção de passar por alguém, ocupar um lugar vago ou adentrar a casa de outra pessoa, pede-se permissão dizendo **permesso?** ou **è permesso?**

Mi dispiace! [mi dis'pja:tʃe] *loc*

Eu sinto muito!

rinunciare [rinun'tʃa:re] *v*
- Purtroppo sono costretto a **rinunciare**.

renunciar
- Infelizmente sou forçado a **renunciar**.

assicurare [assiku'ra:re] *v*
- Ci **hanno assicurato** che non c'è fretta.

assegurar, garantir
- Eles nos **garantiram** que não há pressa.

la **garanzia** [garan'tsi:a] *n*
- Il prodotto ha tre anni di **garanzia**.

a **garantia**
- O produto tem três anos de **garantia**.

garantire [garan'ti:re] *v*
- Mi **ha garantito** la consegna per settembre.

garantir
- Ele me **garantiu** a entrega para setembro.

sicuramente [sikura'mente] *adv*
- Ti chiamerà **sicuramente**.

com certeza
- Ele lhe chamará **com certeza**.

l'**invito** [i'nvi:to] *n m*
- Mi è arrivata una raccomandata con l'**invito** a pagare entro una settimana.

a **exigência**
- Recebi uma carta registrada com a **exigência** de pagamento em uma semana.

invitare [invi'ta:re] *v*
- Il professore lo **ha invitato** tre volte a rispondere alla sua domanda.

convidar, intimar, exortar
- O professor o **intimou** três vezes a responder à sua pergunta.

Ordens e proibições

l'**ordine** ['ordine] *n m*
- Gli **ordini** li do io.

a **ordem**
- As **ordens** quem dá sou eu.

ordinare [ordi'na:re] *v*
- Mi **ha ordinato** di seguirlo.
- Il sindaco **ha ordinato** la chiusura del portone principale del Municipio.

ordenar, mandar
- Ele me **mandou** segui-lo.
- O prefeito **ordenou** que fechassem a entrada principal da prefeitura.

il **permesso** [per'messo] *n*
- Non potete uscire dall'aula senza il **permesso** dell'insegnante.

a **permissão**, a **autorização**
- Vocês não podem sair da sala de aula sem a **autorização** do professor.

permettere [per'mettere] *v*
▶ *v irr* p. 409 mettere
- I miei genitori non mi **permettono** di vederlo.
- **Permettetemi** di presentarmi.

- Non posso **permettere** che se ne vada così.
▶ **Permesso?** p. 70
▶ sembrare p. 53

permitir

- Meus pais não me **permitem** encontrá-lo.
- **Permitam-me** que eu me apresente.
- Não posso **permitir** que ela vá embora assim.

potere [po'te:re] v

▶ v irr p. 410 potere
- Mi dispiace ma qui voi no **potete** entrare.

poder

- Sinto muito, mas vocês não **podem** entrar aqui.

va bene [va 'bɛ:ne] loc
- Vado a comprare il pane. – **Va bene**!

tudo bem
- Vou comprar pão. – **Tudo bem!**

➡ Também em italiano se emprega a expressão okay, O.K., OK ou o.k.

il **divieto** [di'vjɛ:to] n
- Non hanno osservato il **divieto**.

a **proibição**
- Vocês não observaram a **proibição**.

vietato, vietata [vje'ta:to, vje'ta:ta] adj
- Qui è **vietato** fumare.

proibido, proibida
- Aqui **é proibido** fumar.

vietare [vje'ta:re] v
- Le autorità **hanno vietato** ai commercianti di vendere il prodotto.

proibir, vetar
- As autoridades **vetaram** os comerciantes de vender o produto.

impedire di [impe'di:re di] v
- Non puoi **impedire** a Luigi **di** andare da Elena.

impedir
- Você não pode **impedir** Luigi de ir à casa de Elena.

l'**autorizzazione** [autoriddza'tsjo:ne] n f
- Il Parlamento ha dato l'**autorizzazione** a utilizzare i dati.

a **autorização**
- O Parlamento deu **autorização** para o uso dos dados.

autorizzare [autori'ddza:re] v
- Chi vi **ha autorizzati** a leggere i file?

autorizar
- Quem lhes **autorizou** a ler os arquivos?

concedere [ko'ntʃɛ:dere] v

▶ v irr p. 406 concedere
- La banca gli **ha concesso** un mutuo.

dar, conceder

- O banco lhe **concedeu** um empréstimo.

insistere [in'sistere] v
- **Insiste** nel dire che non è colpa sua.

insistir
- Ele **insiste** em dizer que não é culpa dele.

obbligare [obbli'ga:re] v
- Nessuno ti **obbliga** a venire, se non vuoi.

obrigar
- Ninguém o **obriga** a ir se não quiser.

costringere [kosˈtrindʒere] *v* ▶ v irr p. 412 stringere ■ Mi ha minacciato con una pistola e mi **ha costretto** a consegnargli il portafoglio.	**obrigar, coagir, forçar** ■ Ele me ameaçou com uma pistola e me **obrigou** a passar a carteira.
incaricare [iŋkariˈkaːre] *v* ■ L'ho **incaricato** di versare dei soldi sul mio conto.	**encarregar** ■ Eu o **encarreguei** de transferir dinheiro para a minha conta.
ubbidire [ubbiˈdiːre] *v* ■ Bisogna sempre **ubbidire** alla mamma. ■ Se non **ubbidisci** agli ordini, verrai punito.	**obedecer, seguir** ■ É preciso sempre **obedecer** à mamãe. ■ Se não **obedecer** às ordens, você será punido.

➡ As variantes **ubbidire** e **obbedire** são intercambiáveis.

Discussão e concordância

l'opinione [opiˈnjoːne] *n f* ■ Mi sono fatto un'**opinione** in merito.	**a opinião** ■ Tenho uma **opinião** a respeito disso.
il parere [paˈreːre] *n* ■ Ognuno è liberto di esprimere il proprio **parere**.	**o parecer, a opinião** ■ Todos têm o direito de expressar seu próprio **parecer**.
secondo me [seˈkondo] *loc* ■ **Secondo me** è meglio che lo faccia lui.	**a meu ver, para mim** ■ **A meu ver**, é melhor que ele o faça.
il consiglio [koˈnsiːʎo] *n* ■ E tu cosa ne pensi? Dammi un **consiglio**. ▶ dubbio p. 61	**o conselho** ■ E você, o que acha? Dê-me um **conselho**.
consigliare [konsiʎˈʎaːre] *v* ■ Ti **consiglio** di chiamare un medico.	**aconselhar** ■ Eu o **aconselho** a chamar um médico.
il suggerimento [suddʒeriˈmento] *n* ■ Non ha seguito il nostro **suggerimento**.	**a sugestão, o conselho, a recomendação** ■ Ele não seguiu nossa **sugestão**.

Discussão e concordância

suggerire [sud'dʒeːriːre] *v*
- Mi **ha suggerito** di controllare il file.

sugerir, recomendar
- Ele me **recomendou** verificar os arquivos.

la proposta [pro'pɔsta] *n*
- Accetto la tua **proposta**, ma a una condizione.

a proposta
- Aceito a sua **proposta**, mas com uma condição.

proporre [pro'porre] *v*
▶ *v irr* p. 410 porre
- Ho un'idea da **proporvi**.

propor

- Tenho uma ideia a lhes **propor**.

accettare [attʃe'ttaːre] *v*
- **Hanno accettato** il tuo consiglio.

aceitar
- **Aceitaram** seu conselho.

approvare [appro'vaːre] *v*
- Il parlamento **ha approvato** il progetto di riforma.

aprovar
- O parlamento **aprovou** o projeto de reforma.

d'accordo [dak'kɔrdo] *loc*
- Vi veniamo a prendere alle 8. – **D'accordo**!

de acordo, combinado
- Pegaremos vocês às 8. – **De acordo**.

Va bene! [va 'bɛːne] *loc*

Tudo bem!

tollerare [tolle'raːre] *v*
- Non **tolleriamo** simili comportamenti.

tolerar
- Não **toleramos** esse tipo de comportamento.

convinto, convinta [ko'nvinto, ko'nvinta] *adj*
- È un **convinto** sostenitore delle riforme.

convicto, convicta, convencido, convencida
- Ele é um **convicto** apoiador das reformas.

convincere [kon'vintʃere] *v*
▶ *v irr* p. 413 vincere
- Questa versione dei fatti non mi **convince**.

convencer

- Esta versão dos fatos não me **convence**.

avere ragione [a'veːre ra'dʒoːne] *loc*
▶ *v irr* p. 406 avere
- Sì, niente da dire, **avete ragione**.

ter razão

- Sim, nada a dizer, vocês **têm razão**.

avere torto [a'veːre 'tɔrto] *loc*
▶ *v irr* p. 406 avere
- Non insistere, **hai torto**.

estar errado

- Não insista, você **está errado**.

Discussão e concordância

chiaro, chiara [ˈkjaːro, ˈkjaːra] *adj*
- Da come si comporta è **chiaro** che ha qualcosa in mente.

claro, clara
- Pelo modo como se comporta, é **claro** que tem algo em mente.

chiaro e tondo [ˈkjaːro e ˈtondo] *adv*
- Gliel'ho detto **chiaro e tondo**.

com todas as letras
- Eu lhe disse **com todas as letras**.

evidente [eviˈdɛnte] *adj*
- È **evidente** che non lo sa neanche il presidente.

evidente
- É **evidente** que nem mesmo o presidente sabe disso.

esatto, esatta [eˈzatto, eˈzatta] *adj*
- Queste sono le sue **esatte** parole.

exato
- Essas são suas palavras **exatas**.

l'importanza [imporˈtantsa] *n f*
- Il turismo ha grande **importanza** per l'economia italiana.

a importância
- O turismo tem muita **importância** para a economia italiana.

importante [imporˈtante] *adj*
- È una questione **importante**.

importante
- É uma questão **importante**.

→ Não existe um antônimo de **importante**. Para expressar que algo é pouco ou nada importante, emprega-se **senza importanza** ou **poco importante**.

la critica [ˈkriːtika] *n*
- Per fortuna la sua **critica** è stata costruttiva.

a crítica
- Por sorte sua **crítica** foi construtiva.

criticare [kritiˈkaːre] *adv*
- Perché non proponi qualcosa tu, invece di **criticare** e basta?

criticar
- Por que você não propõe alguma coisa, em vez de apenas **criticar**?

cioè [tʃoˈɛ] *adv*
- Ho invitato te e Sofia, **cioè** due persone.

isto é, ou seja
- Convidei você e Sofia, **ou seja**, duas pessoas.

per esempio [per eˈzɛmpjo] *adv*
- Non potrebbe andarci qualcun altro, tu **per esempio**?

por exemplo
- Não poderia ir outra pessoa? Você, **por exemplo**?

contro [ˈkontro]
- Sono **contro** l'aborto.

contra
- Sou **contra** o aborto.

Discussão e concordância

la **discussione** [diskusˈsjoːne] n
- Abbiamo avuto un'interessante **discussione** sull'energia nucleare.
- Voleva chiarire tutto con il marito, ma ne è nata una violenta **discussione**.

a **discussão**
- Tivemos uma **discussão** interessante sobre energia nuclear.
- Ela queria esclarecer tudo com o marido, mas o que se seguiu foi uma **discussão** violenta.

discutere [diˈskuːtere] v
▶ v irr p. 408 discutere
- **Hanno discusso** a lungo, ma non sono riusciti a mettersi d'accordo.
- Prima di cambiare lavoro vorrei **discuterne** con mio padre.

discutir, falar com
- **Discutiram** longamente, mas não chegaram a um acordo.
- Antes de mudar de emprego, quero **falar com** meu pai.

affermare [afferˈmaːre] v
- Gli scienziati **affermano** che sulla luna c'è l'acqua.

afirmar
- Os cientistas **afirmam** que existe água na lua.

riguardare [riguarˈdaːre] v
- Meno male che la riforma della scuola non ci **riguarda** più.
- Queste sono cose che non ti **riguardano**!

dizer respeito
- Felizmente a reforma escolar já não nos **diz** mais **respeito**.
- Essas são coisas que não lhe **dizem respeito**.

➡ Uma forma bastante empregada é **per quanto riguarda** – no que diz respeito a ... .

il **punto di vista** [ˈpunto di ˈvista] n
- Dal mio **punto di vista**, è giusto dargli un'altra possibilità.
- L'opera può essere interpretata da diversi **punti di vista**.

o **ponto de vista**
- Do meu **ponto de vista**, é justo dar a ele mais uma chance.
- A obra pode ser interpretada de diferentes **pontos de vista**.

l'**accordo** [aˈkkɔrdo] n m
- Governo e sindacati hanno raggiunto un **accordo**.
- I sindacati e i datori di lavoro sono giunti a un **accordo**.

o **acordo**
- Governo e sindicatos chegaram a um **acordo**.
- Os sindicatos e os empregadores chegaram a um **acordo**.

mettersi d'accordo [ˈmettersi daˈkkɔrdo] loc
▶ v irr p. 409 mettere
- Fabio e Giorgio **si sono messi d'accordo** per domani?

entrar em/num acordo, chegar a um acordo
- Fabio e Giorgio **chegaram a um acordo** sobre amanhã?

essere d'accordo [ˈɛssere dakˈkɔrdo] *loc* ▶ v irr p. 408 essere ■ Chi **è d'accordo** con la mia proposta? ■ Non **sono** affatto **d'accordo** con voi.	estar de acordo ■ Quem **está de acordo** com a minha proposta? ■ Não **estou** nem um pouco **de acordo** com vocês.
concordare [koŋkorˈdaːre] *v* ■ **Avevamo concordato** di limitare il periodo di prova a tre mesi.	concordar ■ **Concordamos** em reduzir o período de prova para três meses.
il **vantaggio** [vanˈtaddʒo] *n* ■ Abbiamo il **vantaggio** di abitare vicino alla metropolitana. ▶ dubbio p. 61	a vantagem ■ Temos a **vantagem** de morar perto do metrô.
lo **svantaggio** [zvanˈtaddʒo] *n* ■ Lo **svantaggio** di questo metodo è che richiede molto tempo. ▶ stato civile p. 19 ▶ dubbio p. 61	a desvantagem ■ A **desvantagem** desse método é que demanda muito tempo.
l'**esagerazione** [ezadʒeraˈtsjoːne] *n f* ■ È una delle sue solite **esagerazioni**.	o exagero ■ É um de seus **exageros** habituais.
esagerare [ezadʒeˈraːre] *v* ■ Adesso **stai esagerando**!	exagerar ■ Agora você está **exagerando**!

Solução de conflitos

la **lite** [ˈliːte] *n* ■ Abbiamo avuto una **lite**, ma abbiamo già fatto pace.	o desentendimento, a discussão ■ Tivemos uma **discussão**, mas já fizemos as pazes.
litigare [litiˈgaːre] *v* ■ **Litigo** spesso con mio fratello.	discutir ■ **Discuto** frequentemente com meu irmão.

la rabbia ['rabbja] n
- Che **rabbia**: piove e io ho appena steso la biancheria.
- Piangeva di **rabbia**, perché le avevano rubato la bici per la terza volta in due mesi.

a raiva, a ira
- Que **raiva**: está chovendo, e acabei de estender a roupa.
- Ela chorava de **raiva**, pois lhe roubaram bicicleta pela terceira vez em dois meses.

arrabiato, arrabiata [arra'bbja:to, arra'bbja:ta] adj
- Credo che sia **arrabbiato** con noi.

bravo, brava, zangado, zangada, irritado, irritada
- Creio que esteja **zangado** conosco.

arrabiarsi [arra'bbjarsi] v
- Non ti **arrabiare**, succede a tutti.

enraivecer-se, irritar-se, ficar com raiva
- Não **se irrite**, acontece com todo mundo.

fare arrabbiare ['fa:re arra'bbja:re] v
▶ v irr p. 409 fare
- La gente che porta il cane al parco giochi mi fa **arrabbiare** tantissimo.

irritar
- As pessoas que levam cachorro ao parque de diversões me **irritam** demais.

disturbare [distur'ba:re] v
- Non **disturbatemi** quando guido.

incomodar, atrapalhar
- Não **me incomode** enquanto dirijo.

prendersela ['prɛndersela] v
- **Se l'è presa** perché non sono andata a trovarlo in ospedale.

ficar chateado/chateada, levar a mal
- **Ficou chateado** porque eu não o visitei no hospital.

la lamentela [lamen'tɛ:la] n
- Ci sono state numerose **lamentele** nei confronti del suo comportamento.

a queixa, a reclamação
- Há inúmeras **queixas** por causa de seu comportamento.

lamentarsi [lamen'tarsi] v
- I genitori **si sono lamentati** dell'insegnante al preside.
- Va tutto bene, grazie, non possiamo **lamentarci**.

lamentar-se, reclamar
- Os pais **reclamaram** do professor ao diretor.
- Está tudo bem, obrigado, não temos do que **reclamar**.

l'urlo ['urlo] n m
- Quanto mi ha visto, ha lanciato un **urlo**.

o grito
- Quando me viu, deu um **grito**.

urlare [ur'la:re] *v*
- Se **urlate** così, no capisco una parola.

gritar
- Se vocês **gritarem** assim, não entenderei nem uma palavra.

la **protesta** [pro'tɛsta] *n*
- Gli studenti alzano il pugno in segno di **protesta**.

o **protesto**
- Os estudantes levantam o punho em sinal de **protesto**.

protestare [protes'ta:re] *v*
- Gli studenti sono scesi in piazza per **protestare** contro la riforma della scuola.

protestar
- Os estudantes foram à praça **protestar** contra a reforma do ensino.

il **rifiuto** [ri'fju:to] *n*
- È stato escluso dal partito per il suo **rifiuto** di appoggiare il progetto di legge.

a **recusa**
- Ele foi expulso do partido por sua **recusa** em apoiar o projeto de lei.

rifiutare [rifju'ta:re] *v*
- **Rifiutano** il nostro aiuto.

recusar
- **Recusaram** a nossa ajuda.

rifiutarsi [rifju'tarsi] *v*
- A queste condizioni **mi rifiuto** di accettare l'incarico.

recusar-se
- Nessas condições, eu **me recuso** a aceitar o trabalho.

il **segreto** [se'gre:to] *n*
- Non posso dirtelo, è un **segreto**.

o **segredo**
- Não posso lhe dizer, é um **segredo**.

la **bugia** [bu'dʒi:a] *n*
- Sono stufa di stare a sentire le sue **bugie**.

a **mentira**
- Estou cansada de ouvir suas **mentiras**.

→ As expressões **dire bugie** e **raccontare bugie** são muito utilizadas com o significado de mentir.
→ O plural de substantivos terminados em vogal + **-gia** é formado com a substituição da terminação por **-gie**.

mentire [men'ti:re] *v*
▶ v irr p. 409 mentire
- Non credo a una sola parola di quello che dicono, **mentono**.
- Mi **hai mentito** così tante volte che ora non mi fido più di te.

mentir
- Não acredito em uma palavra do que dizem, eles **mentem**.
- Você **mentiu** assim tantas vezes que já não confio mais em você.

offendere [of'fɛndere] v	ofender
▶ v irr p. 409 offendere	
▪ Le tue parole ci **hanno offese**.	▪ O que você disse nos **ofendeu**.
offendersi [of'fɛndersi] v	ofender-se
▶ v irr p. 409 offendere	
▪ **Prima** o poi dobbiamo invitarli a cena, altrimenti si **offendono**.	▪ Cedo ou tarde, teremos de convidá-los para jantar, senão eles se **ofenderão**.

Saudações e despedidas

Buongiorno! [buɔn'dʒorno] *loc*	Bom dia!

➡ **buongiorno** e **buonasera** podem ser empregados também como saudação e despedida.

Buonasera! [buɔna'seːra] *loc*	Boa noite!
▶ Buongiorno! p. 80	
Buonanotte! [buɔna'nɔtte] *loc*	Boa noite!
Arrivederci! [arrive'dertʃi] *loc*	Até mais (ver)!

➡ **arrivederci** usa-se para se despedir de modo mais informal de uma ou várias pessoas; usa-se **arrivederla**, para se despedir de uma pessoa de modo mais formal, com quem não se tem muita intimidade.

Salve ['salve] *loc*	Olá! Até mais (ver)!
▶ signore p. 15	
Ciao! ['tʃaːo] *loc*	Oi! Tchau!

➡ **ciao** se diz para conhecidos e amigos. Em conversas com pessoas estranhas e em situações formais, emprega-se **buongiorno**, **buonasera** ou **salve**.

Ci vediamo! [tʃi ve'djaːmo] *loc*	Até logo!
Ci sentiamo! [tʃi sen'tjaːmo] *loc*	Até logo!
A dopo! [a 'doːpo] *loc*	Até breve!
A presto! [a 'prɛsto] *loc*	Até logo!

A domani! [a doˈmaːni] *loc*	Até amanhã!
Buona giornata! [ˈbuɔːna dʒorˈ- naːta] *loc*	Tenha um bom dia!
Buona serata! [ˈbuɔːna seˈraːta] *loc*	Tenha uma boa noite!
Benvenuto! Benvenuta! [bɛn- veˈnuːto, bɛnveˈnuːta] *loc*	Bem-vindo!

➡ **Benvenuto** concorda em gênero e número com quem se cumprimenta.

Molto piacere! [ˈmolto pjaˈtʃeːre] *loc*	Muito prazer!
Addio! [aˈddiːo] *loc*	Adeus!

➡ O substantivo **addio** significa também despedida. O **plural** é **addii**.

Expressões idiomáticas frequentes

Come sta? [ˈkoːme sta] *loc*	Como vai (o senhor, a senhora)?
Come stai? [ˈkoːme ˈstaːi] *loc*	Como vai (você)?
Bene, grazie! [ˈbɛːne ˈgrattsje] *loc*	Bem, obrigado!
Avanti! [aˈvanti] *loc*	Entre!
Si accomodi! [si akˈkoːmodi] *loc*	Fique à vontade!
Vorrei ... [vorˈrɛːi] *loc* ▪ **Vorrei** un caffè.	Eu gostaria de ... ▪ **Eu gostaria** de um café.

➡ **vorrei, vorresti, vorrebe** são as formas subjuntivas. São empregadas no lugar de **voglio (eu quero), vuoi (você quer), vuole (o senhor/a senhora quer)** em situações formais.

Vorresti ... ? [vorˈresti] *loc* ▶ Vorrei ... p. 81	O que você deseja ... ?
Vorrebe ... ? [vorˈrɛbbe] *loc* ▶ Vorrei ... p. 81	O que você deseja ... ?
Si serva! [si ˈsɛrva] *loc*	Sirva-se! (o senhor, a senhora)

Serviti ['sɛrviti] *loc*	**Sirva-se! (você)**
Sì, grazie! [si 'graːtsje] *loc*	**Sim, obrigado!**
Ecco! ['ɛkko] *loc*	**Eis!**

➡ A **ecco** podem também ser acrescentados pronomes pessoais, por exemplo, **eccoteli – ei-los aqui/aqui estão eles.**

Speriamo! [spe'rjaːmo] *loc*	**Tomara!**
Lo spero! [lo 'spɛːro] *loc*	**Assim espero!**
Spero di sì! ['spɛːro di si] *loc*	**Espero que sim!**
Spero di no! ['spɛːro di nɔ] *loc*	**Espero que não!**
Cosa succede? ['kɔːza sut'tʃɛːde] *loc*	**O que se passa?**
Tutto bene! ['tutto 'bɛːne] *loc*	**Tudo bem!**
Non importa! [non im'pɔrta] *loc*	**Não importa!**
Non c'è problema! [non tʃɛ pro'blɛːma] *loc*	**Não tem problema!**
Non te la prendere! [non te la 'prɛndere] *loc*	**Não se preocupe! (você)**
Non se la prenda! [non se la 'prɛnda] *loc*	**Não se preocupe! (o senhor, a senhora)**
Posso aiutarla? ['pɔsso aju'tarla] *loc*	**Posso ajudar? (o senhor, a senhora)**
Posso aiutarti? ['pɔsso aju'tarti] *loc*	**Posso ajudar? (a você)**
Ecco fatto! ['ɛkko 'fatto] *loc*	**É isso aí!**
Le serve altro? [le 'sɛrve 'altro] *loc*	**Pode ser outro?**
Basta, grazie! ['basta 'graːtsje] *loc*	**Não, obrigado!**
Meno male! ['meːno 'maːle] *loc*	**Menos mal!**
Tanto meglio! ['tanto 'mɛʎʎo] *loc*	**Melhor assim!**

In ogni caso [in ˈoɲɲi ˈkaːzo] *loc*	**Em todo caso**
Accidenti! [attʃiˈdɛnti] *loc*	**Caramba!**
➡ **accidenti** expressa espanto, mas também transtornos. Variantes eufemísticas são **accipicchia, acciderba, accidempoli**.	
Santo cielo! [ˈsanto ˈtʃɛːlo] *loc*	**Nossa Senhora! Meu Deus!**
Peccato! [pekˈkaːto] *loc*	**Que pena!**
Magari! [maˈgaːri] *loc*	**Quem sabe!**
Dai! [ˈdaːi] *loc*	**Vamos!**
Su! [su] *loc*	**Vamos!**
Lasciami in pace! [ˈlaʃʃami in ˈpaːtʃe] *loc*	**Deixe-me em paz!**
Vai via! [ˈvaːi ˈviːa] *loc*	**Vá embora!**
Fuori! [ˈfuɔːri] *loc*	**Fora!**
Ora basta! [ˈoːra ˈbasta] *loc*	**Chega!**

Atitude e comportamento

Atividades gerais

---

fare [ˈfaːre] *v*

▶ **v irr** p. 409 fare

- E adesso che cosa pensi di **fare**?
- Voglio provare a **fare** un dolce con la ricotta.

fazer

- E agora o que você pensa em **fazer**?
- Quero tentar **fazer** um doce com a ricota.

---

lasciare [laˈʃʃaːre] *v*

- Non posso venire, mia madre non mi **lascia**.

deixar

- Não posso ir, minha mãe não **deixa**.

---

agire [aˈdʒiːre] *v*

- **Abbiamo agito** senza riflettere.

agir

- **Agimos** sem pensar.

mettere [ˈmettere] v

▶ **v irr** p. 409 mettere
- Oggi **metto** tutti i libri nella nuova libreria.
- **Metti** l'asciugamano nell'armadio.
- Dove **mettiamo** il bambino?

pôr, colocar, botar

- Hoje vou **colocar** todos os livros na estante nova.
- **Ponha** a tolha de rosto no armário.
- Onde **colocamos** o bebê?

➡ **mettere** pode significar **colocar, pôr, botar, pendurar, expor** etc. A tradução depende do contexto.

portare [porˈtaːre] v
- Ce la fate a **portare** una valigia così pesante?

carregar, levar
- Vocês conseguem **carregar** uma mala assim pesada?

tenere [teˈneːre] v

▶ **v irr** p. 412 tenere
- **Teneva** la borsa con la sinistra e l'ombrello con la destra.

segurar, manter, reter

- **Segurava** a bolsa com a esquerda e o guarda-chuva com a direita.

tirare [tiˈraːre] v
- Non essere sciocco, se vedi che **tirare** non serve, allora spingi.

puxar
- Não seja tonto, se vê que não dá para **puxar**, empurre!

premere [ˈprɛːmere] v
- La macchinetta si accende **premendo** questo tasto.

pressionar
- O aparelho liga ao **pressionar** este botão.

spingere [ˈspindʒere] v

▶ **v irr** p. 412 spingere
- **Spingi** tu il carrello!

empurrar

- **Empurre** você o carrinho!

➡ Em alguns poucos casos **spingere** significa também **pressionar**, por exemplo, como em avisos de portas que só podem ser abertas mediante **pressionamento**.

girare [dʒiˈraːre] v
- Per aprire il tappo bisogna **girarlo**.
- **Gira** la sedia.

girar
- Para abrir a tampa, é preciso **girar**.
- **Gire** a cadeira.

usare [uˈzaːre] v
- Che colori **hai usato** per questi disegni?

usar
- Que cores você **usou** nesses desenhos?

approfitare di [approfit'ta:re di] *v*
- **Approfittiamo del** bel tempo e andiamo a fare un giro.

aproveitar
- **Vamos aproveitar** o tempo bom e dar uma volta.

avere bisogno di [a'vere bi'zoɲɲo di] *loc*
▶ *v irr* p. 406 avere
- **Ha bisogno di** qualcosa?

ter necessidade de, precisar de

- **Precisa de** alguma coisa?

➡ Para perguntas formais (**Do que o senhor/a senhora precisa?**), também se pode dizer **Le serve qualcosa?** ou **Le occorre qualcosa?**.

cercare [tʃer'ka:re] *v*
- Ti **abbiamo cercata** dappertutto, dove sei stata?

procurar
- **Procuramos** você por toda a parte, onde estava?

trovare [tro'va:re] *v*
- Al mercato delle pulci puoi **trovare** cose davvero particolari.

encontrar
- No mercado de pulgas pode-se **encontrar** coisas realmente interessantes.

ritrovare [ritro'va:re] *v*
- **Ho ritrovato** gli occhiali.

achar, encontrar
- **Achei** os óculos.

separare [sepa'ra:re] *v*
- Dobbiamo **separare** il vetro e la plastica dal resto dei rifiuti.

separar
- Devemos **separar** vidro e plástico do restante do lixo.

riempire [riem'pi:re] *v*
▶ *v irr* p. 410 riempire
- **Riempi** la bottiglia d'acqua!
- **Riempite** il modulo e consegnatelo in ufficio.

encher, preencher

- **Encha** a garrafa d'água!
- **Preencha** o formulário e entregue-o no escritório.

trattare [tra'tta:re] *v*
- Perché la **tratti** così?

tratar
- Por que você a **trata** assim?

pronto, pronta ['pronto, 'pronta] *adj*
- Siamo **pronti** a tutto.
- Non sei ancora **pronta**?

pronto, pronta
- Estamos **prontos** para tudo.
- Ainda não está **pronta**?

prepararsi [prepa'rarsi] *v*
- **Preparatevi**, fra poco partiamo.

preparar-se
- **Preparem-se**, partiremos em breve.

la **situazione** [situa'tsjoːne] *n*
- La **situazione** nei paesi colpiti dal terremoto è drammatica.

a situação
- A **situação** nos países atingidos pelo terremoto é dramática.

trasformare [trasfor'maːre] *v*
- Tutte queste case **hanno trasformato** il paesaggio.

transformar
- Todas essas casas **transformaram** a paisagem.

succedere [sut'tʃɛːdere] *v*
▶ v irr p. 406 concedere
- Cos'è **successo**?

suceder, acontecer

- O que **aconteceu**?

dormire [dor'miːre] *v*
▶ v irr p. 408 dormire
- **Ho dormito** solo cinque ore.

dormir

- **Dormi** apenas cinco horas.

addormentarsi [addormeˈntarsi] *v*
- In treno **si addormenta** sempre.

adormecer
- Ela sempre **adormece** no trem.

svegliarsi [zveʎˈʎarsi] *v*
- Mi sono **svegliata** alle 5 e non sono più riuscita ad addormentarmi.

despertar, acordar
- **Acordei** às 5 horas e não consegui mais dormir.

alzarsi [alˈtsarsi] *v*
- Stamattina **ci siamo alzati** molto presto.

levantar
- Esta manhã **levantamos** muito cedo.

stanco, stanca [ˈstaŋko, ˈstaŋka] *adj*
- Siamo **stanchi**, non possiamo fermarci qualche minuto?
▶ vigliacco p. 22

cansado, cansada

- Estamos **cansados**, não podemos parar alguns minutos?

riposarsi [ripoˈsarsi] *v*
- Non ce la faccio più, devo **riposarmi**.

repousar, descansar
- Não consigo mais, tenho de **descansar**.

l'**uso** [ˈuːzo] *n m*
- Un poliziotto in servizio può fare **uso** dell'armi.
- Il comune vuole promuovere l'**uso** della bicicletta.

o uso
- Um policial em serviço pode fazer **uso** das armas.
- A cidade quer estimular o **uso** de bicicleta.

togliere [ˈtɔʎʎere] v

▶ v irr p. 412 togliere
- Chi **ha tolto** tutte le mie cose dal cassetto?

tirar

- Quem **tirou** todas as minhas coisas da gaveta?

➡ Significado semelhante ao de **togliere** tem **rimuovere**.

raccogliere [rakˈkɔʎʎere] v

▶ v irr p. 406 cogliere
- Alberto, **raccogli** la carta e buttala nei cestino.

recolher

- Alberto, **recolha** o papel e jogue-o no lixo.

la **faccenda** [fatˈtʃɛnda] n
- Dobbiamo parlare di una **faccenda** privata.

o **assunto**, a **questão**
- Temos de falar sobre um **assunto** particular.

➡ Para **assunto, questão, problema** também pode-se dizer **affari**, por exemplo, **Sono affari miei!** – Isso é problema meu! Já **Non sono affari tuoi!** poderia ser traduzido por **Não é da sua conta**.

l'**attività** [attiviˈta] n f
- Nel mio tempo libero mi dedico a varie **attività**.
▶ citta p. 17

a **atividade**
- No meu tempo livre eu me dedico a várias **atividades**.

l'**azione** [aˈtsjoːne] n f
- Bisogna fare una buona **azione** al giorno.

a **ação**
- É preciso fazer uma boa **ação** por dia.

l'**atto** [ˈatto] n m
- Gli **atti** illeciti vengono puniti.

o **ato**
- Os **atos** ilegais são punidos.

attivo, attiva [atˈtiːvo, atˈtiːva] adj
- A ottant'anni è ancora molto **attiva**.

ativo
- Aos oitenta anos, é ainda muito **ativa**.

la **misura** [miˈzuːra] n
- Il governo ha preso le **misure** necessarie per risolvere la crisi.

a **medida**
- O governo tomou as **medidas** necessárias para resolver a crise.

la **cosa** [ˈkɔːsa] n
- Ho messo le tue **cose** in questo armadio.
- Cos'è questa **cosa**?

a **coisa**
- Coloquei suas **coisas** neste armário.
- O que é esta **coisa**?

l'**oggetto** [odˈdʒɛtto] n m
- Ho trovato un **oggetto** strano.

o **objeto**
- Encontrei um **objeto** estranho.

➡ **Oggetto prezioso** significa **objeto de valor**.

la roba [ˈrɔːba] *n* ■ Di chi è tutta questa **roba**?	o **material**, a **coisa** ■ A quem pertence todo esse **material**?
essere solito (di) fare, essere solita (di) fare [ˈɛssere ˈsɔːlito (di) ˈfaːre, ˈɛssere ˈsɔːlita (di) ˈfaːre] *loc* ▶ v irr p. 408 essere ■ Di domenica **siamo soliti** andare in chiesa.	ter o hábito de ■ Aos domingos **temos o hábito** de ir à igreja.
utilizzare [utilidˈdzaːre] *v* ■ **Utilizziamo** tutto, anche la buccia.	usar, utilizar, empregar ■ **Utilizamos** tudo, até a casca.
maneggiare [manedˈdʒaːre] *v* ■ Questi libre antichi devono essere **maneggiati** con estrema cautela.	manusear, manejar, lidar com ■ Estes livros antigos devem ser **manuseados** com extrema cautela.
collegare [kolleˈgaːre] *v* ■ Costruiscono una nuova strada che **collega** il centro con la periferia.	ligar ■ Construíram uma nova rua que **liga** o centro à periferia.
fissare [fisˈsaːre] *v* ■ Devi **fissare** la libreria alla parete.	afixar, fixar ■ Você deve **afixar** a estante na parede.
bussare [busˈsaːre] *v* ■ Mi sembra che qualcuno **abbia bussato** alla porta.	bater ■ Parece-me que alguém **bateu** à porta.
alzare [alˈtsaːre] *v* ■ **Alzi** la mano chi pensa di venire.	levantar, alçar ■ **Levante** a mão quem pensa em vir.
abbassare [abbasˈsaːre] *v* ■ **Abbassa** le taparelle! ■ Quando mi ha visto, **ha abbassato** gli occhi.	abaixar, baixar ■ **Abaixe** a persiana! ■ Quando me viu, **baixou** os olhos.
fare cadere [fare kaˈdeːre] *v* ▶ v irr p. 409 fare ■ Va bene, porta tu il vaso, ma non **farlo cadere**.	deixar cair ■ Está bem, leve o vaso, mas não o **deixe cair**.

rompere [ˈrompere] v ▶ v irr p. 411 rompere ■ Mi dispiace, ho **rotto** un bicchiere.	**quebrar** ■ Desculpe, **quebrei** um copo.
strappare [strapˈpaːre] v ■ Enzo **sta strappando** la sua foto in pezzi, devono aver litigato.	**rasgar** ■ Enzo **está rasgando** a foto dela em pedaços. Devem ter brigado.
buttare [butˈtaːre] v ■ **Butta** il giornale nel cestino.	**lançar, jogar** ■ **Jogue** o jornal na lixeira.
➔ De significado semelhante a **buttare** se tem **gettare**.	
abbandonare [abbandoˈnaːre] v ■ Non ti **abbandonerò** mai. ■ **Ha abbandonato** il suo progetto di studiare negli USA.	**abandonar** ■ Nunca **abandonarei** você. ■ Ele **abandonou** o projeto de estudar nos EUA.
svegliare [zveʎˈʎaːre] v ■ Mi può **svegliare** alle 7, per favore?	**acordar, despertar** ■ Poderia me **acordar** às 7 horas, por favor?
il **sogno** [ˈsoɲɲo] n ■ Stanotte ho fatto un bellissimo **sogno**.	o **sonho** ■ Essa noite tive um **sonho** belíssimo.
sognare [soɲˈɲaːre] v ■ Che cosa **hai sognato**?	**sonhar** ■ Com que você **sonhou**?
rilassarsi [rilasˈsarsi] v ■ In vacanza sono finalmente riuscita a **rilassarmi**.	**relaxar(-se)** ■ Nas férias eu finalmente consegui **relaxar**.

Esforços e intenções

l'**intenzione** [intenˈtsjoːne] n f ■ Non ho nessuna **intenzione** di fare sempre quello che vuoi tu.	a **intenção** ■ Não tenho nenhuma **intenção** de fazer sempre aquilo que você quer.
intendere [inˈtɛndere] v ▶ v irr p. 412 tendere ■ **Intendono** finire il lavoro al più presto.	**pretender** ■ **Pretendo** terminar o trabalho o mais rápido possível.

> **Cosa intendi dire?** significa tanto **O que você quer dizer?** como **O que está pensando?**

il progetto [pro'dʒetto] *n*
- Stiamo facendo **progetti** per le vacanze di Natale.
- Collaboro a un **progetto** scientifico.

o **projeto**, o **plano**
- Estamos fazendo **planos** para as férias no Natal.
- Participo de um **projeto** científico.

progettare [prodʒet'taːre] *v*
- **Avevamo progettato** un viaggio in Brasile.

planejar
- **Planejamos** uma viagem para o Brasil.

il tentativo [tenta'tiːvo] *n*
- Al secondo **tentativo** l'atleta ha battuto il record mondiale.

a **tentativa**
- Na segunda **tentativa** o atleta bateu o recorde mundial.

provare [pro'vaːre] *v*
- Allora **proviamo** ad entrare da una finestra.

tentar
- Então **tentemos** entrar por uma janela.

preparare [prepa'raːre] *v*
- L'allenatore l'**ha preparato** alla gara.

preparar
- O treinador o **preparou** para a competição.

darsi da fare ['darsi da 'faːre] *loc*
▶ **v irr** p. 407 dare
- Daniela è una che si **dà** sempre **da fare**.
- Si è **dato da fare** per tenerci allegri.

esforçar-se
- Daniela é alguém que sempre **se esforça**.
- Ele **se esforçou** para nos manter alegres.

la fatica [fa'tiːka] *n*
- È **fatica** sprecata.

o **esforço**
- É um **esforço** em vão.

faticoso, faticosa [fati'koːso, fati'koːsa] *adj*
- Fare i traslochi è **faticoso**.

cansativo
- Fazer traslados é **cansativo**.

la decisione [detʃi'zjoːne] *n*
- Il gruppo si riunisce oggi per prendere una **decisione**.

a **decisão**
- O grupo se encontra hoje para tomar uma **decisão**.

decidere [de'tʃiːdere] *v*
▶ **v irr** p. 407 decidere
- Non **abbiamo** ancora **deciso** se lo compriamo o no.

decidir
- Ainda não **decidimos** se compramos ou não.

Esforços e intenções

---

la certezza [tʃer'tettsa] *n*
- Possiamo affermare con **certezza** che sono saliti sul treno all 7.
- Ora, finalmente, ho la **certezza** che mi ami.

a **certeza**
- Podemos afirmar com **certeza** que entraram no trem às 7 horas.
- Agora, finalmente, tenho a **certeza** de que você me ama.

---

certo, certa ['tʃɛrto, 'tʃɛrta] *adj*
- Elena, sono **certa** che domani andrà meglio.

certo, certa
- Elena, estou **certa** de que amanhã será melhor.

---

incerto, incerta [in'tʃɛrto, in'tʃɛrta] *adj*
- La situazione politica del paese è **incerta**.
▶ impaziente p. 20

incerto
- A situação política do país é **incerta**.

---

il preparativo [prepara'ti:vo] *n*
- A che punto siete con i **preparativi** per la festa?

o **preparativo**
- Em que ponto estão os **preparativos** para a festa?

---

l'opportunità [opportuni'ta] *n f*
- Non ho avuto l'**opportunità** di parlargli dei miei progetti.
▶ città p. 17

a **oportunidade**
- Não tive a **oportunidade** de falar a ele sobre meus planos.

---

lo scopo ['skɔ:po] *n*
- Lo **scopo** di questa manifestazione è far conoscere al pubblico nuovi gruppi musicali.
▶ stato civile p. 19

o **objetivo**
- O **objetivo** dessa manifestação é apresentar ao público novas bandas.

---

impegnarsi [impeɲ'ɲarsi] *v*
- Il ministro **si è impegnato** a favore della riforma.

empenhar-se
- O ministro **se empenhou** em favor da reforma.

---

riuscire [rjuʃ'ʃi:re] *v*
▶ v irr p. 413 uscire
- Non **siamo riuscite** a risolvere il problema di geometria.
- **Riusciranno** a trovare una soluzione?

conseguir
- Não **conseguimos** resolver o problema de geometria.
- Será que **conseguirão** encontrar uma solução?

➔ **riuscire** é muitas vezes traduzido por **poder**. Os tempos compostos do verbo são formados com **essere**.

il **proposito** [pro'po:zito] *n*
- Scusami non l'ho fatto di **proposito**.
- A Capodanno si fanno sempre buoni **propositi** per l'anno nuovo.

o **propósito**, a **proposição**
- Desculpe-me, não fiz de **propósito**.
- No réveillon sempre se fazem boas **proposições** para o ano novo.

apposta [ap'posta] *adv*
- Ammeti che l'hai fatto **apposta**.

de propósito
- Admita que você fez **de propósito**.

Ajuda, comprometimento e confiabilidade

l'**aiuto** [a'ju:to] *n m*
- Avete bisogno d'**aiuto**?

a **ajuda**, o **auxílio**, o **socorro**
- Você precisa de **ajuda**?

aiutare [aju'ta:re] *v*
- Lo **hanno aiutato** a caricare l'armadio.
- I miei mi **hanno** sempre **aiutato** economicamente.

ajudar
- Eles o **ajudaram** a carregar o armário.
- Meus pais sempre me **ajudaram** economicamente.

➡ Atenção: **aituare qu** significa **ajudar alguém**. Assim como em português, uma formulação muito utilizada para ajudar é **dare una mano**, por exemplo, **Mi dai una mano? – Me dê uma mão?**

il **favore** [fa'vo:re] *n*
- Apri tu la porta, fammi il **favore**.

o **favor**
- Abra a porta, faça-me o **favor**.

utile ['u:tile] *adj*
- Per prepararti all'esame leggi questo libro, è molto **utile**.

útil
- Para se preparar para o exame, leia este livro, é muito **útil**.

inutile [i'nu:tile] *adj*
- I suoi sforzi sono **inutili**.

inútil
- Seus esforços são **inúteis**.

▶ **impaziente** p. 20

rispettare [rispet'ta:re] *v*
- Se non vuoi venire, d'accordo. **Rispetto** la tua decisione.
- Ho sempre **rispettato** il mio capo.
- Gli ordini vanno **rispettati**.

respeitar
- Se você não quiser vir, tudo bem. **Respeito** sua decisão.
- Sempre **respeitei** meu chefe.
- Ordens têm de ser **respeitadas**.

Ajuda, comprometimento e confiabilidade

il **rispetto** [ris'pɛtto] *n* ■ Devi avere più **rispetto** per le persone anziane.	o **respeito** ■ Você deve ter mais **respeito** pelas pessoas idosas.
fare attenzione a [ˈfaːre attenˈtsjoːne a] *loc* ▶ v irr p. 409 fare ■ **Faccia attenzione a** non superare la linea gialla.	**prestar atenção a, atentar a** ■ **Preste atenção para** não ultrapassar a linha amarela.
l'**appoggio** [apˈpɔddʒo] *n m* ■ Sono riuscito a superare i momenti più difficile solo grazie all'**appoggio** della mia famiglia. ▶ dubbio p. 61.	o **apoio** ■ Consegui superar os momentos mais difíceis só graças ao **apoio** da minha família.
promuovere [proˈmuɔːvere] *v* ▶ v irr p. 409 muovere ■ Questo progetto è **promosso** dalla UE.	**promover** ■ Este projeto é **promovido** pela UE.
incoraggiare [iŋkoradˈdʒaːre] *v* ■ I miei genitore mi **hanno incoraggiato** a continuare gli studi. ■ I governo **incoraggia** questa iniziativa.	**encorajar** ■ Meus pais me **encorajaram** a continuar os estudos. ■ O governo **encoraja** essa iniciativa.
il **dovere** [doˈveːre] *n* ■ Luigi ha sempre fatto il suo **dovere** con serietà.	o **dever** ■ Luigi sempre cumpriu seu **dever** com seriedade.
l'**impegno** [imˈpeɲɲo] *n m* ■ Ho sempre rispettato i miei **impegni**.	a **obrigação** ■ Sempre cumpri minhas **obrigações**.
trascurare [traskuˈraːre] *v* ■ Hai ragione, ti ho un po' **trascurata** negli ultimi tempi.	**negligenciar** ■ Você tem razão, tenho **negligenciado** você um pouco nos últimos tempos.
la **fiducia** [fiˈduːtʃa] *n* ■ I signori Bruni hanno molta **fiducia** in voi. ▶ camicia p. 31	a **confiança** ■ O senhor e a senhora Bruni têm muita **confiança** em vocês.

la **sfiducia** [sfi'du:tʃa] n
- Non lo dico per **sfiducia** nei tuoi confronti.
▶ camicia p. 31

a **desconfiança**
- Não o digo por **desconfiança** em relação a você.

affidare [affi'da:re] v
- Non so se devo **affidare** la mia bambina a una baby-sitter.

confiar
- Não sei se devo **confiar** minha filha a uma babá.

contare su [kon'ta:re su] v
- **Contiamo sul** vostro aiuto.

contar com
- **Contamos com** sua ajuda.

Possuir, dar e receber

avere [a've:re] v
▶ v irr p. 406 avere
- Il padre del mio amico **ha** tre macchine.

ter
- O pai do meu amigo **tem** três carros.

possedere [posse'de:re] v
▶ v irr p. 411 sedere
- **Possiedono** una casa in campagna.

possuir
- Eles **possuem** uma casa de campo.

tenere [te'ne:re] v
▶ v irr p. 412 tenere
- **Tenga** pure il resto.

ficar, manter
- **Fique** com o troco.

appartenere [apparte'ne:re] v
▶ v irr p. 412 tenere
- Questo orologio **apparteneva** a mio nonno.

pertencer
- Este relógio **pertencia** a meu avô.

la **proprietà** [proprje'ta] n
- Questa casa è di mia **proprietà**.
▶ città p. 17

a **propriedade**
- Esta casa é de minha **propriedade**.

➡ Com la proprietà pode-se indicar também os **proprietários**, por exemplo, **Ho un incontro con la proprietà. – Tenho um encontro com os proprietários.**

proprio, propria [ˈprɔprjo, ˈprɔprja]   **próprio**
adj
- L'ho sentito con le mie **proprie** orecchie.
- Ouvi com meus **próprios** ouvidos.
▶ dubbio p. 61

→ **lavorare in proprio** significa **ter sua própria empresa**, **mettersi in proprio** – **trabalhar como autônomo**.

dare [ˈdaːre] *v*   **dar**
▶ v irr p. 407 dare
- **Dammi** le chiavi della macchina.
- **Dê**-me as chaves do carro.

passare [pasˈsaːre] *v*   **passar**
- Mi **passi** il sale?
- Você me **passa** o sal?

prendere [ˈprɛndere] *v*   **tomar, pegar**
▶ v irr p. 410 prendere
- Andiamo a piedi o **prendiamo** l'autobus?
- Vamos a pé ou **tomamos** o ônibus?
- Ricordati di **prendere** il latte.
- Lembre-se de **pegar** o leite.

prestare [presˈtaːre] *v*   **emprestar**
- Mi **presti** la penna?
- Você me **empresta** seu lápis?

→ Atenção: **prestare** significa apenas **emprestar**; para **tomar emprestado** se diz **prendere in prestito**.

lasciare [laʃˈʃaːre] *v*   **emprestar, deixar (para)**
- Un'amica mi **ha lasciato** il suo appartamento.
- Uma amiga me **emprestou** o apartamento dela.
- La nonna ci **ha lasciato** una casa in montagna.
- Nossa avó nos **deixou** uma casa na montanha.

ricevere [riˈtʃeːvere] *v*   **receber**
- Non **ho** ancora **ricevuto** l'invito, forse arriva con la posta di domani.
- Ainda não **recebi** o convite, talvez chegue pelo correio amanhã.

portare [porˈtaːre] *v*   **trazer, levar**
- Mi **porti** la sedia, per favore?
- Você me **traz** a cadeira, por favor?
- Ogni volta che torniamo da un viaggio, **portiamo** un regalino ai bambini.
- Cada vez que voltamos de uma viagem, **trazemos** um presentinho para as crianças.
- Se vai a trovare la nonna, **portale** questo regalo da parte mia.
- Se for visitar a vovó, **leve** este presente da minha parte.

il **possesso** [pos'sɛsso] *n*
- Era nel pieno **possesso** delle sue facoltà mentali.

a **posse**
- Estava em plena **posse** de suas faculdades mentais.

restituire [restitu'i:re] *v*
- Giovanni me deve **restituire** alcuni CD.

devolver, restituir
- Giovanni deve me **devolver** alguns CDs.

consegnare [konseɲ'ɲa:re] *v*
- Prima dobbiamo firmare il contratto, poi ci **consegnano** le chiavi della casa.

entregar
- Primeiro devemos assinar o contrato, depois **entregamos** as chaves da casa.

distribuire [distribu'i:re] *v*
- È un'organizzazione che **distribuisce** pasti caldi ai bisognosi.

distribuir
- É uma organização que **distribui** refeições quentes aos necessitados.

Saúde e cuidados corporais

Partes do corpo e órgãos

il **corpo** [ˈkɔrpo] *n*	o **corpo**
la **testa** [ˈtɛsta] *n*	a **cabeça**
la **fronte** [ˈfronte] *n*	a **testa**
il **naso** [ˈnaːso] *n*	o **nariz**
l'**occhio** [ˈɔkkjo] *n m* ▶ dubbio p. 61	o **olho**
l'**orecchio** [oˈrekkjo] *n m*; *pl* **le orecchie** [oˈrekkje]	a **orelha**

➡ Alguns substantivos que designam partes do corpo têm a forma singular do gênero masculino, e a plural, do feminino.
➡ **Orecchio** tem também uma forma plural masculina: **gli orecchi**.

la **bocca** [ˈbokka] *n*	a **boca**
il **labbro** [ˈlabbro] *n*; *pl* **le labbra** [le ˈlabbra] *n*	o **lábio**
la **lingua** [ˈliŋgua] *n*	a **língua**
il **dente** [ˈdɛnte] *n*	o **dente**
il **collo** [ˈkɔllo] *n*	o **pescoço**
la **gola** [ˈgoːla] *n*	a **garganta**

➡ Enquanto **collo** pode ser empregado como parte do corpo para pescoço, **gola** designa a garganta: **Ho mal di gola.** – Estou com dor de garganta.

il **petto** [ˈpɛtto] *n*	o **peito**
il **seno** [ˈseːno] *n*	o **seio**
la **pancia** [ˈpantʃa] *n* ▶ faccia p. 25	a **barriga**

Partes do corpo e órgãos

la **schiena** [ˈskjɛːna] *n*	as **costas**
il **sedere** [seˈdeːre] *n*	a **nádega**
la **spalla** [ˈspalla] *n*	o **ombro**
il **braccio** [ˈbrattʃo] *n; pl* **le braccia** [le ˈbrattʃa] ▶ **orecchio** p. 97	o **braço**

➡ **braccio** tem duas formas plurais: emprega-se **le braccia** quando se trata de parte do corpo e **i bracci** para **braços de terra e de mar**.

la **mano** [ˈmaːno] *n; pl* le **mani** [le ˈmaːni]	a **mão**
il **dito** [ˈdiːto] *n; pl* le **dita** [le ˈdiːta] *n* ▶ **orecchio** p. 97	o **dedo**
il **pugno** [ˈpuːɲo] *n*	o **punho**
la **gamba** [ˈgamba] *n*	a **perna**
il **ginocchio** [dʒiˈnɔkkjo] *n; pl f* le **ginocchia** [le dʒiˈnɔkkja] *n* ▶ **orecchio** p. 97	o **joelho**

➡ **Ginocchio** também apresenta a forma plural masculina: **i ginocchi**.

il **piede** [ˈpjɛːde] *n*	o **pé**
l'**osso** [ˈɔsso] *n m; pl f* le **ossa** [ˈɔssa] *n* ▶ **orecchio** p. 97	o **osso**

➡ **osso** tem duas formas plurais: **le ossa** para ossos humanos e **gli ossi** para ossos de animais, portanto também para ossos em carnes. Além disso, **osso** pode designar caroço de fruta; o mesmo vale para o plural **gli ossi**, por exemplo, **gli ossi delle pesche** – os caroços dos pêssegos.

il **sangue** [ˈsaŋgue] *n*	o **sangue**
il **cuore** [ˈkuɔːre] *n*	o **coração**
il **cervello** [tʃerˈvɛllo] *n*	o **cérebro**

Partes do corpo e órgãos 99

le membra [ˈmɛmbra] *n pl* ▶ orecchio p. 97 ▶ membro p. 44	os **membros**
la **guancia** [ˈguantʃa] *n*	a **bochecha**, a **face**
il **mento** [ˈmento] *n*	o **queixo**
il **gomito** [ˈgoːmito] *n*	o **cotovelo**
il **polso** [ˈpolso] *n*	o **pulso**
il **pollice** [ˈpollitʃe] *n*	o **polegar**

➡ As designações para os dedos da mão são empregadas também para os dedos dos pés, exceto o **dedão**, chamado alluce.

l'**indice** [ˈinditʃe] *n m* ▶ pollice p. 99	o **(dedo) indicador**
il **medio** [ˈmɛːdjo] *n* ▶ pollice p. 99	o **(dedo) médio**
l'**anulare** [anuˈlaːre] *n m* ▶ pollice p. 99	o **(dedo) anelar**
il **mignolo** [ˈmiɲɲolo] *n* ▶ pollice p. 99	o **mindinho**
la **caviglia** [kaˈviʎʎa] *n*	o **tornozelo**
lo **stomacho** [ˈstɔːmako] *n; pl* **stomachi** [ˈstɔːmaki] ▶ stato civile p. 19	o **estômago**

➡ Com **stomaco**, também se admite a forma plural masculina, **i stomaci**.

il **polmone** [polˈmoːne] *n*	o **pulmão**
la **pelle** [ˈpɛlle] *n*	a **pele**
il **pelo** [ˈpeːlo] *n* ▶ capello p. 27	o **pelo**, o **cabelo**
il **muscolo** [ˈmuskolo] *n*	o **músculo**
il **nervo** [ˈnɛrvo] *n*	o **nervo**

Doenças e comprometimentos físicos

la **malattia** [mala'tti:a] *n*
- Sono piena di puntini rossi, di che **malattia** si trata?

a **doença**
- Estou cheia de bolinhas vermelhas, que **doença** é essa?

la **salute** [sa'lu:te] *n*
- È una ragazza che scoppia di **salute**.

a **saúde**
- É uma garota que esbanja **saúde**.

➡ Quando alguém espirra, em italiano se diz: **Salute!**

sano, sana ['sa:no, 'sa:na] *n*
- Sono tutti **sani** e salvi.

saudável, são
- Estão todos **sãos** e salvos!

sentirsi [sen'tirsi] *v*
- Non **mi sento** tanto bene.

sentir-se
- Eu não **me sinto** muito bem.

stare bene ['ta:re 'bɛ:ne] *loc*
▶ *v irr* p. 412 stare
- **Stiamo** tutti **bene**, grazie.

estar bem, sentir-se bem

- **Estamos** todos **bem**, obrigado.

fisico, fisica ['fi:ziko, 'fi:zika] *adj*; *pl* **fisici** ['fi:zitʃi]
- Ci siamo allenati a lungo, siamo in perfetta forma **fisica**.

físico
- Treinamos muito, estamos em perfeita forma **física**.

mentale [men'ta:le] *adj*
- Con il test vengono esaminate le condizioni **mentali**.
- Giorgio ha dei problemi **mentali**.

mental
- Com o teste são examinadas as condições **mentais**.
- Giorgio tem problemas **mentais**.

guarito, guarita [gua'ri:to, gua'ri:ta] *adj*
- Non sei ancora **guarito** del tutto, meglio che stai a casa ancora un giorno.

curado, curada
- Você ainda não está completamente **curado**, é melhor que fique mais um dia em casa.

➡ Enquanto **sano** significa simplesmente "não doente", **guarito** se emprega quando alguém convalesceu de uma doença.

guarire [gua'ri:re] *v*
- Ti auguro di **guarire** presto.
- La ferita non è ancora **guarita**.
➡ **ingrassare** p. 28

sarar, curar-se
- Espero que você **se cure** logo.
- A ferida ainda não **sarou**.

Doenças e comprometimentos físicos

riprendersi [ri'prɛndersi] *v*
- ▶ *v irr* p. 410 prendere
- Dopo la malattia ci ha messo molto a **riprendersi**.

recuperar-se
- Depois da doença, ele precisou de muito tempo para **se recuperar**.

la forza ['fɔrtsa] *n*
- Non ho **forza** nelle braccia.

a força
- Não tenho **força** nos braços.

forte ['fɔrte] *adj*
- Hanno un bambino **forte** e sano.

forte
- Eles têm um menino **forte** e saudável.

debole ['deboːle] *adj*
- Mi sento molto **debole**.

fraco
- Sinto-me muito **fraco**.

malato, malata [ma'laːto, ma'laːta] *adj*
- Non sono andata a scuola perché ero **malata**.

doente
- Não fui à escola porque estava **doente**.

ammalarsi [amma'larsi] *v*
- **Si siamo ammalati** tutti.

adoecer, ficar doente
- **Ficamos** todos **doentes**.

il dolore [do'loːre] *n*
- Ho un forte **dolore** alla gamba destra.

a dor
- Estou com uma **dor** forte na perna direita.

fare male ['faːre 'maːle] *loc*
- ▶ *v irr* p. 409 fare
- Ti **fa male** se tocco qui?

doer
- **Dói** se toco aqui?

avere male [a'vere maːle] *loc*
- Ho **male** qui, sopra il ginocchio.

estar com dor
- **Estou com dor** aqui acima do joelho.

→ Para expressar que se sente dor em determinada parte do corpo, diz-se **avere mal di ...**, por exemplo, **avere mal di testa, denti, gola, stomaco, pancia** – ter dor de cabeça, de dente, de garganta, de estômago, de barriga.

soffrire [sof'friːre] *v*
- ▶ *v irr* p. 410 offrire
- **Soffre** di asma.

sofrer, ter
- **Sofre** de asma.

sanguinare [saŋgui'naːre] *v*
- Ci serve un cerotto, la ferita continua a **sanguinare**.

sangrar
- Preciso de um curativo, a ferida continua a **sangrar**.

Doenças e comprometimentos físicos

la **ferita** [feˈriːta] *n* ■ Ha una **ferita** alla testa.	a **ferida**, o **ferimento** ■ Tem uma **ferida** na cabeça.
ferirsi [feˈrirsi] *v* ■ **Mi sono ferito** alla mano.	**machucar-se, ferir-se** ■ Eu **me machuquei** na mão.
rompersi [ˈrompersi] *v* ▶ *v irr* p. 411 rompere ■ **Si è rotto** un braccio.	**quebrar** ■ Ele **quebrou** o braço.
il **raffreddore** [raffredˈdoːre] *n* ■ **Si è preso** un bel **raffreddore**.	o **resfriado** ■ Ele pegou um belo **resfriado**.
raffreddato, raffreddata [raffredˈdaːto, raffredˈdaːta] *adj* ■ Da quando va all'asilo, il bambino è sempre **raffreddato**.	**resfriado, resfriada** ■ Desde que vai ao jardim de infância, a criança está sempre **resfriada**.
la **tosse** [ˈtosse] *n* ■ Dormo male perché ho la **tosse**.	a **tosse** ■ Durmo mal por causa da **tosse**.
tossire [tosˈsiːre] *v* ■ Stanotte **hai tossito** tanto, no avrai mica la bronchite?	**tossir** ■ Essa noite você **tossiu** tanto, não está com bronquite?
la **febbre** [ˈfɛbbre] *n* ■ Hai la **febbre** alta.	a **febre** ■ Você está com **febre** alta.

➡ Diferentemente do português, em italiano usa-se a maioria dos termos para doenças com o artigo definido, por exemplo, **avere la tosse/la febbre/l'influenza – estar com tosse/com febre/com gripe**.

la **nausea** [ˈnaːuzea] *n* ■ Con questa **nausea** non riesco a guidare.	as **náuseas**, o **enjoo** ■ Não consigo dirigir com **náuseas**.
avere la nausea [aˈveːre la ˈnaːuzea] *loc* ■ Nei primi tre mesi di gravidanza molte donne **hanno la nausea**.	**sentir enjoo, náusea** ■ Nos primeiros três meses de gravidez, muitas mulheres **sentem enjoos**.
il **mal di testa** [mal di ˈtɛsta] *n* ■ Ho un **mal di testa** terribile.	a **dor de cabeça** ■ Estou com uma **dor de cabeça** horrível.

Doenças e comprometimentos físicos

il **sudore** [suˈdoːre] *n*
- Doppo la corsa era bagnato di **sudore**.

o **suor**
- Depois da corrida, estava banhado em **suor**.

sudare [suˈdaːre] *v*
- Fa un caldo che si **suda** anche la notte.

suar
- Faz um calor de **suar** até de noite.

svenire [zveˈniːre] *v*
▶ *v irr* p. 413 venire
- **È svenuta** perché non aveva mangiato niente per tutto il giorno.

desmaiar
- Ela **desmaiou** porque não comeu nada o dia inteiro.

privo di sensi, priva di sensi [ˈpriːvo di ˈsɛnsi, ˈpriːva di ˈsɛnsi] *n*
- Quando l'ho trovato, era **privo di sensi**.

estar inconsciente, perder os sentidos
- Quando o encontrei, ele **estava inconsciente**.

l'**handicappato**, l'**handicappata** [andikapˈpaːto, andikapˈpaːta] *n m/f*
- Per gli **handicappati** è molto difficile spostarsi in una grande città.

o **deficiente físico**
- Para os **deficientes físicos**, é muito difícil se deslocar em uma cidade grande.

handicappato, handicappata [andikapˈpaːto, andikapˈpaːta] *adj*
- Ho tenuto aperto la porta a una signora **handicappata**.

o/a **deficiente**
- Abri a porta para uma senhora **deficiente**.

➡ Com o mesmo significado de **handicappato**, como substantivo e como adjetivo, emprega-se também a palavra **disabile**.

l'**abitudine** [abiˈtuːdine] *n f*
- Ognuno ha le proprie **abitudini**.

o **hábito**
- Todo mundo tem seus próprios **hábitos**.

abituarsi a [abituˈarsi] *v*
- Non **mi sono** ancora **abituata** a questo rumore.

habituar-se, acostumar-se
- Ainda não **me habituei** com esse barulho.

cieco, cieca [ˈtʃeːko, ˈtʃeːka] *adj*; *pl* **ciecchi** [ˈtʃeːki]
- È **cieco** dalla nascita.

cego
- É **cego** de nascença.

sordo, sorda [ˈsordo, ˈsorda] *adj*
- Il nonno è **sordo** da un orecchio.

surdo, surda
- O avô é **surdo** de um ouvido.

duro d'orecchi, dura d'orecchi
[ˈduːro doˈrekki, ˈduːra doˈrekki] *adj*
- Bisogna ripetere tutto perché la zia è **dura d'orecchi**.

ruim de ouvido
- É preciso repetir tudo porque a tia é **ruim de ouvido**.

➡ Também se usa a expressão **duro d'udito**, mas, na linguagem cotidiana, **duro d'orecchi** é mais empregado.

l'**allergia** [allerˈgʒiːa] *n f*
- Tutti e due i nostri figli hanno l'**allergia** alla polvere.

a alergia
- Nossos dois filhos têm **alergia** ao pó.

il **diabete** [djaˈbɛːte]
- Il **diabete** è causato da una carenza di insulina.

o diabetes
- O **diabetes** é causado por uma carência de insulina.

sopportare [sopporˈtaːre] *v*
- Non **sopporto** il dolore.

suportar
- Não **suporto** a dor.

insopportabile [insopporˈtaːbile] *adj*
- Questo caldo è **insopportabile**.

insuportável
- Este calor é **insuportável**.

tremare [treˈmaːre] *v*
- **Tremava** dal freddo.

tremer, tiritar
- **Tremia** de frio.

scottarsi [skotˈtarsi] *v*
- Ho la pelle chiara e **mi scotto** facilmente.

queimar-se
- Tenho a pele clara e **me queimo** facilmente.

gonfiarsi [gonˈfjarsi] *v*
- Un'ape mi ha punta sul braccio, che **si** è subito **gonfiato**.

inchar
- Uma abelha me picou o braço, que logo **inchou**.

l'**infezione** [infeˈtsjoːne] *n f*
- Mi è venuta un'**infezione** all'orecchio.

a infecção
- Estou com uma **infecção** no ouvido.

l'**inflammazione** [infjammaˈtsjoːne] *n f*
- Ho un'**inflammazione** in bocca.

a inflamação
- Estou com uma **inflamação** na boca.

infiammato, infiammata
[infjamˈmaːto, infjamˈmaːta] *adj*
- I suoi occhi sono **infiammati** e tutti rossi.

inflamado
- Seus olhos estão **inflamados** e bem vermelhos.

Doenças e comprometimentos físicos

l'**influenza** [influːɛntsa] *n f* ■ Il bambini hanno preso l'**influenza**. ➡ **febbre** p. 102	a **gripe** ■ As crianças pegaram **gripe**.
la **diarrea** [djarˈrɛːa] *n* ■ Lei è venuta la **diarrea**.	a **diarreia** ■ Ela está com diarreia.
le **vertigini** [verˈtiːdʒini] *n pl* ■ Soffre spesso di **vertigini**.	a **tontura**, a **vertigem** ■ Sofre frequentemente de **vertigens**.

➡ Quando alguém se sente tonto, se diz: **ho le vertigini**; já **mi vengono le vertigini** significa que algo "está me dando tontura".

contagioso, contagiosa [kontaˈdʒoːso, kontaˈdʒoːsa] *adj* ■ L'influenza è una malattia **contagiosa**.	**contagioso, contagiosa** ■ A gripe é uma doença **contagiosa**.
il **batterio** [batˈtɛːrjo] *n* ■ Sono **batteri** che causano la carie. ➡ **dubbio** p. 61	a **bactéria** ■ São **bactérias** que causam as cáries.
il **virus** [ˈviːrus] *n; pl inv* ■ L'HIV è il **virus** che causa l'aids.	o **vírus** ■ O HIV é o **vírus** que causa a AIDS.
l'**infarto** [inˈfarto] *n m* ■ Ha avuto un **infarto** mentre guidava.	o **infarto** ■ Teve um **infarto** enquanto dirigia.
l'**attaco** [atˈtakko] *n m* ■ I suoi **attachi** epilettici non sono più così frequenti.	o **ataque** ■ Seus **ataques** epilépticos não são mais tão frequentes.
lo **shock** [ʃɔk] *n; pl inv* ■ Doppo l'incidente era sotto **shock**.	o **choque** ■ Depois do acidente ele ficou em **choque**.
il **cancro** [ˈkaŋkro] *n* ■ È malato di **cancro**.	o **câncer** ■ Ele está com **câncer**.
l'**aids** [ˈaːidz] *n m* ■ Un mio conoscente è malato di **aids**.	a AIDS ■ Um conhecido meu tem AIDS.

Doenças e comprometimentos físicos

l'**aborto indotto** [a'bɔrto in'dotto] *n m*
- Un **aborto indotto** è un'interruzione volontaria della gravidanza.

o **aborto induzido**
- Um **aborto induzido** é uma interrupção voluntária da gravidez.

la **carie** ['kaːrje] *n*
- Per prevenire la **carie** bisogna lavarsi i denti almeno due volte al giorno.

a **cárie**
- Para prevenir a **cárie**, deve-se escovar os dentes pelo menos duas vezes ao dia.

lo **stress** [strɛs] *n*
➡ stato civile p. 19

o **estresse**

il **fumatore**, la **fumatrice** [fuma'toːre, fuma'triːtʃe] *n*
- È un **fumatore** accanito.

o/a **fumante**
- Ele é um **fumante** inveterado.

il **non fumatore**, la **non fumatrice** [non fuma'toːre, non fuma'triːtʃe] *n*
- Questa sala è per **non fumatori**.

o/a **não fumante**
- Esta sala é para **não fumantes**.

fumare [fu'maːre] *v*
- No grazie, non **fumo**.

fumar
- Não, obrigado, não **fumo**.

ubriaco, ubriaca [ubri'aːko, ubri'aːka] *adj*; *pl* **ubriachi**
- Sei **ubriaca**?

bêbado, bêbada, embriagado, embriagada
- Está **bêbada**?

l'**alcolizzato**, l'**alcolizzata** [alkolid'daːto, alkolid'daːta] *n m/f*
- Sua madre è **alcolizzata**.

o/a **alcoólatra**
- A mãe dela é **alcoólatra**.

la **droga** ['drɔːga] *n*
- Non so si faccia uso di **droghe**.
- È sospettato di traffico di **droga**.

a **droga**
- Não sei se fazia uso de **drogas**.
- Suspeitou-se de tráfico de **droga**.

il **drogato**, la **drogata** [dro'gaːto, dro'gaːta] *n*
- Non porto il bambino in quel parco perché ci sono i **drogati**.

o **drogado**, a **drogada**
- Não levo meu filho naquele parque porque lá tem **drogados**.

drogarsi [dro'garsi] *v*
- **Si droga** da quando aveva 17 anni.

drogar-se
- **Droga-se** desde que tinha 17 anos.

Exames clínicos e hospital

la **visita** [ˈviːzita] *n*
- La **visita** è durata pocchi minuti.

a **consulta**
- A **consulta** durou poucos minutos.

visitare [viziˈtaːre] *v*
- Questo è il medico che l'ha **visitata**.

visitar
- Esse é o médico que a **visitou**.

la **cura** [ˈkuːra] *n*
- Sono in **cura** da un fisioterapista.

o **tratamento**
- Estou em **tratamento** com um fisioterapeuta.

curare [kuˈraːre] *v*
- Martina **è stata curata** da uno specialista.

tratar-se
- Martina **se tratou** com um especialista.

medico, medica [ˈmɛːdico, ˈmɛːdiao] *adj*
- Devo fare una visita **medica**.
➡ simpatico p. 21

médico
- Tenho de fazer uma consulta **médica**.

l'**ambulatorio** [ambulaˈtɔːrjo] *n m*
- L'**ambulatorio** è chiuso per ferie.
➡ dubbio p. 61.

o **consultório**
- O **consultório** está fechado para férias.

ricevere [riˈtʃeːvere] *v*
- Il venerdì il mio medico **riceve** solo la mattina.

atender
- Às sextas meu médico só **atende** pela manhã.

il **respiro** [resˈpiːro] *n*
- Trattenga il **respiro** per qualche istante.

a **respiração**
- Prenda a **respiração** por alguns instantes.

respirare [respiˈraːre] *v*
- **Respira** profondamente.

respirar
- **Respire** profundamente.

la **farmacia** [farmaˈtʃiaː] *n*
- Guardiamo nel giornale qual è la **farmacia** di turno stanotte.

a **farmácia**
- Vejamos no jornal qual é a **farmácia** de plantão esta noite.

la **medicina** [mediˈtʃiːna] *n*
- Di solito no prendo **medicine**.

o **remédio**, o **medicamento**
- Não costumo tomar **remédios**.

la **pastiglia** [pasˈtiʎʎa] *n*
- Non dimenticarti di prendere le **pastiglie**.

o **comprimido**
- Não esqueça de levar os **comprimidos**.

Exames clínicos e hospital

la **ricetta** [riˈtʃetta] *n*
- Senza **ricetta**, questa medicina non gliela posso dare.

a **receita**
- Sem **receita**, não posso lhe dar este medicamento.

prescrivere [presˈkriːvere] *v*
▶ v irr p. 411 scrivere
- Il medico non mi ha **prescritto** medicine.

prescrever, receitar
- O médico não me **prescreveu** nenhum medicamento.

l'**ospedale** [ospeˈdaːle] *n m*
- Sa qual è l'orario delle visite in **ospedale**?

o **hospital**
- Você sabe qual é o horário de visita no **hospital**?

la **clinica** [ˈkliːnika] *n*
- Ho fissato un appuntamento con uno specialista in una **clinica** ortopedica.

a **clínica**
- Marquei uma consulta com um especialista em uma **clínica** ortopédica.

l'**operazione** [operaˈtsjoːne] *n f*
- Subirà una difficile **operazione**.

a **operação**
- Ele vai passar por uma **operação** difícil.

operare [opeˈraːre] *v*
- Domani **operano** mia mamma allo stomaco.

operar
- Amanhã **operam** minha mãe do estômago.

l'**intervento** [interˈvɛnto] *n m*
- Devo subire un **intervento** chirurgico.

a **intervenção**
- Devo me submeter a uma **intervenção** cirúrgica.

il/la **paziente** [paˈtsjɛnte] *n m/f*
- Il **paziente** della camera sedici ha chiesto dell'acqua.

o/a **paciente**
- O **paciente** do quarto dezesseis pediu água.

preventivo, preventiva [prevenˈtiːvo, prevenˈtiːva] *adj*
- Mi hanno detto che è meglio fare una cura **preventiva**.

preventivo
- Disseram-me que é melhor fazer um tratamento **preventivo**.

prevenire [preveˈniːre] *v*
▶ v irr p. 413 venire
- **Prevenire** è meglio che curare.

prevenir
- **Prevenir** é melhor do que remediar.

la **pomata** [poˈmaːta] *n*
- Ci ho messo la **pomata**.

a **pomada**
- Passei a **pomada**.

il **cerotto** [tʃeˈrɔtto] *n* ■ Le metto un **cerotto** sulla ferita.	**esparadrapo, curativo** ■ Vou colocar um **curativo** na sua ferida.
la **benda** [ˈbɛnda] *n* ■ Ho tolto la **benda** per vedere la ferita. ■ Sarà meglio mettere una **benda** elastica.	a **atadura, o esparadrapo** ■ Eu tirei a **atadura** para ver o ferimento. ■ Será melhor colocar uma **atadura** elástica.
l'**iniezione** [injeˈtsjoːne] *n f* ■ La mia vicina mi ha fatto l'**iniezione**.	a **injeção** ■ Minha vizinha me aplicou a **injeção**.
fare una radiografia [ˈfaːre ˈuːna radjograˈfiːa] *loc* ■ Dopo l'incidente mi hanno fatto una **radiografia**.	**fazer uma radiografia** ■ Depois do acidente me **fizeram uma radiografia**.
la **sedia a rotelle** [ˈsɛːdja a roˈtɛlle] *n* ■ Era sulla **sedia a rotelle**.	a **cadeira de rodas** ■ Ela estava de **cadeira de rodas**.
il **contraccetivo** [kontratteʃetˈtiːvo] *n* ■ Lei fa uso di **contraccettivi**?	o **contraceptivo, o anticoncepcional** ■ A senhora faz uso de **anticoncepcionais**?
prendere la pillola [ˈprɛndere la ˈpillola] *loc* ■ **Prende la pillola** da quando ha 16 anni.	**tomar pílula** ■ **Toma pílula** desde os 16 anos.
il **foglietto illustrativo** [foʎˈʎeto ilustraˈtiːvo] *n* ■ Non legge mai il **foglietto illustrativo**.	a **bula (de remédio)** ■ Ele nunca lê a **bula**.
il **massaggio** [masˈsddʒo] *n* ■ Ho mal di schiena, mi ci vorrebbe un bel **massaggio**. ➔ dubbio p. 61	a **massagem** ■ Estou com dor nas costas, eu gostaria de uma bela **massagem**.
la **sala d'attesa** [ˈsaːla datˈteːsa] *n* ■ Si accomodi un attimo in **sala d'attesa**.	a **sala de espera** ■ Espere um momento na **sala de espera**.

> Na Itália, o sistema de saúde nacional, o **Servizio Sanitario Nazionale**, oferece atenção básica em saúde para todos os segurados. A cobertura dos pacientes abrange o médico da família, **il medico di famiglia**, que também se ocupa de transferências para as especialidades médicas. Para ter direito ao uso de hospital, é preciso pagar uma contribuição, **il ticket**. A maior parte dos medicamentos sai do bolso do paciente, mas parte dos custos pode ser deduzida do imposto de renda.

il **certificato medico** [tʃertifi'ka:to 'mɛ:diko] *n* ■ Per iscrivere un bambino a scuola ci vuole un **certificato medico**.	o **atestado médico** ■ Para matricular uma criança na escola, é necessário um **atestado médico**.

Emergência

il **pericolo** [pe'ri:kolo] *n* ■ Guida come un pazzo, è un **pericolo** pubblico.	o **perigo** ■ Dirige como um louco, é um **perigo** público.
pericoloso, pericolosa [periko'lo:so, periko'lo:sa] *adj* ■ È **pericoloso** sporgersi dal finestrino.	**perigoso** ■ É **perigoso** se apoiar na janela.
l'**incendio** [in'tʃɛndjo] *n m* ■ I vigili del fuoco hanno spento l'**incendio**. ➡ dubbio p. 61	o **incêndio** ■ Os bombeiros apagaram o **incêndio**.
l'**incidente** [intʃi'dɛnte] *n* ■ Hanno avuto un **incidente**, ma per fortuna non si è fatto male nessuno.	o **acidente** ■ Sofreram um **acidente**, mas por sorte ninguém se feriu.
lo **scontro** ['skontro] *n* ■ C'è stato un **scontro** frontale. ➡ stato civile p. 19	o **choque**, a **colisão**, a **batida** ■ Houve uma **colisão** frontal.
scontrarsi [skon'trarsi] *v* ■ Un camion **si è scontrato** con un autobus.	**chocar-se, esbarrar** ■ Um caminhão **se chocou** com um ônibus.

salvare [sal'va:re] *v* ■ Il casco gli **ha salvato** la vita.	**salvar** ■ O capacete lhe **salvou** a vida.
gridare aiuto [gri'da:re a'ju:to] *loc* ■ Ho sentito mia moglie che **gridava aiuto**.	**gritar/pedir por socorro** ■ Ouvi minha mulher **gritar por socorro**.
Aiuto! [a'ju:to] *interj.*	**Socorro!**
Attento!, Attenta! [at'tɛnto] *interj*	**Atenção!**

➜ A interjeição deve concordar em gênero e número com a(s) pessoas(as) a quem ela se dirige.

Occhio! ['ɔkkjo] *interj*	**Atenção!**
i **vigili del fuoco** [vi:dʒili del 'fuɔ:ko] *n pl* ■ Per chiamare i **vigili del fuoco** devi fare il 115.	os **bombeiros** ■ Para chamar os **bombeiros**, deve-se discar 115.

➜ Pode-se dizer também **pompieri**.
➜ Também na Itália o número de emergência se compõe de três dígitos e é gratuito. O número da polícia (os **carabinieri**) é 112; dos bombeiros, 115; e o serviço de ambulância, 118.

la **polizia** [poli'tsi:a] *n* ■ La **polizia** ha arrestato tre ragazzi che stavano rubando una machina.	a **polícia** ■ A **polícia** prendeu três rapazes que estavam roubando um carro.
l'**ambulanza** [ambu'lantsa] *n f* ■ Presto, qualcuno chiami un'**ambulanza**.	a **ambulância** ■ Rápido, alguém chame uma **ambulância**.
l'**allarme** [al'larme] *n m* ■ È stato lui a lanciare l'**allarme**.	o **alarme** ■ Foi ele quem acionou o **alarme**.
il **numero di emergenza** ['nu:mero di emer'dʒɛntsa] *n* ■ Il **numero di emergenza** europeo è il 112.	o **número de emergência** ■ O **número de emergência** europeu é 112.

➜ **polizia** p. 111

bruciarsi [bru'tʃarsi] *v* ■ Giovanna **si è bruciata** con il ferro da stiro.	**queimar-se** ■ Giovanna **se queimou** com o ferro de passar.

il **pronto soccorso** ['pronto sok'kɔrso] *n*
- Bisogna portarlo al **pronto soccorso**.

o **pronto-socorro**
- É necessário levá-lo ao **pronto-socorro**.

prestare i primi soccorsi [pres'taːre i 'priːmi sok'kɔrsi] *loc*
- A **prestare i primi soccorsi** sono stati i passanti.

prestar os primeiros socorros
- Quem **prestou os primeiros socorros** foram transeuntes.

l'**uscita di sicurezza** [uʃ'ʃiːta di siku'rettsa] *n v*
- In caso d'incendio bisogna usare l'**uscita di sicurezza**.

a **saída de emergência**
- Em caso de incêndio, é preciso usar a **saída de emergência**.

sopravvivere [soprav'viːvere] *v*
▶ v irr p. 413 vivere
- È un vero miracolo che **sia sopravvissuto** all'incidente aereo.
➔ ingrassare p. 28

sobreviver
- É um verdadeiro milagre que **tenha sobrevivido** ao acidente aéreo.

Cuidados corporais

lavarsi [la'varsi] *v*
- Andrea **si lava** tre volte al giorno.

lavar-se
- Andrea **se lava** três vezes ao dia.

fare la doccia ['faːre la 'dottʃa] *loc*
- Hai **fatto la doccia**?

tomar uma ducha
- Você **tomou uma ducha**?

fare il bagno ['faːre il 'baɲɲo] *loc*
- **Faccio il bagno** tutte le sere.

tomar banho
- **Tomo banho** todas as noites.

il **sapone** [sa'poːne] *n*
- Devo ricordarmi di mettere in valigia il **sapone**.

o **sabonete**
- Devo me lembrar de pôr o **sabonete** na mala.

lo **shampoo** ['ʃampo] *n*
- Vorrei uno **shampoo** per capelli fini.
➔ stato civile p. 19

o **xampu**
- Eu queria um **xampu** para cabelos finos.

il **docciaschiuma** [dottʃas'kjuːma] *n; pl inv*
- Ho lasciato a casa il mio **docciaschiuma**, posso usare il tuo?

sabonete líquido
- Deixei em casa meu **sabonete líquido**, posso usar o seu?

Cuidados corporais 113

la **crema** [ˈkrɛːma] *n*
- Vorrei una **crema** per pelli secche.

o **creme**
- Queria um **creme** para pele seca.

asciugarsi [aʃʃuˈgarsi] *v*
- **Asciugati** bene le mani e metti un po di crema.

enxugar, secar
- **Enxugue** bem as mãos e passe um pouco de creme.

il **pettine** [ˈpɛttine] *n*
- Mi presti il **pettine**?

o **pente**
- Você me empresta o **pente**?

pettinarsi [pettiˈnarsi] *v*
- Ma ti sei **pettinata** questa mattina?

pentear-se
- Mas você **se penteou** esta manhã?

la **spazzola** [ˈspattsola] *n*
- Chi ha usato la mia **spazzola**? È piena di capelli neri.

a **escova**, a **escova de cabelos**
- Quem usou minha **escova**? Está cheia de cabelos escuros.

lo **spazzolino (da denti)** [spattsoˈliːno (da ˈdɛnti)]
- Bisogna cambiare spesso lo **spazzolino da denti**.

➡ stato civile p. 19

a **escova de dentes**

- É preciso trocar de **escova de dentes** regularmente.

spazzolarsi [spattsoˈlarsi] *v*
- **Si stava spazzolando** i capeli davanti allo specchio.

pentear(-se)
- Ela **estava penteando** os cabelos na frente do espelho.

il **dentifricio** [dentiˈfriːtʃo] *n*
- Questo **dentifricio** ha un buon sapore.

o **creme dental**, a **pasta de dente**
- Esta **pasta de dentes** tem um gosto bom.

lavarsi i denti [laˈvarsi i ˈdɛnti] *loc*
- **Lavatevi i denti** prima di andare a letto.

escovar os dentes
- **Escove os dentes** antes de ir para a cama.

farsi la barba [ˈfarsi la ˈbarba] *loc*
▶ v irr p. 409 fare
- Adriano preferisce **farsi la barba** a mano piuttosto che usare il rasoio elettrico

fazer a barba

- Adriano prefere **fazer a barba** manualmente em vez de usar o barbeador elétrico.

il **fazzoletto (di carta)** [fattzoˈletto di ˈkarta] *n*
- Hai un **fazzoleto di carta**?

o **lenço de papel**

- Você tem um **lenço de papel**?

il **profumo** [proˈfuːmo] n ■ Mi ha regalato una bottiglia di **profumo**.	o **perfume** ■ Ele me deu um frasco de **perfume**.
il **tubetto** [tuˈbetto] n ■ Bisogna ricomprare il dentifricio, il **tubetto** è quase finito.	o **tubo** ■ É preciso comprar pasta de dente, o **tubo** está quase no fim.
il **rasoio** [raˈsoːjo] n ■ Il **rasoio** di papà non funziona più.	o **barbeador** ■ O **barbeador** do papai não funciona mais.
la **carta igienica** [ˈkarta iˈdʒɛːnika] n ■ È finita la **carta igienica**.	o **papel higiênico** ■ Acabou o **papel higiênico**.
il **pannolino** [pannoˈliːno] n ■ Dove possiamo cambiare il **pannolino** al bambino?	a **fralda** ■ Onde posso trocar a **fralda** da criança?
il **trucco** [ˈtrukko] n ■ Un po' di **trucco** ti sta bene, ma così è troppo.	a **maquiagem** ■ Um pouco de **maquiagem** lhe cai bem, mas assim é demais.
truccarsi [trukˈkarsi] v ■ Non esco mai di casa senza **truccarmi**.	**maquiar-se** ■ Não saio mais de casa sem **me maquiar**.
lo **smalto** [ˈzmalto] n ■ Mi sono messo lo **smalto** rosso sulle unghie.	o **esmalte** ■ Passei o **esmalte** vermelho nas unhas.
il **rossetto** [rosˈsetto] n ■ Cerco un **rossetto** molto scuro.	o **batom** ■ Estou procurando um **batom** bem escuro.
la **crema solare** [ˈkrɛːma soˈlaːre] n	o **filtro solar**, o **protetor solar**

Formação

Aprendizado

imparare [impa'ra:re] *v*
- **Ha imparato** a scrivere prima di andare a scuola.

aprender
- Ele **aprendeu** a escrever antes de ir à escola.

studiare [stu'dja:re] *v*
- Facciamo una breve pausa e poi riprendiamo a **studiare**.
- **Ho studiato** medicina.

estudar
- Vamos fazer uma pequena pausa e depois voltamos a **estudar**.
- **Estudei** medicina.

→ O verbo italiano não significa apenas estudar algo específico, mas também aprender em um sentido mais amplo. Para expressar que se está frequentando um curso universitário, diz-se **frequentare l'università**.

il sapere [sa'pe:re] *n*
- Ha un **sapere** immenso.

o saber
- Tem um **saber** imenso.

sapere [sa'pe:re] *v*
- ▶ v irr p. 411 sapere
- La nostra professoressa **sa** veramente tutto.
- Mi piacerebbe **sapere** il russo.

saber
- Nossa professora **sabe** realmente tudo.
- Eu gostaria de **saber** russo.

→ Para poder no sentido de **ter capacidade de, estar em condições de**, diz-se **sapere**; usa-se **potere** para exprimir que se está em condições de alguma coisa, por exemplo: **Posso venire domani. – Posso vir amanhã.**

capire [ka'pi:re] *v*
- Che lingua parla? Non **capisco** una parola.

entender, compreender
- Que língua fala? Não **entendo** uma palavra.

l'interesse [inte'rɛsse] *n m*
- Quali sono i tuoi **interessi**?

o interesse
- Quais são seus **interesses**?

→ Em italiano também se usa "interesse" no sentido de **tendência, preferência**: **La musica è uno dei miei tanti interessi. – A musica é um de meus muitos interesses.**

Aprendizado

interessato, interessata
[interes'sa:to, interes'sa:ta] *adj*
- Non sono **interessato** alla sua proposta.

interessante [interes'sante] *adj*
- Ho letto un articolo molto **interessante**.

interessarsi di [interes'sarsi di] *v*
- Non **si interessa di** politica.

il corso ['korso] *n*
- Per imparare meglio il tedesco frequento un **corso** al Goethe Institut.

la lezione [le'tsjo:ne] *n*
- Oggi non sono stata a **lezione**.
- La **lezione** è di 45 minuti.
- Per la prossima volta studiate i vocaboli della **lezione** 9.

spiegare [spje'ga:re] *v*
- La prossima volta vi **spiego** quando si usa il congiuntivo.

l'esempio [e'zɛmpjo] *n m*
- Per spiegarvelo meglio vi faccio degli **esempi**.

l'esercizio [ezer'tʃitsjo] *n m*
- Questi **esercizi** sono troppo difficili.

esercitarsi [ezertʃi'tarsi] *v*
- Leggo il giornale per **esercitarmi** in italiano.

ripetere [ri'pɛ:tere] *v*
- Ascoltate e poi **ripetete** la frase tutti insieme.

il quaderno [kua'dɛrno.] *n*
- Ho un **quaderno** per ogni materia.

interessado, interessada
- Não estou **interessado** em sua proposta.

interessante
- Li um artigo muito **interessante**.

interessar-se por
- Não **se interessa** por política.

o curso
- Para melhorar o alemão, frequento um **curso** no Instituto Goethe.

a aula, a lição
- Hoje não fui à **aula**.
- A **aula** é de 45 minutos.
- Para a próxima, estudem o vocabulário da **lição** 9.

explicar, esclarecer
- Da próxima vez, **explico** quando se usa o subjuntivo.

o exemplo
- Para explicar melhor, vou dar alguns **exemplos**.

o exercício
- Estes **exercícios** são difíceis demais.

exercitar, treinar, praticar
- Leio o jornal para **praticar** italiano.

repetir
- Ouçam e depois **repitam** a frase todos juntos.

o caderno
- Tenho um **caderno** para cada matéria.

la **pagina** [ˈpaːdʒna] *n*
- Aprite il libro a **pagina** 6

a **página**
- Abra o livro na **página** 6.

la **soluzione** [soluˈtjoːne] *n*
- Le **soluzioni** sono alla fine del livro.

a **solução**
- As **soluções** estão no final do livro.

→ Assim como em português, **soluzione** significa também a resposta de um problema abstrato e, ainda, refere-se a compostos químicos.

risolvere [riˈsɔlvere] *v*
▶ **v irr** p. 405 assolvere
- Non sono riuscita a **risolvere** il problema di fisica.

resolver
- Não consegui **resolver** o problema de física.

giusto, giusta [ˈdʒusto, ˈdʒusta] *adj*
- Spero di aver dato la risposta **giusta**.

correto, correta
- Espero ter dado a resposta **correta**.

sbagliato, sbagliata [zbaʎˈʎaːto, zbaʎˈʎaːta] *n*
- La soluzione è **sbagliata**.

errado, errada
- A solução está **errada**.

→ **Sbagliato** significa **não está correto**, enquanto **falso** é empregado para expressar que algo **não é verdadeiro**.

sbagliare a fare [zbaʎˈʎarsi] *v*
- **Ho sbagliato** tutto.

errar
- Eu **errei** tudo.

sbagliarsi [zbaʎˈʎarsi] *v*
- Se pensa che sia stato io, si **sbaglia**.

enganar-se, equivocar-se
- Se o senhor pensa que fui eu, está **enganado**.

l'**errore** [erˈroːre] *n m*
- L'insegnante ha segnato tutti gli **errori** in rosso.

o **erro**
- O professor assinalou todos os **erros** em vermelho.

il **test** [tɛst] *n*; *pl inv*
- Gli studenti vengono scelti in base a un **test**.

o **teste**
- Os alunos foram escolhidos com base em um **teste**.

testare [tesˈtaːre] *v*
- All'inizio dei corso tutti vengono **testati**.

testar
- No início do curso, todos são **testados**.

l'**esame** [eˈzaːme] *n m*
- La settimana prossima devo dare due **esame**.

a **prova**, o **exame**
- Na próxima semana, devo aplicar duas **provas**.

la **prova** [ˈprɔːva] *n*
- Alla fine del corso ci saranno due **prove**.

a **prova**
- No final do curso haverá duas **provas**.

l'**orale** [oˈraːle] *n m*
- L'**orale** è più difficile dello scritto.

a **prova oral**
- A **prova oral** é mais difícil que a escrita.

orale [oˈraːle] *adj*
- Se non supero l'esame **orale**, devo ripetere anche lo scritto.

oral
- Se eu não passar na prova **oral**, terei de refazer também a escrita.

lo **scritto** [ˈskritto] *n*
- Sono stata bocciata allo **scritto**.

➡ **stato civile** p. 19

a **prova escrita**
- Fui reprovada na **prova escrita**.

scritto, scritta [ˈskritto, ˈskritta] *adj*
- Ho paura di non superare le prove **scritte**.

escrito, escrita
- Tenho medo de não passar na prova **escrita**.

superare [supeˈraːre] *v*
- Non **ha superato** l'esame di chimica.

passar
- Ele não **passou** no exame de química.

la **pagella** [paˈdʒɛlla] *n*
- Luca ha portato a casa una **pagella** bellissima.

o **boletim**
- Luca trouxe para casa um **boletim** belíssimo.

migliorare [miʎʎoˈraːre] *v*
- Devi **miglorare** la tua pronuncia
- Dall'anno scorso **è migliorato** tanto.

melhorar
- Você tem de **melhorar** sua pronúncia.
- Desde o ano passado, ele **melhorou** muito.

il **voto** [ˈvoːto] *n*
- Ho preso un brutto **voto**.

a **nota**
- Tive uma **nota** ruim.

➡ O sistema de avaliação italiano compreende notas de 0 a 10, sendo **ótimo** a melhor nota; a **nota 6**, ou **sufficienza**, é suficiente para a aprovação de um aluno.

bene [ˈbeːne] *adv*
- Quest'anno gli è andata **bene**.

bem
- Este ano transcorreu **bem** para ela.

➡ **bene** é um advérbio; o adjetivo é **buono**.

bravo [ˈbraːvo] *adj*
- È molto **brava** in matematica.

bom
- É muito **boa** em matemática.

meglio [ˈmeʎʎo] *adv*
- **Meglio** di così non potrebbe andare.
- Carlo disenga **meglio** di tutti.

melhor
- Não poderia ser **melhor**.
- Carlo desenha **melhor** que todos.

migliore [miʎˈʎoːre] *adj*
- Gli studenti di questa classe sono molto **migliori** di quelli dell'altra classe.
- Lo stutente **migliore** riceverà un premio.

melhor
- Os alunos desta classe são muito **melhores** que os da outra.
- O **melhor** aluno receberá um prêmio.

ottimo [ˈɔttimo] *n m*
- Ha preso **ottimo** in italiano.
➜ **voto** p. 118

ótimo (a nota)
- Tirei um **ótimo** em italiano.

ottimo, ottima [ˈɔttimo, ˈɔttima] *adj*
- Hai fatto un **ottimo** compito.

ótimo, ótima
- Você escreveu um **ótimo** trabalho.

eccellente [ettʃelˈlɛnte] *adj*
- Congratulazioni, avete fatto un lavoro davvero **eccellente**.

excelente
- Parabéns, vocês fizeram um trabalho realmente **excelente**!

male [ˈmaːle] *adv*
- Non ti ho capito perché ti sei espresso **male**.

mal, ruim
- Não entendi, porque você se expressou **mal**.

➜ **male** é um advérbio, os adjetivos correspondentes são **cattivo** e **brutto**.

peggio [ˈpeddʒo] *adv*
- Oggi si è comportato ancora **peggio**.
- Il bambino **peggio** educato è Daniele.

pior
- Hoje ele se comportou ainda **pior**.
- A criança de **pior** educação é Daniele.

peggiore [pedˈdʒoːre] *adj*
- Questo libro è **peggiore** degli altri, è pieno di errori.
- È uno dei **peggiori** studenti che mi siano mai capitati.

pior
- Este livro é **pior** que os outros, está repleto de erros.
- É um dos **piores** alunos que já passaram por mim.

la difficoltà [diffikolˈta] *n*
- Avete ancora delle **difficoltà** in grammatica.
➜ **città** p. 17

a dificuldade
- Vocês ainda estão com **dificuldades** em gramática.

il **problema** [pro'blɛːma] *n*
- Se ha dei **problemi**, parliamone.

o **problema**
- Se o senhor tiver **problemas**, vamos conversar a respeito.

➡ Substantivos masculinos terminados em -a formam o plural com -i.

facile ['faːtʃile] *adj*
- Andare in snowboard non è **facile** come sembra.

fácil
- Andar de *snowboard* não é tão **fácil** quanto parece.

➡ Semplice também pode significar **fácil**.

difficile [difˈfiːtʃile] *adj*
- È **difficile** il test di ammissione all'università?

difícil
- É **difícil** o teste de admissão à universidade?

l'**attenzione** [attenˈtsjoːne] *n f*
- Per favore, un attimo di **attenzione**!

a **atenção**
- Por favor, um minuto de sua **atenção**!

attento, attenta [atˈtɛnto, atˈtɛnta] *adj*
- A scuola non riesce a stare **attento**.

atento, atenta

- Na escola, não consegue ficar **atento**.

➡ Attento! p. 111

frequentare [frekuenˈtaːre] *v*
- È la prima volta che **frequento** un corso di yoga.

frequentar
- É a primeira vez que **frequento** um curso de ioga.

presente [preˈzɛnte] *adj*
- Adamini Giovanni? – **Presente**!

presente
- Giovani Adamini? – **Presente**!

essere assente ['ɛssere asˈsɛnte] *loc*
- Ieri **ero assente**.

estar ausente, faltar
- Ontem eu **faltei**.

descrivere [desˈkriːvere] *v*
▶ *v irr* p. 411 scrivere
- Non saprei **descriverti** il quadro, ma è bello.

descrever

- Não vou saber **descrever** o quadro, mas é muito bonito.

correggere [korˈrɛddʒere] *v*
▶ *v irr* p. 407 correggere
- Ho scritto una lettera in italiano. Me la puoi **correggere**?

corrigir

- Escrevi uma carta em italiano. Você poderia **corrigi-la** para mim?

Aprendizado 121

la **diligenza** [dili'dʒɛntsa] n ■ La valutazione dipende anche dalla **diligenza** nel fare i compiti a casa.	o **cuidado** ■ A avaliação depende também do **cuidado** ao fazer o dever de casa.
l'**iscrizione** [iskri'tsjo:ne] n f ■ Per l'**iscrizione** è necessario un documento d'identità.	a **matrícula** ■ Para a **matrícula**, é necessário um documento de identidade.
iscriversi [is'kri:versi] v ▶ **v irr** p. 411 scrivere ■ Ci **iscriviamo** a un corso di cucina?	**matricular-se** ■ Vamos **nos matricular** num curso de culinária?
la **sufficienza** [suffi'tʃɛntsa] n ■ Ho la **sufficienza** in tutte le materie. ➡ **voto** p. 118	a **nota suficiente**, a **média** ■ Tenho a **média** em todas as matérias.
l'**insufficienza** [insuffi'ʃɛentsa] n f ■ Come hai fatto a prendere un'**insufficienza** in matematica?	a **nota insuficiente** ■ Como você foi tirar um "**insuficiente**" em matemática?
promuovere [pro'muɔ:vere] v ▶ **v irr** p. 409 muovere ■ Evviva, **sono stato promosso**!	**passar de ano** ■ Oba, **passei de ano**!
il **miglioramento** [miʎʎora'mento] n ■ Tutti hanno notato il suo **miglioramento**.	a **melhora** ■ Todos notaram a sua **melhora**.
essere bocciato, essere bocciata ['ɛssere bot'tʃa:to, 'ɛssere bot'tʃa:ta] v ■ **È stata bocciata** all'esame di ammissione. ■ **È stato bocciato** e dovrà ripetere l'anno.	**ser reprovado/a** ■ **Foi reprovada** no exame de admissão. ■ Ele **foi reprovado** e terá de repetir de ano.
l'**istruzione** [istru'tsjo:ne] n f ■ Voglio che i nostri figli ricevano una buona **istruzione**.	a **instrução** ■ Desejo que nossos filhos recebam uma boa **instrução**.
l'**e-learning** [i'lerniŋg] n m; pl inv ■ L'**e-learning** si è diffuso in tutta Europa.	o **ensino a distância** ■ O **ensino a distância** se difundiu por toda a Europa.

l'educazione [eduka'tsjoːne] *n f* ■ La scuola dovrebbe sostenere i genitori nell'**educazione** dei figli.	**a educação** ■ A escola deveria apoiar os pais na **educação** dos filhos.
educare [edu'kaːre] *v* ■ È compito dei genitori **educare** i figli.	**educar** ■ É tarefa dos pais **educar** os filhos.
l'intelligenza [intelli'dʒɛntsa] *n f* ■ È una persona di media **intelligenza**.	**a inteligência** ■ É uma pessoa de **inteligência** mediana.
intelligente [intelli'dʒɛnte] *adj* ■ Manuela è molto **intelligente**.	**inteligente** ■ Manuela é muito **inteligente**.
la memoria [me'mɔːrja] *n* ■ Ma come fai a ricordarti sempre tutto, hai una **memoria** di ferro!	**a memória** ■ Mas como você faz para sempre se lembrar de tudo? Tem uma **memória** de ferro!
a memoria [a me'mɔːrja] *adv* ■ Per domani dobbiamo imparare una poesia **a memoria**.	**de memória, de cor** ■ Para amanhã, temos de aprender uma poesia **de cor**.
memorizzare [memorid'dʒaːre] *v* ■ Non riesce a **memorizzare** le date.	**memorizar** ■ Não consegue **memorizar** as datas.
la ragione [ra'dʒoːne] *n* ■ Non farti travolgere dalle emozioni, usa la **ragione** invece.	**a razão** ■ Não se deixe dominar pelas emoções, em vez disso use a **razão**.
la riflessione [rifles'sjoːne] *n* ■ Si è preso un periodo di **riflessione**. ■ Sono **riflessioni** importanti.	**a reflexão, a ponderação** ■ Ele se permitiu um tempo para **reflexão**. ■ São **reflexões** importantes.
riflettere [ri'flɛttere] *v* ▶ *v irr* p. 410 riflettere ■ Prima di prendere una decisione importante bisogna **riflettere** bene.	**refletir** ■ Antes de tomar uma decisão, é importante **refletir** bem.
la concentrazione [kontʃentra'tsjoːne] *n* ■ Questo lavoro richiede molta **concentrazione**.	**a concentração** ■ Este trabalho exige muita **concentração**.

concentrarsi [kontʃenˈtrarsi] v ■ Potete stare zitti un momento, non riesco a **concentrarmi**.	**concentrar-se** ■ Podem ficar quietos por um momento? Não consigo **me concentrar**.
la **conoscenza** [konoʃˈʃɛntsa] n ■ Ho ottime **conoscenze** in questo campo.	o **conhecimento** ■ Tenho ótimos **conhecimentos** nesse campo.
la **comprensione** [komprenˈsjoːne] n ■ Per la traduzione è necessaria la **comprensione** del testo.	a **compreensão** ■ Para a tradução, é necessária a **compreensão** do texto.
comprensibile [komprenˈsiːbile] adj ■ Sono paure **comprensibili**.	**compreensível** ■ São medos **compreensíveis**.
incomprensibile [iŋkomprenˈsiːbile] adj ■ È stato un discorso **incomprensibile**. ➡ impaziente p. 20	**incompreensível** ■ Foi um discurso **incompreensível**.
logico, logica [ˈlɔːdʒiko, ˈlɔːdʒika] adj ■ È una conseguenza **logica** del tuo comportamento. ➡ simpatico p. 21	**lógico, lógica** ■ É uma consequência **lógica** de seu comportamento.
la **descrizione** [deskriˈtsjoːne] n ■ Ha fornito una **descrizione** molto dettagliata del viaggio.	a **descrição** ■ Forneceu uma **descrição** bastante detalhada da viagem.
l'**enciclopedia** [entʃiklopeˈdiːa] n f ■ Ho cercato anche sull'**enciclopedia**, ma non l'ho trovato.	a **enciclopédia** ■ Procurei também na **enciclopédia**, mas não encontrei.
cercare su [tʃerˈkaːre su] v ■ Se non conosci una parola, **cercala sul** dizionario.	**procurar, pesquisar, buscar** ■ Se você não conhece uma palavra, **procure**-a no dicionário.
il **talento** [taˈlɛnto] n ■ **Talento** ne ha da vendere.	o **talento** ■ **Talento** ele tem até para vender.

essere portato per, essere portata per [ˈɛssere porˈtaːto per, ˈɛssere porˈtaːta per] *loc* ■ Purtroppo non **sono** molto **portata per** le lingue.	**ter talento para** ■ Infelizmente não **tenho** muito **talento para** línguas.
dotato, dotata [doˈtaːto, doˈtaːta] *adj* ■ Gli studenti meno **dotati** fanno più fatica.	**dotado** ■ Os alunos menos **dotados** dão mais trabalho.

Linguagem

la **lettera** [ˈlɛttera] *n* ■ L'alfabeto italiano ha 21 **lettere**.	a **letra** ■ O alfabeto italiano tem 21 **letras**.

➡ As letras **J (i lunga)**, **K (kappa)**, **W (vu doppia)**, X e U não fazem parte do alfabeto italiano, aparecendo apenas em palavras estrangeiras, como **kidnapping** ou **würstel**.

l'**alfabeto** [alfaˈbɛːto] *n m* ■ L'**alfabeto** italiano è diverso da quello tedesco.	o **alfabeto** ■ O **alfabeto** italiano é diferente do alemão.
fare lo spelling di [ˈfaːre lo ˈspɛllinɡ di] *loc* ■ Mi può **fare lo spelling del** suo cognome, per favore?	**soletrar** ■ Você poderia **soletrar** seu sobrenome, por favor?

➡ Quando se deseja soletrar o alfabeto fonético italiano, usa-se precisamente nomes de cidades, por exemplo, **a come Ancona, b como Bologna, c como Como**.

la **parola** [paˈrola] *n* ■ In questo testo ci sono tante **parole** che non conosco.	a **palavra** ■ Neste texto há muitas **palavras** que não conheço.
la **frase** [ˈfraːse] *n* ■ In una **frase** c'è sempre un soggetto e un verbo.	a **frase** ■ Numa **frase** há sempre um sujeito e um verbo.
il **sostantivo** [sostanˈtiːvo] *n* ■ Ci sono anche **sostantivi** che finiscono in "e".	o **substantivo** ■ Existem também **substantivos** que terminam em "e".

il **verbo** [vɛrbo.] *n*
- "Bere" e "uscire" sono **verbi** irregolari.

o **verbo**
- "Bere" e "uscire" são **verbos** irregulares.

l'**aggettivo** [addʒetˈtiːvo] *n m*
- "Simpatico" è un **aggettivo**.

o **adjetivo**
- "Simpatico" é um **adjetivo**.

l'**avverbio** [avˈvɛrbjo] *n m*
- In italiano ci sono molti **avverbi** che finiscono in "mente".

o **advérbio**
- Em italiano, há muitos **advérbios** que terminam em "mente".

il **singolare** [siŋgoˈlaːre] *n*
- "Vado" è la prima persona **singolare** del verbo "andare".

o **singular**
- "Vado" é a primeira pessoa do **singular** do verbo "andare".

il **plurale** [pluˈraːle] *n*
- Il **plurale** di "dito" è "dita".

o **plural**
- O **plural** de "dito" é "dita".

il **testo** [tɛsto] *n*
- Dobbiamo tradurre questo **testo**.

o **texto**
- Devemos traduzir este **texto**.

il **significato** [siɲɲifiˈkaːto] *n*
- Controlliamo il **significato** di queste parole nel vocabolario.

o **significado**
- Verificamos o **significado** dessas palavras no dicionário.

significare [siɲɲifiˈkaːre] *v*
- Che cosa **significa** quel simbolo?

significar
- O que **significa** aquele símbolo?

il **simbolo** [ˈsimbolo] *n*
- Il **simbolo** di ossigeno è "O".

o **símbolo**
- O **símbolo** do oxigênio é "O".

la **traduzione** [traduˈtsjoːne] *n*
- Per fare una buona **traduzione** non basta sapere la lingua.

a **tradução**
- Para fazer uma boa **tradução**, não basta conhecer a língua.

tradurre [traˈdurre] *v*
- ▶ *v irr* p. 406 condurre
- Mi puoi aiutare a **tradurre** questa lettera in italiano?

traduzir
- Você pode me ajudar a **traduzir** esta carta para o italiano?

il **proverbio** [proˈvɛrbjo] *n*
- Un libro di **proverbi** italiani: che interessante!

o **provérbio**
- Um livro de **provérbios** italianos: que interessante!

il **dizionario** [ditsjoˈnaːrjo] *n*
- Non so cosa vuol dire questa parola, guardiamo sul **dizionario**.

o **dicionário**
- Não sei o que quer dizer esta palavra, vamos olhar no **dicionário**.

> ➡ Em vez de **dizionario**, também se pode dizer **vocabolario**.

il **linguaggio** [liŋˈguaddʒo] *n*
- Studia il **linguaggio** delle api.
➡ **dubbio** p. 61

a **linguagem**
- Ele estuda a **linguagem** das abelhas.

la **lingua straniera** [ˈliŋgua straˈnjɛːra] *n*
- A scuola studiamo due **lingue straniere**: tedesco e inglese.

a **língua estrangeira**
- Na escola, estudamos duas **línguas estrangeiras**: alemão e inglês.

la **lingua materna** [ˈliŋgua maˈtɛrna] *n*
- La mia **lingua materna** è il tedesco.

a **língua materna**
- Minha **língua materna** é o alemão.

il **modo di dire** [ˈmɔːdo di ˈdiːre] *n*
- Certi **modi di dire** esistono in varie lingue.

o **modo de dizer**
- Certos **modos de dizer** existem em várias línguas.

l'**ortografia** [ortograˈfiːa] *n f*
- Una difficoltà dell'**ortografia** italiana sono le consonanti doppie.

a **ortografia**
- Uma dificuldade da **ortografia** italiana são as consoantes duplas.

la **grammatica** [gramˈmaːtika] *n*
- La **grammatica** tedesca è più complicata di quella italiana.

a **gramática**
- A **gramática** alemã é mais complicada que a italiana.

la **pronuncia** [proˈnuntʃa] *n*
- Dovete migliorare la vostra **pronuncia**.
➡ **faccia** p. 25

a **pronúncia**
- Vocês têm de melhorar sua **pronúncia**.

pronunciare [pronunˈtʃaːre] *v*
- Como si **pronuncia** questa parola?

pronunciar
- Como se **pronuncia** esta palavra?

l'**accento** [atˈtʃɛnto] *n m*
- Hai un forte **accento** tedesco.

o **sotaque**
- Você tem um forte **sotaque** alemão.

> ➡ **accento** também é empregado para se referir a **acento** no sentido de **pronúncia**, bem como para o sinal gráfico utilizado em uma letra.

la **virgola** [ˈvirgola] *n*
- Non si mette la **virgola** tra soggetto e verbo.

a **vírgula**
- Não se põe **vírgula** entre sujeito e verbo.

il **punto** ['punto] *n*	o **ponto**
■ Dopo il **punto** comincia una nuova frase.	■ Depois do **ponto** começa uma nova frase.

→ Para terminar uma discussão, diz-se Punto! ou Punto e basta! Em italiano, os dois-pontos são chamados due punti, e ponto e vírgula, punto e virgola.

il **punto interrogativo** ['punto interroga'ti:vo] *n*	o **ponto de interrogação**
■ Alla fine di questa frase c'è un **punto interrogativo**.	■ No final desta frase há um **ponto de interrogação**.
il **punto esclamativo** ['punto esklama'ti:vo] *n*	o **ponto de exclamação**
■ Se non metti il **punto esclamativo** non si capisce la frase.	■ Se você não usar **ponto de exclamação**, não se entende a frase.
il **tema** ['tɛ:ma] *n*	a **redação**
■ La professoressa di italiano ci ha dato un **tema** sulla politica.	■ A professora de italiano nos passou uma **redação** sobre política.
il **dettato** [det'ta:to] *n*	o **ditado**
■ Nei **dettati** sbaglio sempre le virgole.	■ Nos **ditados** eu sempre erro as vírgulas.

Escola, universidade e formação

la **scuola** ['skuɔ:la] *n*	a **escola**
■ Vado a **scuola** in bicicletta.	■ Vou à **escola** de bicicleta.

→ No italiano, o ensino obrigatório vai dos 6 aos 14 anos de idade. Ele abrange os cinco anos da escola elementar mais os três anos do ensino fundamental. Adicionalmente, pode-se frequentar uma scuola superiore (escola de segundo grau) num liceo ou num istituto tecnico ou professionale.

scolastico, scolastica [sko'lastiko, sko'lastika] *adj*	**escolar**
■ L'anno **scolastico** inizia a metà settembre.	■ O ano **escolar** inicia em meados de setembro.

→ simpatico p. 21

insegnare [inseɲˈɲaːre] v
- **Insegno** italiano in um liceo.
- **Insegna** all'università di Bologna.
- Gli **ho insegnato** io a nuotare.

ensinar
- **Ensino** italiano num liceu.
- **Ensina** na Universidade de Bologna.
- Eu o **ensinei** a nadar.

l'**allievo**, l'**allieva** [alˈljɛːvo, alˈljɛːva] n m/f
- La mia maestra si ricorda anche dopo vent'anni di tutti i suoi **allievi**.

o **aluno**, a **aluna**
- Mesmo após vinte anos, minha professora se lembra de todos os seus **alunos**.

➡ **allievi** são alunos de todos os tipos, incluindo os que frequentam cursos extracurriculares; já **studente** são os que frequentam uma **scuola superiore** ou uma **faculdade**.

la **classe** [ˈklasse] n
- Siamo in **classe** insieme da cinque anni.

a **classe**
- Estamos na mesma **classe** há cinco anos.

l'**aula** [ˈaːula] n f
- Le **aule** della nostra scuola sono molto grandi.

a **sala de aula**
- As **salas de aula** da nossa escola são muito grandes.

la **materia** [maˈtɛːrja] n
- La mia **materia** preferita è la geografia.

a **matéria**, a **disciplina**
- Minha **matéria** preferida é geografia.

l'**orario delle lezioni** [oˈraːrjo ˈdelle leˈtsjoːni] n m
- L'**orario delle lezioni** non è definitivo.

o **horário das aulas**
- O **horário das aulas** não está definitivo.

l'**intervallo** [interˈvallo] n m
- L'**intervallo** è alle 11.

o **intervalo**
- O **intervalo** acontece às 11h.

i **compiti** [ˈkompiti] n pl
- Ogni tanto la mamma ci aiuta a fare i **compiti**.

a **lição**, a **tarefa**
- Às vezes mamãe nos ajuda a fazer a **tarefa**.

il **compito in classe** [ˈkompito in ˈklasse] n
- Devo studiare per un **compito in classe**.

o **trabalho de classe**
- Tenho de estudar para um **trabalho de classe**.

Escola, universidade e formação

il professore, la professoressa [profesˈsoːre, profesˈsoːressa] *n*	o **professor**, a **professora**
▪ La **professoressa** è arrivata all'inizio dell'anno accademico.	▪ A **professora** chegou no início do ano letivo.

lo studente, la studentessa [stuˈdɛnte, stuˈdɛntessa] *n*	o/a **estudante**
▪ Oggi all'università c'è un incontro tra **studenti** e professori.	▪ Hoje na universidade acontece um encontro entre **estudantes** e professores.
▪ Gli **studenti** di questa scuola hanno preparato uno spettacolo per carnevale.	▪ Os **estudantes** desta escola organizaram um evento para o carnaval.

➡ **allievo** p. 128
➡ **stato civile** p. 19

l'università [universiˈta] *n f*	a **universidade**
▪ Ho studiato all'**università** di Venezia.	▪ Estudei na **Universidade** de Veneza.

➡ **città** p. 17

gli studi [ˈstuːdi] *n pl*	os **estudos**
▪ Ho finiti i miei **studi** nell'estate scorso.	▪ Terminei meus **estudos** no verão passado.

➡ **stato civile** p. 19

➡ Para curso numa universidade, emprega-se a forma plural **studi**; **studio** no singular significa curso no sentido de um curso extracurricular e intensivo, como é o caso de uma **oficina**.

il compagno di classe, la compagna di classe [komˈpaɲɲo di ˈklasse, komˈpaɲɲa di ˈklasse] *n*	o **colega de classe**, a **colega de classe**
▪ Questa è Nadia, una mia **compagna di classe**.	▪ Esta é Nádia, uma **colega de classe**.

il/la preside [ˈprɛːside] *n m/f*	o **diretor**, a **diretora**
▪ All'inizio dell'anno scolastico la **preside** fa un discorso.	▪ No início do ano letivo, a **diretora** faz um discurso.

la lavagna [laˈvaɲɲa] *n*	a **lousa**, o **quadro-negro**
▪ Tommaso, vieni alla **lavagna**.	▪ Tommaso, venha até a **lousa**.

il gesso [ˈdʒɛsso] *n*	o **giz**
▪ Oggi non si scrive più con il **gesso** sulla lavagna.	▪ Hoje não se escreve mais com **giz** no quadro-negro.

Escola, universidade e formação

la scuola materna [ˈskuɔːla maˈtɛrna] *n* ■ I bambini nati entro il 31 dicembre possono essere iscritti alla **scuola materna**.	o **jardim de infância**, a **pré-escola** ■ Crianças nascidas até 31 de dezembro podem ser matriculadas no **jardim de infância**.

➡ A designação oficial para jardim de infância ou pré-escola é **scuola materna**, porém **asilo** é de uso tão frequente quanto.

le (scuole) elementari [(ˈskwɔːle) elemenˈtaːri] *n pl* ■ A sei anni i bambini vanno alle **elementari**.	o **ensino fundamental** ■ Aos seis anos, as crianças vão para o **ensino fundamental**.

➡ À exceção de **scuola materna**, a palavra **scuola** é usada somente no singular quando seguida do nome da escola: **scuola elementare Leonardo da Vinci**. Mas se se quiser falar de tipos de escola, emprega-se a forma plural, podendo-se omitir o substantivo **scuole**.

le (scuole) medie [(ˈskwɔːle) ˈmɛːdje] *n pl* ■ Doppo le **medie** è iscritta alle superiori.	o **segundo ciclo do ensino fundamental** ■ Depois do **segundo ciclo do ensino fundamental**, ela foi para o ensino médio.
le (scuole) superiori [(ˈskwɔːle) supeˈrjoːri] *n pl* ■ Alle **superiori** si insegnano materie più specifiche.	o **ensino médio** ■ No **ensino médio** são ensinadas matérias mais específicas.
il liceo [liˈtʃɛːo] *n* ■ Dopo le medie vorrei andare al **liceo**.	o **liceu** ■ Depois do **segundo ciclo do ensino fundamental**, eu gostaria de fazer o **liceu**.

➡ Existem diferentes tipos de **liceo**. O **liceo classico**, por exemplo, é focado em humanidades, o **liceo linguistico** tem seu foco no ensino de línguas estrangeiras modernas, e no **liceo scientifico** tem-se uma ênfase nas disciplinas em ciências naturais.

l'istituto tecnico [istiˈtuːto ˈtɛkniko] *n m* ■ La mia scuola è un **istituto tecnico**. ➡ simpatico p. 21	a **escola técnica** ■ A minha escola é uma **escola técnica**.

→ O **istituto tecnico** é uma escola de ensino médio com orientação técnica ou econômica, que em cinco anos conduz à **maturità**. Além dos conteúdos eminentemente técnicos, também estão presentes no currículo disciplinas de caráter geral (por exemplo, italiano, história, inglês).

l'**istituto professionale** [isti'tu:to] *n m*
- Ha frequentato l'**istituto professionale** per tre anni.

a **escola profissionalizante**
- Frequentei a **escola profissionalizante** por três anos.

→ O **istituto professionale** é um **istituto tecnico (ensino técnico)** destinado a uma formação profissional de cunho marcadamente prático. A graduação ocorre em três anos, depois dos quais é possível cursar mais dois anos e obter o **maturitá**.

la **scuola pubblica** ['skuɔ:la] *n*
- È stata abolita l'ora di religione nelle **scuole pubbliche**?

a **escola pública**
- A religião foi abolida das **escolas públicas**?

la **scuola privata** [['skuɔ:la pri'va:ta] *n*
- Abbiamo iscritto nostro figlio a una **scuola privata**.

a **escola particular**
- Matriculamos nosso filho em uma **escola particular**.

la **scuola a tempo pieno** ['skuɔ:la a 'tɛmpo 'pjɛ:no] *n*
- La **scuola a tempo pieno** è l'unica soluzione per famiglie, in cui tutti e due i genitori lavorano.

a **escola em período integral**
- A **escola em período integral** é a única solução para famílias nas quais ambos os pais trabalham.

la **maturità** [maturi'ta] *n*
- Quest'anno ha fatto la **maturità**.

o **exame nacional de conclusão do ensino médio**
- Neste ano, fez o **exame nacional de conclusão do ensino médio**.

→ O **maturità** é obtido após se prestar o **esame di maturità**, o exame nacional do ensino médio, aplicado a todos os alunos das **scuole superiori**.

il **trimestre** [tri'mɛstre] *n*
- L'anno scolastico è subdiviso in **trimestri**.

o **trimestre**
- O ano escolar é dividido em **trimestres**.

la **facoltà** [fakol'ta] *n*
- Sono iscritta alla **facoltà** di medicina.

a **faculdade**
- Estou matriculada na **faculdade** de medicina.

→ **città** p. 17

il corso di studio [ˈkorso di ˈstuːdjo] *n* ■ Non sa ancora quale **corso di studio** scegliere.	o **curso** (universitário), a **carreira (acadêmica)** ■ Ainda não decidiu qual **curso** escolher.
laurearsi [laureˈarsi] *v* ■ Mi **sono laureato** due anni fa in ingegneria.	**formar-se** ■ **Formei-me** há dois anos em engenharia.
la laurea breve [ˈlaːurea ˈbrɛːve] *n* ■ Dopo la **laurea breve** ho fatto uno stage in Belgio.	o **bacharelado** ■ Depois do **bacharelado** fiz um estágio na Bélgica.
la laurea magistrale [ˈlaːurea madʒisˈtraːle] *n* ■ Mio fratello ha una **laurea magistrale** in biologia.	o **mestrado** ■ Meu irmão tem **mestrado** em biologia.
la tesi [ˈtɛːzi] *n*; *pl inv* ■ Ho fatto una **tesi** sulla seconda Guerra mondiale.	a **monografia** ■ Fiz uma **monografia** sobre a Segunda Guerra Mundial.

➡ O trabalho com o qual se encerra um curso universitário chama-se **tesi di laurea**. A prova de encerramento na universidade (**esame di laurea**) consiste na apresentação e defesa dessa monografia.

il tema [ˈtɛːma] *n* ■ Purtroppo sei andato fuori **tema**.	o **tema** ■ Infelizmente, você se desviou do **tema**.

➡ **Tema** também se refere a um tema musical.

la ricerca [riˈtʃerka] *n* ■ Dobbiamo fare una **ricerca** sugli antichi romani.	a **pesquisa** ■ Devemos fazer uma **pesquisa** sobre a Roma Antiga.
l'accademia [akkaˈdɛːmja] *n f* ■ Mio nipote vorrebe fare l'**accademia** delle Belle Arti.	a **academia** ■ Meu sobrinho queria fazer **academia** de Belas Artes.

➡ Atenção: em **accademia**, o acento tônico recai sobre a terceira sílaba, o **de**. A palavra designa em primeiro lugar uma sociedade universitária e em segundo lugar uma faculdade, por exemplo, **accademia delle belle arti** – **faculdade de belas artes**, e **accademia militare** – **academia militar**.

l'anno (accademico) [ˈanno akkaˈdɛːmiko] *n m* ■ L'**anno accademico** inizia ad ottobre.	o **ano letivo** ■ O **ano letivo** se inicia em outubro.

Escola, universidade e formação **133**

la **lezione** [le'tsjo:ne] *n* ■ Il nuovo professore tiene una **lezione** su Dante.	a **palestra** ■ O novo professor dá uma **palestra** sobre Dante.
il **seminario** [semi'na:rjo] *n* ■ Alla fine del **seminario** dobbiamo scrivere una tesina.	o **seminário** ■ Ao final do **seminário**, temos de escrever uma pequena monografia.
la **borsa di studio** ['borsa di 'stu:djo] *n* ■ Ha vinto una **borsa di studio**.	a **bolsa de estudos** ■ Ganhou uma **bolsa de estudos**.
iscreversi (all'università) [is'kriversi (alluniversi:ta]] *v* ▶ **v irr** p. 411 scrivere ■ Si è **iscritta** alla facoltà di lingue e letterature straniere a Torino.	**matricular-se** ■ Ela **se matriculou** na faculdade de língua e literatura estrangeira em Turim.
la **pratica** [pra:'tika] *n* ■ Vorrei trovare un lavoro che mi consenta di mettere in **pratica** quello che ho imparato all'università.	a **prática** ■ Eu gostaria de encontrar um trabalho que me permita colocar em **prática** o que aprendi na universidade.
lo **stage** [staʒ] *n; pl inv* ■ Cosa hai fatto durante lo **stage**? ➔ stato civile p. 19	o **estágio** ■ O que você fez durante o **estágio**?
il **tirocinio** [tiro'tʃi:njo] *n* ■ Ho fatto un **tirocinio** presso una casa editrice.	o **estágio** ■ Fiz um **estágio** em uma editora.
la **formazione** [forma'tsjo:ne] *n* ■ I politici dovrebbero preoccuparsi di più della **formazione** dei giovani.	a **formação** ■ Os políticos deveriam se preocupar mais com a **formação** dos jovens.
formare [for'ma:re] *v* ■ I nuovi dipendenti **vengono formati** in azienda.	**formar, treinar** ■ Os novos empregados **são treinados** na empresa.
l'**apprendista** [appren'dista] *n m/f* ■ Per imparare il mestiere, ho lavorato due anni come **apprendista**.	o **aprendiz** ■ Para aprender a profissão, trabalhei dois anos como **aprendiz**.

Disciplinas escolares e universitárias

→ Existem substantivos terminados em -a que são comuns de dois gêneros. O plural masculino termina em -i, e o feminino, em -e.

| il **posto come apprendista** ['posto 'koːme appren'dista] *n* ■ Vorrei diventare falegname, perciò ora devo cercare un **posto come apprendista**. | a **vaga de aprendiz** ■ Eu gostaria de ser carpinteiro, por isso tenho de procurar uma **vaga de aprendiz**. |

Disciplinas escolares e universitárias

la **storia** ['stɔːrja] *n*	a **história**
la **geografia** [dʒeogra'fiːa.] *n*	a **geografia**
la **matematica** [mate'maːtika] *n*	a **matemática**
le **scienze naturali** ['ʃɛntse natu'raːli] *n pl*	as **ciências naturais**
la **biologia** [bjolo'dʒiːa] *n*	a **biologia**
la **fisica** ['fiːzika] *n*	a **física**
la **chimica** ['kiːmika] *n*	a **química**
l'**informatica** [infor'maːtika] *n f*	a **informática**
elettrotecnica [elɛttro'tɛknika] *n*	a **eletrotécnica**
l'**ingegneria meccanica** [indʒeɲɲe'riːa mek'kaːnika] *n f*	a **engenharia mecânica**
l'**architettura** [arkitet'tuːra] *n f*	a **arquitetura**
le **lettere** ['lɛttere] *n pl*	as **letras**
la **germanistica** [dʒerma'nistika] *n*	a **germanística**
la **romanistica** [roma'nistika] *n*	a **romanística**
l'**italianistica** [italja'nistika] *n f*	a **italianística**
l'**anglistica** [aŋ'glistika] *n f*	a **anglicística**
la **traduttologia** [traduttolo'dʒiːa] *n*	a **tradutologia**

il **latino** [la'ti:no] *n*	o **latim**
la **storia dell'arte** ['stɔ:rja del'larte] *n*	a **história da arte**
l'**educazione artistica** [eduka'tsjo:ne ar'tistika] *n f*	a **educação artística**
la **giurisprudenza** [dʒurispru'dɛntsa] *n*	o **direito**
l'**economia politica** [ekono'mi:a po'li:tika.] *n f*	a **economia política**
l'**economia aziendale** [ekono'mi:a adʒjen'da:le] *n f*	a **economia empresarial**
la **medicina** [medi'tʃi:na] *n*	a **medicina**
la **psicologia** [psikolo'dʒi:a] *n*	a **psicologia**
le **scienze sociali** ['ʃɛntse so'tʃa:li] *n*	as **ciências sociais**
la **pedagogia** [pedago'dʒi:a] *n*	a **pedagogia**
la **teologia** [teolo'dʒi:a] *n*	a **teologia**
la **filosofia** [filozo'fi:a] *n*	a **filosofia**
le **scienze politiche** ['ʃɛntse po'li:tike] *n pl*	as **ciências políticas**

Profissão

Vida profissional

la **professione** [profesˈsjoːne] n
- Di **professione** è dentista.

a **profissão**
- Ele é dentista de **profissão**.

il **mestiere** [mesˈtjɛːre] n
- È sarta di **mestiere**, ma lavora come commessa.

o **ofício**
- Ela é costureira de **ofício**, mas trabalha como vendedora de loja.

→ Enquanto se emprega **professione** mais para profissões que demandem ensino superior, **mestiere** designa sobretudo profissões que envolvam trabalho manual, além de compor expressões idiomáticas, como **conosce il suo mestiere** – ele conhece o seu ofício.

esercitare [ezertʃiˈtaːre] v
- Ho studiato medicina, ma non ho mai **esercitato** la professione di medico.

exercer
- Estudei medicina, mas nunca **exerci** a profissão de médico.

il **lavoro** [laˈvoːro] n
- La incontro ogni mattina andando al **lavoro**.

o **trabalho**
- Eu a encontro todas as manhãs indo para o **trabalho**.

lavorare [lavoˈraːre] v
- Normalmente **lavoriamo** fino alle 5.

trabalhar
- Normalmente **trabalhamos** até 5 horas da tarde.

il **posto (di lavoro)** [ˈposto (di laˈvoːro)] n
- Finalmente ho trovato un **posto di lavoro**.

a **vaga de trabalho**
- Finalmente encontrei uma **vaga de trabalho**.

il **personale** [persoˈnaːle] n
- Cercano **personale** qualificato.

o **pessoal**
- Procuram **pessoal** qualificado.

il/la **dipendente** [dipenˈdɛnte] n m/f
- Il lavoro è stato fatto da un nostro **dipendente**.

o **empregado**, a **empregada**
- O trabalho foi feito por um de nossos **empregados**.

Vida profissional

il/la collega [kolˈlɛga] n m/f
- Vado molto d'accordo con i miei **colleghi**.
➡ apprendista p. 133

o/a colega
- Eu me entendo muito bem com meus **colegas**.

dirigere [diˈriːdʒere] v
▶ v irr p. 408 dirigere
- **Dirige** un'azienda con settanta **dipendenti**.

dirigir
- **Dirige** uma empresa com setenta funcionários.

professionale [professjoˈnaːle] adj
- Fa parte della formazione **professionale**.
- Anche se non sono fotografo uso solo delle macchine fotografiche **professionali**.
- Ho fatto un corso di aggiornamento **professionale**.

profissional
- Faz parte da formação **profissional**.
- Mesmo não sendo fotógrafo, uso somente máquinas fotográficas **profissionais**.
- Fiz um curso de atualização **profissional**.

l'ufficio personale [ufˈfiːtʃo persoˈnaːle] n m
- Al colloquio erano presenti anche due signore dell'**ufficio personale**.

o departamento de recursos humanos
- Na entrevista estavam presentes ainda duas senhoras do **departamento de recursos humanos**.

pianificazione e controllo
[pjanifikaˈtsjoːne e konˈtrɔllo] loc
- Cerchiamo un esperto di **pianificazione e controllo**.

planificação e controle
- Procuramos um especialista em **planificação e controle**.

il commerciale [kommerˈtʃaːle] n
- Lavora al **commerciale**.

o comercial
- Ele trabalha no **comercial**.

il marketing [ˈmarketiŋ] n
- È specializata in **marketing**.

o marketing
- Ela é especializada em **marketing**.

prendere la qualifica di
[ˈprɛndere la kuaˈliːfika di] loc
▶ v irr p. 410 prendere
- Ha deciso di fare un corso per **prendere la qualifica di** operatore del suono.

qualificar-se como
- Decidiu fazer um curso para **se qualificar como** operador de som.

l'aggiornamento
[addʒornaˈmento] n m
- Certi lavoratori hanno il diritto all'**aggiornamento** professionale.

a atualização
- Alguns trabalhadores têm direito a uma **atualização** profissional.

Vida profissional

adatto, adatta [a'datto, a'datto] *adj*
- Bisogna vedere se il nuovo dipendente è **adatto** a svolgere questo lavoro.

apto, apta
- É necessário ver se o novo empregado está **apto** para desenvolver esse trabalho.

essere capace di ['essere ka'paːtʃe di] *loc*
- Non **siamo capaci di** fare tutto da soli.

ser capaz de
- Não **somos capazes de** fazer tudo sozinhos.

capace [ka'paːtʃe] *adj*
- Ha solo 25 anni, ma è già un avvocato molto **capace**.

competente, capaz
- Tem apenas 25 anos, mas já é um advogado muito **competente**.

incapace [inka'paːtʃe] *adj*
- È un medico assolutamente **incapace**.

incompetente, incapaz
- É um médico absolutamente **incompetente**.

essere pratico, essere pratica ['essere 'praːtiko, 'essere 'praːtika] *loc*
- Si vede che non **siete pratici** di computer.

ser versado em, entender de
- Vê-se que vocês não **entendem** de computadores.

➡ **essere pratico** emprega-se também com relação a lugares, por exemplo, **Sono pratico di questa zona.** – Conheço bem esta região.

intendersi di [in'tɛndersi di] *v*
▶ *v irr* p. 412 tendere
- È uno che si **intende di** marketing.

entender de, ser versado em
- Ele **entende de** *marketing*.

la direzione [dire'tsjoːne] *n*
- La **direzione** ha deciso di licenziare dieci dipendenti.

a direção
- A **direção** decidiu demitir dez funcionários.

il reparto [re'parto] *n*
- In quale **reparto** lavora?

o departamento
- Em qual **departamento** trabalha?

in proprio [in'prɔːprjo] *adv*
- Vorrei mettermi in **proprio**.

autônomo, por conta própria
- Eu gostaria de trabalhar **por conta própria**.

il libero professionista, la libera professionista ['liːbero professjo'nista, 'liːbera professjo'nista] *n*
- Sono dieci anni che lavora come **libera professionista**.

o/a profissional liberal
- Ela trabalha há dez anos como **profissional liberal**.

➡ **apprendista** p. 133

Vida profissional

la collaborazione [kollaboraˈtsjoːne] *n* ■ La interessa una **collaborazione**?	a **colaboração**, a **cooperação** ■ Interessa-lhe uma **colaboração**?
il team [tim] *n* ■ Siamo un **team** di cinque persone.	a **equipe** ■ Somos uma **equipe** de cinco pessoas.
competente [kompeˈtɛnte] *adj* ■ La preghiamo di rivolgersi direttamente all'ufficio **competente**.	**responsável**, **competente** ■ Pedimos que entre em contato diretamente com o setor **responsável**.
la responsabilità [responsabiliˈta] *n* ■ Mi prendo io tutta la **responsabilità**. ➡ città p. 17	a **responsabilidade** ■ Eu assumo inteira **responsabilidade**.
il capo, la capa [ˈkaːpo, ˈkaːpa] *n* ■ Il nostro **capo** non ha ancora preso una decisione.	o/a **chefe** ■ Nosso **chefe** ainda não tomou uma decisão.
il subordinato, la subordinata [subordiˈnaːto, subordiˈnaːta] *n* ■ I suoi **subordinati** si lamentano del modo in cui li tratta.	o **subordinado**, a **subordinada** ■ Seus **subordinados** reclamam do modo como ele os trata.
l'impiegato, l'impiegata [impjeˈgaːto, impjeˈgaːta] *n m/f* ■ Mia mamma fa l'**impiegata**.	o **funcionário**, a **funcionária** ■ Minha mãe é **funcionária**.
il/la dirigente [diriˈdʒɛnte] *n m/f* ■ Oggi ci sarà un incontro con i **dirigenti** dell'azienda.	o **diretor** ■ Hoje tenho um encontro com o **diretor** da empresa.
il quadro dirigente [ˈkuaːdro diriˈdʒɛnte] *n* ■ I **quadri dirigenti** hanno discusso di un piano d'emergenza.	a **diretoria** ■ A **diretoria** discutiu sobre um plano de emergência.
l'operaio, l'operaia [opeˈraːjjo, opeˈraːjjo] *n m/f* ■ Gli **operai** hanno deciso di scioperare.	o **operário**, a **operária** ■ Os **operários** decidiram entrar em greve.

sostituire [sostitu'iːre] *v*
- Questa è la ragazza che **sostituisce** la nostra segretaria.

substituir
- Essa é a mulher que **substitui** nossa secretária.

rimandare [riman'daːre] *v*
- Ho un impegno di lavoro, dobbiamo **rimandare** il nostro incontro.

transferir
- Tenho um compromisso de trabalho, precisaremos **transferir** nosso encontro.

il **congresso** [kon'grɛsso] *n*
- Sono stata ad un **congresso** di medici a Firenze.

o **congresso**, o **simpósio**
- Estive em um **congresso** de médicos em Florença.

la **conferenza** [konfe'rɛntsa] *n*
- Questi problemi saranno discussi ad una **conferenza** internazionale.
- È la prima volta che tengo una **conferenza** davanti a tanta gente.

a **conferência**
- Esses problemas serão debatidos numa **conferência** internacional.
- É a primeira vez que dou uma **conferência** diante de tanta gente.

perfezionare [perfetsjo'naːre] *v*
- Per poter lavorare in Italia devo **perfezionare** il mio italiano.

aperfeiçoar, melhorar
- Para poder trabalhar na Itália, tenho de **melhorar** meu italiano.

la **relazione** [rela'tsjoːne] *n*
- Abbiamo ascoltato con grande interesse la sua **relazione** sulla crisi bancaria.

o **relatório**, a **exposição oral**
- Acompanhamos com grande interesse seu **relatório** acerca da crise bancária.

l'**università popolare** [universi'ta popo'laːre] *n f*
- Frequento un corso di disegno all'**università popolare**.
→ città p. 17

a **universidade pública**

- Frequento um curso de desenho na **universidade pública**.

la **scuola serale** ['skuɔːla se'raːle] *n*
- Frequenta la **scuola serale** per fare la maturità.

a **escola noturna**
- Frequenta a **escola noturna** para prestar o exame nacional de conclusão do ensino médio.

lo **specialista** [spetʃa'lista] *n m/f*
- È **specialista** di comunicazione interculturale.
→ apprendista p. 133
→ stato civile p. 19

o/a **especialista**
- É **especialista** em comunicação intercultural.

specializzarsi [spetʃalidˈdʒarsi] v ■ Quando sono entrato nello studio, **mi sono specializzato** in diritto di famiglia.	**especializar-se** ■ Quando entrei para o escritório, **especializei-me** em direito da família.
la **capacità** [kaˈpatʃiːta] n ■ È una persona di **capacità** limitate. ➡ città p. 17	a **capacidade** ■ É uma pessoa de **capacidades** limitadas.
l'**abilità** [abiliˈta] n f ■ È un lavoro che richiede una grande **abilità** manuale. ➡ città p. 17	a **habilidade** ■ É um trabalho que exige grande **habilidade** manual.
abile [ˈaːbile] adj ■ Abbiamo a che fare con un venditore molto **abile**.	**competente, hábil** ■ Fomos atendidos por um vendedor muito **competente**.
maldestro, maldestra [malˈdɛstro] adj ■ Questo falegname è proprio **maldestro**: montando la libreria ha rotto due scaffali.	**desajeitado, desajeitada** ■ Este carpinteiro é mesmo **desajeitado**: quebrou duas prateleiras montando a estante.

Profissão

il **segretario,** la **segretaria** [segreˈtaːrjo, segreˈtaːrja] n	o **secretário**, a **secretária**
il **commesso,** la **commessa** [komˈmesso, komˈmessa] n	o **vendedor**, a **vendedora**
l'**amministratore,** l'**amministratrice** [amministraˈtoːre, amministraˈtriːtʃe] n m/f	o **administrador**, a **administradora**
il **casalingo,** la **casalinga** [kasaˈliŋgo, kasaˈliŋga] n ➡ largo p. 32	o **empregado doméstico**, a **(empregada) doméstica**

➡ O substantivo **casalingo** é empregado geralmente de forma irônica. Já como adjetivo, no sentido de **caseiro, feito em casa,** é bastante utilizado.

Profissão

il parrucchiere, la parruchiera [parruk'kjɛːre, parruk'kjɛːra] *n*	o **cabeleireiro**, a **cabeleireira**
il poliziotto, la poliziotta [poli'tsjɔtto, poli'tsjɔtta] *n*	o/a **policial**
l'insegnante [insen'ɲte] *n m/f*	o **professor**, a **professora**

➡ O professor de escola de ensino fundamental é denominado **maestro**; no ensino médio e no superior, o professor é denominado **insegnante** ou **professore**; e na universidade é denominado **professore** ou **docente**.

il maestro, la maestra [ma'ɛstro, ma'ɛstra] *n*	o **professor**, a **professora**
l'avvocato, l'avvocata [avvo'kaːto, avvo'kaːta] *n m/f*	o **advogado**, a **advogada**
il medico ['mɛːdiko] *n* ➡ **simpatico** p. 21	o **médico**, a **médica**

➡ Em algumas designações de profissões, por exemplo, **medico** e **architetto**, a forma feminina não é empregada, usando-se também para as mulheres a forma masculina, por exemplo, **Mia cugina è medico.** – Minha prima é médica.

il dentista, la dentista [den'tista] *n* ➡ **apprendista** p. 133	o/a **dentista**
il/la farmacista [farma'tʃista] *n m/f* ➡ **apprendista** p. 133	o **farmacêutico**, a **farmacêutica**
l'infermiere, l'infermiera [infer'mjɛːre, infer'mjɛːra] *n m, n f*	o **enfermeiro**, a **enfermeira**
il cameriere, la cameriera [kame'rjɛːre, kame'rjɛːra] *n*	o **camareiro**, a **camareira**
l'assistente [assis'tɛnte] *n m/f*	o/a **assistente**
il/la contabile [kon'taːbile] *n m/f*	o **contador**, a **contadora**
l'operaio specializzato, l'operaia specializzata [ope'raːjo spetʃalid'dʒaːto, ope'raːjo spetʃalid'dʒaːta] *n m/f*	o **operário especializado**, a **operária especializada**

il meccanico, la meccanica [mekˈkaːnko, mekˈkaːnka] *n* ➡ **simpatico** p. 21	o **mecânico**, a **mecânica**
elettricista [elettriˈtʃista] *n m/f* ➡ **apprendista** p. 133	o/a **eletricista**
l'**artigiano**, l'**artigiana** [artiˈdʒaːno, artiˈdʒaːna] *n m/f*	o **artesão**, a **artesã**
il panettiere, la panettiera [panetˈtjɛːre, panetˈtjɛːra] *n*	o **padeiro**, a **padeira**
il macellaio, la macellaia [matʃelˈlaːjo, matʃelˈlaːja] *n*	o **açougueiro**, a **açougueira**
il giardiniere, la giardiniera [dʒardiˈnjɛːre, dʒardiˈnjɛːra] *n*	o **jardineiro**, a **jardineira**
il cuoco, la cuoca [ˈkuɔːko, ˈkuɔːka] *n; pl* **cuochi** [ˈkuɔːki] *n*	o **cozinheiro**, a **cozinheira**
il contadino, la contadina [kontaˈdiːno] *n*	o **camponês**, a **camponesa**
il pescatore, la pescatrice [peskaˈtoːre, peskaˈtoːra] *n*	o **pescador**, a **pescadora**
il postino, la postina [posˈtiːno, posˈtiːna] *n*	o **carteiro**, a **carteira**
il portiere, la portiera [porˈtjɛːre, porˈtjɛːra] *n*	o **porteiro**, a **porteira**

➡ Para porteiro de um edifício, diz-se também **portinaio**, aquele que realiza adicionalmente funções de zelador, distribui a correspondência etc. **Portiere** significa também **goleiro**.

l'**architetto** [arkiˈtetto] *n m* ➡ **medico** p. 142	o **arquiteto**, a **arquiteta**
il fotografo, la fotografa [foˈtɔːgrafo, foˈtɔːgrafa] *n*	o **fotógrafo**, a **fotógrafa**
il veterinario, la veterinaria [veteriˈnaːrjo, veteriˈnaːrja] *n*	o **veterinário**, a **veterinária**

lo **scienziato**, la **scienziata** [ʃenˈtsjaːto, ʃenˈtsjaːta] *n*	o/a **cientista**
il **chimico**, la **chimica** [ˈkiːmiko, ˈkiːmika] *n pl* **chimici** [ˈkiːmitʃi] *n* ➡ simpatico p. 21	o **químico**, a **química**
il **tecnico** [ˈtɛkniko] *n* ➡ medico p. 142 ➡ simpatico p. 21	o **técnico**
l'**ingegnere** [indʒeɲˈnɛːre] *n m* ➡ medico p. 142	o **engenheiro**, a **engenheira**

➡ Algumas designações de profissões, por exemplo, **ingegnere**, são também empregadas como vocativo: **Buongiorno, ingegnere!**

il **programmatore**, la **programmatrice** [programmaˈtoːre, programmaˈtriːtʃe] *n*	o **programador**, a **programadora**
il/la **fisioterapista** [fizjoteraˈpista] *n m/f* ➡ apprendista p. 133	o/a **fisioterapeuta**
l'**operatore sociale**, l'**operatrice sociale** [operaˈtoːre soˈtʃaːle, operaˈtriːtʃe soˈtʃaːle] *n m/f*	o/a **assistente social**
l'**educatore**, l'**educatrice** [edukaˈtoːre, edukaˈtriːtʃe] *n m/f*	o **educador**, a **educadora**
il/la **docente** [doˈtʃɛnte] *n m/f*	o/a **docente**
il **traduttore**, la **traduttrice** [tradutˈtoːre, tradutˈtriːtʃe] *n*	o **tradutor**, a **tradutora**
l'**interprete** [inˈtɛrprete] *n m/f*	o/a **intérprete**
il/la **giornalista** [dʒornaˈlista] *n m/f* ➡ apprendista p. 133	o/a **jornalista**
il/la **reporter** [reˈpɔrter] *n m/f; pl inv*	o/a **repórter**
lo **scrittore**, la **scrittrice** [skritˈtoːre, skritˈtriːtʃe] *n* ➡ stato civile p. 19	o **escritor**, a **escritora**

l'**autore**, l'**autrice** [auˈtoːre, auˈtriːtʃe] n m/f	o **autor**, a **autora**
il/la **musicista** [muziˈtʃista] n m/f ➡ apprendista p. 133	o **músico**, a **musicista**
il/la **cantante** [kanˈtante] n m/f	o **cantor**, a **cantora**
il **direttore (d'orchestra)**, la **direttrice (d'orchestra)** [diretˈtoːre (dorˈkɛstra), diretˈtriːtʃe (dorˈkɛstra)] n	o/a **regente**, o **maestro**, a **maestrina**
il **compositore**, la **compositrice** [kompoziˈtoːre, kompoziˈtriːtʃe] n	o **compositor**, a **compositora**
il **pittore**, la **pittrice** [pitˈtoːre, pitˈtriːtʃe] n	o **pintor**, a **pintora**
l'**artista** [arˈtista] n m/f ➡ apprendista p. 133	o/a **artista**
lo **scultore**, la **scultrice** [skulˈtoːre, skulˈtriːtʃe] n ➡ stato civile p. 19	o **escultor**, a **escultora**
l'**attore**, l'**attrice** [atˈtoːre, atˈtriːtʃe] n m/f	o **ator**, a **atriz**
il **ballerino**, la **ballerina** [balleˈriːno, balleˈriːna] n	o **bailarino**, a **bailarina**
il/la **regista** [reˈdʒista] n m/f ➡ apprendista p. 133	o **diretor**, a **diretora** (de teatro/cinema)
la **guida** (turistica) [ˈɡuiːda (tuˈristika)] n	o/a **guia turístico**
➡ O substantivo feminino **guida (turistica)** é empregado também para homens. Além de ser usado para guia turístico do sexo masculino, designa a publicação impressa sobre itinerários turísticos.	
il/la **pilota** [piˈlɔːta] n m/f ➡ apprendista p. 133	o/a **piloto**
l'**assistente di volo** [assisˈtɛnte di ˈvoːlo] n	o/a **comissário de bordo**

il **capitano** [kapi'taːno] *n* ➡ medico p. 142	o **capitão**, a **capitã**
il **marinaio** [mari'naːjo] *n*	o **marinheiro**, a **marinheira**
il/la **rappresentante** [rapprezen'tante] *n m/f*	o/a **representante**
il/la **commerciante** [kommer'tʃante] *n m/f*	o/a **comerciante**
l'**uomo d'affari**, la **donna d'affari** [ˈuɔːmo dafˈfaːri, ˈdonna dafˈfaːri] *n m/f*	o **homem de negócios**, a **mulher de negócios**
l'**imprenditore**, l'**imprenditrice** [imprendi'toːre, imprendi'triːtʃe] *n m/f*	o **empresário**, a **empresária**
il/la **commercialista** [kommertʃa'lista] *n* ➡ apprendista p. 133	o **especialista em direito comercial**
il **direttore**, la **direttrice** [diret'toːre, diret'triːtʃe] *n*	o **diretor**, a **diretora**
il/la **giudice** [ˈdʒuːditʃe] *n m/f*	o **juiz**, a **juíza**
il **politico**, la **politica** [po'liːtiko, po'liːtika] *n* ➡ simpatico p. 21	o **político**, a **política**
l'**ambasciatore**, l'**ambasciatrice** [ambaʃʃa'toːre, ambaʃʃa'triːtʃe] *n m/f*	o **embaixador**, a **embaixatriz**
il **diplomatico**, la **diplomatica** [diplo'maːtiko,] *n* ➡ simpatico p. 21	o/a **diplomata**
il **soldato** [sol'daːto] *n*	o/a **soldado**
➡ Para **soldato** e todas as patentes militares, existe apenas a forma masculina. Para mulheres diz-se **l'ufficiale signora Rossi** etc.	
l'**ufficiale** [uffi'tʃaːle] *n m* ➡ soldato p. 146	o/a **oficial**

il **generale** [dʒeneˈraːle] n ➡ soldato p. 146	o/a **general**
il **funzionario**, la **funzionaria** [funtsjoˈnaːrjo, funtsjoˈnaːrja] n	o **funcionário**, a **funcionária**

Cotidiano e equipamentos de escritório

l'**ufficio** [ufˈfiːtʃo] n m ■ Il direttore è nel suo **ufficio**.	o **escritório** ■ O diretor está em seu **escritório**.
la **scrivania** [skrivaˈniːa] n ■ Il cellulare è nel cassetto della mia **scrivania**.	a **escrivaninha** ■ O celular está na gaveta da minha **escrivaninha**.
la **fotocopia** [fotoˈkɔːpja] n ■ Devi portare una **fotocopia** del passaporto.	a **fotocópia** ■ Deve levar uma **fotocópia** do passaporte.
fotocopiare [fotokoˈpjaːre.] v ■ **Ha fotocopiato** il foglietto illustrativo.	**fotocopiar, tirar fotocópias** ■ Ele **fotocopiou** o manual de instruções.
il **calendario** [kalenˈdaːrjo] n ■ Quest'anno Natale cade di giovedì, vero? – Non lo so, guarda sul **calendario**.	o **calendário** ■ Neste ano, o Natal cai numa quinta-feira, é isso? – Não sei, olhe no **calendário**.
l'**agenda** [aˈdʒɛnda] n f ■ Segnati l'appuntamento sull'**agenda**, se no te ne dimentichi.	a **agenda** ■ Tome nota do encontro na **agenda**, senão você esquece.
il **biglietto da visita** [biʎˈʎetto da ˈviːzita] n ■ Se mi dà il suo **biglietto da visita**, la chiamo appena so qualcosa.	o **cartão (de visita)** ■ Se você me der seu **cartão de visita**, ligo assim que souber de alguma coisa.
i **documenti** [dokuˈmenti] n pl ■ Mi hanno mandato i **documenti** relativi all'acquisito della casa.	os **documentos** ■ Mandaram-me os **documentos** relativos à compra da casa.

la **corrispondenza**
[korrispon'dɛntsa] *n*
- Devo sbrigare la **corrispondenza**.

a **correspondência**
- Tenho de dar conta da **correspondência**.

l'**appunto** [ap'punto] *n m*
- L'interprete prendeva **appunti** mentre ascoltava il discorso.

a **anotação**
- O intérprete fazia **anotações** enquanto ouvia o discurso.

segnare [seɲ'ɲaːre] *v*
- Aspetti un momento, mi **segno** il suo indirizzo.

anotar, tomar nota
- Espere um momento, vou **anotar** seu endereço.

la **carta** ['karta] *n*
- La **carta** si può riciclare.

o **papel**
- O **papel** pode ser reciclado.

il **foglio** ['fɔʎʎo] *n*
- Mi dai un **foglio** di carta?

a **folha**
- Me dá uma **folha** de papel?

➡ **dubbio** p. 61

➡ O substantivo **foglio** designa uma **folha de papel**; para se referir a uma **folha de uma árvore** usa-se o termo **foglia**.

---

il **foglietto** [foʎ'ʎetto] *n*
- Dov'è il **foglietto** con il numero di telefono?

o **bilhete**
- Onde está o **bilhete** com o número de telefone?

scrivere ['skriːvere] *v*
▶ *v irr* p. 411 scrivere
- Sa **scrivere** a macchina?
- Un attimo, me lo devo **scrivere**.

escrever
- Sabe **escrever** à máquina?
- Um momento, tenho de **escrever** isso.

la **penna** ['penna] *n*
- Hai carta e **penna**? Vorrei scrivere una lettera.

a **caneta**
- Você tem papel e **caneta**? Eu gostaria de escrever uma carta.

➡ **Penna** significa originariamente **pena (de ave)** e, daí, **pena (no sentido de caneta)**. A palavra é empregada como conceito geral para canetas esferográficas ou tinteiro. Já uma caneta mais espessa (do tipo hidrográfica) chama-se **pennarello**.

---

la **penna stilografica** ['penna stilo'graːfika] *n*
- Scrivo tutte le mie lettere con la **penna stilografica**.

a **caneta-tinteiro**
- Escrevo todas as minhas cartas com **caneta-tinteiro**.

la **biro** [ˈbiːro] *n pl inv*
- Hai una **biro**?

a **caneta esferográfica**
- Você tem uma **caneta esferográfica**?

→ A designação oficial para caneta esferográfica é penna a sfera, mas biro também é usado.

le forbici [ˈfɔrbitʃi] *n pl*
- Mi servono delle **forbici** più piccole.

a **tesoura**
- Eu preciso de uma **tesoura** menor.

→ Normalmente, o substantivo é usado no plural e designa também as patas de um caranguejo. A forma singular, forbice, é empregada apenas para **termos e expressões figurativos**.

la **riunione** [rjuˈnjoːne] *n*
- Il signor Chiesa è in **riunione**, vuole lasciare un messaggio?

a **reunião**
- O senhor Chiesa está em **reunião**, gostaria de deixar recado?

l'**appuntamento** [appuntaˈmento] *n m*
- Mi può dare un **appuntamento** per domani?

o **encontro**, a **hora**
- Você poderia agendar uma **hora** para mim amanhã?

la **lista** [ˈlista] *n*
- Il suo nome compare nella **lista** dei candidati.

a **lista**
- Seu nome está na **lista** de candidatos.

la **tabella** [taˈbɛlla] *n*
- Ho fatto una **tabella** con i nomi degli insegnanti.

a **tabela**
- Fiz uma **tabela** com os nomes dos professores.

il **fascicolo** [faʃˈʃiːkolo] *n*
- Conserviamo solo i **fascicoli** di casi non ancora risolti.

o **auto**, o **processo**
- Conservamos somente os **autos** de casos não resolvidos.

battere a macchina [ˈbattere a ˈmakkina] *v*

▶ v irr p. 406 battere
- La segretaria non ha ancora **battuto a macchina** la lettera.

datilografar

- A secretária ainda não **datilografou** a carta.

la **presentazione** [prezentaˈtsjoːne] *n*
- Ha spiegato la nuova strategia con l'aiuto di una **presentazione**.

a **apresentação**
- Ele explicou a nova estratégia com o auxílio de uma **apresentação**.

Cotidiano e equipamentos de escritório

presentare [prezen'taːre] v ■ Il nuovo modello **sarà presentato** alla fiera.	**apresentar** ■ O novo modelo **será apresentado** na feira.
la **calcolatrice** [kalkola'triːtʃe] n ■ Per sicurezza ho fatto la somma con la **calcolatrice**.	a **calculadora** ■ Por segurança, fiz a soma com a **calculadora**.
la **fotocopiatrice** [fotokopja'triːtʃe] n ■ Bisogna chiamare il tecnico, la **fotocopiatrice** è rotta.	a **fotocopiadora** ■ É preciso chamar o técnico, a **fotocopiadora** está quebrada.
o **bloc-notes** [blɔk'nɔt] n; pl inv ■ Ho segnato l'indirizzo su un **bloc-notes**.	o **bloco de notas** ■ Anotei o endereço em um **bloco de notas**.
la **riga** ['riːga] n ■ Senza **riga** non riesce a tracciare una linea retta.	a **régua** ■ Sem **régua** não se consegue desenhar uma linha reta.
il **timbro** ['timbro] n ■ Mi può mettere un **timbro**?	o **selo** ■ Você poderia colocar um **selo** para mim?
la **gomma** ['gomma] n ■ Ho sbagliato di nuovo, mi dai la **gomma**, per favore?	a **borracha** ■ Errei de novo, me dê a **borracha**, por favor?
la **colla** ['kɔlla] n ■ Usi una **colla** speciale per incollare le foto?	a **cola** ■ Você usa uma **cola** especial para colar as fotos?
la **graffetta** [graf'fetta] n ■ Forse è meglio unire i fogli con una **graffetta**.	o **grampeador** ■ Talvez seja melhor prender as folhas com um **grampeador**.
il **cestino** [tʃes'tiːno] n ■ Butta la carta in questo **cestino** qui.	a **lixeira** ■ Ponha o papel nesta **lixeira** aqui.
il **perforatore** [perfora'toːre] n ■ Volevo mettere via i documenti, ma non ho trovatto il **perforatore**.	o **perfurador** ■ Eu gostaria de juntar os documentos, mas ainda não encontrei o **perfurador**.
la **sedia girevole** ['sɛːdja dʒi'reːvole] n ■ In uffficio ho una **sedia girevole**.	a **cadeira giratória** ■ No escritório, tenho uma **cadeira giratória**.

Candidatura, contratação e demissão

assumere [as'sːmere] *v*
- ▶ v irr p. 405 assumere
- La ditta no **assume** nuovo personale.

contratar
- A empresa não **está contratando** pessoal novo.

impiegato, impiegata
[impje'gaːto, impje'gaːta] *adj*
- Sono **impiegata** alle Poste.

empregado
- Estou **empregada** nos correios.

l'occupazione [okkupa'tsjoːne] *n f*
- Sono anni che cerca un'**occupazione** fissa.
- Ha tante **occupazioni** e hobby che non ha un minuto libero.

a **ocupação**, o **emprego**
- Faz anos que ele procura um **emprego** fixo.
- Tem tantas **ocupações** e hobbies que não tem um minuto livre.

occupare [okku'paːre] *v*
- Il nuovo supermercato **occupa** una trentina di persone.

empregar
- O novo supermercado **emprega** umas trinta pessoas.

occupato, occupata [okku'paːto] *adj*
- Chieda al mio collega, al momento sono **occupata**.

ocupado, ocupada
- Pergunte ao meu colega, no momento estou **ocupada**.

la disoccupazione
[dizokkupa'tsjoːne] *n*
- Ogni nuovo governo prometti di combattere la **disoccupazione**.

o **desemprego**
- Todo governo novo promete combater o **desemprego**.

disoccupato, disoccupata
[dizokku'paːto, dizokku'paːta] *adj*
- Al momento non ho un lavoro, sono **disoccupato**.

desempregado, desempregada
- No momento não tenho trabalho, estou **desempregado**.

la domanda (di lavoro)
[do'manda di la'voːro] *n*
- Non hanno ancora risposta alla mia **domanda di lavoro**.

a **candidatura de emprego**
- Ainda não tenho resposta à minha **candidatura de emprego**.

presentare domanda
[prezen'taːre do'manda] *loc*
- **Ha presentato domanda** per il posto di direttore.

candidatar-se
- **Candidatou-se** ao cargo de diretor.

Candidatura, contratação e demissão

il datore di lavoro, la datrice di lavoro [da'to:re di la'vo:ro, da'tri:tʃe di la'vo:ro] *n* ■ Oggi firmo il contratto con il mio nuovo **datore di lavoro**.	o **empregador**, a **empregadora** ■ Hoje assino contrato com meu novo **empregador**.
il lavoratore, la lavoratrice [lavora'to:re, lavora'tri:tʃe] *n* ■ Il **lavoratori** hanno il diritto di scioperare.	o **trabalhador**, a **trabalhadora** ■ Os **trabalhadores** têm direito a fazer greve.
l'esperienza [espe'rjɛntsa] *n f* ■ Non ho **esperienza** nel settore.	a **experiência** ■ Não tenho **experiência** na área.
la carriera [kar'rjɛ:ra] *n* ■ Ha fatto **carriera** in banca. ■ Ha scelto la **carriera** medica.	a **carreira** ■ Ele fez **carreira** em banco. ■ Ele se decidiu pela **carreira** médica.
il licenziamento [litʃentsja'mento] *n* ■ Il **licenziamento** deve essere comunicato per iscritto.	a **demissão** ■ A **demissão** deve ser comunicada por escrito.
licenziare [litʃen'tsja:re] *v* ■ Se la crisi continua, dovremo **licenziare** in tronco alcuni dipendenti.	**demitir, despedir** ■ Se a crise continuar, teremos de **demitir** alguns funcionários sem aviso prévio.
licenziarsi [litʃen'tsjarsi] *v* ■ Si è **licenziata** dopo un anno.	**demitir-se** ■ Ela **se demitiu** depois de um ano.
il concorso [kon'korso] *n* ■ Ho partecipato a un **concorso** per un posto al comune.	o **concurso** ■ Participei de um **concurso** para uma vaga na administração pública.

➡ De modo geral, **concorso** significa todo tipo de concurso ou de candidatura, por exemplo, **concorso di bellezza** – concurso de beleza. **Concorso** refere-se a candidaturas quando se tem em vista uma vaga ou colocação e quando se espera que o pleiteante tenha realizado determinado percurso.

il colloquio (di lavoro) [kol'lɔkujo di la'vo:ro] *n* ■ È il mio primo **colloquio di lavoro**.	a **entrevista (de emprego)** ■ É a minha primeira **entrevista de emprego**.
la chance [ʃans] *n; pl inv* ■ In questo concorso ho pocchissime **chance**.	a **chance** ■ Tenho pouquíssimas **chances** neste concurso.

il **curriculum** [kur'ri:kulum.] *n* ■ Mi ha detto di mandargli un **curriculum**.	o **currículo** ■ Disse-me para enviar um **currículo**.

➡ **curriculum** é a forma abreviada do latim curriculum vitae. Em italiano, também são utilizadas a abreviação **CV** e a forma **curricolo**.

l'**annuncio di lavoro** [an'nuntʃo] *n m* ■ Gli **annunci di lavoro** si trovano sui quotidiani, ma anche in internet.	o **anúncio de emprego** ■ **Anúncios de emprego** podem ser encontrados nos jornais e também na internet.
l'**offerta di lavoro** [offɛrta di la'voro] *n f* ■ Tante aziende pubblicano le **offerte di lavoro** sul proprio sito Internet.	a **oferta de trabalho** ■ Muitas empresas publicam **ofertas de emprego** em seu próprio site.
essere alla prima esperienza lavorativa [ˈɛssere ˈalla ˈpriːma espeˈrjɛntsa lavoraˈtiːva] *loc* ▶ v irr p. 408 essere ■ Lorenzo **è alla** sua **prima esperienza lavorativa**.	**estar no primeiro emprego** ■ Lorenzo **está em** seu **primeiro emprego**.
il/la **principiante** [printʃiˈpjante] *n m/f* ■ Se c'è un cartello con una P in una macchina, significa che l'autista è un **principiante**.	o/a **iniciante** ■ Se houver um adesivo com um P num carro significa que o motorista é **iniciante**.
l'**esperto**, l'**esperta** [esˈpɛrto, esˈpɛrta] *n m/f* ■ Dovremmo chiedere il parere di un **esperto**.	o/a **especialista** ■ Devemos solicitar o parecer de um **especialista**.
professionista [professjoˈnista] *adj* ■ Sabrina è una fotografa **professionista**.	**profissional** ■ Sabrina é fotógrafa **profissional**.
la **competenza** [kompeˈtɛntsa] *n* ■ È un lavoro che non richiede **competenza** specifiche.	a **competência** ■ É um trabalho que não exige nenhuma **competência** específica.

il **centro per l'impiego** [ˈtʃɛntro per limˈpjɛːgo] *n*
- Sabrina è iscritta al **centro per l'impiego**.

a **agência de empregos**
- Sabrina inscreveu-se na **agência de empregos**.

➡ Os **centri per l'impiego** são agências de emprego governamentais e, quanto à sua função, correspondem às nossas agências de emprego.

l'**agenzia di lavoro interinale** [adʒenˈtsːa di laˈvoːro interiˈnaːle] *n f*
- Le **agenzie di lavoro interinale** forniscono personale alle aziende.

a **agência de trabalho temporário**
- As **agências de trabalho temporário** fornecem pessoal às empresas.

Condições de trabalho

il **sindacato** [sindaˈkaːto] *n*
- I **sindacati** difendono i diritti dei lavoratori.

o **sindicato**
- Os **sindicatos** defendem os direitos dos trabalhadores.

➡ Na Itália, os sindicatos têm seus representantes também nas empresas individuais.

lo **sciopero** [ˈʃoːpero] *n*
- A causa di uno **sciopero** degli assistenti di volo, molti voli sono stati cancellati.
➡ stato civile p. 19

a **greve**
- Por causa de uma **greve** dos comissários de bordo, muitos voos foram cancelados.

scioperare [ʃoːpeˈraːre] *v*
- I metalmeccanici **scioperaro** fino a martedì.

fazer greve, estar em greve
- Os metalúrgicos **estão em greve** até terça-feira.

la **pausa** [ˈpaːuza] *n*
- I lavoratori hanno diritto ad almeno una **pausa**.

a **pausa**
- Os trabalhadores têm direito a pelo menos uma **pausa**.

il **salario** [saˈlaːrjo] *n*
- Questo mese non ci hanno ancora pagato il **salario**.

o **salário**
- Este mês ainda não nos pagaram o **salário**.

lo **stipendio** [stiˈpɛndjo] *n*
- Percepisco uno **stipendio** di 1000 euro al mese.
➡ stato civile p. 19

o **ordenado**, o **salário**
- Recebo um **salário** mensal de 1.000 euros.

Condições de trabalho

l'aumento [au'mento] *n m*
- Gli impiegati chiedono un **aumento** del loro stipendio.

o **aumento**
- Os empregados exigem um **aumento** de salário.

il guadagno [gua'daɲɲo] *n*
- Con il suo **guadagno** si è comprato una nuova macchina.

a **remuneração**, o **pagamento**
- Com seu **pagamento** ele comprou um carro novo.

➡ Atenção: de modo semelhante ao que se tem no português, para **mérito** por uma realização ou atuação merecedora de reconhecimento, diz-se **merito**, por exemplo, **Non è merito nostro. – Não é mérito nosso.**

guadagnare [guadaɲ'naːre] *v*
- **Guadagno** bene, perciò possono anche spendere.

ganhar, lucrar, auferir
- Eles **ganham** bem, portanto também podem gastar bastante.

guadagnarsi da vivere [guadaɲ'narsi] *loc*
- Si **guadagna da vivere** facendo dei lavoretti.

ganhar a vida
- Ele **ganha a vida** fazendo trabalhos ocasionais.

la pensione [pen'sjoːne] *n*
- Quando mio padre andrà in **pensione**, percepirà una pensione di 500 euro.

a **aposentadoria**
- Quando meu pai se aposentar, vai receber 500 euros de **aposentadoria**.

➡ Tal como em português, **pensione** significa uma quantia em dinheiro paga regularmente, podendo se tratar de **pensione di vecchiaia – aposentadoria por idade** ou de uma **pensione di invalidità – aposentadoria por invalidez**.

il contratto [kon'tratto] *n*
- Leggi attentamente il **contratto** prima di firmarlo.

o **contrato**
- Leia atentamente o **contrato** antes de assiná-lo.

la retribuzione [retribu'tsjoːne] *n*
- Offrono una **retribuzione** adeguata.

a **remuneração**, o **pagamento**
- Oferecem **remuneração** adequada.

il contratto collettivo (di lavoro) [kon'tratto kollet'tiːvo (di la'voːro).] *n*
- I datori di lavoro e i sindicati hanno stipulato un nuovo **contratto collettivo**.

o **acordo coletivo de trabalho**
- Empregadores e sindicatos estipularam um novo **acordo coletivo de trabalho**.

la maternità [materni'ta] *n*
- Vado in **maternità** a fine novembre.

a **licença-maternidade**
- Vou para a **licença-maternidade** no final de novembro.

Condições de trabalho

il reddito ['rɛddito] n ■ Tutti i **redditi** sono tassati.	o **rendimento** ■ Todos os **rendimentos** são taxados.
all'ora [al'loːra] adv ■ Mi pagano quindici euro **all'ora**.	por **hora** ■ Pagam-me quinze euros **por hora**.
la promozione [promo'tsjoːne] n ■ Ha festeggiato la sua **promozione** invitandoci tutti a mangiare la pizza.	a **promoção** ■ Festejou sua **promoção** convidando todos para comer uma pizza.
l'orario di lavoro [o'raːrjo di la'voːro] n m ■ L'**orario di lavoro** settimanale è di 35 ore.	a **carga horária de trabalho** ■ A **carga horária de trabalho** semanal é de 35 horas.
a tempo pieno [a 'tɛmpo 'pjɛːno] adj ■ Cerco un lavoro **a tempo pieno**	**em período integral** ■ Procuro um trabalho **em período integral**.
part-time [par'taːim] adj ■ Io ho un lavoro **part-time**: lavoro otto ore al giorno, ma solo tre giorni la settimana.	**meio período** ■ Tenho um emprego de **meio período**: trabalho oito horas por dia, mas apenas três dias por semana.

➡ A expressão derivada do inglês **part-time** é mais usada que o correspondente italiano, **a tempo parziale**.

l'orario flessibile [o'raːrjo fles'siːbile] n m ■ Abbiamo l'**orario flessibile**, perciò entro tra le 9 e le 9.30.	o **horário flexível** ■ Temos **horário flexível**, por isso começo entre as 9h e as 9h30.
il turno ['turno] n ■ Il primo **turno** va dalle 7 alle 15.	o **turno** ■ O primeiro **turno** vai das 7h às 15h.
il (lavoro) straordinario [(la'voːro) straordi'naːrjo] n ■ Lo **straordinario** viene retribuito separatamente.	a **hora extra** ■ A **hora extra** é paga separadamente.

➡ A expressão oficial para hora extra é **lavoro straordinario**. Entretanto, ela é mais frequente em sua forma abreviada, **straordinario**, e também se usa bastante a forma plural, **straordinari**, como nas formulações **fare gli straordinari – fazer horas extras**.

Condições de trabalho

il **periodo di prova** [pe'riːodo di 'prɔːva] *n* ▪ Le hanno prolungato il **periodo di prova**.	o **período de experiência** ▪ Prolongaram seu **período de experiência**.
la **gratifica** [gra'tiːfika] *n* ▪ Mi hanno dato una **gratifica**.	a **gratificação** ▪ Deram-me uma **gratificação**.
il **bonus** ['bɔːnus] *n; pl inv* ▪ Tutti i dipendenti di questa filiale ricevono un **bonus**.	o **bônus** ▪ Todos os funcionários desta filial recebem um **bônus**.
il **premio** ['prɛːmjo] *n* ▪ I dipendenti ricevono un **premio** pari al 3 percento del loro stipendio.	a **bonificação**, o **prêmio** ▪ Os funcionários recebem uma **bonificação** de 3% do salário.
il **permesso di lavoro** [per'messo di la'voːro] *n* ▪ Se avete concluso un contratto con un datore di lavoro, dovete chiedere un **permesso di lavoro**.	a **autorização de trabalho** ▪ Quando vocês celebram um contrato de trabalho com um empregador, devem solicitar uma **autorização de trabalho**.

Interesses culturais

Leituras

il lettore, la lettrice [let'toːre, let'triːtʃe] *n*

o **leitor**, a **leitora**

- Il **lettori** di questa rivista sono soprattuto giovani.
- Os **leitores** desta revista são sobretudo jovens.

→ **lettore** significa também **leitor**, pessoa que lê para outras pessoas, por exemplo, **Lavoro come lettrice in una casa di riposo.** – Trabalho como leitora em uma casa de repouso.

---

leggere [ˈlɛddʒere] *v*

ler

▶ v irr p. 409 leggere
- **Hai** già **letto** il nuovo libro?
- Se fate i bravi, la nonna vi **legge** una storia.

- Você já **leu** o livro novo?
- Se vocês se comportarem, vovó **lerá** uma história.

---

scrivere [ˈskriːvere] *v*

escrever

▶ v irr p. 411 scrivere
- Chi **ha scritto** questo articolo?

- Quem **escreveu** este artigo?

---

il libro [ˈliːbro] *n*

o **livro**

- Il mio sogno è scrivere un **libro** e pubblicarlo.
- Meu sonho é escrever um **livro** e publicá-lo.

---

la storia [ˈstɔːrja] *n*

a **história**

- Questa **storia** la dovresti scrivere.
- Você deveria escrever essa **história**.

---

il racconto [rakˈkonto] *n*

o **conto**

- In genere preferisco i romanzi, ma questi **racconti** sono molto belli.
- Em geral, prefiro os romances, mas esses **contos** são muito belos.

---

il romanzo [roˈmandzo] *n*

o **romance**

- Non ho tempo di leggere **romanzi**.
- Não tenho tempo de ler **romances**.

---

il giallo [ˈdʒallo] *n*

o **(gênero) policial**

- È un **giallo** ricco di suspense.
- É um **policial** com muito suspense.

→ O substantivo **giallo** designa tanto um romance quanto um filme policial. Também o adjetivo é empregado com esse significado: **romanzo giallo, film giallo**.

la **favola** [ˈfaːvola] n ■ È importante raccontare le **favole** ai bambini.	a **fábula** ■ É importante contar **fábulas** para as crianças.
la **novella** [noˈvɛlla] n ■ A scuola si leggono le **novelle** del Boccaccio.	a **novela** ■ Na escola, são lidas as **novelas** de Boccaccio.
il **titolo** [ˈtiːtolo] n ■ Non mi ricordo il **titolo** di quel racconto.	o **título** ■ Não me lembro do **título** daquele conto.
la **biblioteca** [bibljoˈtɛːka] n ■ Non hanno trovato il libro che cercavano neppure in **biblioteca**.	a **biblioteca** ■ Não encontraram o livro que buscavam nem na **biblioteca**.
il **fumetto** [fuˈmetto] n ■ Mi piace leggere **fumetti**.	a **revista em quadrinhos** ■ Gosto de ler **revistas em quadrinhos**.
la **letteratura** [letteraˈtuːra] n ■ Sono abbonata a una rivista di **letteratura** italiana.	a **literatura** ■ Sou assinante de uma revista de **literatura** italiana.
letterario, letteraria [lettˈraːrjo, lettˈraːrja] adj ■ In Italia sono molti premi **letterari**.	**literário** ■ Na Itália, existem muitos prêmios **literários**.
la **fiction** [ˈfikʃon] n ■ Se ti piace il genere **fiction**, ti consoglio questo libro.	a **ficção** ■ Se você gosta de **ficção**, recomendo-lhe este livro.
la **saggistica** [sadˈdʒistika] n ■ Scusi, mi sa dire dove trovo la **saggistica**?	**(livros de) não ficção** ■ Por favor, saberia me dizer onde encontro **livros de não ficção**?
la **biografia** [bjograˈfika] n ■ È uscita una nuova **biografia** del Papa.	a **biografia** ■ Saiu uma nova **biografia** do papa.
il **diario** [ˈdjaːrjo] n ■ Tiene un **diario** da quando aveva 14 anni.	o **diário** ■ Ele tem um **diário** desde os 14 anos de idade.

la **poesia** [poe'ziːa] n
- Mi piace imparare a memoria le **poesia**.
- Quest'anno abbiamo fatto la **poesia** del Novecento.

a **poesia**
- Gosto de saber **poesia** de cor.
- Neste ano nos ocupamos com a **poesia** do século xx.

il **poeta**, la **poetessa** [po'ɛːta, po'ɛtessa] n; pl i **poeti** [i po'ɛːti]
- Giacomo Leopardi è uno dei più famosi **poeti** dell'Ottocento.

o **poeta**, a **poetisa**
- Giacomo Leopardi é um dos **poetas** mais famosos do século xix.

l'**immaginazione** [immaddʒinaˈtsjoːne] n f
- I bambini hanno un'**immaginazione** molto ricca.

a **imaginação**
- As crianças têm uma **imaginação** muito rica.

il **volume** [vo'luːme] n
- È un'enciclopedia in dodici **volummi**.

o **volume**
- É uma enciclopédia em doze **volumes**.

il **capitolo** [ka'piːtolo] n
- Sto leggendo il nono **capitolo**.

o **capítulo**
- Estou lendo o nono **capítulo**.

il/la **protagonista** [protago'nista] n m/f
- La **protagonista** s'innamora del suo insegnante.

o/a **protagonista**
- A **protagonista** se apaixona por seu professor.

il **narratore**, la **narratrice** [narra'toːre, narra'triːtʃe] n
- Il **narratore** incontra un elefante che parla.

o **narrador**, a **narradora**
- O **narrador** encontra um elefante que fala.

la **citazione** [tʃitaˈtsjoːne] n
- Il texto è pieno di **citazioni**.

a **citação**
- O texto é cheio de **citações**.

la **casa editrice** [ˈkaːsa edi'triːtʃe] n
- Il suo primo romanzo è stato pubblicato da una **casa editrice** famosa di Torino.

a **editora**
- Seu primeiro romance foi publicado por uma **editora** famosa de Turim.

il **best seller** [bɛstˈsɛller] n; pl inv
- Tutti i suoi libri sono **best seller**.

o **best-seller**
- Todos os seus livros são **best-sellers**.

censurare [tʃensu'raːre] v
- Oggi i libri non vengono più **censurati**, i film a volte invece sì.

censurar
- Hoje em dia, os livros não são mais **censurados**; já os filmes, por vezes, sim.

Música

ascoltare [askolˈtaːre] v
- Quando lavoro **ascolto** la radio.
- **Ascoltami** bene, non ho intenzione di ripeterlo un'altra volta.

escutar, ouvir
- **Ouço** rádio enquanto trabalho.
- **Ouça-me** bem, não tenho intenção de lhe dizer outra vez.

→ **ascoltare** designa um ouvir ou escutar consciente; já para um ouvir casual emprega-se o verbo **sentire**.

piano [ˈpjaːno] adv
- Parlate **piano**, i nonni dormono.

baixo
- Falem **baixo**, os avós estão dormindo.

forte [ˈfɔrte] adj, adv
- Abbiamo sentito un grido **forte**.
- Parla più **forte**, se non non ti sento.

alto, forte
- Ouvimos um grito **forte**.
- Fale mais **alto**, senão não o escuto.

→ para **alto**, dependendo do contexto, têm-se diferentes correspondentes: parlare ad alta voce – falar alto, falar em voz alta, ascoltare musica ad alto volume – ouvir música em volume alto, uma strada rumorosa – uma rua barulhenta, gente chiassosa – pessoas ruidosas.

il volume [voˈluːme] n
- Santo cielo, abbassa il **volume**, mi fanno male le orecchie.

o volume
- Santo Deus, abaixe o **volume**, está me fazendo mal aos ouvidos.

la musica [ˈmuːzika] n
- Adoro la **musica** classica.

a música
- Adoro **música** clássica.

musicale [muziˈkaːle] adj
- In questo negozio si comprano e si vendono strumenti **musicali**.

musical
- Nessa loja se compram e se vendem instrumentos **musicais**.

la canzone [kanˈtsoːne] n
- La **canzone** italiana più famosa? – "O sole mio", chiaro!

a canção
- A **canção** italiana mais famosa? – "O sole mio", claro!

cantare [kanˈtaːre] v
- Quando sono allegra, **canto**.

cantar
- Quando estou feliz, eu **canto**.

la voce [ˈvoːtʃe] n
- Ha una bella **voce** e le piace cantare.

a voz
- Tem uma bela **voz** e gosta de cantar.

Música

il concerto [konˈtʃɛrto] *n*
- Ho due biglietti per il **concerto** di stasera.

o concerto
- Tenho dois ingressos para o **concerto** desta noite.

opera [ˈɔːpera] *n m*
- Stasera vado all'**opera**. Danno un'**opera** di Puccini.
- Non conosco altre **opera** di questo compositore.

a ópera, a obra
- Esta noite vou à **ópera**. Será encenada uma **ópera** de Puccini.
- Não conheço nenhuma outra **obra** desse compositor.

→ **opera** significa o teatro de ópera, a execução de uma ópera, bem como uma obra operística tomada individualmente (incluindo a **opera lirica**). O gênero musical ópera, entretanto, é designado por **teatro lirico**.

lo strumento [struˈmento.] *n*
- Edoardo suona diversi **strumenti**.

→ **stato civile** p. 19

o instrumento
- Edoardo toca diversos **instrumentos**.

il pianoforte [pjanoˈfɔorte] *n*
- Al centro della stanza c'è un **pianoforte**.

o piano
- No centro do quarto há um **piano**.

il violino [vjoˈliːno] *n*
- Paganini suonava il **violino**.

o violino
- Paganini tocava **violino**.

il flauto [ˈflaːuto] *n*
- Ha imparato a suonare il **flauto** a scuola.

a flauta
- Ele aprendeu a tocar **flauta** na escola.

la chitarra [kiˈtarra] *n*
- Dai, porta la **chitarra** così cantiamo.

o violão
- Traga o **violão**, aí cantaremos.

la chitarra elettrica [kiˈtarra eˈlɛttrika] *n*
- Per suonare questo pezzo mette via la **chitarra elettrica** e tira fuori quella acustica.

a guitarra (elétrica)
- Para essa parte, deixe a **guitarra** e pegue o violão.

il basso [ˈbasso] *n*
- Il **basso** è una chitarra eletrica con quattro corde.

o baixo
- O **baixo** é uma guitarra elétrica com quatro cordas.

→ **basso** é também o registro vocal mais grave das vozes masculinas. Os outros registros vocais são **baritono**, **tenore**, **alto** ou **contralto**, **mezzosoprano** e **soprano**.

il CD [tʃiˈdi] n; pl inv
- Ha più di 500 CD.

o CD
- Ele tem mais de 500 CDs.

classico, classica [ˈklassiko, ˈklassika] adj
- La musica **classica** mi rilassa.
→ simpatico p. 21

clássico, clássica
- A música **clássica** me relaxa.

popolare [popoˈlaːre] adj
- Questa canzone era molto **popolare** negli anni 50.

popular
- Essa canção era muito **popular** nos anos 1950.

la **melodia** [meloˈdiːa] n
- È un brano musicale con una **melodia** molto dolce.

a **melodia**
- É uma peça musical com uma **melodia** muito suave.

il **ritmo** [ˈritmo] n
- Ci siamo lasciati prendere dal **ritmo** della musica.

o **ritmo**
- Nós nos deixamos envolver pelo **ritmo** da música.

il **suono** [ˈsuɔːno] n
- Mi piace il **suono** grave del contrabbasso.

o **som**
- Gosto do **som** grave do contrabaixo.

suonare [suoˈnaːre] v
- Che tipo di musica **suonate**?
- A mezzanotte **suonano** le campane di tutte le chiese della città.
- Questa frase non **suona** bene.

tocar, soar
- Que tipo de música vocês **tocam**?
- À meia-noite **soam** os sinos de todas as igrejas da cidade.
- Esta frase não **soa** bem.

il **tono** [ˈtɔːno] n
- I **toni** alti non mi piacciono.

o **tom**
- Não gosto de **tons** altos.

la **nota** [ˈnɔːta] n
- Non senti che è una **nota** diversa?

a **nota (musical)**
- Você não sente que é uma **nota** diferente?

alto, alta [ˈalto, ˈalta] adj
- La melodia inizia con una nota **alta**.

agudo, aguda
- A melodia começa com uma nota **aguda**.

basso, bassa [ˈbasso, ˈbassa] adj
- Ha una voce molto **bassa**.

grave
- Tem uma voz bastante **grave**.

il **gruppo** [ˈgruppo] n
- Parlano molto bene di quel nuovo **gruppo** italiano.

a **banda**
- Falam muito bem daquela nova **banda** italiana.

il **coro** [ˈkɔːro] *n* ■ Marito e moglie cantano tutti e due in **coro**.	o **coro**, o **coral** ■ Os dois, marido e mulher, cantam no **coral**.
il **lettore** CD [letˈtoːre] *n* ■ L'autoradio ha il **lettore cd**.	o **leitor de** CD, o **toca-**CDS ■ O rádio do carro tem **leitor de** CDS.
il **lettore** MP3 [letˈtoːre ɛmmeppiˈtre] *n* ■ Quando vado a correre, porto sempre il **lettore** MP3.	o MP3-**player**, o **leitor de** MP3 ■ Quando vou correr, sempre levo meu MP3-*player*.
il **canto** [ˈkanto] *n* ■ Studia **canto** al conservatorio.	o **canto** ■ Ela estuda **canto** no conservatório.
il **tamburo** [tamˈbuːro] *n* ■ Vuole imparare a suonare il **tamburo**.	o **tambor** ■ Ele quer aprender a tocar **tambor**.
la **batteria** [batteˈriːa] *n* ■ Ora che abbiamo trovato questa casa in campagna, mio marito può tornare a suonare la **batteria**.	a **bateria** ■ Agora que encontramos esta casa no campo, meu marido pode voltar a tocar **bateria**.
la **tastiera** [tasˈtjɛːra] *n* ■ La **tastiera** non è semplicemente un pianoforte elettrico.	o **teclado** ■ O **teclado** não é simplesmente um piano elétrico.
➡ **tastiera** também significa **teclado** em outros contextos, como um teclado de computador.	
l'**impianto stereo** [imˈpjanto ˈstɛːreo] *n m* ■ L'única cosa che mi manca nella casa al mare è l'**implanto stereo**.	o **aparelho de som** ■ A única coisa que falta em nossa casa de praia é um **aparelho de som**.
l'**altoparlante** [altoparˈlante] *n m* ■ Non stare così vicino agli **altoparlanti**.	o **alto-falante** ■ Não fique tão perto do alto-falante.
la **musica pop** [ˈmuːzika pɔp] *n* ■ Ascoltano soprattutto la **musica pop** degli anni 80.	a **música pop** ■ Eles ouvem sobretudo **música pop** dos anos 1980.

la **musica popolare** [ˈmuːzika popoˈlaːre] *n* ■ La **musica popolare** italiana è diversa da quella tedesca.	a **música popular** ■ A **música popular** italiana é diferente da alemã.
l'**orchestra** [orˈkɛstra] *n f* ■ Suona nell'**orchestra** della Scala di Milano.	a **orquestra** ■ Ele toca na **orquestra** do Scala de Milão.
il **musical** [ˈmjuːzikol] *n*; *pl inv* ■ Mi piacciono i **musical** perché ci sono balletti e canzoni.	o **musical** ■ Gosto de **musicais** porque têm dança e música.

Arte

la **mostra** [ˈmostra] *n* ■ A Palazzo Grassi a Venezia ci sono sempre **mostre** interessanti.	a **exposição** ■ No Palácio Grassi, em Veneza, há sempre **exposições** interessantes.
mostrare [mosˈtraːre] *v* ■ Mi **ha mostrato** una foto.	**mostrar, expor** ■ Ele me **mostrou** uma foto.
l'**arte** [ˈarte] *n f* ■ È un esperto di **arte** medievale.	a **arte** ■ É um especialista em **arte** medieval.
il **quadro** [ˈkuaːdro] *n* ■ A casa sua ci sono molti **quadri** alle pareti.	o **quadro** ■ Na casa dele tem muitos **quadros** nas paredes.
antico, antica [anˈtiːko, anˈtiːka] *adj*; *pl* **antichi** [anˈtiːki] ■ Abbiamo arredato la nostra casa con mobili **antichi**.	**antigo, antiga** ■ Mobiliamos nossa casa com móveis **antigos**.
moderno, moderna [moˈdɛrno, moˈdɛrna] *adj* ■ La Biennale di Venezia è una mostra di arte **moderna**.	**moderno, moderna** ■ A Bienal de Veneza é uma mostra de arte **moderna**.
creare [kreˈaːre] *v* ■ Modigliani **ha creato** opere d'arte stupende.	**criar** ■ Modigliani **criou** obras de arte estupendas.

il disegno [di'seɲɲo] *n* ■ L'hai fatto tu questo **disegno**?	o **desenho** ■ Foi você quem fez esse **desenho**?
disegnare [diseɲ'naːre] *v* ■ Il bambino **ha disegnato** una barca.	**desenhar** ■ A criança **desenhou** um barco.
la galleria [galle'riːa] *n* ■ Oggi tutte le **gallerie** sono aperte al pubblicco.	a **galeria** ■ Hoje todas as **galerias** estão abertas ao público.
il dipinto [di'pinto] *n* ■ *La Primavera* é fra i **dipinti** più famosi del Botticelli.	a **pintura** ■ *A primavera* está entre as **pinturas** mais famosas de Botticelli.
dipingere [di'pindʒere] *v* ▶ **v irr** p. 407 dipingere ■ Questo artista **ha dipinto** sopratutto paesaggi. ■ Mi piacerebbe **dipingere** questo armadio di rosso.	**pintar** ■ Este artista **pintou** principalmente paisagens. ■ Eu gostaria de **pintar** este armário de vermelho.
l'affresco [afˈfresko] *n m* ■ Gli **affreschi** della Cappela Sistina sono meravigliosi. ➡ **vigliacco** p. 22	o **afresco** ■ Os **afrescos** da Capela Sistina são maravilhosos.
la scultura [skul'tuːra] *n* ■ Al museo c'è anche una **scultura** di Michelangelo.	a **escultura** ■ No museu há também uma **escultura** de Michelangelo.
lo stile [ˈstiːle] *n* ■ Le chiese di questa città sono di varie epoche e di diversi **stili**. ➡ **stato civile** p. 19	o **estilo** ■ As igrejas desta cidade são de várias épocas e de diferentes **estilos**.
originale [oridʒi'naːle] *adj* ■ Hanno trovato un'opera **originale** di Leonardo da Vinci.	**original** ■ Encontraram uma obra **original** de Leonardo da Vinci.
il dettaglio [detˈtaʎʎo] *n* ■ La guida ci ha spiegato tutti i **dettagli** del dipinto.	o **detalhe** ■ O guia nos esclareceu todos os **detalhes** da pintura.

artistico, artistica [ar'tistiko, ar'tistika] *adj* ■ Ha un certo talento **artistico**. ■ Educazione **artistica** è una delle sue materie preferite. ➔ simpatico p. 21	**artístico, artística** ■ Tem certo talento **artístico**. ■ Educação **artística** é uma de suas matérias preferidas.
la **cornice** [kor'niːtʃe] *n* ■ Mi servono delle **cornici** per questi quadri.	a **moldura** ■ Preciso de **moldura** para estes quadros.
l'**atelier** [ate'lje] *n m*; *pl inv* ■ Il pittore sta lavorando nel suo **atelier**.	o **ateliê** ■ O pintor está trabalhando em seu **ateliê**.

Teatro e cinema

il **teatro** [te'aːtro] *n* ■ Stasera andiamo a **teatro**.	o **teatro** ■ Hoje à noite vamos ao **teatro**.
l'**opera teatrale** ['ɔːpera tea'traːle] *n f* ■ Pirandello ha scritto romanzi, novelle e **opere teatrali**.	a **peça de teatro** ■ Pirandello escreveu romances, novelas e **peças teatrais**.
lo **spettacolo** [spet'taːkolo] *n* ■ Lavoro fino a tardi, vado allo **spettacolo** delle 10. ➔ stato civile p. 19	o **espetáculo** ■ Trabalho até tarde, vou ao **espetáculo** às dez da noite.
il **film** [film] *n*; *pl inv* ■ C'è un bel **film** al cinema Corso.	o **filme** ■ Tem um **filme** bom no cinema Corso.
il **cinema** [ˈtʃiːnema] *n* ■ Che ne dici di andare al **cinema**?	o **cinema** ■ O que você acha de ir ao **cinema**?
il **biglietto (d'ingresso)** [biʎˈʎetto (dinˈgrɛsso)] *n* ■ Il **biglietto d'ingresso** per lo spettacolo costa 7 euro.	a **entrada**, o **ingresso** ■ O **ingresso** para o espetáculo custa 7 euros.

Teatro e cinema

la **trama** ['traːma] *n*
- Non ho capito bene la **trama** della commedia.

o **enredo**, a **trama**
- Não entendi bem o **enredo** da comédia.

mettere in scena ['mettere in 'ʃɛːna] *loc*
- Il dramma **è stato messo in scena** da un famoso regista.

encenar
- O drama **foi encenado** por um diretor famoso.

il **dialogo** ['djaːlogo] *n*
- I **dialoghi** sono molto divertenti.
➡ **largo** p. 32

o **diálogo**
- Os **diálogos** são muito divertidos.

il **monologo** [mo'nɔːlogo.] *n*
- I **monologhi** rivelano il carattere del protagonista.
➡ **largo** p. 32

o **monólogo**
- Os **monólogos** revelam o caráter do protagonista.

la **rappresentazione** [rapprezenta'tsjoːne] *n*
- Purtroppo non ci sono più biglietti per la **rappresentazione** di domenica.

a **apresentação**
- Infelizmente, não há mais ingressos para a **apresentação** de domingo.

la **commedia** [kom'ɛːdja] *n*
- Carlo Goldoni ha scritto **commedi** in dialetto.

a **comédia**
- Carlo Goldoni escreveu **comédias** em dialeto.

la **tragedia** [tra'dʒɛːdja] *n*
- *Romeo e Giulietta* è una **tragedia** di Shakespeare.

a **tragédia**
- *Romeu e Julieta* é uma **tragédia** de Shakespeare.

il **dramma** ['dramma] *n*
- Ieri abbiamo visto un **dramma** storico.

o **drama**
- Ontem assistimos a um **drama** histórico.

l'**atto** ['atto] *n m*
- Fra il primo e il secondo **atto** c'è una pausa.

o **ato**
- Entre o primeiro e o segundo **ato** há um intervalo.

la **scena** ['ʃɛːna] *n*
- Nel film ci sono molte **scene** divertenti.

a **cena**
- No filme há muitas **cenas** divertidas.

il **balletto** [bal'letto] *n*
- Mi piacerebbe tanto andare a vedere un **balletto**.

o **balé**
- Eu gostaria muito de ir assistir a um **balé**.

Teatro e cinema 169

➡ **balletto** refere-se tanto a uma obra única de balé quanto a um grupo de dança. O gênero balé é chamado **danza classica**.

la **danza** [ˈdantsa] n ■ La **danza** è tutta la sua vita.	a **dança** ■ A **dança** é a sua vida.
recitare [retʃiˈtaːre] v ■ **Recita** con la compagnia di un teatro famoso.	atuar, representar ■ Ele **atua** em uma famosa companhia de teatro.
dirigere [diˈriːdʒere] v ▶ v irr p. 408 dirigere ■ Ho visto tutti i film che Sergio Leone ha **diretto**.	dirigir ■ Assisti a todos os filmes que Sergio Leone **dirigiu**.
girare [dʒiˈraːre] v ■ Ieri in centro stavano **girando** un film.	rodar ■ Ontem no centro estavam **rodando** um filme.
il **ruolo** [ˈruɔːlo] n ■ Gli piace il **ruolo** di Giulio Cesare.	o papel ■ O **papel** de Júlio César lhes agrada.
il **costume** [kosˈtuːme] n ■ Domani alle 3 tutti qui per una prova in **costume**.	o figurino, a roupa ■ Amanhã às 3 horas estejam todos aqui para prova de **figurino**.
il **palcoscenico** [palkoʃˈʃɛːniko] n ■ Ecco, inizia. Gli attori escono sul **palcoscenico**. ➡ simpatico p. 21	o palco ■ Vai começar. Os atores estão entrando no **palco**.
lo **schermo** [ˈskermo] n ■ D'estate in questa piazza c'è un grande **schermo** per il cinema all'aperto. ➡ stato civile p. 19	a tela ■ No verão, estendem aqui uma imensa **tela** para cinema ao ar livre.
il **pubblico** [ˈpubbliko] n ■ Il **pubblico** era entusiasta.	o público ■ O **público** estava entusiasmado.
l'**applauso** [apˈplaːuso] n m ■ Lo spettacolo si è aperto con un lungo **applauso**.	o aplauso ■ O espetáculo iniciou com um longo **aplauso**.

Teatro e cinema

applaudire [applau'diːre] *v*
▶ *v* irr p. 405 applaudire
- Il pubblico **ha applaudito** a lungo.
- **Hanno applaudito** il cantante.

aplaudir
- O público **aplaudiu** longamente.
- **Aplaudiram** o cantor.

la star [star] *n*; *pl inv*
- Alla mostra del cinema di Venezia c'erano tante **star**.

a estrela
- No festival de cinema de Veneza havia muitas **estrelas**.

➡ Atenção: em italiano, o substantivo **star** é feminino; no entanto, assim como **stella**, também é empregado para homens: **Marcello Mastroianni era una stella del cinema.** – Marcelo Mastroianni era uma estrela do cinema.

l'installazione [installa'tsjoːne] *n f*
- Alla mostra c'erano alcune **installazioni** di questo artista.

a instalação
- Na exposição era possível ver algumas **instalações** desse artista.

la performance [per'fɔrmans] *n*; *pl inv*
- La **performance** non mi è piaciuta.

a performance
- A **performance** não me agradou.

Tempo livre

Festas e celebrações

la festa [ˈfɛsta] *n* ■ Speriamo che non piova, abbiamo organizzato una **festa** all'aperto. ■ Stasera siamo invitati ad una **festa**.	a festa ■ Esperamos que não chova, organizamos uma **festa** ao ar livre. ■ Esta noite fomos convidados para uma **festa**.

➡ **Buone feste!** são votos expressos por ocasião do Natal e da Páscoa.

festeggiare [festedˈdʒaːre] *v* ■ **Festeggiamo** l'ottantesimo compleanno del nonno.	festejar, celebrar ■ **Festejamos** o octogésimo aniversário do vovô.
il compleanno [kompleˈanno] *n* ■ Quand'è il tuo **compleanno**?	o aniversário ■ Quando é seu **aniversário**?
l'anniversario [anniverˈsaːrjo] *n m* ■ Il 25 abrile è l'**anniversario** della liberazione.	o aniversário ■ 25 de abril é o **aniversário** da libertação.

➡ **dubbio** p. 61

➡ Para o centésimo aniversário, diz-se **centenario**; para o quinto centenário, **cinquantenario**; para o décimo aniversário, **decennale**. Essas designações são usadas também para jubileus.

l'anniversario di matrimonio [anniverˈsaːrjo di matriˈmɔːnjo.] *n m* ■ Oggi è il nostro **anniversario di matrimonio**.	o aniversário de casamento ■ Hoje é nosso **aniversário de casamento**.
il padrone di casa, la padrona di casa [paˈdroːne di ˈkaːsa, paˈdroːna di ˈkaːsa] *n* ■ Un brindisi al **padrone di casa**!	o anfitrião, a anfitriã ■ Um brinde aos **anfitriões**!
accogliere [akˈkɔʎʎere] *v* ▶ *v irr* p. 406 cogliere ■ A Praga il Papa **sarà accolto** dal cardinale.	receber ■ Em Praga, o papa **será recebido** pelo cardeal.

dar il benvenuto [ˈdaːre il benveˈnuːto] *loc*
▶ v irr p. 407 dare
- La padrona di casa **ha dato il benvenuto** a tutti i presenti.

dar as boas-vindas
- A anfitriã **deu as boas-vindas** a todos os presentes.

il regalo [reˈɡaːlo] *n*
- Quando scartiamo i **regali**?

o presente
- Quando vamos desembrulhar os **presentes**?

regalare [regaˈlaːre] *v*
- Per il mio compleanno Renzo mi **ha regalato** un meraviglioso mazzo di tiori.

presentear
- Pelo meu aniversário, Renzo me **presenteou** com um maravilhoso buquê de flores.

gli auguri [auˈɡuːri] *n pl*
- Tanti **auguri** di buon compleanno!

a felicitação, os parabéns
- Minhas **felicitações** pelo aniversário!

➡ Para expressar que **se deseja felicidades ou tudo de bom a alguém**, diz-se **fare gli auguri a qu**.

Tanti auguri! [ˈtanti auˈɡuːri] *loc*

Muitas felicidades!, Parabéns!

➡ **Tanti auguri** (literalmente: **muitas felicidades**) ou também apenas **Auguri!** diz-se em todas as ocasiões nas quais são proferidos votos de felicidades. Em aniversários se diz também: **Buon compleanno!**

congratularsi [koŋɡratuˈlarsi] *v*
- **Ci congratuliamo** con te per la tua promozione!

congratular, parabenizar
- Nós o **parabenizamos** pela promoção!

la manifestazione [manifestaˈtsjoːne] *n*
- La **manifestazione** inizia alle 8.
- C'erano diecimila persone alla **manifestazione** contro la riforma della scuola.

a manifestação
- A **manifestação** começa às 8h.
- Havia dez mil pessoas na **manifestação** contra a reforma da escola.

avere luogo [aˈveːre ˈluɔːɡo] *loc*
▶ v irr p. 406 avere
- Lo spettacolo **avrà luogo** nell'aula magna.

dar-se, acontecer, ocorrer
- O evento **ocorrerá** no auditório.

la luna park [lunaˈpark] *n; pl inv*
- Ho promesso ai bambini di portarli al **luna park**.

o parque de diversões
- Prometi às crianças levá-las ao **parque de diversões**.

Festas e celebrações 173

il **circo** [ˈtʃirko] *n*
- Vado al **circo** per vedere i clown.
➡ **vigliacco** p. 22

o **circo**
- Vou ao **circo** para ver os palhaços.

la **tradizione** [tradiˈtsjoːne] *n*
- I mercantini di Natale sono diventati una **tradizione** anche in Italia.

a **tradição**
- Os mercados de Natal se tornaram **tradição** também na Itália.

tradizionale [traditsjoˈnaːle] *adj*
- È un'usanza **tradizionale**.

tradicional
- É um costume **tradicional**.

l'**usanza** [uˈzantsa] *n f*
- Ogni popolo ha le sue **usanze**.

o **uso**, o **costume**
- Todo povo tem seus **costumes**.

fantastico, fantastica
[fanˈtastiko, fanˈtastika] *adj*
- È stato uno spettacolo **fantastico**!

fantástico
- Foi um espetáculo **fantástico**.

geniale [dʒeˈnjaːle] *adj*
- È un'idea **geniale**!

genial
- É uma ideia **genial**.

eccezionale [ettʃettsjoˈnaːle] *adj*
- Il nuovo CD è **eccezionale**!

excepcional
- O novo CD é **excepcional**!

celebrare [tʃeleˈbraːre] *v*
- Il 25 aprile in Italia si **celebra** la liberazione dal facismo.

celebrar
- No 25 de abril, na Itália, **celebra-se** a libertação do fascismo.

l'**evento** [eˈvɛnto] *n m*
- La nascita di un bambino è sempre un **evento** straordinario.

o **evento**, o **acontecimento**
- O nascimento de uma criança é sempre um **acontecimento** extraordinário.

l'**occasione** [okkaˈzjoːne] *n f*
- È un abito adatto a tutte le **occasioni**.

a **ocasião**
- É um traje apropriado para todas as **ocasiões**.

il **battesimo** [batˈteːzimo.] *n*
- Festeggiamo il **battesimo** di nostra figlia.

o **batismo**
- Celebramos o **batismo** de nossa filha.

battezare [battedˈdzaːre] *v*
- Sofia è stata **battezzata** domenica scorsa.

batizar
- Sofia foi **batizada** no domingo passado.

l'**onomastico** [ono'mastiko] *n m* ■ Il 31 marzo è l'**onomastico** di Beniamino. ➡ **simpatico** p. 21	o dia (**onomástico**) ■ 31 de março é o **dia onomástico** de Beniamino.
incartare [iŋkar'taːre] *v* ■ Devo ancora **incartare** i regali di Natale.	**embrulhar** ■ Ainda tenho de **embrulhar** os presentes de Natal.
scartare [skar'taːre] *v* ■ Hai già **scartato** il mio regalo?	**desembrulhar** ■ Você já **desembrulhou** meu presente?
ornare [or'naːre] *v* ■ Hanno **ornato** la sala con festoni.	**enfeitar** ■ **Enfeitaram** a sala com guirlandas.
la **decorazione** [dekora'tsjoːne] *n* ■ Alle **decorazioni** ci penso io.	a **decoração** ■ A **decoração** fica por minha conta.
il **mercato delle pulci** [mer'kaːto 'delle 'pultʃi] *n* ■ Ho comprato questo libro al **mercato delle pulci**.	a **feira de antiguidades**, o **mercado de pulgas** ■ Comprei este livro na **feira de antiguidades**.
fuochi (d'artificio) ['fuɔːki (darti'fiːtʃo] *n pl* ■ Stasera ci sono i **fuochi d'artificio**.	os **fogos de artifício** ■ Nesta noite haverá **fogos de artifício**.
il **festival** ['fɛstival] *n; pl inv* ■ Quest'anno voglio andare al **festival** di Venezia.	o **festival** ■ Este ano quero ir ao **festival** de Veneza.
la **folla** ['fɔlla] *n* ■ Davanti all'entrata c'era una **folla** immensa.	a **multidão** ■ Na frente da entrada havia uma **multidão** imensa.

Feriados cívicos e religiosos

il **Natale** [na'taːle] *n*	**Natal**
la **vigilia (di Natale)** [vi'dʒiːlja (di na'taːle)] *n*	a **véspera de Natal**

Feriados cívicos e religiosos

il giorno di Natale [ˈdʒorno di naˈtaːle] *n* — o **dia de Natal**

→ Na Itália, celebra-se o Natal em 25 de dezembro. Em muitos lugares da Itália, a véspera de Natal é um dia útil normal.

Santo Stefano [ˈsanto ˈsteːfano] *n* — o **dia de são Estevão**

l'ultimo dell'anno [ˈultimo delˈlanno] *n m* — a **véspera de ano-novo**

→ Uma tradição da véspera de Ano-Novo é a **cenome**, um menu com vários pratos num restaurante ou em algum outro local.

il capodano [kapoˈdanno] *n* — o **dia do ano-novo**

il primo dell'anno [ˈpriːmo delˈlanno] *n* — o **primeiro dia do ano**

il carnevale [karneˈvaːle] *n* — o **Carnaval**

il Venerdì Santo [venerˈdi ˈsanto] *n* — a **Sexta-Feira Santa**

→ Na Itália, a Sexta-Feira Santa não é feriado.

la Pasqua [ˈpaskua] *n* — a **Páscoa**

la Pentecoste [penteˈkɔste] *n* — **Pentecostes**

→ A segunda-feira de Pentecostes não é feriado na Itália.

il ferragosto [ferraˈgosto] *n* — a **Ascensão de Maria**

→ **ferragosto** é o feriado do dia 15 de agosto e coincide com o período de férias. A denominação oficial para Ascensão de Maria é **Assunzione di Maria Vergine**.

la festa civile [ˈfɛsta tʃiˈviːle] *n* — o **feriado cívico**

→ Na Itália, os feriados cívicos, além do 1º de maio, são o 25 de abril (**Anniversario della Liberazione**) e o 2 de junho (**Anniversario della Repubblica**). Nos feriados, não se tem uma proibição geral ao trabalho.

la festa nazionale [ˈfɛsta natsjoˈnaːle] *n* — o **feriado nacional**

la festa religiosa [ˈfɛsta reliˈdʒoːsa] *n* — o **feriado religioso**

→ Na Itália, os feriados religiosos que caem em dias de semana, além do Natal, são Ano-Novo, Folia de Reis e Ascensão de Maria, **Tutti i Santi** ou **Ognissanti – Dia de Todos os Santos**, em 1º de novembro, e **Immacolata Concezione – Imaculada Conceição de Maria**, em 8 de dezembro.

l'**Epifania** [epifa'niːa] *n f*	a **Folia de Reis**, a **Epifania**

→ Na linguagem popular, **Epifania** é também chamada **la Befana**. Segundo a tradição, na noite da véspera, pela lareira da casa aparece a **befana**, uma senhora idosa que traz doces e pequenos presentes para as crianças comportadas.

il **Lunedì grasso** [lune'di 'grasso] *n*	a **segunda-feira gorda**
il **Mercoledì delle Ceneri** [merkole'di 'delle 'tʃeːneri] *n*	a **quarta-feira de Cinzas**
il **Lunedì dell'Angelo** [lune'di del'landʒelo] *n*	a **segunda-feira de Páscoa**

→ Na linguagem corrente, a segunda-feira de Páscoa é também chamada **pasquetta**.

Saídas e desfrutes

uscire [uʃ'ʃiːre] *v*	**sair**
▶ **v irr** p. 413 uscire	
■ **Escono** spesso insieme.	■ **Saem** juntos constantemente.
andare a bere qc. [an'daːre a 'beːre] *loc*	**sair para beber**
▶ **v irr** p. 405 andare	
■ **Andiamo a bere** qualcosa?	■ Vamos **sair para beber** alguma coisa?
il **ballo** ['ballo] *n*	a **dança**, o **baile**
■ Il valzer è il mio **ballo** preferito.	■ A valsa é minha **dança** preferida.
■ Alla fine del corso c'è un **ballo**.	■ Ao fim do curso há um **baile**.
ballare [bal'laːre] *v*	**dançar**
■ Il sabato sera andiamo sempre a **ballare**.	■ No sábado à noite sempre saímos para **dançar**.
la **discoteca** [disko'teːka] *n*	a **discoteca**, a **boate**
■ Ci siamo conosciuti in **discoteca**.	■ Nós nos conhecemos na **discoteca**.

la serata [seˈraːta] *n*
- Il biglietto per la **serata** costa 15 euro.

a **noite**
- O ingresso para a **noite** custa 15 euros.

lo show [ʃo] *n*
- Lo **show** non mi è piaciuto molto

o **show**
- Eu gostei muito do **show**.

➦ stato civile p. 19

il divertimento [divertiˈmento] *n*
- Buon **divertimento** a tutti!

o **divertimento**
- Bom **divertimento** a todos!

divertente [diverˈtɛnte] *adj*
- Ragazzi, andiamo al cinema? C'è un film **divertente**.

divertido
- Gente, vamos ao cinema? Tem um filme **divertido**.

divertirsi [diverˈtirsi] *v*
▶ v irr p. 408 divertire
- Ci siamo **divertiti** alla festa.

divertir-se

- **Divertimo-nos** na festa.

Buon divertimento! [buɔn divertiːˈmento] *loc*

Bom divertimento!

lo scherzo [ˈskertso] *n*
- Dai, non arrabbiarti, era solo uno **scherzo**.

a **brincadeira**
- Vamos, não se irrite! Era apenas uma **brincadeira**.

➦ **per scherzo** significa **de brincadeira, por diversão**.

fare ridere [fare ˈriːdere] *v*
▶ v irr p. 409 fare
- Ci **ha fatto ridere** con le sue barzellette.

fazer rir

- **Fez-nos rir** com suas piadas.

ridere di [ˈriːdere di] *v*
▶ v irr p. 410 ridere
- **Ridono** sempre **di** me.

rir de, fazer troça de

- Sempre **riem de** mim.

godersi [goˈdersi] *v*
▶ v irr p. 409 godere
- Non abbiamo avuto nemmeno il tempo di **goderci** il panorama.

desfrutar

- Não tivemos tempo nem de **desfrutar** do panorama.

la barzelletta [bardzelˈletta] *n*
- Al mio amico piace raccontare le **barzellette**.

a **piada**
- Meu amigo gosta de contar **piadas**.

buffo, buffa ['buffo, 'buffa] *adj* ■ Simone è un tipo **buffo**.	**engraçado** ■ Simone é um tipo **engraçado**.
scherzare [sker'tsaːre] *v* ■ Dai, non ti offendere, **scherzavo**.	**brincar** ■ Ei, não se ofenda, eu **estava brincando**.
il night ['naːit] *n* ■ Ieri siamo andati al **night** con i colleghi.	**o bar (noturno)** ■ Ontem fomos com os colegas a um **bar**.

➡ O termo italiano **bar** designa um café ou bistrô. **Bar**, no sentido de balcão, é denominado **banco**.

Esporte

lo sport [spɔrt] *n*; *pl inv* ■ Sono in forma, faccio **sport** tutti i giorni. ➡ stato civile p. 19	**o esporte** ■ Estou em forma porque praticamos **esporte** todos os dias.
sportivo, sportiva [spor'tiːvo, spor'tiːva] *adj* ■ Ci vediamo al campo **sportivo**? ■ Cerco una giacca **sportiva** da portare con i jeans.	**esportivo, esportiva** ■ Nós nos vemos na quadra **esportiva**? ■ Procuro uma jaqueta **esportiva** para usar com *jeans*.

➡ **sportivo** emprega-se apenas para vestimentas; para uma figura ou uma pessoa associada à prática de esportes, diz-se **atletico**.

l'allenamento [allena'mento] *n m* ■ Oggi dalle 6 alle 9 ho l'**allenamento**.	**o treino** ■ Hoje, das 6 às 9, tenho **treino**.
allenarsi [alle'narsi] *v* ■ Claudio **si allena** con impegno per la gara.	**treinar** ■ Claudio **treina** com muito empenho para a competição.
la corsa ['kɔrsa] *n* ■ Siamo andati a vedere una **corsa** all'autodromo. ■ Dopo la **corsa** era molto stanca.	**a corrida** ■ Fomos ver uma **corrida** no autódromo. ■ Após a **corrida** ela estava cansada.

Esporte

correre ['korrere] v

▶ v irr p. 407 correre
- Il bambino **è corso** a casa.
- Oggi **ho corso** mezz'ora.

correr

- O garoto **correu** para casa.
- Hoje **corri** meia hora.

➡ Os tempos compostos de **correre** são conjugados com **essere** quando o ato de correr refere-se especificamente a percorrer uma distância ou a uma meta; os tempos compostos são conjugados com **avere** quando se refere a uma **modalidade de movimento** ou a uma **competição esportiva**.

fare una corsa [faːre 'uːna 'korsa] loc

▶ v irr p. 409 fare
- Ho **fatto una corsa** per non perdere l'autobus.

dar uma corrida

- **Dei uma corrida** para não perder o ônibus.

di corsa [di 'korsa] adv
- Mi vesto **di corsa** ed esco.

correndo
- Eu me visto **correndo** e saio.

veloce [ve'loːtʃe] adj
- Mio fratello è stato più **veloce** di me.

veloz
- Meu irmão foi mais **veloz** do que eu.

lento, lenta ['lɛnto, 'lɛnta] adj
- Insomma, come siete **lenti**, siete sempre gli ultimi.

lento
- Em suma, como vocês são **lentos**, são sempre os últimos.

la palestra [pa'lɛstra] n
- L'insegnante di ginnastica vi aspetta in **palestra**.
- Vado in **palestra** due volte la settimana.

o ginásio (de esportes), a academia
- A professora de ginástica espera por vocês no **ginásio**.
- Vou à **academia** duas vezes por semana.

lo stadio ['staːdjo] n
- Lo **stadio** è stato costruito cinque anni fa.

o estádio
- O **estádio** foi construído há cinco anos.

➡ stato civile p. 19
➡ dubbio p. 61

la squadra ['skwaːdra] n
- Gioco a calcio, ma non faccio parte di una **squadra**.

a equipe
- Jogo futebol, mas não faço parte de uma **equipe**.

il giocatore, la giocatrice [dʒoka'toːre, dʒoka'triːtʃe] n
- I **giocatori** della nazionale italiana di calcio vengono chiamati gli "azzurri".

o jogador, a jogadora
- Os **jogadores** da seleção italiana de futebol são chamados "azzurri".

la **palla** [ˈpalla] *n* ▪ La **palla** è fuori.	a **bola** ▪ A **bola** está fora.
il **pallone** [palˈloːne] *n*	a **bola**, a **bola de futebol**

➡ No esporte, a bola chama-se fundamentalmente de **palla**; **pallone** se diz para bola de futebol e para bolas maiores, destinadas a jogos infantis.

tirare [tiˈraːre] *v* ▪ Massimo **ha tirato** il pallone.	**lançar** ▪ Massimo **lançou** a bola.
prendere [ˈprɛndere] *v* ▶ v irr p 410 prendere ▪ **Prendi** la palla!	**pegar, tomar** ▪ **Pegue** a bola!
il **calcio** [ˈkaltʃo] *n* ▪ Il **calcio** è lo sport più popolare in Italia.	o **futebol** ▪ O **futebol** é o esporte mais popular da Itália.
il **calciatore**, la **calciatrice** [kaltʃaˈtoːre, kaltʃaˈtriːtʃe] *n* ▪ Conosce i nome di tuti i **calciatori**.	o **jogador de futebol**, a **jogadora de futebol** ▪ Ele sabe o nome de todos os **jogadores de futebol**.
la **porta** [ˈpɔrta] *n* ▪ Ha tirato in **porta**.	a **trave** ▪ Ele chutou na **trave**.
il **gol** [gɔl] *n*; *pl inv* ▪ **Gol!**	o **gol** ▪ **Gol!**

➡ a estrutura composta de duas traves e um travessão chama-se **porta**; já o lance pelo qual, com um chute, acerta-se a bola entre as traves e o travessão chama-se **gol**.

lo **sci** [ʃi] *n*; *pl inv* ▪ Abbiamo lasciato gli **sci** in macchina.	o **esqui** ▪ Deixamos os **esquis** no carro.
➡ stato civile p. 19	
lo **sci di fondo** [ʃi di ˈfondo] *n* ▪ Dopo un'ora di **sci di fondo** ero stanca morta.	o **esqui cross-country** ▪ Depois de uma hora praticando **esqui cross-country**, eu estava morta de cansaço.
sciare [ʃiˈaːre] *v* ▪ Non **scio** più da anni.	**esquiar** ▪ Não **esquio** há anos.

lo **snowboard** [ˈznoːubord] *n*
- Non so andare in **snowboard**.
➡ **stato civile** p. 19

o **snowboard**
- Não sei andar de **snowboard**.

la **slitta** [ˈzlitta] *n*
- I bambini non vedono l'ora di andare in **slitta**.

o **trenó**
- As crianças não veem a hora de andar de **trenó**.

nuotare [nuoˈtaːre] *n*
- Sai **nuotare**?

nadar
- Você sabe **nadar**?

la **piscina** [piʃˈʃiːna] *n*
- Vado in **piscina** a nuotare.
- Hanno una **piscina** in giardino.

a **piscina**
- Vou à **piscina** nadar.
- Eles têm uma **piscina** no jardim.

andare a cavallo [anˈdaːre a kaˈvallo] *loc*
▶ **v irr** p. 405 andare
- Vorrei imparare ad **andare a cavallo**.

andar a cavalo, cavalgar

- Eu gostaria de aprender a **andar a cavalo**.

fare jogging [ˈfaːre ˈdʒɔggiŋg] *loc*
▶ **v irr** p. 409 fare
- **Faccio jogging** per restare in forma.

correr, fazer corrida

- **Faço corrida** para ficar em forma.

l'**alpinismo** [alpiˈnizmo.] *n m*
- L'**alpinismo** è il nostro sport preferito.

o **alpinismo**
- O **alpinismo** é nosso esporte preferido.

la **camminata** [kammiˈnaːta] *n*
- Domenica abbiamo fatto una lunga **camminata**.

a **caminhada**
- No domingo fizemos uma longa **caminhada**.

la **salita** [saˈliːta] *n*
- Dopo la **salita** abbiamo fatto una pausa.

a **subida**
- Depois da **subida**, fizemos uma pausa.

la **discesa** [diʃˈʃeːsa] *n*
- La **discesa** è stata più faticosa della salita.

a **descida**
- A **descida** foi mais cansativa que a subida.

la **partita** [parˈtiːta] *n*
- Stasera mezza Italia è davanti alla televisione a guardare la **partita**.

a **partida**, o **jogo**
- Esta noite, metade da Itália está diante do televisor para assistir à **partida**.

Esporte

la **gara** [ˈgaːra] n
- Partecipate anche voi alla **gara**?

a **competição**
- Vocês também participam da **competição**?

il **campo** [ˈkampo] n
- Le due squadre non sono ancora entrate in **campo**.

o **campo**
- As duas equipes ainda não entraram em **campo**.

➡ Com **campo di gioco** se tem em mente o campo para a realização de jogos; com **campo da/di tennis**, a **quadra de tênis**; com **campo da/di golfe**, o **campo de golfe**.

la **partenza** [parˈtɛntsa] n
- I concorrenti si allineano per la **partenza**.

a **largada**
- Os competidores se posicionam para a **largada**.

il **traguardo** [traˈguardo] n
- Patrizio ha tagliato per primo il **traguardo**.

a **(linha de) chegada**
- Patrizio cruzou em primeiro a **linha de chegada**.

famoso, famosa [faˈmoːso, faˈmoːsa] adj
- Alla gara partecipano molti atleti **famosi**.

famoso, célebre
- Participam da competição muitos esportistas **famosos**.

il/la **concorrente** [koŋkorˈrɛnte] n m/f
- I **concorrenti** sono pronti sulla linea di partenza.

o **competidor**, o **participante**
- Os **competidores** estão prontos na linha de largada.

l'**avversario**, l'**avversaria** [avverˈsaːrjo, avverˈsaːrja] n m/f
- La sua **avversaria** è più brava di lei.

o **adversário**, a **adversária**
- Sua **adversária** foi melhor do que ela.

la **vittoria** [vitˈtɔːrja] n
- Celebrano la **vittoria**.

a **vitória**
- Estão celebrando a **vitória**.

il **vincitore**, la **vincitrice** [vintʃiˈtoːre] n
- I **vincitori** saranno premiati con una medaglia.

o **vencedor**, a **vencedora**
- Os **vencedores** serão premiados com uma medalha.

vincere [ˈvintʃere] v
- ▶ v irr p. 413 vincere
- Chi ha **vinto** il Giro d'Italia quest'anno?

vencer
- Quem **venceu** o Giro d'Italia deste ano?

Esporte

> → **vincere qu** significa **vencer alguém**.

battere ['battere] *v* — vencer, derrotar, bater
- ▶ v irr p. 406 battere
- L'Italia **ha battuto** la Germania 2 a 1.
  - A Itália **derrotou** a Alemanha por 2 a 1.

la sconfitta [skon'fitta.] *n* — a **derrota**
- La squadra ha subito una dura **sconfitta**.
  - A esquipe sofreu uma dura **derrota**.

il/la perdente [per'dεnte] *n m/f* — o **perdedor**, a **perdedora**
- I **perdenti** erano molto delusi.
  - Os **perdedores** estavam muito decepcionados.

perdere ['pεrdere] *v* — perder
- ▶ v irr p. 410 perdere
- Abbiamo **perso** di nuovo.
  - **Perdemos** de novo.

l'atleta [a'tlɛ:ta] *n m/f* — o/a **atleta**
- Il sogno di ogni **atleta** è partecipare alle Olimpiadi.
  - O sonho de todo **atleta** é participar das Olimpíadas.
- → apprendista p. 133

l'atletica leggera [a'tlɛ:tika led'dʒɛ:ra.] *n f* — o **atletismo**
- A scuola la mia disciplina preferita era l'**atletica leggera**.
  - Na escola, a minha matéria preferida era o **atletismo**.

atletico, atletica [a'tlɛ:tiko, a'tlɛ:tika] *adj* — **atlético, atlética**
- È un tipo **atletico**.
  - É um tipo **atlético**.
- → simpatico p. 21
- → sportivo p. 178

la forma ['forma] *n* — a **forma**, a **boa forma**
- Mi ha consigliato una serie di esercizi per mantenere la **forma**.
  - Ele me aconselhou uma série de exercícios para manter a **forma**.

in forma [in 'forma] *adv* — em **forma**
- Dopo tre mesi di allenamento è **in forma**.
  - Após três meses de treinamento, ele está **em forma**.

la resistenza [resis'tɛntsa] *n* — a **resistência**
- Non ha **resistenza**.
  - Não tem **resistência**.

saltare [sal'taːre] *v*
- Piero **è saltato** giù dal muretto.
- Il cavallo **ha saltato** l'ostacolo.

saltar
- Piero **saltou** o muro.
- O cavalo **saltou** o obstáculo.

➡ As formas compostas do verbo saltare são formadas com essere, quando o verbo principal é transitivo, e com avere, quando é transitivo, podendo então ser traduzido por **pular/saltar sobre**.

la **pallamano** [pallam'maːno] *n*
- Mi piace guardare la **pallamano**.

o **handebol**
- Gosto de assistir ao **handebol**.

la **pallavolo** [pallav'voːlo] *n*
- Gioco a **pallavolo**.

o **vôlei**, o **voleibol**
- Jogo **vôlei**.

il **basket** ['basket] *n*; *pl inv*
- Oggi pomeriggio giochiamo a **basket**.

o **basquete**
- Hoje à tarde vamos jogar **basquete**.

➡ Outra designação para basquete é **pallacanestro**.

il **golf** [gɔlf] *n*
- Ha iniziato a giocare a **golf** da poco.

o **golfe**
- Ele começou a jogar **golfe** há pouco tempo.

il **tennis** ['tɛnnis] *n*
- Facciamo una partita di **tennis**?
- Vicino a casa mia c'è un **tennis**.

o **tênis**, a **quadra de tênis**
- Vamos jogar uma partida de **tênis**?
- Perto da minha casa há uma **quadra de tênis**.

la **racchetta** [rak'ketta] *n*
- Si è comprato una nuova **racchetta**.

a **raquete**
- Ele comprou uma **raquete** nova.

l'**hockey su ghiaccio** ['ɔːkei su gjattʃo] *n m*
- L'**hockey su ghiaccio** è uno sport abbastanza pericoloso.

o **hóquei no gelo**
- O **hóquei no gelo** é um esporte bastante perigoso.

andare in barca a vela [an'daːre in 'barka a 'veːla] *loc*
▶ *v irr* p. 405 andare
- **Vado in barca a vela** da anni.

velejar, andar de barco a vela
- Eu **velejo** há anos.

Esporte

fare immersioni [ˈfaːre immerˈsjoːni] *loc*
- ▶ v irr p. 409 fare
- ■ **Fanno immersioni** nel Mar Rosso.

fazer mergulho, mergulhar

- ■ **Fizemos mergulho** no Mar Vermelho.

fare (wind)surf [ˈfaːre (wind)ˈsɛrf] *loc*
- ▶ v irr p. 409 fare
- ■ Se c'è abbastanza vento, andiamo a **fare windsurf**.

(praticar) windsurfe

- ■ Quando há bastante vento, **fazemos windsurfe**.

il surf [sɛrf] *n*
- ■ Queste onde sono ideali per il **surf**.

o surfe
- ■ Estas ondas são ideais para o **surfe**.

la tavola [ˈtaːvola] *n*
- ■ Guarda che onde, andiamo a prendere le **tavole**!

a prancha
- ■ Olhe que ondas, vamos pegar a **prancha**!

il pattino (da ghiaccio) [ˈpattino (da ˈgjattʃo)] *n*
- ■ Ho lasciato i **pattini** a casa.

os patins (de gelo)

- ■ Esqueci meus **patins** em casa.

il pattino (a rotelle) [ˈpattino (a roˈtɛlle] *n*
- ■ Mi presti i tuoi **pattini**?

os patins (de rodas)

- ■ Você me empresta seus **patins**?

arrampicare [arrampiˈkaːre] *v*
- ■ Quando siamo in montagna facciamo le camminate o **arrampichiamo**.

escalar
- ■ Quando estamos na montanha, caminhamos ou **escalamos**.

segnare [seɲˈɲaːre] *n*
- ■ Chi ha **segnato**?

acertar, assinalar, pontuar, marcar
- ■ Quem **marcou**?

la finale [fiˈnaːle] *n*
- ■ La **finale** si gioca fra Italia e Olanda.

a final, o jogo final
- ■ Na **final** jogam Itália e Holanda.

i (campionati) mondiali [(kampjoˈnaːti) monˈdjaːli] *n pl*
- ■ Nel 2006 la Germania ha ospitato il **mondiali**.

o (campeonato) mundial

- ■ Em 2006, a Alemanha recebeu o **mundial**.

Esporte

le olimpiadi [olimˈpiːadi] *n pl*
- Non ha mai partecipato alle olimpiadi.

as Olimpíadas
- Nunca participou das Olimpíadas.

→ Uma designação alternativa para **olimpiadi** pode ser **giochi olimpici** – **jogos olímpicos**.

la medaglia [meˈdaʎʎa] *n*
- Ha vinto due **medaglie**.

a medalha
- Ganhou duas **medalhas**.

il premio [ˈprɛːmjo] *n*
- Ogni concorrente ha ricevuto un piccolo **premio**.
→ **dubbio** p. 61

o prêmio
- Todos os competidores receberam um pequeno **prêmio**.

l'arbitro, l'arbitra [ˈarbitro, ˈarbitra] *n m/f*
- Ho fatto l'**arbitro** per tre anni.

o árbitro, a árbitra, o juiz, a juíza
- Fui **árbitro** por três anos.

fischiare [fisˈkjaːre] *v*
- L'arbitro **ha fischiato**.

apitar
- O árbitro **apitou**.

il tifoso [tiˈfoːso] *n*
- Ci sono stati degli scontri fra i **tifosi** delle due squadre.

o torcedor
- Houve confronto entre os **torcedores** das duas equipes.

il record [ˈrɛːkord] *n; pl inv*
- Nessuno ha ancora battuto il suo **record**.

o recorde
- Ninguém ainda bateu seu **recorde**.

il successo [sutˈtʃɛsso] *n*
- È stato molto contento del suo **successo**.

o sucesso
- Ficou muito contente com seu **sucesso**.

→ **di sucesso** significa "famoso", por exemplo, **un giocatore di successo** – **um jogador bem-sucedido**.

appassionante [appassjoˈnante] *adj*
- È stata una partita **appassionante**.

apaixonante, vibrante
- Foi uma partida **vibrante**.

noto, nota [ˈnɔːto, ˈnɔːta] *adj*
- Ho visto un calciatore **noto**.

famoso, famosa
- Vi um jogador **famoso**.

Hobbies

la **fotografia** [fotogra'fi:a] n ■ La **fotografia** è la sua passione.	a **fotografia** ■ A **fotografia** é a sua paixão.
la **foto** ['fɔ:to] n ■ Scusi, ci può fare una **foto**?	a **foto** ■ Com licença, posso tirar uma **foto**?
fotografare [fotogra'fa:re] v ■ Mi piace **fotografare** paesaggi.	**fotografar** ■ Gosto de **fotografar** paisagens.
la **macchina fotografica** ['makkina foto'gra:fika] n ■ Porto sempre con me la **macchina fotografica**.	a **máquina fotográfica** ■ Trago a **máquina fotográfica** sempre comigo.
la **macchina digitale** ['makkina didʒi'ta:le] n ■ La mia **macchina digitale** è molto piccola.	a **máquina digital** ■ Minha **máquina digital** é bem pequena.
il **flash** [flɛʃ] n; pl inv ■ È vietato fare le foto con il **flash**.	o **flash** ■ É proibido fotografar com **flash**.
il **soggeto** [sod'dʒɛtto] n ■ È un **soggeto** interessante per una foto.	o **motivo**, o **tema** ■ É um **motivo** interessante para uma **foto**.
il **rullino** [rul'li:no] n ■ È finito il **rullino**.	o **filme (fotográfico)** ■ Acabou o **filme**.
il **gioco** ['dʒɔ:ko] n; pl **giochi** ['dʒɔ:ki] n ■ Ascoltate bene, vi spiego un nuovo **gioco**.	o **jogo** ■ Ouça bem, vou lhe explicar um novo **jogo**.
giocare [dʒo'ka:re] v ■ Dai, **gioca** un po' con Piero!	**jogar**, **brincar** ■ Vamos, **brinque** um pouco com Piero!
la **fortuna** [for'tu:na] n ■ Ha una **fortuna** sfacciata.	a **sorte** ■ Ele tem uma **sorte** danada!

➜ Para desejar felicidade a alguém, diz-se **Buona fortuna!** ou também **In bocca al lupo!**

la **sfortuna** [sforˈtuːna] n
- Che **sfortuna**, hai perso ancora!

o **azar**
- Que **azar**, você perdeu de novo!

→ O antônimo de um adjetivo ou substantivo frequentemente é formado com o prefixo s-.

il **dado** [ˈdaːdo] n
- Per questo gioco ci servono cinque **dadi**.

o **dado**
- Para este jogo precisamos de cinco **dados**!

le **carte** [ˈkarte] n pl
- Non ho voglia di giocare a **carte**.

as **cartas**
- Não tenho vontade de jogar **cartas**.

il **passatempo** [passaˈtɛmpo] n
- Il mio **passatempo** preferito è leggere.

o **passatempo**
- Meu **passatempo** favorito é ler.

il **tempo libero** [ˈtɛmpo ˈliːbero] n
- Cosa no darei per avere un po' più di **tempo libero**!

o **tempo livre**
- O que eu não daria para ter um pouco de **tempo livre**!

la **passeggiata** [passedˈdʒaːta] n
- Chi viene con me a fare una **passeggiata**?

o **passeio**
- Quem vem comigo fazer um **passeio**?

prendere il sole [ˈprɛndere il ˈsoːle] loc

▶ v irr p. 410 prendere
- Non mi piace **prendere il sole** sul balcone, vado in spiaggia.

tomar sol

- Não gosto de **tomar sol** na varanda, vou à praia.

l'**ombrellone** [ombrelˈloːne] n m
- Mettiti sotto l'**ombrellone**, se no ti scotti.

o **guarda-sol**
- Fique debaixo do **guarda-sol**, senão você se queima.

fare il bricolage [ˈfaːre il brikoˈlaʒ] loc

▶ v irr p. 409 fare
- De quando è in pensione passa tutto il tempo a **fare il bricolage**.

fazer bricolagem, fazer trabalhos manuais

- Desde que se aposentou, faz **trabalhos manuais** o tempo inteiro.

l'**attrezzo** [atˈtrettso] n m
- Tengo gli **attrezzi** in garage.

a **ferramenta**
- Guardo as **ferramentas** na garagem.

Hobbies

il **coltellino** [koltel'li:no] n
- Se mi dai il tuo **coltellino**, sbuccio la mela.

o **canivete**
- Se você me der um **canivete**, cortarei a maçã.

la **pesca** ['peska] n
- Com'è andata la **pesca**, quanti pesci hai preso?

a **pesca**
- Como foi a **pesca**? Quantos peixes você pegou?

→ Atenção: a forma plural **pesche**, além de significar **pesca**, também significa **pêssego**. Além disso, **la pesca** não deve ser confundida com **il pesce** – o **peixe** (plural: **I pesci**).

pescare [pes'ka:re] v
- Se è una bella giornata, possiamo andare a **pescare**.

pescar
- Se o dia estiver bom, podemos ir **pescar**.

per hobby [per 'ɔbbi] adv
- Mio padre è un giardiniere **per hobby**.

(por) hobby
- Meu pai é jardineiro **por hobby**.

dedicarsi [dedi'karsi] v
- Nei weekend **si dedica** alla famiglia.

dedicar-se
- Nos finais de semana ele **se dedica** à família.

il **ritratto** [ri'tratto] n
- Che bel **ritratto** che hai fatto!

o **retrato**
- Que belo **retrato** você fez!

l'**obiettivo** [objet'ti:vo] n m
- Puoi avvicinare il soggetto girando l'**obiettivo**.

a **objetiva**
- Você pode aproximar o objeto girando a **objetiva**.

lo **zoom** [dzum] n
- Usa lo **zoom** per ingrandire il soggetto.

o **zoom**
- Use o **zoom** para ampliar o objeto.

il **negativo** [nega'ti:vo] n
- Mi dica il numero del **negativo**.

o **negativo**
- Diga-me o número do **negativo**.

sviluppare [zvilup'pa:re] v
- Mi può **sviluppare** questo rullino?

revelar
- Você poderia **revelar** esse filme para mim?

la **stampa** ['stampa] n
- Vorrei due **stampe** di questa foto.

a **impressão**
- Vou querer duas **impressões** dessa foto.

la **caccia** ['kattʃa] n
- Una delle sue passioni è la **caccia**.

a **caça**, a **caçada**
- Uma de suas paixões é a **caça**.

Hobbies

gli scacchi [ˈskakki] *n pl* ■ Mio padre ed io giochiamo spesso a **scacchi**. ➔ stato civile p. 19	**o xadrez** ■ Meu pai e eu jogamos **xadrez** com frequência.

➔ O nome do jogo é o plural **scacchi**, mas o singular se refere a um lance: **Scacco (matto)! – Xeque(-mate)!**

la regola [ˈrɛːgola] *n* ■ Adesso vi spiego le **regole**.	**a regra** ■ Agora vou explicar as **regras** a vocês.
la collezione [kolleˈtsjoːne] *n* ■ Ho una **collezione** di più di cento conchiglie.	**a coleção** ■ Tenho uma **coleção** de mais de cem conchas.
collezionare [kolletsjoˈnaːre] *v* ■ Mio fratello ed io **collezioniamo** cartoline.	**colecionar** ■ Eu e meu irmão **colecionamos** cartões-postais.
fare giochi di prestigio [ˈfaːre ˈdʒoːki di presˈtiːdʒo] *loc* ▶ v irr p. 409 fare ■ È bravo a **fare giochi di prestigio**.	**fazer mágicas** ■ Ele é bom em **fazer mágicas**.
essere fortunato, essere fortunata [ˈɛssere fortuˈnaːto, ˈɛssere fortuˈnaːta] *loc* ▶ v irr p. 408 essere ■ Oggi **sono stato fortunato**: ho vinto tre volte.	**ter sorte** ■ Hoje eu **tive sorte**: ganhei três vezes.
scommettere [skomˈmettere] *v* ▶ v irr p. 409 mettere ■ **Scommettiamo** che vince il cavallo numero due?	**apostar** ■ Vamos **apostar** que o cavalo de número dois vai vencer?
rischioso, rischiosa [risˈkjoːso, risˈkjoːsa] *adj* ■ È un'impresa **rischiosa**.	**arriscado** ■ É um projeto **arriscado**.
rischiare [risˈkjaːre] *v* ■ **Hai rischiato** grosso.	**arriscar-se** ■ Você **se arriscou** muito.
l'indovinello [indoviˈnɛllo] *n m* ■ Non riesco a risolvere l'**indovinello**.	**o enigma** ■ Não consigo resolver o **enigma**.

indovinare [indovi'naːre] *v* ■ **Indovina** chi ho incontrato oggi! ■ Non era difficile da **indovinare**.	adivinhar ■ **Adivinhe** quem encontrei hoje? ■ Não era difícil de **adivinhar**.
il **puzzle** ['paːzol] *n*; *pl inv* ■ Facciamo un **puzzle**?	o quebra-cabeça ■ Vamos montar um **quebra-cabeça**?
la **carta da parati** ['karta da pa'raːti] *n* ■ Avete scelto la **carta da parati**?	o papel de parede ■ Vocês escolheram o **papel de parede**?
l'**imbiancatura** [imbjaŋka'tuːra] *n f* ■ Quanto costa l'**imbiancatura** di un bilocale?	a pintura ■ Quanto custa a **pintura** de um apartamento de dois quartos?
imbiancare [imjaŋ'kaːre] *v* ■ Quando lasciamo l'appartamento, dobbiamo **imbiancare** le pareti.	pintar ■ Quando deixarmos o apartamento, teremos de **pintar** as paredes.
la **vernice** [ver'niːtʃe] *n* ■ Che **vernice** usiamo?	o verniz ■ Que **verniz** usaremos?
ristrutturare [ristruttu'raːre] *v* ■ L'appartamento è stato appena **ristrutturato**.	reformar ■ O apartamento acabou de **ser reformado**.
la **scala** ['skaːla] *n* ■ Per cambiare la lampadina devo salire sulla **scala**.	a escada ■ Para trocar a lâmpada, tenho de subir na **escada**.
la **vite** ['viːte] *n* ■ Bisogna stringere le **viti**.	o parafuso ■ É preciso apertar os **parafusos**.
il **cacciavite** [kattʃa'viːte] *n* ■ Mi serve un **cacciavite**.	a chave de fenda ■ Preciso de uma **chave de fenda**.
il **gancio** ['gantʃo] *n* ■ Se vuoi apprendere la giacca, qui c'è un **gancio**. ➔ dubbio p. 61	o gancho ■ Se quiser pendurar a jaqueta, aqui tem um **gancho**.
il **martello** [mar'tɛllo] *n* ■ Mi sono dato il **martello** su un ditto.	o martelo ■ Dei com o **martelo** no dedo.

il **chiodo** [ˈkjɔːdo] n ■ Per appendere il quadro devo piantare due **chiodi**.	o **prego** ■ Para pendurar o quadro, devo afixar dois **pregos**.
battere [ˈbattere] v ■ Ha **battuto** il chiodo con il martello.	**bater** ■ Ele **bateu** os pregos com o martelo.
la **sega** [ˈseːga] n ■ Uso ancora la **sega** del nonno.	a **serra** ■ Ainda uso a **serra** do vovô.
la **corda** [ˈkɔrda] n ■ Attacati alla **corda**.	a **corda** ■ Agarre-se à **corda**.
➡ **corda** significa também **cabo**.	
il **cordone** [korˈdoːne] n ■ Il sacco era chiuso con un **cordonne**.	o **cordão** ■ O saco estava fechado com um **cordão**.
legare [leˈgaːre] v ■ **Lega** bene quei sacchi, altrimenti si aprono.	**amarrar**, **atar** ■ **Amarre** bem os sacos, ou eles se abrirão.
l'**ago** [ˈaːgo] n m; pl **aghi** [ˈaːgi] ■ Ho in borsa una bustina con **ago** e filo.	a **agulha** ■ Tenho na bolsa um estojo com **agulha** e linha.
il **filo** [ˈfiːlo] n ■ Mi serve un **filo** grosso.	o **fio** ■ Preciso de um **fio** grosso.

Comprar

Escolher e pagar

aperto, **aperta** [aˈpɛrto, aˈpɛrta] adj ■ Oggi sono **aperti** i negozi?	**aberto** ■ As lojas estão **abertas** hoje?
chiuso, **chiusa** [ˈkjuːso, ˈkjuːsa] adj ■ Di domenica è tutto **chiuso**.	**fechado** ■ Domingo está tudo **fechado**.
l'**offerta (speciale)** [ofˈfɛrta (speˈtʃaːle] n f ■ Questo formaggio è in **offerta**.	a **oferta (especial)** ■ Esse queijo está em **oferta**.

Escolher e pagar

offrire [ofˈfriːre] *v* ▶ **v irr** p. 410 offrire ■ Il negozio di alimentari **offre** prodotti di ogni tipo.	oferecer ■ O comércio de alimentos **oferece** produtos de todo tipo.
comprare [komˈpraːre] *v* ■ **Compra** un litro di latte.	comprar ■ **Compre** um litro de leite.
l'**acquisto** [akˈkuisto] *n m* ■ Vado in città a fare **acquisti**. ■ È stato un buon **acquisto**.	a **compra**, a **aquisição** ■ Vou à cidade fazer **compras**. ■ Foi uma boa **aquisição**.
acquistare [akkuisˈtaːre] *v* ■ Con il nuovo anno l'azienda **aquisterà** nuovi macchinari per la produzione.	adquirir, comprar ■ No início do ano, a empresa vai **adquirir** novo maquinário para a produção.
la **vendita** [ˈvendita] *n* ■ Hanno messo in **vendita** la casa.	a venda ■ Puseram a casa à **venda**.
vendere [ˈvendere] *v* ■ Un mio amico **vende** la sua macchina.	vender ■ Um amigo meu **está vendendo** o carro.
la **spesa** [ˈspeːsa] *n* ■ Dove hai messo la **spesa**?	as **compras** ■ Onde você colocou as **compras**?

➡ **spesa**, no singular, refere-se a mercadorias compradas para consumo diário. **Spese**, no plural, denota todos os tipos de mercadorias adquiríveis. Essa distinção vale também para as expressões **fare la spesa** e **fare (delle) spese**.

fare la spesa [ˈfaːre la ˈspeːsa] *loc* ▶ **v irr** p. 409 fare ■ Vado al supermercato a **fare la spesa**.	fazer compras ■ Vou ao supermercado **fazer compras**.
fare shopping [ˈfaːre ˈʃopping] *loc* ▶ **v irr** p. 409 fare ■ Sabato vado a **fare shopping**.	ir ao shopping ■ Sábado **vou ao shopping**.
servire [serˈviːre] *v* ▶ **v irr** p. 411 servire ■ La **servo** subito, signora.	servir ■ Já irei **servi-la**, senhora.
Desidera? [deˈsiːdera] *loc*	O que deseja?

scegliere [ˈʃeʎʎere] v
▶ v irr p. 411 scegliere
- Come regalo **ha scelto** un CD.

escolher
- Como presente, **escolheu** um CD.

completo, completa [komˈplɛːto, komˈplɛːta] adj
- Vorrei comprare la serie **completa** di foto.

completo, integral
- Eu gostaria de comprar a série **completa** de fotos.

nuovo, nuova [ˈnuɔːvo, ˈnuɔːva] adj
- Ho comprato una macchina **nuova**.

novo
- Comprei um carro **novo**.

usato, usata [uˈzaːto] adj
- Ho comprato una macchina **usata**.

usado
- Comprei um carro **usado**.

il **prezzo** [ˈprɛttso] n
- Non so quanto costa, no c'è il **prezzo**.

o **preço**
- Não sei quanto custa, está sem **preço**.

costare [kosˈtaːre] v
- Quanto **costano** questi guanti?

custar
- Quanto **custam** estas luvas?

Quanto costa? [ˈkuanto ˈkɔsta] loc

Quanto custa?

caro, cara [ˈkaːro, ˈkaːra] adj
- La verdura dal fruttivendolo è troppo **cara**.

caro
- As verduras do verdureiro estão muito **caras**.

a buon mercato [a buɔn merˈkaːto] adj
- In questa stagione i meloni sono **a buon mercato**.

barato, com preço bom
- Nesta estação, os melões estão **baratos**.

la **cassa** [ˈkassa] n
- C'è fila alla **cassa**.

a **caixa**
- Tem fila no **caixa**.

spendere [ˈspɛndere] v
▶ v irr p. 412 spendere
- Ieri al supermercato **ho speso** 75 euro.

gastar
- **Gastei** 75 euros ontem no supermercado.

esaurito, esaurita [ezauˈriːto, ezauˈriːta] adj
- L'articolo è **esaurito**.

esgotado
- O produto está **esgotado**.

il reclamo [reˈklaːmo] *n*
- Ha fatto un **reclamo**.

a **reclamação**, a **queixa**
- Ele fez uma **reclamação**.

fare reclamo [ˈfaːre reˈklaːmo] *loc*
▶ **v irr** p. 409 fare
- Se vuole, può **fare reclamo**.

reclamar, fazer reclamação

- Se quiser, pode **fazer** uma **reclamação**.

cambiare [kamˈbjaːre] *v*
- Mi può **cambiare** questa gonna?

trocar
- Você pode **trocar** esta saia para mim?

➡ Atenção: em italiano, somente o vendedor pode trocar uma mercadoria. Em vez de *eu gostaria de trocar ...*, diz-se **Mi può cambiare ...?**

il resto [ˈrɛsto] *n*
- Hai contato il **resto**?

o **troco**
- Você contou o **troco**?

dare il resto [ˈdaːre il ˈrɛsto] *loc*
▶ **v irr** p. 407 dare
- Non ho da **darle il resto**.

dar o troco

- Não tenho como **dar o troco**.

gli spiccioli [ˈspittʃoli] *n pl*
- Mi dispiace, no ho **spiccioli**.

o **(dinheiro) trocado**
- Sinto muito, não tenho **dinheiro trocado**.

contato, contata [konˈtaːto, konˈtaːta] *adj*
- Aspetti, ce li ho **contati**.

exato

- Espere, eu tenho o valor **exato**.

lo scontrino [skonˈtriːno] *n*
- Bisogna tenere lo **scontrino**.

a **conta**, o **recibo**, a **nota fiscal**
- É preciso guardar a **nota**.

la ricevuta [ritʃeˈvuːta] *n*
- Avrei bisogno della **ricevuta**.

o **recibo**
- Eu precisaria de um **recibo**.

la coda [ˈkoːda] *n*
- In posta c'è sempre una **coda** lunghissima.

a **fila**
- No correio sempre tem uma **fila** longuíssima.

fare la coda [ˈfaːre la ˈkoːda] *loc*
▶ **v irr** p. 409 fare
- **Abbiamo fatto la coda** per i biglietti.

fazer fila

- **Fizemos fila** para os ingressos.

mettersi in coda ['mettersi in 'koːda] *loc*

▶ **v irr** p. 409 mettere
- Io mi **metto** già **in coda**.

entrar na fila

- Eu já **entrarei na fila**.

toccare a [tok'kaːre] *v*
- **Tocca** a me.

ser a vez de alguém
- **É a minha vez**.

la borsa della spesa ['bɔrsa 'della 'speːsa] *n*
- Dove hai messo la **borsa della spesa**?

a sacola de compras

- Onde você colocou a **sacola de compras**?

la lista della spesa ['lista 'della 'speːsa] *n*
- Non ho portato la **lista della spesa**, dimenticherò sicuramente qualcosa.

a lista de compras
- Eu não trouxe a **lista de compras**, certamente esquecerei de alguma coisa.

il/la cliente [kli'ɛnte] *n m/f*
- Finisco di servire i **clienti** e sono subito da lei.

o cliente
- Vou terminar de servir os **clientes** e já irei com vocês.

la scelta ['ʃelta] *n*
- In questo supermercato non c'è grande **scelta** di frutta e verdura fresca.
- La frutta di prima **scelta** è la più cara.

o sortimento, a variedade, a escolha
- Neste supermercado não há grande **variedade** de frutas e verduras frescas.
- A fruta de primeira **escolha** é a mais cara.

il reparto [re'parto] *n*
- I giocattoli sono in un altro **reparto**.

a seção
- Os brinquedos estão em outra **seção**.

il modello [mo'dɛllo] *n*
- Il commesso ci ha fatto vedere vari **modelli**.

o modelo
- O vendedor nos fez ver diferentes **modelos**.

disponibile [dispo'niːbile] *adj*
- Questo articolo è **disponibile** anche in altre taglie e colori.

disponível
- Este produto está **disponível** também em outros tamanhos e cores.

il lusso ['lusso] *n*
- Una casa così è un **lusso**.

o luxo
- Uma casa assim é um **luxo**.

di lusso [di 'lusso] *adv*
- Non compriamo mai articoli **di lusso**.

de luxo
- Nunca compramos artigos **de luxo**.

il costo [ˈkɔsto] *n* ■ Può telefonare all'estero al **costo** di una telefonata urbana.	o **preço**, o **custo** ■ Pode telefonar para o exterior ao **custo** de uma ligação local.
permettersi [perˈmettersi] *v* ▶ *v irr* p. 409 mettere ■ In questo periodo non possiamo **permetterci** molto.	**permitir-se** ■ Nesta fase não podemos **nos permitir** muita coisa.
l'**occasione** [okkaˈzjoːne] *n f* ■ È un **occasione** da non perdere. ■ Questo vestito è una vera **occasione**.	a **oportunidade**, a **pechincha** ■ É uma **oportunidade** imperdível. ■ Este vestido está uma verdadeira **pechincha**.
abbassare [abbasːsaːre] *v* ■ A fine anno **abbassano** i prezzi.	**baixar, abaixar** ■ No final do ano os preços **baixam**.
la **sconto** [ˈskonto] *n* ■ Le faccio uno **sconto** del 10 percento. ➡ stato civile p. 19	o **desconto**, o **abatimento** ■ Eu lhe dou um **desconto** de 10%.
gratuito, gratuita [graˈtuːito, graˈtuːita] *adj* ■ Oggi l'ingresso è **gratuito**.	**gratuito, grátis** ■ Hoje a entrada é **gratuita**.
la **vetrina** [veˈtriːna] *n* ■ Vorrei vedere il modello che c'è in **vetrina**.	a **vitrine** ■ Eu gostaria de ver o modelo que está na **vitrine**.
il **carrello** [karˈrɛllo] *n* ■ Per il **carrello** ci vuole a moneta da un euro.	o **carrinho de compras** ■ Para o **carrinho de compras**, é preciso uma moeda de um euro.
la **scala mobile** [ˈskaːla ˈmɔːbile] *n* ■ Per salire si può prendere la **scala mobile** o l'ascensore.	a **escada rolante** ■ Para sair, pode-se pegar a **escada rolante** ou o elevador.

Compras

il **negozio** [ne'gɔːtsjo] *n* ➡ **dubbio** p. 61	o **negócio**
il **grande magazzino** ['grande magad'dziːno] *n*	a **loja de departamentos**
il **supermercato** [supermer'kaːto] *n*	o **supermercado**
il **negozio di alimentari** [ne'gɔːtsjo di alimen'taːri] *n*	a **mercearia**
il **mercato** [mer'kaːto] *n*	o **mercado**
il **panificio** [pani'fiːtʃo] *n* ➡ **dubbio** p. 61	a **padaria**
la **macelleria** [matʃelle'riːa] *n*	o **açougue**
la **salumeria** [salume'riːa] *n*	os **secos e molhados**

➡ A **salumeria** é uma loja especializada em embutidos (**salumi**) que comercializa também queijos e delicatéssen, como azeitonas, cogumelos etc.

il **fruttivendolo** [frutti'vendolo] *n*	a **mercearia**, a **verduraria**

➡ Em vez de **fruttivendolo**, também se pode dizer **ortolano**.

la **tabaccheria** [tabakke'riːa] *n*	a **tabacaria**

➡ Uma **tabaccheria**, ou o **tabaccaio**, vende, além de cigarros e tabaco, fósforos (que não são encontrados em supermercados), sal (que é encontrado em supermercados) e, em alguns casos, **valori bollati**, selos de carta e outros.

il **negozio di abbigliamento** [ne'gɔːtsjo di abbiʎʎa'mento] *n*	a **loja de roupas**
il **negozio di scarpe** [ne'gɔːtsjo di 'skarpe] *n*	a **sapataria**
la **libreria** [libre'riːa] *n*	a **livraria**
il **centro commerciale** ['tʃɛntro kommer'tʃaːle] *n*	o **centro comercial**
la **pescheria** [peske'riːa] *n*	a **peixaria**

il **fioraio** [fjoˈraːjo] *n*	o **florista**
la **gioielleria** [dʒojelleˈriːa] *n*	a **joalheria**
la **lavanderia** [lavandeˈriːa] *n*	a **lavanderia**
la **boutique** [buˈtik] *n*	a **boutique**
l'**edicola** [eˈdiːkola] *n*	a **banca de jornal**
il **negozio di fotografia** [neˈgoːtsjo di fotograˈfiːa] *n*	a **loja de equipamentos fotográficos**
la **cartoleria** [kartoleˈriːa] *n*	a **papelaria**

➜ Na **cartoleria**, muitas vezes são comercializados artigos para presente.

il **negozio di elettrodomestici** [neˈgoːtsjo di elɛttrodoˈmɛstitʃi] *n*	a **loja de eletrodomésticos**
il **negozio di souvenir** [neˈgoːtsjo di suvˈenir] *n*	a **loja de souvenirs**
l'**ottico** [ˈɔttiko] *n m* ➜ simpatico p. 21	a **óptica**
il **(negozio di) ferramenta** [neˈgoːtsjo di) ferraˈmenta] *n*	a **loja de ferragens**

➜ **ferramenta** também se refere a artigos como pregos, parafusos etc., além de ferramentas e utilidades domésticas de todo tipo. Com frequência, incluem-se também serviços de chaveiro.

la **merceria** [mertʃeˈria] *n*	a **mercearia**

Alimentação

Conceitos gerais

i (generi) alimentari [(ˈdʒɛːneri) alimenˈtaːri] *n pl*	os **alimentos**
▪ Qui compriamo i **generi alimentari**.	▪ Aqui nós compramos **alimentos**.
il cibo [ˈtʃiːbo] *n*	a **comida**
▪ In quel locale il **cibo** non è male.	▪ Naquele lugar a **comida** não é ruim.
mangiare [manˈdʒaːre] *v*	**comer**
▪ Oggi **mangio** una bistecca.	▪ Hoje **comerei** um bife.
la fame [ˈfaːme] *n*	a **fome**
▪ Ho **fame**.	▪ Estou com **fome**.

➔ Em vez de **morto de fome**, diz-se em italiano **fame da lupi** – fome de lobo, ou **fame da leoni** – fome de leão; para **estar com fome**, diz-se **avere fame**.

l'appetito [appeˈtiːto] *n m*	o **apetite**
▪ Buon **appetito** a tutti!	▪ Bom **apetite** a todos!
Buon appetito! [buɔn appeˈtiːto] *loc*	**Bom apetite!**

➔ A **buon appetito** responde-se **grazie, altrettanto** – obrigado, igualmente.

la sete [ˈseːte] *n*	a **sede**
▪ Devo bere, ho una **sete** tremenda.	▪ Preciso beber, estou morrendo de **sede**.

➔ para **estar com sede** diz-se **avere sete**.

bere [ˈbeːre] *v*	**beber**
▶ *v irr* p 406 bere	
▪ Mia cognata non **beve** mai vino.	▪ Minha cunhada nunca **bebe** vinho.
Salute! [saˈluːte] *loc*	**Saúde!**

→ Para se brindar, diz-se também **cincin**.

il **pasto** [ˈpasto] *n*
- Devo prendere le medicine prima dei **pasti**.

a **refeição**
- Tenho de tomar os medicamentos antes das **refeições**.

sapere di [saˈpeːre di] *v*
- ▶ v irr p. 411 sapere
- Quest'uva non sa **di niente**.

ter gosto de
- Estas uvas não **têm gosto** de nada.

piacere [pjaˈtʃeːre] *v*
- ▶ v irr p. 410 piacere
- Ti **piacciono** le tagliatelle che ho preparato?

gostar de
- Você **gostou do** *tagliatelle* que eu preparei?

eccellente [ettʃelˈlɛnte] *adj*
- Ci ha preparato una cena **eccellente**.

excelente
- Ela nos preparou um jantar **excelente**.

squisito, squisita [skuiˈziːto, skuiˈziːta] *adj*
- Questo gelato è **squisito**.

delicioso
- Este sorvete é **delicioso**.

fresco, fresca [ˈfresko, ˈfreska] *adj*
- Vendono solo uova **fresche** di giornata.

fresco
- Eles vendem só ovos **frescos** do dia.

surgelato, surgelata [surdʒeˈlaːto, surdʒeˈlaːta] *adj*
- I frutti di mare sono **surgelati**.
- Non uso prodotti **surgelati**.

congelado
- Os frutos do mar estão **congelados**.
- Não uso produtos **congelados**.

dolce [ˈdoltʃe] *adj*
- Queste brioche sono molto **dolci**.

doce
- Esses brioches são muito **doces**.

amaro, amara [aˈmaːro, aˈmaːra] *adj*
- Il pompelmo ha un sapore **amaro**.

amargo
- A toranja tem um gosto **amargo**.

acido, acida [ˈaːtʃido, ˈaːtʃida] *adj*
- Questo vino è troppo **acido**.

ácido
- Este vinho é **ácido** demais.

aspro, aspra [ˈaspro, ˈaspra] *adj*
- Le mele sono **aspre**.

azedo
- As maçãs estão **azedas**.

Conceitos gerais

salato, salata [sa'laːto, sa'laːta] *adj*
- Questi cracker sono **salati**.
- Quant'è **salato** questo pesce!
- Ti piacciono le aringhe **salate**?

salgado
- Estas bolachas são **salgadas**.
- Como está **salgado** este peixe!
- Você gosta de arenque **salgado**?

piccante [pik'kante.] *adj*
- La salsa è venuta un po' **piccante**.

picante
- O molho está um pouco **picante**.

saporito, saporita [sapo'riːto] *adj*
- Che buono questo arrosto, molto **saporito**.

saboroso
- Que bom este assado! Muito **saboroso**.

insipido, insipida [in'siːpido, in'siːpida] *adj*
- Mi dispiace, la pasta è un po' **insipida**.

insípido, sem gosto
- Desculpe-me, mas a massa está um pouco **sem gosto**.

cucinare [kutʃi'naːre] *v*
- Mi piace **cucinare**.

cozinhar
- Gosto de **cozinhar**.

preparare [prepa'raːre] *v*
- Vi ho **preparato** una bella pasta al forno.

preparar
- **Preparei** um macarrão ao forno delicioso para vocês.

cuocere ['kuɔːtʃere] *v*
- ▶ v irr p. 407 cuocere
- Devo ancora **cuocere** la carne.

cozinhar
- Ainda tenho de **cozinhar** a carne.

→ **cuocere** pode ser empregado também como intransitivo, por exemplo, **La carne deve cuocere due ore. – A carne deve cozinhar por duas horas.**

mettere su ['mettere su] *v*
- ▶ v irr p. 409 mettere
- **Metti su** l'acqua per la pasta.

pôr
- **Ponha** a água para a massa.

bollire [bo'lliːre] *v*
- ▶ v irr p. 406 bollire
- L'acqua **bolle**.

ferver
- A água **está fervendo**.

→ **bollire** também pode ser empregado como transitivo, mas **lessare** é mais utilizado.

lessare [le'ssaːre] *v*
- Le carote le **lesso** o le faccio in padella?

cozer
- A cenoura deve ser cozida ou feita na frigideira?

tagliare [taˈʎaːre] *v*
- **Taglio** un altro po' di pane?
- La sposa **taglia** la torta.

cortar
- **Corto** mais um pouco de pão?
- A noiva **corta** o bolo.

la fetta [ˈfetta] *n*
- Mi passi una **fetta** di pane?

a fatia
- Você me passa uma **fatia** de pão?

condire [konˈdiːre] *v*
- **Hai** già **condito** l'insalata?
- Aggiuntete qualque goccia di limone e poi **condite** con sale e pepe.

temperar
- Você já **temperou** a salada?
- Acrescente um pouco de suco de limão e depois **tempere** com sal e pimenta.

riscaldare [riskalˈdaːre] *v*
- Se vuoi, ti **riscaldo** la minestra.

esquentar
- Se você quiser, eu **esquento** a sopa.

la buccia [ˈbuttʃa] *n*
- Mangio le mele con la **buccia**.
▶ faccia p. 25

a casca
- Como as maçãs com **casca**.

sbucciare [zbutˈtʃaːre] *v*
- Devi **sbucciare** le pere prima di tagliare.

descascar
- Você deve **descascar** as peras antes de cortá-las em pedaços.

crudo, cruda [ˈkruːdo, ˈkruːda] *adj*
- La carne è ancora **cruda**.

cru
- A carne ainda está **crua**.

cotto, cotta [ˈkɔtto, ˈkɔtta] *adj*
- Compra un etto e mezzo di prosciutto **cotto**.
- La pasta non è **cotta**.

cozido
- Compre 150 gramas de presunto **cozido**.
- A massa ainda não está **cozida**.

l'alimentazione [alimentaˈtsjoːne] *n f*
- Una buona salute dipende anche da uma corretta **alimentazione**.

a alimentação
- Uma boa saúde depende de uma boa **alimentação**.

il boccone [bokˈkoːne] *n*
- Abbiamo mangiato un **boccone** al bar.

o pedaço, o bocado
- Comemos um **bocado** no café.

lo streetfood [striːtˈfud] *n*
- Lo **streetfood** è molto diffuso in Italia.

a comida de rua
- A **comida de rua** é muito difundida na Itália.

masticare [masti'ka:re] *v* ▪ Ho un dente che mi fa male, non riesco a **masticare**.	**mastigar** ▪ Estou com um dente dolorido, não consigo **mastigar**.
mandare giù [man'da:re dʒu] *v* ▪ **Manda giù** questo boccone prima di metterne in bocca un altro.	**engolir** ▪ **Engula** primeiro este bocado antes de pôr outro na boca.
la digestione [didʒe'stjo:ne] *n* ▪ Ha un'ottima **digestione**.	**a digestão** ▪ Tem uma ótima **digestão**.
digerire [didʒe'ri:re] *v* ▪ Faccio fatica a **digerire** la carne.	**digerir** ▪ Tenho dificuldades para **digerir** carne.
il sapore [sa'po:re] *n* ▪ Questa panna ha un **sapore** strano.	**o sabor** ▪ Este creme tem um **sabor** estranho.
la scatola ['ska:tola] *n* ▪ I biscotti sono in una **scatola**.	**a caixa, a lata** ▪ Os biscoitos estão em uma **caixa**.
la scatoletta [skato'letta] *n* ▪ Se mi viene fame, apro una **scatoletta** di tonno e fagioli.	**a lata** ▪ Se tenho fome, abro uma **lata** de atum e feijão.
il sacchetto [sa'kketto] *n* ▪ Vuole un **sacchetto**, signora?	**o saco** ▪ Quer um **saco**, senhora?

➡ Para um saco de plástico diz-se **sachetto di plastica**; para um **saco de papel**, **sacheto di carta**.

conservare [konser'va:re] *v* ▪ Sulla bottiglia c'era scritto: **conservare** in luogo fresco.	**conservar** ▪ Na garrafa estava escrito: **conservar** em local fresco.
andare a male [a'nda:re a 'ma:le] *loc* ▶ *v irr* p. 405 andare ▪ I cachi bisogna mangiarli subito, se no **vanno a male**.	**estragar** ▪ É preciso comer logo os caquis, senão **estragam**.
maturo, matura [ma'tu:ro, ma'tu:ra] *adj* ▪ Vorrei un chilo di pomodori **maturi**.	**maduro** ▪ Eu gostaria de um quilo de tomates **maduros**.

la **ricetta** [ri'tʃetta] n
- Ottimo questo sugo, mi dai la **ricetta**?

a **receita**
- Este molho é excelente, você me dá a **receita**?

al dente [al 'dɛnte] adv
- Mi piace la pasta **al dente**.

al dente
- Gosto da massa *al dente*.

grattugiato, grattugiata [grattu'dʒaːto, grattu'dʒaːta] adj
- La pasta viene servita con il parmigiano **grattugiato**.

gratinado
- A massa vem servida com parmesão **gratinado**.

secco, secca ['sekko, 'sekka] adv
- Questo vino è molto **secco**.
➡ vigliacco p. 22

seco
- Este vinho é muito **seco**.

aggiungere [ad'dʒundʒere] v
▶ v irr p. 409 giungere
- Devi **aggiungere** un po' di sale.

acrescentar
- Você deve **acrescentar** um pouco de sal.

arrostire [arro'stiːre] v
- Fate **arrostire** il pollo a 180 gradi per circa un'ora.

assar
- **Asse** o frango a 180 graus por cerca de uma hora.

grigliare [griʎ'ʎaːre] v
- La cotolette d'agnello vanno **grigliate**.

grelhar
- As costelas de carneiro são **grelhadas**.

➡ Em vez de grigliare, diz-se também cuocere ai ferri.

friggere ['friddʒere] v
▶ v irr p. 409 leggere
- **Ho fritto** i carciofi.

fritar
- **Fritei** as alcachofras.

spremere ['sprɛːmere] v
- **Ho spremuto** tre limoni.

espremer
- **Espremi** três limões.

il picnic [pik'nik] n; pl inv
- Domenica abbiamo fatto **picnic** su un prato.

o **piquenique**
- Domingo fizemos um **piquenique** num campo.

la **dieta** ['djɛːta] n
- Niente dolci, sono a **dieta**.

a **dieta**, o **regime**
- Nada de doces, estou de **dieta**.

il **grasso** ['grasso] n
- Cerco di evitare i **grassi** animali.

a **gordura**
- Procuro evitar **gorduras** animais.

grasso, grassa [ˈgrasso, ˈgrassa] *adj* ■ È una carne molto **grassa**.	**gorduroso** ■ A carne é muito **gordurosa**.
magro, magra [ˈmaːgro, ˈmaːgra] *adj* ■ Vorrei un etto di prosciutto **magro**. ■ Compra anche un vasetto di yogurt **magro**.	**magro, sem gordura, desnatado** ■ Eu gostaria de cem gramas de presunto **magro**. ■ Compre também um pote de iogurte **desnatado**.
il **vegetariano**, la **vegetariana** [vedʒetaˈrjaːno, vedʒetaˈrjaːna] *n* ■ Per me niente arrosto, sono **vegetariana**.	o **vegetariano** ■ Para mim, nada de assado, sou **vegetariana**.
vegetariano, vegetariana [vedʒetaˈrjaːno, vedʒetaˈrjaːna] *adj* ■ Avete anche piatti **vegetariani**?	**vegetariano** ■ Vocês também têm pratos **vegetarianos**?
il **vegano**, la **vegana** [veˈgaːno, veˈgaːna] *n* ■ I **vegani** non mangiano le uova.	o **vegano**, a **vegana** ■ Os **veganos** não comem ovos.
vegano, vegana [veˈgaːno, veˈgaːna] *adj* ■ Mi piace la cucina **vegana**.	**vegano** ■ Gosto da cozinha **vegana**.
gli **alimenti naturali** [aliˈmento natuˈraːle] *n pl* ■ In questo negozio vendono solo **alimenti naturali**.	os **alimentos naturais** ■ Nesta loja vendem apenas **alimentos naturais**.
integrale [inteˈgraːle] *adj* ■ Ho usato la pasta **integrale**.	**integral** ■ Usei massa **integral**.
macrobiotico, macrobiotica [makrobiˈɔːtiko, makrobiˈɔːtika] *n* ■ Mangiamo solo prodotti **macrobiotici**. ➜ simpatico p. 21	**macrobiótico** ■ Comemos somente produtos **macrobióticos**.
biologico, biologica [bjoˈlɔːdʒiko, bjoˈlɔːdʒika] *adj* ■ Anche al supermercato c'è la verdura **biologica**. ➜ simpatico p. 21	**orgânico** ■ No supermercado também tem verduras **orgânicas**.

la **vitamina** [vita'mi:na] *n* ■ Le arance sono riche di **vitamina** C.	a **vitamina** ■ A laranja é rica em **vitamina** C.
il **glutine** ['glu:tine] *n* ■ Ho un'intolleranza al **glutine**.	o **glúten** ■ Tenho intolerância a **glúten**.
il **lattosio** [lat'tɔ:zjo] *n* ■ Non posso mangiare questi bicotti, perché contengono **lattosio**.	a **lactose** ■ Não posso comer esses biscoitos, pois contêm **lactose**.
l'**intolleranza al lattosio** [intolle'rantsa al lat'tɔ:zjo] *n f* ■ Ho un **intolleranza al lattosio**.	a **intolerância à lactose** ■ Tenho **intolerância à lactose**.
senza lattosio ['sɛntsa lat'tɔ:zjo] *adj* ■ Hai mai assaggiato il formaggio **senza lattosio**?	**sem lactose** ■ Você já experimentou queijo **sem lactose**?
povero di, povera di ['pɔ:vero di 'pɔ:vera di] *adj* ■ Quest'acqua è indicata per le diete **povere di** sodio.	**baixo teor de, pobre em** ■ Esta água é indicada para dietas com **baixo teor de** sódio.

Cereais e derivados de cereais

il **pane** ['pa:ne] *n*	o **pão**
il **panino** [pa'ni:no] *n*	o **pãozinho**
il **toast** [tɔst] *n*	a **torrada**
il **riso** ['ri:so] *n*	o **arroz**

➡ **Riso** também pode significar **risada**.

la **pasta** ['pasta] *n*	a **massa**

➡ O significado básico de **pasta** é **massa**. Isso explica por que tanto o macarrão quanto doces e biscoitos são chamados de **pasta**.

il **pasticcino** [pastit'tʃi:no] *n*	o *petit four*
la **brioche** [bri'ɔʃ] *n*	o **brioche**

> → Em algumas regiões, **brioche** refere-se ao *croissant*, que é também designado **cornetto**.

la **torta** ['tɔrta] *n*	o **bolo**, a **torta**
la **farina** [fa'riːna] *n*	a **farinha**

> → Para indicar do que a farinha é produzida, diz-se **farina di ...**, portanto, por exemplo, **farina di segale** – farinha de centeio e **farina di castagne** – farinha de castanha.

il **pane bianco** ['paːne 'bjaŋko] *n*	o **pão branco**
il **pane nero** ['paːne 'neːro] *n*	o **pão preto**
i **cereali** [tʃere'aːle] *n pl*	os **cereais**
il **müsli** ['mjusli] *n*	a **granola**
il **grano** ['graːno] *n*	o **trigo**
il **grano tenero** ['graːno 'tɛːnero] *n*	o **trigo mole**
il **grano duro** ['graːno 'duːro] *n*	o **trigo duro**
il **grano saraceno** ['graːno sara'tʃɛːno] *n*	o **trigo sarraceno**
il **farro** ['farro] *n*	a **espelta**, o **trigo vermelho**
l'**orzo** ['ɔrdzo] *n*	a **cevada**
il **segale** ['sɛːgale] *n*	o **centeio**
il **frittella** [fri'ttɛlla] *n*	a **rosca**, a **rosquinha**

Frutas e verduras

la **frutta** ['frutta] *n*	a **fruta**

> → **la frutta** é o termo genérico para todos os tipos de fruta; **il frutto**, *pl* **i frutti**, refere-se ao fruto único de uma árvore. Em italiano, os diversos tipos de fruta sempre são precedidos por artigo feminino; já as árvores, pelo artigo masculino. Ex.: **la mela** – a maçã; **il melo** – a macieira; **la pera** – a pera; **il pero** – a pereira.

la **verdura** [ver'duːra] *n*	a **verdura**

Frutas e verduras

i **legumi** [le'gu:mi] *n*	os **legumes**

➡ **legumi** abrange os diversos tipos de feijões, lentilhas e ervilhas.

l'**insalata** [insa'la:ta] *n f*	a **salada**
la **mela** ['me:la] *n*	a **maçã**
la **pera** ['pe:ra] *n*	a **pera**
l'**arancia** [a'rantʃa] *n f* ➡ **faccia** p. 23	a **laranja**
il **mandarino** [manda'ri:no] *n*	a **mexerica**
la **fragola** ['fra:gola] *n*	o **morango**
la **pesca** ['pɛska] *n*	o **pêssego**
l'**albicocca** [albi'kɔkka] *n f*	o **damasco**
il **melone** [me'lo:ne] *n*	o **melão**
l'**uva** ['u:va] *n f*	a **uva**

➡ Uma única uva é chamada de **chico**; um cacho, no entanto, é **grappolo**.

la **ciliegia** [tʃi'ljɛ:dʒa] *n* ➡ **bugia** p. 79	a **cereja**
la **banana** [ba'na:na] *n*	a **banana**
il **limone** [li'mo:ne] *n*	o **limão**
il **pomodoro** [pomo'dɔ:ro] *n*	o **tomate**
la **carota** [ka'rɔ:ta] *n*	a **cenoura**
il **peperone** [pepe'ro:ne] *n*	o **pimentão**

➡ Atenção: **peperone** significa **pimentão**; a pimenta e o tempero dela extraído são denominados **peperoncino**.

la **melanzana** [melan'dza:na] *n*	a **berinjela**
la **zucchina** [tsuk'ki:na] *n*	a **abobrinha**
la **patata** [pa'ta:ta] *n*	a **batata**

Frutas e verduras

la **cipolla** [tʃiˈpolla] *n*	a **cebola**
l'**aglio** [ˈaʎʎo] *n m*	o **alho**

➡ Dente de alho, em italiano, é **spicchio d'aglio**.

il **fagiolo** [faˈdʒɔːlo] *n*	o **feijão-branco**
il **fagiolino** [fadʒoˈliːno] *n*	a **vagem**, o **feijão-verde**
il **pisello** [piˈsɛllo] *n*	a **ervilha**
il **mais** [ˈmaːis] *n*	o **milho**

➡ Outra designação para **milho** é **gran(o)turco**.

l'**oliva** [oˈliːva] *n f*	a **oliva**
il **carciofo** [karˈtʃɔːfo] *n*	a **alcachofra**
il **cocomero** [koˈkoːmero] *n*	a **melancia**

➡ No norte da Itália, chama-se a **melancia** de **anguria**.

il **pompelmo** [pomˈpɛlmo] *n*	a **toranja**
il **lampone** [lamˈpoːne] *n*	a **framboesa**
il **cachi** [ˈkaːki] *n*	o **caqui**
la **nespola** [ˈnɛspola] *n*	a **nêspera**
la **noce** [ˈnoːtʃe] *n*	a **noz**
la **nocciola** [notˈtʃɔːla] *n*	a **avelã**
gli **spinaci** [spiˈnaːtʃo] *n pl*	o **espinafre**
il **finocchio** [fiˈnɔkkjo] *n* ➡ dubbio p. 61	a **erva-doce**
i **broccoli** [ˈbrɔkkolo] *n pl*	o **brócolis**
i **cavolfiore** [kavolˈfjoːre] *n*	a **couve-flor**
i **crauti** [ˈkraːuti] *n pl*	o **chucrute**
la **fava** [ˈfaːva] *n*	a **fava**
il **radicchio** [raˈdikkjo] *n*	a **chicória**

il **centriolo** [tʃetriˈɔːfo] n	o **pepino**
il **fungo** [ˈfuŋgo] n ➡ largo p. 32	o **cogumelo**

Carne, peixe e derivados do leite

la **carne** [ˈkarne] n	a **carne**
il **maiale** [maˈjaːle] n	o **porco**
il **manzo** [ˈmandzo] n	o **novilho**, a **carne bovina**
il **vitelo** [viˈtɛllo] n	a **vitela**
il **pollo** [ˈpollo] n	o **frango**
la **bisteca** [bisˈtekka] n	o **bife**
la **coscia** [ˈkoʃʃa] n ➡ faccia p. 25	a **coxa (de frango)**
la **salsiccia** [salˈsittʃa] n	a **salsicha**, a **linguiça**
il **würstel** [ˈvjurstel] n	a **salsicha Viena**
gli **affettati** [affetˈtaːti] n	os **frios**
il **prosciutto** [proʃˈʃutto] n	o **presumo**
il **salame** [saˈlaːme] n	o **salame**
il **pancetta** [panˈtʃetta] n	o **toucinho**, a **panceta**
➡ Atenção: O termo italiano **speck** designa uma espécie de presunto cru.	
il **pesce** [ˈpeʃʃe] n	o **peixe**
il **tonno** [ˈtonno] n	o **atum**
il **pesce spada** [ˈpeʃʃe ˈspaːda] n	o **peixe-espada**
il **salmone** [salˈmoːne] n	o **salmão**
il **merluzzo** [merˈluttso] n	a **merluza**

i **frutti di mare** [ˈfrutta di ˈmaːre] *n pl*	os **frutos do mar**
il **gamberetto** [gambeˈretto] *n*	o **camarão**
il **latte** [ˈlatte] *n*	o **leite**

➡ Leite integral é **latte intero**, e leite semidesnatado, **latte parzialmente scremato**.

il **burro** [ˈburro] *n*	a **manteiga**
la **panna** [ˈpanna] *n*	a **nata**, o *chantilly*
il **formaggio** [forˈmaddʒo] *n* ➡ **dubbio** p. 61	o **queijo**
l'**agnello** [aɲˈnɛllo] *n m*	o **cordeiro**
il **tacchino** [takˈkiːno] *n*	o **peru**
il **coniglio** [koˈniʎʎo] *n*	o **coelho**
la **costoletta** [kostoˈletta] *n*	a **costeleta**
la **fettina** [fetˈtiːna] *n*	o **bife**
il **filetto** [fiˈletto] n	o **filé**

➡ O filé pode ser preparado **ben cotto** – bem-passado, **medio** – ao ponto ou **al sangue** – malpassado.

la **(bisteca alla) svizzera** [(bisˈtekkra ˈalla) ˈzvittsera] *n*	a **bisteca suíça**
il **salame piccante** [saˈlaːme piˈkˈkante] *n*	o **salame picante**
la **sogliola** [ˈsɔʎʎola] *n*	o **linguado**
il **branzino** [branˈtsiːno] *n*	o **robalo**
il **baccalà** [bakkaˈla] *n*	o **bacalhau**
la **lisca** [ˈliska] *n*	a **espinha**
il **latticino** [lattiˈtʃiːno] *n*	o **laticínio**
lo **yogurt** [ˈjɔːgurt] *n*	o **iogurte**

il **formaggio fresco** [forˈmaddʒo ˈfresko] *n*	o **queijo fresco**
il **parmigiano** [parmiˈdʒaːno] *n*	o **parmesão**
il **pecorino** [pekoˈriːno] *n*	o **queijo de ovelha**
il **caprino** [kaˈpriːno] *n*	o **queijo de cabra**

Temperos, ervas e outros ingredientes

il **sale** [ˈsaːle] *n*	o **sal**
il **pepe** [ˈpeːpe] *n*	a **pimenta**
l'**olio** [ˈɔːljo] *n m* ➡ dubbio p. 61	o **azeite**
l'**aceto** [aˈtʃeːto] *n m*	o **vinagre**
l'**uovo** [ˈuɔːvo] *n m*; *pl* le **uova** [le ˈuɔːva] *n*	o **ovo**
il **tuorlo** [ˈtuɔrlo] *n*	a **gema (do ovo)**
➡ Diz-se também giallo d'uovo ou rosso d'uovo.	
l'**albume** [alˈbuːme] *n*	a **clara (do ovo)**
le **spezie** [ˈspɛːtsje] *n*	o **tempero**, o **condimento**, a **especiaria**
le **erbe aromatiche** [ˈɛrbe aroˈmaːtike] *n pl*	a **erva aromática**
il **peperoncino** [peperonˈtʃiːno] *n* ➡ peperone p. 209	a **pimenta**
il **basilico** [baˈziːliko] *n*	o **manjericão**
il **rosmarino** [rozmaˈriːno] *n*	o **alecrim**
la **salvia** [ˈsalvja] *n*	a **sálvia**
la **maionese** [majoˈneːse] *n*	a **maionese**

la senape [ˈsɛːnape] n	a mostarda
la margarina [margaˈriːna] n	a margarina
il tofu [ˈtɔːfu] n	o *tofu*
la soia [ˈsɔːja] n	a soja

Doces, petiscos e guloseimas

il dolce [ˈdoltʃe] n	o **doce**
lo zucchero [ˈtsukkero] n	o **açúcar**
il biscotto [biˈskɔtto] n	o **biscoito**
il cioccolato [tʃokkoˈlaːto] n	o **chocolate**

➡ Chocolate para comer chama-se cioccolato ou também cioccolata. Para se referir à bebida achocolatada, diz-se cioccolata.

il gelato [dʒeˈlaːto] n	o **sorvete**
il miele [ˈmjɛːle] n	o **mel**
il cioccolatino [tʃokkolaˈtiːno] n	o **bombom**
la caramella [karaˈmɛlla] n	a **bala**
il salatino [salaˈtiːno] n	o **salgado**
le patatine [pataˈtiːna] n	as **batatas fritas**
la sigaretta [sigaˈretta] n	o **cigarro**
il sigaro [ˈsiːgaro] n	o **cigarro**
il tabacco [taˈbakko] n	o **tabaco**
la pipa [ˈpiːpa] n	o **cachimbo**

Bebidas

la **bevanda** [be'vanda] n	a **bebida**
la **bibita** ['biːbita] n	a **bebida**
il **caffè** [kaˈffɛ] n	o **café**

➡ caffè designa **café (pó de café)**. O café de filtro ou coado não é muito comum na Itália. O **espresso** com um pouco de leite chama-se caffè machiato, espresso con ... caffè correto al ...

il **cappuccino** [kapputˈtʃiːno] n	o *cappuccino*
il **tè** [tɛ] n	o **chá**

➡ Quando se diz apenas tè, tem-se em mente o chá-preto: o **chá de ervas** se chama tisana.

l'**acqua minerale** [aˈkkuaːjo mineˈraːle] n f	a **água mineral**

➡ l'acqua minerale pode ser naturale – **natural** ou gassata ou frizzante – **com gás**.

il **succo di frutta** ['sukko di 'frutta] n	o **suco de fruta**
la **coca** ['kɔːka] n	a **coca**
l'**alcol** ['alkol] n	o **álcool**
il **vino** ['viːno] n	o **vinho**

➡ Vinho tinto chama-se vino rosso; vinho branco, vino bianco; e rosé, vino rosato.

la **grappa** ['grappa] n	a **aguardente de bagaço**
la **birra** ['birra] n	a **cerveja**

➡ Se quiser chope, deve-se pedir birra alla spina.

la **bottiglia** [botˈtiʎʎa] n	a **garrafa**
il **ghiaccio** ['gjattʃo] n	o **gelo**
il **caffellatte** [kaffelˈlatte] n	o **café com leite**

Bebidas

> ➡ caffellatte se costuma beber em casa no café da manhã. Em um café, costuma-se pedir um cappuccino ou um latte macchiato.

la **tisana** [ti'zaːna] *n*	o **chá de ervas**, a **tisana**
l'**analcolico** [anal'koːliko] *n m* ➡ simpatico p. 21	a **bebida não alcoólica**
l'**aranciata** [ara'ntʃaːta] *n*	a **laranjada**
la **limonata** [limo'naːta] *n*	a **limonada**
la **spremuta** [spre'muːta] *n*	o **suco**
lo **spumante** [spu'mante] *n*	o **espumante**
il **vino frizzante** ['viːno frid'dzante] *n*	o **vinho frisante**
l'**aperitivo** [aperi'tiːvo] *n*	o **aperitivo**
l'**amaro** [a'maːro] *n m*	o **amargo**, o **digestivo**
il **liquore** [li'kuoːre] *n*	o **licor**
l'**acquavite** [akkua'viːte] *n f*; *pl* **acquaviti** [akkua'viːti]	a **aguardente**
il **drink** ['drink] *n*; *pl inv*	o **drinque**
il **cocktail** ['kɔktel] *n*; *pl inv*	o **coquetel**

Restaurante e café

Gastronomia

il **ristorante** [risto'rante] *n*	o **restaurante**
la **pizzeria** [pittse'riːa] *n*	a **pizzaria**
il **bar** ['bar] *n*; *pl inv* ➡ **night** p. 178	o **bar**
la **gelateria** [dʒelate'riːa] *n*	a **sorveteria**
la **pasticceria** [pastittʃe'riːa] *n*	a **confeitaria**
la **rosticceria** [rostittʃe'riːa] *n*	a **lanchonete**

➡ Uma **rosticceria** é um estabelecimento onde se vendem pratos previamente preparados e onde, eventualmente, é possível fazer refeições.

la **tavola calda** ['taːvola 'kalda] *n*	a **lanchonete**

➡ Em vez de **fast food**, às vezes também se usa a expressão inglesa **take-away**.

il **fast food** [fast'fud] *n*	o *fast-food*
la **paninoteca** [panino'tɛːka] *n*	a **sanduicheria**
la **birreria** [birre'riːa] *n*	a **cervejaria**
la **trattoria**	o **restaurante**, a **trattoria**

➡ Uma **trattoria** é um restaurante simples, frequentemente um negócio familiar.

l'**osteria** [oste'riːa] *n*	o **restaurante**

➡ **Osteria** também designava originariamente uma taberna, porém hoje o nome remete a um restaurante convencional.

il **self-service** [sɛlf'sɛrvis] *n*	o *self-service*
la **caffetteria** [kaffette'riːa] *n*	a **cafeteria**

Pratos e aperitivos

il piatto ['pjatto] *n* ■ Serviamo **piatti** caldi e freddi.	o **prato** ■ Nós servimos **pratos** quentes e frios.
la specialità [spetʃali'ta] *n* ■ La cassata è una **specialità** siciliana.	a **especialidade** ■ A *cassata* é uma **especialidade** siciliana.
lo spuntino [spun'tiːno] *n* ■ All'ora di pranzo facciamo solo uno **spuntino**. ➔ stato civile p. 19	o **lanche** ■ Na hora do almoço, fazemos apenas um **lanche**.
la merenda [me'rɛnda] *n* ■ Cos'hai portato per **merenda**?	o **lanche**, a **merenda** ■ O que você trouxe de **merenda**?

➔ **merenda** é uma refeição intermediária usual sobretudo à tarde e destinada às crianças; nela é servido algo doce ou um iogurte, por vezes também um sanduíche.

fare merenda ['faːre me'rɛnda] *loc* ▶ v irr p. 409 fare ■ Alle 4 i bambini **fanno merenda**.	**fazer um lanche, comer merenda** ■ Às quatro da tarde todas as crianças **fazem um lanche**.
il panino [pa'niːno] *n* ■ Mi dia un **panino** con il salame.	o **sanduíche** ■ Por favor, me dê um **sanduíche** com salame.
il tramezzino [tramed'dziːno] *n* ■ I **tramezzini** sono con tonno e maionese.	o **sanduíche** ■ Os **sanduíches** são de atum e maionese.

➔ Para um **tramezzino** são usadas duas fatias de pão branco não tostados, dobrados e cortados em diagonal, formando dois sanduíches triangulares.

le patatine [pata'tiːne] *n pl* ■ Le **patatine** sono troppo unte.	as **batatas fritas** ■ As **batatas fritas** estão gordurosas demais.
sodo, soda ['sɔːdo, 'sɔːda] *n* ■ Ho portato dei panini e due uova **sode**.	**cozido** ■ Trouxe pães e dois ovos **cozidos**.
lesso, lessa ['lesso, 'lessa] *n adj* ■ C'è il pesce **lesso** o al forno.	**cozido** ■ Tem peixe **cozido** ou ao forno.

alla griglia [ˈalla ˈgriʎʎa] *adv*
- Prendo la carne **alla griglia**.

grelhado
- Vou querer carne **grelhada**.

➡ Com o mesmo significado de **alla griglia** são as expressões **alla brace** e **ai ferri**.

in padella [paˈdɛlla] *adv*
- Preparo i finghi **in padella**.

na frigideira
- Preparo cogumelos **na frigideira**.

le lasagne [laˈzaɲɲe] *n pl*
- Non ho mai mangiato delle **lasagne** così buone.

a lasanha
- Nunca comi uma **lasanha** tão boa.

➡ Lasanha é frequentemente referida também como **pasta al forno**.

gli gnocchi [ˈɲɔkko] *n pl*
- **Gli gnocchi** sono di patate?

o nhoque
- O **nhoque** é de batata?

➡ **gnocchi** ou as variantes menores, **gnocchetti**, são em geral feitos de batata (**gnocchi di patate**), podendo também se usar farinha ou legumes, por exemplo, abóbora (**gnocchi di zucca**).

il canederlo [kaˈnɛːderlo] *n*
- In Trentino ci sono tanti tipi di **canederli**.

o canedele
- Em Trentino, há muitos tipos de **canedele**.

il sugo [ˈsuːgo] *n*; *pl* **sughi** [ˈsuːgi] *n*
- Con questo **sugo** puoi condire qualsiasi tipo di pasta.

o molho
- Esse **molho** vai bem com qualquer tipo de massa.

la minestra [miˈnɛstra] *n*
- Oggi mangio una **minestra** come primo.

a sopa
- Hoje vou tomar uma **sopa** de entrada.

il minestrone [minesˈtroːne] *n*
- C'è il **minestrone** con il riso.

o ensopado, o cozido, o *minestrone*
- Tem **ensopado** com arroz.

il brodo [ˈbrɔːdo] *n*
- Una tazza di **brodo** caldo ti farà bene.

a sopa
- Uma cumbuca de **sopa** quente lhe fará bem.

la frittata [friˈttaːta] *n*
- Ti piace la **frittata** con gli spinaci?

o omelete
- Você gosta de **omelete** com espinafre?

l'arrosto [aˈrrɔsto] *n m*
- Mia mamma ha preparato l'**arrosto**.

o assado
- Minha mãe preparou o **assado**.

il **fritto misto di pesce** ['fritto 'misto di 'peʃʃe] *n* ■ Vi consiglio il **frito misto di pesce**.	a **tábua de peixe frito** ■ Eu lhes recomendo a **tábua de peixe frito**.
il **contorno** [kon'torno] *n* ■ Oggi mangiano il branzino con le patate di **contorno**.	o **acompanhamento** ■ Hoje vamos comer robalo com batatas como **acompanhamento**.
l'**hamburger** [am'burger] *n m*; *pl inv* ■ Io prendo un **hamburger** e un'insalata.	o **hambúrguer** ■ Vou pedir um **hambúrguer** e uma salada.
il **tiramisù** [tirami'su] *n* ■ Il **tiramisù** l'hai preparato tu?	o *tiramisù* ■ Você que preparou o *tiramisù*?
il **semifreddo** [semi'freddo] *n* ■ Vi posso consigliare il **semifreddo**.	o **parfait** ■ Posso lhe recomendar o **parfait**.
da portar via [da por'tar 'viːa] *adv* ■ Vorrei due pizze **da portar via**.	**para viagem**, **para levar** ■ Eu gostaria de duas pizzas **para viagem**.

➡ Em anúncios de pizzarias e outros locais, lê-se **da asporto**, que também significa **para viagem**.

Servir, pedir e pagar

il **menù** [me'nu] *n* ■ Vi porto subito il **menù**. ■ Hanno anche un **menù** a 16 euro.	o **cardápio** ■ Já vou lhes trazer o **cardápio**. ■ Há também um **cardápio** de 16 euros.

➡ Outras designações para cardápio são **carta** e **lista**.
➡ Para cardápio do dia se diz **menu del giorno**.

l'**antipasto** [anti'pasto] *n m* ■ Come **antipasto** prendo l'insalata di mare.	a **entrada** ■ Como **entrada** vou querer salada de frutos do mar.
il **primo** ['priːmo] *n* ■ Oggi mangio solo un **primo**.	o **primeiro prato** ■ Hoje vou comer só o **primeiro prato**.

➡ Como **primo** costuma-se degustar macarrão, risoto, um prato ensopado ou assemelhado; o **secondo** é um prato de carne ou de peixe e vem servido com um acompanhamento.

il **secondo** [seˈkondo] *n* ■ Prendo un antipasto e un **secondo**.	o **segundo prato** ■ Vou pedir uma entrada e um **segundo prato**.
la **colazione** [kolaˈtsjoːne] *n* ■ La **colazione** è inclusa nel prezzo.	o **café da manhã** ■ O **café da manhã** está incluído no preço.

➡ O café da manhã italiano consiste precisamente em **café** e **biscoitos** – ou **cappuccino** e **brioche** numa cafeteria.

fare colazione [ˈfare kolaˈtsjoːne] *loc* ▶ **v irr** p. 409 fare ■ Oggi **faccio colazione** al bar.	**tomar café da manhã** ■ Hoje vou **tomar café da manhã** no café.
il **pranzo** [ˈprandzo] *n* ■ Oggi per **pranzo** c'è coniglio.	o **almoço** ■ Hoje no **almoço** temos coelho.
pranzare [pranˈdzaːre] *v* ■ Di solito **pranziano** a mezzogiorno e mezzo.	**almoçar** ■ Normalmente **almoçam** ao meio--dia e meia.
la **cena** [ˈtʃeːna] *n* ■ Vuoi venire a **cena** da noi stasera?	o **jantar**, a **ceia** ■ Você gostaria de **jantar** conosco esta noite?
cenare [tʃeˈnaːre] *v* ■ **Abbiamo cenato** in una trattoria.	**jantar**, **cear** ■ **Jantamos** em um restaurante.
il **dessert** [desˈsɛr] *n*; *pl inv* ■ Scusi, cosa c'è di **dessert**?	a **sobremesa** ■ Desculpe, o que tem de **sobremesa**?

➡ Sobremesa chama-se também **dolce**.

prendere [ˈprɛndere] *v* ▶ **v irr** p. 410 prendere ■ Voi cosa **prendete**?	**querer**, **pedir** ■ O que vocês vão **querer**?
servirsi [serˈvirsi] *v* ▶ **v irr** p. 411 servire ■ **Servitevi**, se no diventa freddo.	**servir-se** ■ **Sirva-se** ou vai esfriar.

apparecchiare [apparek'kja:re] v ■ **Hai** già **apparecchiato**?	**pôr a mesa** ■ Você já **pôs a mesa**?
pieno, piena ['pjɛːno, 'pjɛːna] adj ■ Sulla tavola ci sono ancora alcuni bicchieri **pieni**.	**cheio** ■ Na mesa há ainda alguns copos **cheios**.
vuoto, vuota ['vuɔːto, 'vuɔːta] adj ■ La bottiglia di acqua minerale è **vuota**.	**vazio** ■ A garrafa de água mineral está **vazia**.
bastare [ba'staːre] v ■ **Basta** il pane?	**chegar, ser suficiente, bastar** ■ **Chega** de pão?
prenotare [preno'taːre] v ■ **Ho prenotato** un tavolo per le 8.	**reservar** ■ **Reservei** uma mesa para as oito horas.
il conto ['konto] n ■ Mi fa il **conto**, per favore?	**a conta** ■ A **conta**, por favor?
pagare [pa'gaːre] v ■ Non ti preoccupare, **pago** io.	**pagar** ■ Não se preocupe, eu **pago**.
il coperto [ko'pɛrto] n ■ In Italia al ristorante si paga il **coperto**.	**o *couvert*** ■ Nos restaurantes na Itália se paga o *couvert*.

➡ Nos restaurantes, além das refeições e bebidas, é contabilizado por pessoa um coperto. Inclui pão, *grissini* e assemelhados, os quais também se pode pedir a qualquer momento.

compreso, compresa [kom'preːso, kom'preːsa] adj ■ Il servizio è **compreso** nel prezzo.	**incluído** ■ O serviço está **incluído** no preço.

➡ Em vez de compreso, diz-se também incluso.

ordinare [ordi'naːre] v ■ Vorremmo **ordinare** per favore.	**pedir, fazer (o) pedido** ■ Por gentileza, gostaríamos de **fazer o pedido**.
il piatto del giorno ['pjatto del 'dʒorno] n ■ Cosa avete come **piatto del giorno**?	**o prato do dia** ■ O que vocês servem como **prato do dia**?

la **carta dei vini** [ˈkarta ˈdɛːi ˈviːni] *n* ■ Ci potrebbe portare anche la **carta dei vini**?	a **carta de vinhos** ■ Você poderia nos trazer também a **carta de vinhos**?
la **porzione** [porˈtsjoːne] *n* ■ Ci porta mezza **porzione** di spaghetti al pomodoro per il bambino?	a **porção** ■ Poderia trazer meia **porção** de espaguete com molho de tomate para a criança?
la **mancia** [ˈmantʃa] *n* ■ Non lascio mai la **mancia**. ➡ faccia p. 25	a **gorjeta** ■ Nunca deixo **gorjeta**.

➡ O serviço está contido no preço (por isso o café servido no balcão custa menos que o servido na mesa). As gorjetas não são obrigatórias, e é bem normal devolver o troco exato.

il **servizio** [serˈviːtsjo] *n* ■ In questo ristorante il **servizio** lascia a desiderare.	o **serviço** ■ Neste restaurante, o **serviço** deixa a desejar.
servire [serˈviːre] *v* ▶ v irr p. 411 servire ■ Il vino **va servito** a 18 gradi circa.	**servir** ■ O vinho é **servido** perto de 18 graus.
versare [verˈsaːre] *n* ■ Ti **ho versato** un bicchiere di vino.	**servir, encher** ■ **Servi** a você uma taça de vinho.
fare conti separati [ˈfaːre ˈkonti sepaˈraːti] *loc* ▶ v irr p. 409 fare ■ Potrebbe **fare conti separati**?	**fazer contas separadas, dividir a conta** ■ Poderia **dividir a conta**?

➡ Na Itália, não há obrigatoriedade de pagar separadamente, mas a conta é dividida pelo número de pessoas, e cada qual paga o mesmo valor. A isso se chama **fare alla romana**.

Morar

Casas e apartamentos

la casa [ˈkaːsa] *n*
- Abbiamo una **casa** al mare.
- Vorrei avere una **casa** tutta mia.

a **casa**
- Temos uma **casa** na praia.
- Eu gostaria de ter uma **casa** própria.

→ Uma casa de campo é **una casa di campagna**.

a casa [a ˈkaːsa] *adv*
- Se parto alle 10 sono **a casa** alle 12.
- Dai, andiamo **a casa**.

em casa, para casa
- Se eu saio às 10 horas, às 12 estou **em casa**.
- Venha, vamos **para casa**.

→ Também **in casa** significa **em casa**, por exemplo, **Sono stata tutto il giorno in casa. – Fiquei todos os dias em casa.**

l'appartamento [apparta'mento] *n m*
- L'**appartamento** è di 50 metri quadrati.

o **apartamento**
- O **apartamento** tem 50 metros quadrados.

abitare [abiˈtaːre] *v*
- Sono di Treviso, ma **abito** a Stoccarda.

morar
- Sou de Treviso, mas **moro** em Stuttgart.

il palazzo [paˈlattso] *n*
- Abitiamo in un **palazzo** di sei piani.

o **prédio**, o **edifício**
- Moramos num **prédio** de seis andares.

→ Enquanto **casa** é uma expressão geral para **casa**, **palazzo** designa uma construção grande, e **villetta**, uma casa mais ou menos apartada, na qual geralmente vive uma única família.

la villetta unifamiliare [vilˈletta unifamiˈljaːre] *n*
- Abita da sola in una **villetta** con un giardino molto grande.

a **casa**
- Ela mora sozinha numa **casa** com um jardim muito grande.

la **villetta a schiera** [vil'letta a 'skjɛːra] *n*
- Hanno comprato una **villetta a schiera**.

a **casa geminada**
- Eles compraram uma **casa geminada**.

l'**isolato** [izo'laːto] *n m*
- L'appartamento è in quell'**isolato**.

o **bloco (de apartamentos)**
- O apartamento fica naquele **bloco**.

il **piano** ['pjaːno] *n*
- A che **piano** abitate? – Al secondo.

o **andar**
- Em que **andar** você mora? – No segundo.

il **pianoterra** [pjano'tɛrra] *n*
- Gli appartamenti al **pianoterra** hanno il giardino.

o **térreo**
- Os apartamentos no **térreo** têm jardim.

il **tetto** ['tetto] *n*
- La casa è quasi finita, manca solo il **tetto**.

o **teto**
- A casa está quase pronta, só falta o **teto**.

➡ A expressão **morar sob o mesmo teto** é traduzido por **abitare a tetto**; já **viver sob o mesmo teto** traduz-se por **convivere sotto lo stesso tetto**.

costruire [kostru'iːre] *v*
- Stanno **costruendo** una casa davanti al mio palazzo.

construir
- **Estão construindo** uma casa na frente do meu prédio.

il **cantiere** [kan'tjɛːre] *n*
- Vicino a casa nostra ci sono tre **cantieri**.

a **construção**
- Perto de nossa casa há três **construções**.

la **proprietà privata** [proprje'ta pri'vaːta] *n*
- Il castello è di **proprietà privata**.

a **propriedade particular**
- O castelo é de **propriedade particular**.

l'**affitto** [af'fitto] *n m*
- Quant'è l'**affitto**?

o **aluguel**
- Quanto é o **aluguel**?

affitare [affit'taːre] *v*
- Stanno ristrutturando l'appartamento per **affittarlo**.

alugar
- Estão reformando o apartamento para **alugá-lo**.

➡ O verbo **affitare** é empregado geralmente para imóveis, enquanto para carros, embarcações e cadeiras de praia se diz **noleggiare**.

Casas e apartamentos

prendere in affitto [ˈprɛndere in afˈfitto] *loc* ▶ **v irr** p. 410 prendere ■ Ao luglio **hanno preso in affitto** un appartamento al mare.	**alugar** ■ Em julho, eles **alugaram** um apartamento na praia.
il grattacielo [grattaˈtʃɛːlo] *n* ■ I **grattacieli** dela città si vedono da lontano.	**o arranha-céu** ■ Veem-se de longe os **arranha-céus** da cidade.
la casa popolare [ˈkaːsa popoˈlaːre] *n* ■ Qui costruiranno dele **case popolari**.	**a casa popular** ■ Aqui construirão **casas populares**.
il bilocale [biloˈkaːle] *n* ■ Cerchiamo un **bilocale** con cucina abitabile.	**o imóvel de dois cômodos** ■ Estamos procurando um **imóvel de dois cômodos** com cozinha conjugada.

➡ Para uma casa ou apartamento de um cômodo se diz **monolocale**; de três cômodos, **trilocale**; de quatro cômodos, **quadrilocale**.

cambiare casa [kamˈbjaːre ˈkaːsa] *v* ■ Qui stiamo troppo stretti, dobbiamo **cambiare casa**.	**mudar de casa** ■ Estamos muito apertados, temos de **mudar de casa**.
il (piano) interrato [(ˈpjaːno) interˈraːto] *n* ■ Al **piano interrato** c'è un'officina.	**o subsolo** ■ No **subsolo** tem uma oficina.
la facciata [fatˈtʃaːta] *n* ■ La **facciata** del palazzo è próprio bella.	**a fachada** ■ A **fachada** do prédio é realmente bonita.
il comfort [ˈkɔnfort] *n*; *pl inv* ■ L'appartamento dispone di tutti i **comfort**.	**o conforto, a comodidade** ■ O apartamento dispõe de todo **conforto**.
confortevole [konforˈteːvole] *adj* ■ Le camere sono molto **confortevoli**.	**confortável** ■ Os quartos são muito **confortáveis**.
il terreno [terˈreːno] *n* ■ Vendesi viletta con **terreno** di 200 metri quadrati.	**o terreno** ■ Vende-se casa com **terreno** de 200 metros quadrados.

il **proprietario**, la **proprietaria** [proprje'taːrjo, proprje'taːrja] *n* ▪ Oggi abbiamo conosciuto la **proprietaria** dela casa che vogliamo comprare. ➡ **dubbio** p. 61	o **proprietário**, a **proprietária** ▪ Hoje conhecemos a **proprietária** da casa que queremos comprar.
il **padrone di casa**, la **padrona di casa** [pa'droːne di 'kaːsa, pa'droːna di 'kaːsa] *n* ▪ Il **padrone di casa** ha aumentato l'affitto.	o **proprietário do imóvel**, a **proprietária do imóvel** ▪ O **proprietário do imóvel** aumentou o aluguel.
le **spese** ['speːse] *n pl* ▪ L'affitto è di 800 euro, **spese** incluse.	as **despesas** ▪ O aluguel é de 800 euros, incluídas as **despesas**.

Cômodos e áreas da casa

la **stanza** ['stantsa] *n* ▪ Le **stanze** hanno i soffitti alti.	o **quarto** ▪ O **quarto** tem pé-direito alto.
il **muro** ['muːro] *n* ▪ Per entrare nei giardino abbiamo scalvacato il **muro**. ▪ I **muri** portanti dela casa sono molto spessi.	o **muro**, a **parede** ▪ Para chegar ao jardim, pulamos o **muro**. ▪ As **paredes** estruturais da casa são muito grossas.

➡ O plural de **il muro** é **i muri**; **le mura** se refere somente aos muros da cidade.

la **parete** [pa'reːte] *n* ▪ Abbiamo dipinto le **pareti** di verde.	a **parede** ▪ Pintamos as **paredes** de verde.

➡ **muro** designa uma parede externa; **parete**, uma parede interna.

il **soffitto** [sof'fitto] *n* ▪ Dal **soffitto** pende un belissimo lampadario di cristallo.	o **teto** ▪ Do **teto** pende um belíssimo lustre de cristal.
il **pavimento** [pavi'mento] *n* ▪ In alcune stanze il **pavimento** è di marmo.	o **piso** ▪ Em alguns quartos, o **piso** é de mármore.

Cômodos e áreas da casa

l'**entrata** [en'traːta] *n f*
- C'era una lunghissima fila di persone davanti all'**entrata** del cinema.

a **entrada**
- Havia uma fila imensa na frente da **entrada** do cinema.

l'**uscita** [uʃʃiːta] *n f*
- Ti aspetto all'**uscita** del cinema.

a **saída**
- Te espero na **saída** do cinema.

la **porta** ['pɔrta] *n*
- Chiudi la **porta**!

a **porta**
- Feche a **porta**!

il **portone** [por'toːne] *n*
- Il **portone** è sempre chiuso a chiave.

a **porta da rua**
- A **porta da rua** é sempre fechada a chave.

➡ **portone** designa a porta pela qual se entra numa moradia; as portas que levam de um cômodo a outro são denominadas **porta**.

il **cancello** [ka'ntʃɛllo] *n*
- Di notte il **cancello** deve restare chiuse.

o **portão**
- À noite o **portão** deve ficar fechado.

aprire [a'priːre] *v*
▶ v irr p. 405 aprire
- Sono il postino, mi **apre**, per favore?

abrir

- É o carteiro, **abra**, por favor.

chiudere ['kjuːdere] *v*
▶ v irr p. 406 chiudere
- C'è corrente, **chiudi** la finestra.

fechar

- **Feche** a janela, é de puxar.

la **finestra** [fi'nɛstra] *n*
- Le **finestre** danno sul giardino.

a **janela**
- As **janelas** dão para o jardim.

la **scala** ['skaːla] *n*
- C'è una **scala** ripida che porta in cantina.

a **escada**
- Há uma **escada** íngreme que leva à adega.

l'**ascensore** [aʃʃe'nsoːre] *n m*
- L'**ascensore** è fuori servizio.

o **elevador**
- O **elevador** está fora de serviço.

la **cucina** [ku'tʃiːna] *n*
- Dopo pranzo ho pulito tutta la **cucina**.

a **cozinha**
- Depois do almoço, limpei toda a **cozinha**.

il **soggiorno** [sod'dʒorno] *n*
- Andiamo in **soggiorno** che stiamo più comodi.

a **sala (de estar)**
- Vamos para a **sala**, ficaremos mais confortáveis.

Cômodos e áreas da casa

la **sala da pranzo** [ˈsaːla da ˈprandzo] *n*
- Mangiamo in cucina o in **sala da pranzo**?

a **sala de jantar**
- Vamos comer na cozinha ou na **sala de jantar**?

la **camera (da letto)** [ˈkaːmera (da ˈlɛtto)] *n*
- L'appartamento ha due **camere da letto**.

o **quarto**, o **dormitório**
- O apartamento tem dois **dormitórios**.

il **bagno** [ˈbaɲɲo] *n*
- Nel nostro **bagno** c'è sia la doccia che la vasca da bagno.

o **banheiro**
- No **banheiro**, temos tanto um chuveiro como uma banheira.

la **doccia** [ˈdottʃa] *n*
- Nel secondo bagno c'è solo la **doccia**.

o **chuveiro**, a **ducha**
- No segundo banheiro, há apenas o **chuveiro**.

➡ **faccia** p. 25

la **toilette** [tuaˈlɛt] *n*; *pl inv*
- La **toilette** è da quella parte.

o **banheiro**
- O **banheiro** fica lá.

➡ Quando se quer saber onde fica o banheiro em uma casa se diz: **Dov'è il bagno?** Em um restaurante se pergunta: **Dov'è la toilette?** ou **Dove sono i bagni?**

la **cantina** [kanˈtiːna] *n*
- Se la **cantina** è fresca e asciutta, è l'ideale per conservarei il vino.

a **adega**
- Se a **adega** for fresca e seca, será ideal para conservar vinho.

il **giardino** [dʒarˈdiːno] *n*
- Hanno un grande **giardino**.

o **jardim**
- Eles têm um grande **jardim**.

la **terrazza** [terˈrattsa] *n*
- Che bei fiori hai in **terrazza**!

o **terraço**
- Que belas flores você tem no **terraço**!

il **balcone** [balˈkoːne] *n*
- Vorrei una camera con il **balcone**.

a **varanda**
- Eu gostaria de um quarto com **varanda**.

il **garage** [gaˈraʒ] *n*; *pl inv*
- In **garage** non c'è posto per un'altra macchina.

a **garagem**
- Na **garagem** não tem lugar para outro carro.

➡ Para vaga de garagem no estacionamento de um prédio se diz **box**.

il **passo carrabile** [ˈpasso kaˈrraːbile] *n*
- Qui non si può parcheggiare, è un **passo carrabile**.

a **saída de automóveis**
- Não se pode estacionar aqui, é uma **saída de automóveis**.

➡ Para **Deixe a passagem livre!** se diz **Lasciare libero il passaggio!**

il **corridoio** [korriˈdoːjo] *n*
- In **corridoio** ci sono un armadio e uno specchio.
➡ **dubbio** p. 61

o **corredor**
- No **corredor** há um armário e um espelho.

l'**ingresso** [iˈŋgrɛsso] *n m*
- L'attaccapanni è nell'**ingresso**.

o **vestíbulo**, o **hall de entrada**
- O cabideiro fica no **hall de entrada**.

il **guardaroba** [guardaˈrɔːba] *n; pl inv*
- Non abbiamo il **guardaroba**, puoi lasciare la tua giacca qui.

o **guarda-roupa**
- Não temos **guarda-roupa**, você pode deixar sua jaqueta aqui.

➡ Atenção: **guardaroba** é masculino. O substantivo designa um espaço para se guardar casacos etc., como a chapelaria de um teatro, e não uma peça do mobiliário.

la **soffitta** [sofˈfitta] *n*
- In **soffitta** c'è ancora la scrivania del nonno.

o **sótão**
- A escrivaninha do vovô ainda está no **sótão**.

➡ **la soffitta** – **o sótão** não deve ser confundido com il **soffitto** – o **teto**.

il **camino** [kaˈmiːno] *n*
- Ho freddo, accendiamo il **camino**?

a **lareira**
- Estou com frio, vamos acender a **lareira**?

➡ **camino** designa também **chaminé**.

dentro [ˈdentro] *adv*
- Fuori si gela oggi, ma **dentro** si sta proprio bene.
- La casa viene ristrutturata solo **dentro**.

dentro
- Está gelado lá fora, mas aqui **dentro** está bem agradável.
- A casa foi reformada apenas por **dentro**.

fuori [ˈfuɔːri] *adv*
- Resto ancora un po' **fuori**.

fora
- Vou ficar **fora** mais um pouco.

all'aperto [allaˈpɛrto] *adv*
- Abbiamo trascorso la giornata **all'aperto**.

ao ar livre
- Passamos o dia **ao ar livre**.

Instalações

Mobiliário

il mobile ['mɔːbile] *n*
- Qui mi piacerebbe mettere un **mobile** antico.

o **móvel**
- Eu gostaria de colocar um **móvel** antigo aqui.

ammobiliato, ammobiliata [ammobiˈljaːto, ammobiˈljaːta] *adj*
- Ho preso in affitto un apartamento **ammobiliato**.

mobiliado
- Aluguei um apartamento **mobiliado**.

la sedia [ˈsɛːdja] *n*
- Se non ci sono abbastanza **sedie** per tutti, sedetevi per terra.

a **cadeira**
- Se não houver **cadeiras** para todos, então que se sentem no chão.

sedersi [seˈdersi] *v*
- ▶ **v irr** p. 411 sedere
- Ci **sediamo** qui?

sentar(-se)
- **Vamos nos sentar** aqui?

stare seduto, stare seduta [ˈstaːre seˈduːto, ˈstaːre seˈduːta] *v*
- ▶ **v irr** p. 412 stare
- Non riesco più **a stare seduta**, vado a fare due passi.

ficar sentado, estar sentado
- Não consigo mais **ficar sentada**, vou caminhar um pouco.

accomodarsi [akkomoˈdarsi] *v*
- Prego signor Bianchi, **si accomodi**.

sentar-se, acomodar-se
- Senhor Bianchi, por favor, **sente-se**.

il tavolo [ˈtaːvolo] *n*
- Le chiavi sono sul **tavolo**.

a **mesa**
- As chaves estão sobre a **mesa**.

➡ **tavolo** se refere a mesas em geral; **tavola** designa a mesa usada para refeições.

l'armadio [arˈmaːdjo] *n m*
- Metti i vestiti nell'**armadio**.
- ➡ dubbio p. 61

o **armário**
- Ponha os vestidos no **armário**.

il letto [ˈlɛtto] *n*
- Sono stanca morta, stasera vado a **letto** presto.

a **cama**
- Estou morta de cansada, hoje à noite vou cedo para a **cama**.

Mobiliário

accogliente [akkoʎˈʎɛnte] *adj* ■ È una stanza molto **accogliente**.	**aconchegante** ■ É um quarto muito **aconchegante**.
comodo, comoda [ˈkɔːmodo, ˈkɔːmoda] *adj* ■ I letti degli alberghi non sempre sono **comodi**.	**confortável, cômodo** ■ As camas de hotel nem sempre são muito **confortáveis**.
la **lampada** [ˈlampada] *n* ■ Lascia accesa la **lampada** sul tavolo.	a **luminária** ■ Deixe a **luminária** da mesa acesa.
la **luce** [ˈluːtʃe] *n* ■ Spegni la **luce**, per cortesia?	a **luz** ■ Apague a **luz**, por gentileza.
accendere [atˈtʃɛndere] *v* ▶ **v irr** p. 405 accendere ■ Ho acceso la televisione per vedere il telegiornale.	**ligar** ■ **Liguei** a televisão para assistir ao telejornal.
spegnere [ˈspɛɲɲere] *v* ▶ **v irr** p. 412 spegnere ■ Non recordo se **ho spento** il ferro da stiro.	**desligar** ■ Não sei se **desliguei** o ferro de passar.
la **vasca da bagno** [ˈvaska da ˈbaɲɲo] *n* ■ Ho riempito la **vasca da bagno**.	a **banheira** ■ Enchi a **banheira**.
il **rubinetto** [rubiˈnetto] *n* ■ Chiudi bene il **rubinetto**.	a **torneira** ■ Feche bem a **torneira**.
il **riscaldamento** [riskaldaˈmento] *n* ■ Il **riscaldamento** non funziona.	o **aquecimento** ■ O **aquecimento** não funciona.

➡ O aquecedor é denominado **termofisone** ou **calorifero**.

riscaldare [riskalˈdaːre] *v* ■ **Riscaldiamo** solo quando ci siamo, cioè il pomeriggio e le sera.	**ligar o aquecedor** ■ **Ligamos o aquecedor** apenas quando estamos em casa, ou seja, à tarde e à noite.
l'**arredamento** [arredaˈmento] *n m* ■ Dobbiamo pensare all'**arredamento** della nuova casa.	o **mobiliário** ■ Temos de pensar no **mobiliário** da casa nova.

arredare [arreˈdaːre] v ■ Non so come **arredare** il soggiorno.	**mobiliar** ■ Não sei como **mobiliar** o quarto.
la **poltrona** [polˈtroːna] n ■ Per leggere il giornale si siede sempre in **poltrona**.	a **poltrona** ■ Para ler o jornal, ele sempre se senta em uma **poltrona**.
il **divano** [diˈvaːno] n ■ Su questo **divano** ci si può anche sdraiare.	o **sofá**, o **divã** ■ Neste **sofá** pode-se até se espreguiçar.
lo **scaffale** [skafˈfaːle] n ■ Sullo **scaffale** tengo i libri e poche altre cose.	a **estante** ■ Em minha **estante** tenho livros e algumas outras coisas.

→ Uma estante apenas de livros chama-se **libreria**.

il **cassetto** [kasˈsetto] n ■ I fazzoletti sono nel primo **cassetto**.	a **gaveta** ■ Os lenços estão na primeira **gaveta**.
il **tappeto** [tapˈpeːto] n ■ Ci hanno portato un meraviglioso **tappeto** dalla Turchia.	o **tapete** ■ Eles nos trouxeram um maravilhoso **tapete** da Turquia.
la **moquette** [moˈkɛt] n; pl inv ■ In corridoio c'è la **moquette**.	o **carpete** ■ O corredor tem um **carpete**.
la **tenda** [ˈtɛnda] n ■ Se ti dà fastidio il sole, tira la **tenda**.	a **cortina** ■ Se o sol o incomoda, feche a **cortina**.
la **gruccia** [ˈgruttʃa] n ■ Metti la camicia sulla **gruccia**. → **faccia** p. 25	o **cabide** ■ Ponha a camisa no **cabide**.
appendere [apˈpɛndere] v ▶ v irr p. 407 dipendere ■ Voglio **appendere** questo quadro.	**pendurar** ■ Quero **pendurar** este quadro.
il **materasso** [mateˈrasso] n ■ Dormo su un **materasso** duro.	o **colchão** ■ Durmo em um **colchão** duro.
il **cuscino** [kuʃˈʃiːno] n ■ Dorme senza **cuscino**.	o **travesseiro** ■ Ele dorme sem **travesseiro**.

il **lenzuolo** [len'tsuɔːlo] *n*; *pl* le **lenzuola** [le len'tsuɔːla] *n* ■ D'estate dormiamo solo con il **lenzuolo**.	o **lençol** ■ No verão nós dormimos somente com um **lençol**.
la **coperta** [ko'pɛrta] *n* ■ Sul letto ci sono due **coperte**, non dovresti avere freddo.	a **coberta** ■ Sobre a cama estão duas **cobertas**, você não deve passar frio.
coprirsi [ko'prirsi] *v* ▶ v irr p. 407 coprire ■ Se stanotte avete freddo, **copritevi** con queste coperte.	**cobrir-se** ■ Se esta noite fizer frio, **cubra-se** com esta coberta.

Administração do lar

la **serratura** [serra'tuːra] *n* ■ Si è rotta la **serratura** del portone.	a **fechadura** ■ A **fechadura** da porta da rua quebrou.
la **chiave** ['kjaːve] *n* ■ Ho messo le **chiavi** nella borsa.	a **chave** ■ Coloquei as **chaves** na bolsa.
➡ Em italiano, emprega-se com frequência o plural chiavi, mesmo quando, a rigor, se trata de uma única chave, por exemplo, **le chiavi di casa – a chave de casa**.	
chiudere a chiave ['kjuːdere a 'kjaːve] *loc* ▶ v irr p. 406 chiudere ■ Quando esco, **chiudo** sempre la porta **a chiave**.	**fechar à chave** ■ Quando saio, sempre **fecho** a porta à chave.
il **campanello** [kampa'nɛllo] *n* ■ Non trovo il **campanello** dei Santoro.	a **campainha** ■ Não encontro a **campainha** dos Santoro.
➡ Numa escola, o sinal ou campainha chama-se campanella.	
citofonare [tʃitofo'naːre] *v* ■ Quando arrivi, **citofona**, che scendo.	**tocar, fazer soar** ■ Quando chegar, **toque** que eu desço.
➡ citofono designa o interfone e também a campainha.	

il **frigorifero** [frigo'ri:fero] n
- Se non metti il latte in **frigorifero** va a mala.

a **geladeira**
- Se você não guardar o leite na **geladeira** ele vai estragar.

➡ Em vez de **frigorifero**, emprega-se frequentemente também a forma **frigo**.

il **forno** ['forno] n
- C'è una torta nel **forno**.

o **forno**
- Tem um bolo no **forno**.

il **fornello** [for'nɛllo] n
- La pentola è ancora sul **fornello**.

o **fogão**
- A panela ainda está no **fogão**.

la **caffettiera** [kaffet'tjɛ:ra] n
- Ho una **caffettiera** da tre tazze.

a **máquina de café (expresso)**
- Tenho uma **máquina de café** para três xícaras.

➡ O **bule** que se põe diretamente no forno e com a qual se serve o café se chama **moca**.

la **pentola** ['pentola] n
- Questa **pentola** è troppo piccola.

a **panela**
- Esta **panela** é muito pequena.

il **coperchio** [ko'pɛrkjo] n
- Se metti un **coperchio** sulla pentola, l'acqua bolle prima.

a **tampa**
- Se você colocar a **tampa** na panela, a água ferverá mais rápido.

➡ dubio p. 61

la **padella** [pa'dɛlla] n
- Ci vuole una **padella** più grande.

a **frigideira**
- É preciso uma **frigideira** maior.

il **piatti** ['pjatti] n pl
- I **piatti** puliti sono nella lavastoviglie.

o **prato**
- Os **pratos** limpos estão na lava-louça.

il **piatto** ['pjatto] n
- C'è ancora un pezzo di carne nel **piatto**.

o **prato**
- Ainda tem um pedaço de carne no **prato**.

il **bicchiere** [bik'kjɛ:re] n
- Qual è il mio **bicchiere**?

o **copo**
- Qual é o meu **copo**?

la **tazza** ['tattsa] n
- Potremmo regalare a Sara una **tazza** con il suo nome.

a **xícara**
- Podemos presentear Sara com uma **xícara** com o nome dela.

la **tazzina** [ta'ttsi:na] n
- Porta quattro **tazzine**, per favore.

a **xícara de café**
- Traga quatro **xícaras de café**, por favor.

il **piattino** [pjatˈtiːno] *n*
- Questo **piattino** è lavato male.

o **pires**
- Este **pires** foi mal lavado.

le **posate** [poˈsaːte] *n pl*
- Mancano le **posate**.

o **talher**
- Faltam os **talheres**.

il **coltello** [kolˈtɛllo] *n*
- Attento a non tagliarti con quel **coltello**.

a **faca**
- Cuidado para não se cortar com aquela **faca**.

la **forchetta** [forˈketta] *n*
- Ho fatto cadere la **forchetta**.

o **garfo**
- Deixei cair o **garfo**.

il **cucchiaio** [kukˈkjaːjo] *n*
- Gli spaghetti non si magiano con il **cucchiaio**.

a **colher**
- Espaguete não se come com a **colher**.

il **cucchiaino** [kukkjaˈiːno] *n*
- Mi serve un **cucchiaino** per il dolce.

a **colherzinha**
- Preciso de uma **colherzinha** para a sobremesa.

il **tovagliolo** [tovaʎˈʎɔːlo] *n*
- Mio padre si dimentica sempre di mettere i **tovaglioli**.

o **guardanapo**
- Meu pai sempre se esquece de pôr os **guardanapos**.

➡ **Guardanapos de papel** são **tovaglioli di carta**.

rovesciare [roveʃˈʃaːre] *v*
- Che disastro, **ho rovesciato** il vino!

entornar
- Que horror, eu **entornei** o vinho!

fare i piatti [ˈfaːre i ˈpjatti] *loc*
▶ *v irr* p. 409 fare
- Chi **fa i piatti**?

lavar a louça

- Quem **lava a louça**?

il **bucato** [buˈkaːto] *n*
- Stendo il **bucato** in terrazza.

a **roupa**
- Estendo a **roupa** no terraço.

la **lavatrice** [lavaˈtriːtʃe] *n*
- Io lavo anche le cose di lana in **lavatrice**.

a **máquina de lavar (roupas)**
- Lavo na **máquina de lavar** mesmo as roupas de lã.

lavare [laˈvaːre] *v*
- Dovrei **lavare** la macchina.

lavar
- Eu deveria **lavar** o carro.

pulire [puˈliːre] *v*
- Ieri **abbiamo pulito** tutta la casa.

limpar
- Ontem **limpamos** a casa inteira.

pulito, pulita [puˈliːto, puˈliːta] *adj*
- È meglio se metti una tovaglia **pulita**.

limpo
- Seria melhor colocar uma toalha **limpa**.

sporco, sporca [ˈspɔrko, ˈspɔrka] *adj*
- Ho gli occhiali **sporchi**.
➡ **vigliacco** p. 22

sujo
- Meus óculos estão **sujos**.

mettere in ordine [ˈmettere in ˈordine] *loc*
▶ **v irr** p. 409 mettere
- Ho detto a Samuele di **mettere in ordine** la sua camera.

arrumar, pôr em ordem
- Eu disse a Samuele para **arrumar** seu quarto.

lo specchio [ˈspɛkkjo] *n*
- Si guarda sempre allo **specchio**.
➡ **dubbio** p. 61

o espelho
- Sempre se olha no **espelho**.

l'asciugamano [aʃʃugaˈmaːno] *n m*
- Usa pure questo **asciugamano**.

a toalha de mão
- Você pode usar esta **toalha de mão**.

asciugare [aʃʃuˈgaːre] *v*
- Dammi il bicchiere che l'**asciugo**.

secar(-se), enxugar(-se)
- Dê-me o copo que eu o **enxugo**.

la sveglia [ˈzveʎʎa] *n*
- Odio la **sveglia** la mattina!

o despertador
- Odeio o **despertador** de manhã!

l'aria condizionata [ˈaːrja konditsjoˈnaːta] *n f*
- Ho caldo, accendiamo l'**aria condizionata**?

o ar-condicionado
- Estou com calor, vamos ligar o **ar-condicionado**?

la pattumiera [pattuˈmjɛːra] *n*
- Vado a svuotare la **pattumiera**.

a lixeira, a lata de lixo
- Vou esvaziar a **lixeira**.

il fon [fon] *n; pl inv*
- Mi presti il **fon**?

o secador de cabelo
- Você pode me emprestar seu **secador de cabelo**?

il ferro (da stiro) [ˈfɛrro (da ˈstiːro)] *n*
- Il **ferro** non è ancora ben caldo.

o ferro (de passar)
- O **ferro** ainda não está bem quente.

stirare [stiˈraːre] *v*
- Devo **stirare** le camicie.

passar
- Tenho de **passar** as camisas.

la **lavastoviglie** [lavasto'viʎʎe] n; pl inv ■ La **lavastoviglie** non è ancora piena.	a **lava-louça** ■ A **lava-louça** ainda não está cheia.
il **microonde** [mikro'onde] n ■ Scalda il latte nel **microonde**!	o **micro-ondas** ■ Esquente o leite no **micro-ondas**!
il **congelatore** [kondʒela'toːre] n ■ Ho messo la carne nel **congelatore**.	o **congelador** ■ Guardei a carne no **congelador**.

➜ Além de **congelatore** diz-se também **freezer**.

l'**elettrodomestico** [elɛttrodo'mɛstiko] n m ■ Dove si possono comprare gli **elettrodomestici**? ➜ simpatico p. 21	o **eletrodoméstico** ■ Onde se podem comprar **eletrodomésticos**?
il **tostapane** [tɔsta'paːne] n; pl inv ■ Il **tostapane** è pieno di briciole.	a **torradeira** ■ A **torradeira** está cheia de migalhas.
la **bilancia** [bi'lantʃa] n ■ Per preparare la torta ho bisogno di una **bilancia**.	a **balança** ■ Para preparar o bolo, preciso de uma **balança**.

➜ **bilancia** não deve ser confundida com bilancio – **balanço**.

l'**insalatiera** [insala'tjɛːra] n f ■ Metti l'**insalatiera** nell'armadio.	a **saladeira** ■ Guarde a **saladeira** no armário.
la **teiera** [te'jɛːra] n ■ Il tè é nella **teiera**, servitevi pure.	o **bule** ■ O chá está no **bule**, sirvam-se.
il **cavatappi** [kava'tappi] n; pl inv ■ Se mi dai il **cavatappi** apro il vino.	o **saca-rolhas** ■ Se me der o **saca-rolhas**, abrirei o vinho.
l'**apribottiglie** [apribot'tiʎʎe] n m; pl inv ■ Come faccio ad aprire la birra senza **apribottiglie**?	o **abridor de garrafa** ■ Como faço para abrir a cerveja sem o **abridor de garrafa**?

l'**apriscatole** [apriˈskaːtole] *n m*; *pl inv*
- L'**apriscatole** è nel secondo cassetto.

o **abridor de lata**
- O **abridor de lata** está na segunda gaveta.

il **vassoio** [vasˈsoːjo] *n*
- Prendi un **vassoio** per sparecchiare.

a **bandeja**
- Pegue uma **bandeja** para tirar a mesa.

la **tovaglia** [toˈvaʎʎa] *n*
- Metti una **tovaglia** pulita e apparecchia.

a **toalha**
- Pegue uma **tolha** limpa e ponha a mesa.

il **vaso** [ˈvaːzo] *n*
- Metti i fiori in un **vaso**.

o **vaso**
- Ponha as flores num **vaso**.

il **portacenere** [portaˈtʃeːnere] *n*
- Hanno spento le sigarette nel **portacenere**.

o **cinzeiro**
- Apagaram os cigarros no **cinzeiro**.

la **candela** [kanˈdeːla] *n*
- A Natale accendiamo sempre tante **candele**.

a **vela**
- No Natal, sempre acendemos muitas **velas**.

→ O diminutivo de candela é candelina, que se refere, sobretudo, às velas de aniversário.

il **fiammifero** [fjamˈmiːfero] *n*
- Qualcuno ha dei **flammiferi**?

o **fósforo**
- Alguém tem **fósforo**?

l'**accendino** [attʃenˈdiːno] *n m*
- Non ho né i fiammiferi né l'**accendino**.

o **isqueiro**
- Não tenho nem fósforo nem **isqueiro**.

accendere [atˈtʃɛndere] *v*
▶ *v irr* p. 405 acccendere
- Mi serve un fiammifero o un accendino per **accendere** la candela.

acender

- Preciso de um fósforo ou de um isqueiro para **acender** a vela.

la **presa (di corrente)** [ˈpreːsa (di korˈrɛnte] *n*
- C'é una **presa** dietro il divano.

a **tomada**
- Há uma **tomada** atrás do sofá.

la **lampadina** [lampaˈdiːna] *n*
- Si é bruciata una **lampadina**.

a **lâmpada**
- Queimou uma **lâmpada**.

la **casseta** [kas'setta] *n* ■ Compra anche una **cassetta** di arance!	a **caixa** ■ Compre também uma **caixa** de laranjas!
il **sacco** ['sakko] *n*; *pl* **sacchi** ['sakki] *n* ■ I **sacchi** più pesanti sono pieni di patate.	o **saco** ■ Os **sacos** mais pesados estão cheios de batatas.
fare le pulizie [fa:re le puli'tsi:a] *loc* ▶ v irr p. 409 fare ■ **Faccio le pulizie** ogni giorno.	**fazer a limpeza, limpar** ■ **Faço a limpeza** todos os dias.
lo **sporco** ['spɔrko] *n* ■ Ho passato lo straccio per togliere lo **sporco**. ➡ stato civile p. 19	a **sujeira** ■ Passei pano úmido para remover a **sujeira**.
la **macchia** ['makkja] *n* ■ Hai una **macchia** sulla maglietta.	a **mancha** ■ Tem uma **mancha** na sua camiseta.
la **polvere** ['polvere] *n* ■ Sull'armadio c'è tanta **polvere**.	o **pó** ■ Está cheio de **pó** sobre o armário.
l'**aspirapolvere** [aspira'polvere] *n m*; *pl inv* ■ Uso l'**aspirapolvere** solo per i tappeti.	o **aspirador (de pó)** ■ Uso o **aspirador** apenas para os tapetes.
➡ Em italiano, **passar o aspirador** diz-se **passare l' aspirapolvere**.	
la **scopa** ['sko:pa] *n* ■ La **scopa** è sul balcone.	a **vassoura** ■ A **vassoura** está na varanda.
spazzare [spat'tsa:re] *v* ■ Hai già **spazzato** il marciapiede?	**varrer** ■ Você já **varreu** a calçada?
lo **strofinaccio** [strofi'nattʃo] *n* ■ Prendi uno **strofinaccio** e pulisci qui. ➡ stato civile p. 19 ➡ dubbio p. 61	o **pano** ■ Pegue um **pano** e limpe aqui.
il **detersivo** [deter'si:vo] *n* ■ È finito il **detersivo**.	o **detergente** ■ Acabou o **detergente**.

il **disordine** [di'zordine] *n* ■ Non sopporto il **disordine**.	a **bagunça**, a **desordem** ■ Não suporto **bagunça**.

➡ O prefixo **dis-** é empregado na formação de diversos antônimos.

ordinato, ordinata [ordi'na:to, ordi'na:ta] *adj* ■ La sua stanza è molto **ordinata**.	**arrumado** ■ O quarto dele é muito **arrumado**.
a posto [a 'posto] *adv* ■ È tutto **a posto**.	**em ordem** ■ Está tudo **em ordem**.

➡ É frequente o uso da locução: **mettere a posto** – **arrumar**.

le **istruzioni** [istru'tsjo:ni] *n pl* ■ Prima dell'uso leggere attentamente le **istruzioni**.	as **instruções** ■ Antes de usar, leia atentamente as **instruções**.

Turismo e transporte

Viagens

il viaggio [ˈvjaddʒo] *n*
- Ho vinto un **viaggio** alle Maledive.
→ dubbio p. 61

a **viagem**
- Ganhei uma **viagem** para as Maldivas.

viaggiare [vjadˈdʒaːre] *v*
- Amo **viaggiare**.

viajar
- Amo **viajar**.

la partenza [parˈtɛntsa] *n*
- La **partenza** è prevista per le 9.

a **partida**
- A **partida** está prevista para as 9 horas.

partire [parˈtiːre] *v*
▶ v irr p. 410 partire
- **Partiamo** domani.
- Scusi, a che ora **parte** il prossimo treno per Bologna?
- Se volete arrivare a mezzogiorno, dovete **partire** presto.
- Il traghetto **è partito** alle 14.
→ ingrassare p. 28

partir
- **Partimos** amanhã.
- Com licença, a que horas **parte** o próximo trem para Bolonha?
- Se quiserem chegar ao meio-dia, têm de **partir** logo.
- A balsa **partiu** às 14 horas.

l'arrivo [arˈriːvo] *n m*
- All'**arrivo** del treno l'ho salutata.

a **chegada**
- Na **chegada** do trem, eu a cumprimentei.

arrivare [arriˈvaːre] *v*
- A che ora **arriviamo**?

chegar
- A que hora vamos **chegar**?

le ferie [ˈfɛːrje] *n pl*
- C'è molto lavoro, non posso andare in **ferie**.

as **férias**
- Há muito trabalho, não posso sair de **férias**.

la vacanza [vaˈkantsa] *n*
- Andiamo in **vacanza** al mare.

as **férias**
- Sairemos de **férias** para a praia.

le vacanze [vaˈkantse] *n pl*
- D'estate abbiamo tre mesi di **vacanze**.

as **férias**
- No verão temos três meses de **férias**.

> **ferie** designa as **férias** a que o trabalhador tem direito; **vacanza**, no singular, é o termo geral para férias; e **vacanze**, no plural, refere-se às férias escolares.

Buon viaggio! [buɔn ˈvjaddʒo] *loc*	**Boa viagem!**
il/la turista [tuˈrista] *n m/f* ■ Roma viene visitata da **turisti** provenienti da tutto il mondo. → **apprendista** p. 133	**o/a turista** ■ Roma é visitada por **turistas** provenientes de todo o mundo.
il turismo [tuˈrizmo] *n* ■ Il **turismo** dà lavoro a più di un milione di persone.	**o turismo** ■ O **turismo** emprega mais de um milhão de pessoas.
turistico, turistica [tuˈristiko, tuˈristika] *adj* ■ Chiedete all'ufficio **turistico**. ■ Ho comprato una guida **turistica** della Liguria. → **simpatico** p. 21	**turístico** ■ Pergunte no setor de informações **turísticas**. ■ Comprei um guia **turístico** da Ligúria.
tornare a casa [torˈnaːre a ˈkaːsa] *loc* ■ Voglio **tornare a casa** il più presto possibbile.	**voltar para casa** ■ Quero **voltar para casa** o mais rápido possível.
il rientro [riˈentro] *n* ■ Se ne occuperà solo dopo il suo **rientro** dalle vacanze.	**o retorno, a volta** ■ Ele só vai se ocupar com isso depois de seu **retorno** das férias.
l'agenzia viaggi [adʒeˈntsiːa ˈvjaddʒi] *n f* ■ Vado in un'**agenzia viaggi** a prenotare una vacanza.	**a agência de viagem** ■ Vou a uma **agência de viagens** para reservar nossas férias.
la prenotazione [prenotaˈtsjoːne] *n* ■ La sua **prenotazione** è stata annullata.	**a reserva** ■ Sua **reserva** foi cancelada.
prenotare [prenoˈtaːre] *v* ■ **Ho prenotato** il volo sei mesi fa.	**reservar** ■ **Reservei** o voo há seis meses.
annullare [annulˈlaːre] *v* ■ **Abbiamo annullato** il viaggio perché mia moglie era malata.	**cancelar** ■ **Cancelamos** a viagem porque minha mulher estava doente.

il **bagaglio** [baˈgaʎʎo] n
- Se posso, viaggio sempre con poco **bagaglio**.

➡ dubbio p. 61

a **bagagem**
- Quando posso, sempre viajo com pouca **bagagem**.

la **valigia** [vaˈliːdʒa] n; pl **valigie** [vaˈliːdʒe] n
- Hai già fatto le **valigie**?

a **mala**
- Já fez as **malas**?

➡ **Valigia** também admite o plural **valige**.

il **documento (d'identità)** [dokuˈmento (didentiˈta)] n
- Ha un **documento**, per favore?

o **documento (de identificação)**
- Tem um **documento**, por favor?

la **carta d'identità** [ˈkarta didentiˈta] n
- Per viaggiare nei paesi dell'Unione Europea basta la **carta d'identità**.

a **carteira de identidade**
- Para viajar pelos países da União Europeia, basta a **carteira de identidade**.

il **passaporto** [passaˈpɔrto] n
- Devo rinnovare il **passaporto**.

o **passaporte**
- Tenho de renovar o **passaporte**.

valido, valida [ˈvaːlido ˈvaːlida] adj
- È indispensabile avere un documento **valido** per l'iscrizione.

válido
- É indispensável ter um documento **válido** para a inscrição.

scaduto, scaduta [skaˈduːto, skaˈduːta] adj
- Il mio passaporto è **scaduto**.

vencido, expirado, fora da validade
- Meu passaporte está **vencido**.

il **soggiorno** [sodˈdʒorno] n
- Durante il nostro **soggiono** a Capri il tempo è stato sempre bello.

a **estada**
- Durante nossa **estada** em Capri, o tempo sempre esteve bom.

il **riposo** [riˈpoːso] n
- Ho bisogno di **riposo**.

o **repouso**, o **descanso**
- Preciso de **repouso**.

riposante [ripoˈsante] adj
- È stata una vacanza molto **riposante**.

repousante
- Foram férias muito **repousantes**.

organizzare [organidˈdzaːre] v
- **Abbiamo organizzato** il viaggio da soli.

organizar
- Nós **organizamos** as férias sozinhos.

l'**opperatore turistico** [operaˈtoːre tuˈristiko] *n m*
- Se c'è un problema, deve rivolgersi all'**operatore turistico**.

o **operador turístico**
- Se houver algum problema, reporte-o ao **operador turístico**.

la **conferma** [konˈferma] *n*
- Abbiamo bisogno di una **conferma** telefonica.

a **confirmação**
- Temos necessidade de uma **confirmação** por telefone.

confermare [konferˈmaːre] *v*
- Dobbiamo **confermare** la prenotazione due giorni prima della partenza.

confirmar
- Temos de **confirmar** a reserva dois dias antes da partida.

l'**agriturismo** [agrituˈrizmo] *n m*
- L'idea dell'**agriturismo** non mi dispiace per niente.

o **agroturismo**
- A ideia do **agroturismo** não me desagrada nem um pouco.

➡ A expressão agriturismo é menos empregada para o tipo de viagem de férias do que para o empreendimento turístico no campo que oferece alimentação (com ingredientes de produção própria) e, por vezes, pernoite.

l'**avventura** [avveˈntuːra] *n f*
- È stato un viaggio pieno di **avventure**.

a **aventura**
- Foi uma viagem cheia de **aventuras**.

lo **zaino** [ˈdzaːino] *n*
- Si è messo lo **zaino** in spalla e se n'è andato.

a **mochila**
- Ele pôs a **mochila** nas costas e se foi.

il **borsone** [borˈsoːne] *n*
- Ho messo tutto nel **borsone**.

a **bolsa de viagem**
- Coloquei tudo na **bolsa de viagem**.

essere di passaggio [ˈɛssere di paˈssaddʒo] *loc*
▶ v irr p. 408 essere
- Non abbiamo bisogno di un albergo, **siamo di passaggio**.

estar de passagem

- Não temos necessidade de um hotel, **estamos de passagem**.

l'**estero** [ˈɛstero] *n m*
- È la prima volta che andiamo all'**estero**.

o **exterior**
- É a primeira vez que vamos ao **exterior**.

il **visto** [ˈvisto] *n*
- I cittadini extracomunitari hanno bisogno del **visto**.

o **visto**
- Cidadãos de fora da Comunidade Europeia precisam de um **visto**.

la **dogana** [do'gaːna] *n* ■ È stato bloccato alla **dogana** di Ponte Tresa.	a **alfândega** ■ Ele foi parado na **alfândega** em Ponte Tresa.
dichiarare [dikja'raːre] *v* ■ Non ho niente da **dichiarare**.	**declarar** ■ Não tenho nada a **declarar**.
entrare [en'traːre] *v* ■ Per potere **entrare** in India è necessario il visto.	**entrar** ■ Para poder **entrar** na Índia, é preciso um visto.
lasciare [laʃˈʃaːre] *v* ■ Il visto viene controllato anche quando si **lascia** il paese.	**deixar, sair** ■ O visto é controlado também quando se **deixa** o país.
il **cittadino**, la **cittadina** [tʃittaˈdiːno, tʃittaˈdiːna] *n* ■ Sono **cittadina** tedesca. ■ Siamo tutti **cittadini** dell'UE.	o **cidadão**, a **cidadã** ■ Sou **cidadã** alemã. ■ Somos todos **cidadãos** da UE.

Pernoites

il **pernottamento** [pernottaˈmento] *n* ■ Nel **pernottamento** è inclusa la colazione.	o **pernoite** ■ No **pernoite** está incluso o café da manhã.
pernottare [pernotˈtaːre] *v* ■ **Abbiamo pernottato** a Pisa.	**pernoitar** ■ **Pernoitamos** em Pisa.
l'**alloggio** [alˈlɔddʒo] *n m* ■ Il costo per l'**alloggio** è di 30 euro. ➔ dubbio p. 61	o **alojamento**, a **hospedagem** ■ O preço da **hospedagem** é 30 euros.
➔ **alloggio** é frequentemente empregado na expressão **vitto e alloggio**, que significa **alimentação e alojamento**.	
l'**albergo** [alˈbɛrgo] *n m* ■ L'**albergo** è completo. ➔ largo p. 32	o **hotel** ■ O **hotel** está lotado.
la **pensione** [penˈsjoːne] *n* ■ C'è una stanza libera in una **pensione**.	a **pensão** ■ Tem um quarto vago em uma **pensão**.

il **bed and breakfast** [bɛdɛmˈbrɛkfast] *n pl inv*
- Cerchiamo una pensione o un **bed and breakfast**.

o *bed and breakfast*
- Procuramos uma pensão ou um *bed and breakfast*.

l'**ostello della gioventù** [osˈtɛllo della dʒovenˈtu] *n m*
- Negli **ostelli della gioventù** si conoscono tante persone.

o **albergue da juventude**
- Nos **albergues da juventude** se conhecem muitas pessoas.

il **campeggio** [kamˈpeddʒo] *n*
- Siamo stati in un **campeggio** sul mare.
➡ dubbio p. 61.

o **camping**, o **acampamento**
- Ficamos num **camping** junto ao mar.

campeggiare [kampeˈddʒaːre] *v*
- **Abbiamo campeggiato** vicino a Spoleto.

acampar
- **Acampamos** próximo a Spoleto.

la **tenda** [ˈtɛnda] *n*
- Abbiamo tirato su la **tenda** in pochi minuti.

a **barraca**
- Armamos a **barraca** em poucos minutos.

il **sacco a pelo** [ˈsakko a ˈpeːlo] *n*
- Fa freddo, ci vuole il **sacco a pelo**.

o **saco de dormir**
- Está frio, precisamos de um **saco de dormir**.

la **roulotte** [ruˈlɔt] *n pl inv*
- I miei genitori hanno comprato una **roulotte**.

o *trailer*
- Meus pais compraram um *trailer*.

il **camper** [ˈkamper] *n; pl inv*
- Con il **camper** siamo liberi di dormire dove vogliamo.

o *trailer*
- Com o *trailer*, estamos livres para dormir onde quisermos.

la **reception** [reˈsɛpʃon] *n*
- Quando uscite, lasciate la chiave alla **reception**.

a **recepção**
- Ao sair, deixe a chave na **recepção**.

fare il check-in [ˈfaːre il tʃɛkˈkin] *loc*
▶ **v irr** p. 409 fare
- Il **check-in** può **fare** dalle 17 alle 22.

fazer o *check-in*
- O *check-in* pode **ser feito** das 17h às 22h.

la **camera doppia** [ˈkaːmera ˈdoppja] *n*
- Abbiamo prenotato una **camera doppia**.

o **quarto duplo**
- Reservamos um **quarto duplo**.

la **camera singola** [ˈkaːmera ˈsiŋgola] *n*
- Ci sono due **camere singole** senza bagno.

o **quarto individual**
- Há dois **quartos individuais** sem banheiro.

occupato, occupata [okkuˈpaːto, okkuˈpaːta] *adj*
- Tutte le camere sono **occupate**.

ocupado
- Todos os quartos estão **ocupados**.

al completo [al komˈplɛːto] *adj*
- Mi dispiace, siamo al **completo**.

lotado
- Sinto muito, estamos **lotados**.

la **pensione completa** [penˈsjoːne komˈplɛːta] *n*
- Quanto costa una camera doppia con **pensione completa**.

a **pensão completa**
- Quanto custa um quarto duplo com **pensão completa**?

la **mezza pensione** [ˈmɛddza penˈsjoːne] *n*
- La camera costa 70 euro, **mezza pensione** inclusa.

a **meia pensão**
- O quarto custa 70 euros, **meia pensão** inclusa.

la **stagione** [staˈdʒoːne] *n*
- La **stagione** finisce a settembre.

a **estação**
- A **estação** termina em setembro.

➡ Alta estação é **alta stagione**; baixa estação, **bassa stagione**.

la **categoria** [kategoˈriːa] *n*
- Da un albergo di questa **categoria** non mi aspettavo un trattamento del genere.

a **categoria**
- De um hotel dessa **categoria**, eu não esperava um tratamento desse tipo.

l'**attrezzatura** [attrettsaˈtuːra] *n f*
- Quando andiamo a fare immersioni dobbiamo portarci dietro tutta l'**attrezzatura**.

o **equipamento**
- Quando vamos mergulhar, temos de levar todo o **equipamento**.

Pontos turísticos

visitare [vizi'ta:re] *v*
- Se vai nelle Marche, devi assolutamente **visitare** le grotte di Frasassi.

visitar
- Se você for ao Marche, não pode deixar de **visitar** a gruta de Frasassi.

la **gita** [ˈdʒi:ta] *n*
- Domenica abbiamo fatto una bella **gita**.

a **excursão**, o **passeio**
- Domingo fizemos uma bela **excursão**.

guidare [guiˈda:re] *v*
- È la signora che ci **ha guidato** nella visita del museo.

guiar
- É a senhora que nos **guiou** na visita ao museu.

la **visita guidata** [ˈvi:zita guiˈda:ta] *n*
- Ci sono delle **visite guidate** alle 10 e alle 15.

a **visita guiada**
- Há **visitas guiadas** às 10h e às 15h.

il **giro turistico** [ˈdʒi:ro tuˈristiko] *n*
- Abbiamo fatto un **giro turistico** per la Toscana.

o **passeio turístico**
- Fizemos um **passeio turístico** pela Toscana.

la **chiesa** [ˈkjɛ:za] *n*
- Nel mio paese ci sono tre **chiese**.

a **igreja**
- No meu vilarejo há três **igrejas**.

➡ Assim como em português, **chiesa** é escrito com inicial minúscula quando se trata da edificação e com inicial maiúscula quando se trata da instituição.

il **duomo** [ˈduɔ:mo] *n*
- Il **duomo** è la chiesa principale della città.

a **catedral**
- A **catedral** é a igreja principal da cidade.

la **basilica** [baˈzi:lika] *n*
- La **basilica** gotica è bellissima.

a **basílica**
- A **basílica** gótica é belíssima.

la **cattedrale** [katteˈdra:le] *n*
- Abbiamo fatto una visita guidata della **cattedrale**.

a **catedral**
- Fizemos uma visita guiada na **catedral**.

la **sinagoga** [sinaˈgɔ:ga] *n*
- Hanno costruito una nuova **sinagoga**.

a **sinagoga**
- Construíram uma **sinagoga** nova.

la **moschea** [mosˈkɛ:a] *n*
- La **moschea** non è aperta al pubblico.

a **mesquita**
- A **mesquita** não é aberta ao público.

il **museo** [mu'zɛːo] *n*
- Il **museo** coserva dipinti famosi.

o **museu**
- O **museu** conserva pinturas famosas.

la **sala** ['saːla] *n*
- Nelle **sale** del palazzo ci sono dipinti e affreschi.

o **salão**
- Nos **salões** do palácio há pinturas e afrescos.

la **torre** ['torre] *n*
- Dalla **torre** c'è una vista stupenda.

a **torre**
- Da **torre** se tem uma vista estupenda.

➡ **torre** designa todo tipo de torre, à exceção de torre de igreja e de sino, que se chamam **campanile**.

il **castello** [kas'tɛllo] *n*
- In Trentino ci sono molti **castelli**.
- Quando vai a Heidelberg, devi visitare il **castello**.

o **castelo**
- Em Trentino há muitos **castelos**.
- Quando for a Heidelberg, você tem de visitar o **castelo**.

il **palazzo** [pa'lattso] *n*
- Il più bei **palazzi** d'Italia sono aperti al pubblico.

o **palácio**, o **palacete**
- Os mais belos **palácios** da Itália são abertos ao público.

➡ **pallazzo** designa não somente todo tipo de construção majestosa, mas também uma construção de grandes proporções.

l'**ingresso** [i'ŋɡrɛsso] *n m*
- L'**ingresso** è libero.

a **entrada**
- A **entrada** é grátis.

la **cultura** [kul'tuːra] *n*
- Vorrei girare il mondo per conoscere altre **culture**.

a **cultura**
- Gostaria de viajar o mundo para conhecer outras **culturas**.

culturale [kultu'raːle] *adj*
- Tra l'Italia e la Germania ci sono alcune differenze **culturali**.
- Hanno aperto un nuovo centro **culturale**.

cultural
- Existem diferenças **culturais** entre a Itália e a Alemanha.
- Abriram um novo centro **cultural**.

la **cappella** [ka'ppɛlla] *n*
- Nella prima **cappella** a destra c'è un dipinto di Caravaggio.

a **capela**
- Na primeira **capela** à direita, há uma pintura de Caravaggio.

➡ Atenção: **cappella** escreve-se com dois **p**.

il **campanile** [kampa'niːle] *n*
- Si può salire sul **campanile**.

o **campanário**
- Pode-se subir no **campanário**.

la **campana** [kam'paːna] *n* ■ A mezzogiorno suonamo tutte le **campane** della città.	o **sino** ■ Ao meio-dia, tocam todos os **sinos** da cidade.
la **cupola** ['kuːpola] *n* ■ La **cupola** di San Pietro si vede da lontano.	a **cúpula** ■ A **cúpula** de São Pedro se vê de longe.

➔ Atenção: **cupola** é escrito com apenas um **p**.

le **rovine** [ro'viːne] *n pl* ■ In cima alla collina ci sono le **rovine** dell'antico castello.	a **ruína** ■ No topo da colina há as **ruínas** do antigo castelo.
il **tempio** ['tɛmpjo] *n*; *pl* **templi** ['tɛmpji] *n* ■ Abbiamo visitato i **templi** romani.	o **templo** ■ Visitamos os **templos** romanos.
la **colonna** [ko'lonna] *n* ■ Queste **colonne** sono antichissime.	as **colunas** ■ Estas **colunas** são antiquíssimas.
la **fontana** [fon'taːna] *n* ■ In mezzo alla piazza c'è una bella **fontana**.	a **fonte** ■ No meio da praça há uma **bela** fonte.
il **monumento** [monu'mento] *n* ■ Questo è il **monumento** ai caduti.	o **monumento** ■ Este é o **monumento** aos mortos.

➔ **monumento** refere-se também uma edificação que vale a pena ser vista: **i monumenti della città** pode ser traduzido por **os pontos turísticos da cidade**.

la **vista** ['vista] *n* ■ Dal balcone c'è una magnifica **vista** della città.	a **vista** ■ Da varanda se tem uma **vista** magnífica da cidade.
lo **sconto** ['skonto] *n* ■ C'è uno **sconto** per studenti?	o **desconto** ■ Há **desconto** para estudantes?

➔ **stato civile** p. 19

Indicações de lugar

il **luogo** [ˈluɔːgo] *n*; *pl* **luoghi** [ˈluɔːgi] ■ Non era mai stata prima in quei **luoghi**.	o **lugar** ■ Ela nunca estivera naquele **lugar**.
la **città** [tʃitˈta] *n* ■ Vorrei un appartamento in **città**.	a **cidade** ■ Eu queria um apartamento na **cidade**.
il **centro** [ˈtʃɛntro] *n* ■ Quanto ci vuole per arrivare in **centro**?	o **centro** ■ Quanto tempo leva para chegar ao **centro**?
la **campagna** [kamˈpaɲɲa] *n* ■ La vita in **campagna** è più tranquilla.	o **campo** ■ A vida no **campo** é mais tranquila.
il **paese** [paˈeːze] *n* ■ Abito in un piccolo **paese**.	o **povoado**, a **aldeia**, o **vilarejo** ■ Moro num pequeno **povoado**.

➡ **paese** significa também **país**.

il **quartiere** [kuarˈtjɛːre] *n* ■ Al sud della città sta sorgendo un nuovo **quartiere**.	o **bairro** ■ Está surgindo um novo **bairro** no sul da cidade.
l'**edificio** [ediˈfiːtʃo] *n m* ■ Il mio ufficio è in un grande **edificio** in centro. ➡ dubbio p. 61	o **edifício** ■ O meu escritório fica num grande **edifício** no centro.
la **piazza** [ˈpjattsa] *n* ■ Ogni sabato c'è il mercato in **piazza**.	a **praça** ■ Todo sábado tem mercado na **praça**.
l'**incrocio** [iˈŋkroːtʃo] *n m* ■ Rallenta, c'è un **incrocio** pericoloso. ➡ dubbio p. 61	o **cruzamento** ■ Diminua a velocidade, tem um **cruzamento** perigoso.
la **strada** [ˈstraːda] *n* ■ Per arrivare in centro dovete prendere questa **strada**.	a **estrada** ■ Para chegar ao centro, vocês devem tomar esta **estrada**.

➡ **strada** refere-se a ruas no geral, mas não é empregada para nomear ruas, geralmente nomeadas como **via**, **viale**, quando mais largas, ou **corso**, quando se trata da rua principal no centro da cidade; **vicolo** indica uma **viela**.

Indicações de lugar

la **strada statale** [ˈstraːda staˈtaːle] *n* ■ Per non dover pagare il pedaggio abbiamo fatto la **strada statale**.	a **estrada vicinal** ■ Para não ter de pagar o pedágio, fomos pela **estrada vicinal**.
l'**autostrada** [autoˈstraːda] *n* ■ Le **autostrade** in Italia sono a pagamento.	a **autoestrada** ■ As **autoestradas** na Itália são taxadas.
l'**uscita** [uˈʃʃiːta] *n f* ■ Mancano 9 chilometri alla prossima **uscita**.	a **saída** ■ Faltam 9 quilômetros até a próxima **saída**.
il **parcheggio** [parˈkeddʒo] *n* ■ È meglio lasciare la macchina in un **parcheggio** a pagamento. ➡ dubbio p. 61	o **estacionamento** ■ É melhor deixar o carro num **estacionamento** pago.
l'**autosilo** [autoˈsiːlo] *n* ■ In centro ci sono diversi **autosili**.	o **edifício-garagem** ■ No centro da cidade, há diversos **edifícios-garagem**.
il **marciapiede** [martʃaˈpjɛːde] *n* ■ Qui parcheggiano le macchine anche sul **marciapiede**.	a **calçada**, o **passeio** ■ Aqui os carros estacionam até nas **calçadas**.
il **ponte** [ˈponte] *n* ■ Dopo il **ponte** deve girare a destra.	a **ponte** ■ Depois da **ponte**, você deve virar à direita.
il **parco** [ˈparko] *n* ■ Facciamo una passeggiata al **parco**? ➡ vigliacco p. 22	o **parque** ■ Vamos passear no **parque**?
il **cimitero** [tʃimiˈtɛːro] *n* ■ Oggi pomeriggio accompagno mia mamma al **cimitero**.	o **cemitério** ■ Hoje à tarde vou com minha mãe ao **cemitério**.
la **piantina** [pjanˈtiːna] *n* ■ Avete una **piantina** di Lecce?	o **mapa** ■ Você tem um **mapa** de Lecce?
la **carta geografica** [ˈkarta dʒeoˈgraːfika] *n* ■ Ho comprato una **carta geografica** d'Europa.	o **mapa** ■ Comprei um **mapa** da Europa.
la **zona** [ˈdzɔːna] *n* ■ Abita qui in **zona**?	a **região**, a **zona**, a **área** ■ Você mora aqui na **região**?

l'**ufficio turistico** [uffiːtʃo tuˈristiko] *n m* ■ All'**ufficio turistico** vendono anche biglietti per i concerti. ➜ **dubbio** p. 61 ➜ **simpatico** p. 21	o **centro de informações turísticas**, o **posto de turismo** ■ No **centro de informações turísticas**, são vendidos também ingressos para concertos.
l'**ente per il turismo** [ˈɛnte per il tuˈrizmo] *n m* ■ Per ulteriori informazioni rivolgetevi all'**ente per il turismo**.	a **secretaria de informações turísticas** ■ Para mais informações, dirija-se à **secretaria de informações turísticas**.
locale [loˈkaːle] *adj* ■ La cucina **locale** è ottima. ■ La stampa **locale** si è molto interessata al caso.	**local** ■ A cozinha **local** é ótima. ■ A imprensa **local** está muita interessada no caso.
la **periferia** [periˈferiːa] *n* ■ In **periferia** gli affitti sono meno alti che in centro.	a **periferia** ■ Na **periferia**, os aluguéis são menos altos que no centro.
i **dintorni** [dinˈtorni] *n pl* ■ Hanno in mente un viaggio a Napoli e **dintorni**.	os **arredores** ■ Tenho em mente uma viagem a Nápoles e **arredores**.
il **parco giochi** [ˈparko ˈdʒɔːko] *n* ■ Il pomeriggio porto i bambini sempre al **parco giochi**. ➜ **vigliacco** p. 22	o **parque de diversões** ■ À tarde sempre vou com as crianças ao **parque de diversões**.
la **zona pedonale** [ˈdzɔːna pedoˈnaːle] ■ Tutto il corso Vittorio Emanuele è **zona pedonale**.	a **zona pedonal**, o **calçadão** ■ Todo o Corso Vittorio Emanuele é **zona pedonal**.
la **galleria** [galleˈriːa] *n* ■ In **galleria** c'è un bellissimo negozio di scarpe.	a **galeria** ■ Na **galeria**, há uma belíssima loja de sapatos.
➜ **galleria** também significa **túnel**.	

Meios de transporte públicos

Transporte público de curta distância

il **mezzo pubblico** [ˈmɛddzo ˈpubbliko] *n* • Per andare in centro è meglio usare i **mezzi pubblici**.	o **(meio de) transporte público** • Para andar no centro, é melhor usar o **transporte público**.
la **metropolitana** [metropoliˈtaːna] *n* • La **metropolitana** c'è solo in poche città italiane.	o **metrô** • Apenas em poucas cidades italianas há **metrô**.
l'**autobus** [ˈaːutobus] *n m; pl inv* • Prendo l'**autobus** per andare a scuola.	o **ônibus** • Pego o ônibus para ir à escola.

➡ O **autobus** transporta pessoas dentro de uma cidade; uma **corriera** realiza o transporte entre diferentes localidades; e um ônibus para viagem chama-se **pullman**.

il **tram** [tram] *n; pl inv* • Ecco, arriva il nostro **tram**.	o **bonde** • Veja, chegou nosso **bonde**.
la **fermata** [ferˈmaːta] *n* • Devi scendere alla prossima **fermata**.	a **parada**, o **ponto** • Você deve descer no próximo **ponto**.
la **stazione degli autobus** [staˈtsjoːne deʎˈʎiaːutobus] *n* • Mi sa dire dov'è **stazione degli autobus**?	a **estação de ônibus** • Você saberia me dizer onde fica a **estação de ônibus**?

➡ Outra designação para estação rodoviária é **autostazione**.

il **biglietto** [biʎˈʎetto] *n* • Hai fatto il **biglietti**?	o **bilhete**, a **passagem**, o **passe** • Você comprou os **bilhetes**?
l'**abbonamento** [abbonaˈmento] *n m* • Ho l'**abbonamento** perchè prendo il treno per andare al lavoro.	o **bilhete único** • Tenho um **bilhete único** porque vou de trem para o trabalho.

➡ O bilhete semanal é designado **abbonamento settimanal**; o cartão mensal, **abbonamento mensile**; o bilhete diário, **biglietto giornaliero**.

cambiare [kamˈbjaːre] *v* • Deve **cambiare** a Verona.	**baldear** • O senhor tem de fazer **baldeação** em Verona.

aspettare [aspet'taːre] v ■ Sto **aspettando** la metropolitana.	esperar ■ **Estou esperando** o metrô.
l'**andata** [an'daːta] n f ■ All'**andata** ci abbiamo impiegato cinque ore.	a viagem de ida, a **ida** ■ Na **ida**, levamos cinco horas.
il **ritorno** [ri'torno] n ■ Al **ritorno** dobbiamo cambiare treno a Bologna.	a volta, o retorno ■ Na **volta**, temos de baldear em Bolonha.
le **ore di punta** [ˈoːre di ˈpunta] n pl ■ Nelle **ore di punta** qui c'è sempre una coda.	o **horário de pico** ■ No **horário de pico** aqui sempre tem fila.
il **distributore automatico di biglietti** [distribuˈtoːre autoˈmaːtiko di biʎˈʎetti] n ■ I biglietti si possono fare anche al **distributore automatico**.	a **máquina de (venda automática de) bilhetes** ■ Os bilhetes podem ser comprados na **máquina de bilhetes**.
timbrare [tim'braːre] v ■ Devi **timbrare** il biglietto prima di salire sul treno.	carimbar, validar ■ Você tem de **validar** o bilhete antes de subir no trem.
il **capolinea** [kapoˈliːnea] n ■ Siamo scesi al **capolinea**.	a **estação final**, o **ponto final** ■ Descemos na **estação final**.

Transporte ferroviário

la **stazione** [sta'tsjoːne] n ■ Ti vengo a prendere in **stazione**.	a **estação** ■ Venho buscar você na **estação**.
la **ferrovia** [ferro'viːa] n ■ Abitiamo dall'altra parte della **ferrovia**.	a **ferrovia** ■ Moramos do outro lado da **ferrovia**.

➡ A rede ferroviária italiana chamava-se **Ferrovie dello Stato**, abreviada F.S., omitindo o nome da empresa administradora, **Trenitalia**.

il **treno** ['trɛːno] n ■ Viaggio spesso e volentieri in **treno**.	o **trem** ■ Viajo de **trem** frequentemente e de bom grado.

l'**orario** [oˈraːrjo] *n m*
- Sai quanto arriva il treno? – No, guarda sull'**orario**.
➡ **dubbio** p. 61

o **horário**
- Você sabe quando chega o trem? – Não, veja no **horário**.

fermare [ferˈmaːre] *v*
- Questo treno **ferma** anche a Monza?

parar
- Este trem também **para** em Monza?

il **passeggero** [passedˈdʒɛːro] *n*
- Il treno è pieno e molti **passeggeri** devono stare in piedi.

o **passageiro**
- O trem está cheio, e muitos **passageiros** têm de ficar de pé.

perdere [ˈpɛrdere] *v*
▶ *v irr* p. 410 perdere
- Se **perdi** il treno delle 4, ce n'è un altro mezz'ora dopo.

perder
- Se você **perder** o trem das quatro, tem outro meia hora depois.

la **biglietteria** [biʎʎetteˈriːa] *n*
- A quest'ora la **biglietteria** è chiusa, ma c'è un distributore automatico.

a **bilheteria**
- A esta hora, a **bilheteria** está fechada, mas tem uma máquina de bilhetes.

l'**ufficio informazioni** [ufˈfiːtʃo informaˈtsjoːne] *n m*
- Può rivolgersi all'**ufficio informazioni**.

o **serviço de informações**
- Pode se dirigir ao **serviço de informações**.

la **coincidenza** [kointʃiˈdɛntsa] *n*
- Il mio treno era in ritardo e ho perso la **coincidenza**.

a **conexão**
- Meu trem estava atrasado e perdi a **conexão**.

diretto, diretta [diˈrɛtto, diˈrɛtta] *adj*
- C'è un treno **diretto**?

direto
- Existe um trem **direto**?

lo **scompartimento** [skompartiˈmento] *n*
- Sono andati a cercare uno **scompartimento** libero.
➡ **stato civile** p. 19

o **compartimento**
- Foram procurar um **compartimento** vazio.

le **cuccette** [kutˈtʃette] *n pl*
- Le **cuccette** costano meno del vagone letto.

o **vagão-beliche**
- O **vagão-beliche** custa menos que o vagão-leito.

Transporte ferroviário

il controllore [kontrol'lo:re] *n* ■ Prepara i biglietti, arriva il **controllore**.	o **cobrador**, o **controlador** ■ Prepare as passagens, aí vem o **cobrador**.

➡ Este termo não admite flexão de gênero.

la prenotazione [prenota'tsjo:ne] *n* ■ Su questo treno la **prenotazione** è obbligatoria.	a **reserva** ■ Para este trem, a **reserva** é obrigatória.
il posto a sedere ['posto a se'de:re] *loc* ■ Se non ci sono più cuccette, prenoto un **posto a sedere**.	o **assento** ■ Se não houver mais lugar no vagão-beliche, vou reservar um **assento**.
il finestrino [fine'stri:no] *n* ■ Mi piace sedermi vicino al **finestrino**.	a **janela** ■ Gosto de sentar ao lado da **janela**.

➡ **finestrino** (literalmente, **janela pequena**) designa a janela de um trem, um carro e outros meios de transporte.

affollato, affollata, [affol'la:to, affol'la:ta] *adj* ■ Il treno era **affollato**, sono sata in piedi per due ore.	**lotado** ■ O trem estava **lotado**, fiquei em pé por duas horas.
la carrozza [kar'rɔttsa] *n* ■ In quale **carrozza** sono i nostri posti?	o **vagão** ■ Em qual **vagão** estão nossos lugares?
il vagone ristorante [va'go:ne risto'rante] *n* ■ Il **vagone ristorante** è al centro del treno.	o **vagão-restaurante** ■ O **vagão-restaurante** fica no centro do trem.
il vagone letto [va'go:ne 'lɛtto] *n* ■ Viaggiamo di notte in **vagone letto**.	o **vagão-leito**, o **vagão-dormitório** ■ À noite viajamos no **vagão-leito**.
il biglietto andata e ritorno [biʎ'ʎetto a'nda:ta e ri'torno] *n* ■ Un **biglietto andata e ritorno** per Palermo, per favore.	o **bilhete de ida e volta** ■ Um **bilhete de ida e volta** para Palermo, por favor.

il **binario** [bi'naːrjo] *n* ■ Al **binario** 6 è in arrivo il treno da Mantova. ■ Vi aspetto al **binario**.	a **plataforma** ■ Na **plataforma** 6 está chegando o trem de Mântua. ■ Espero por vocês na **plataforma**.
il **deposito bagagli** [deˈpɔːzito baˈgaʎʎi] *n* ■ Ho lasciato la valigia al **deposito bagagli**.	o **guarda-volumes** ■ Deixei a mala no **guarda-volumes**.
la **cassetta** [kasˈsetta] *n* ■ In questa stazione non c'è il deposito bagagli, ma solo delle **cassette**.	o **guarda-volumes com moeda** ■ Nesta estação não há depósito de bagagem, somente **guarda-volumes com moeda**.

Viagens aéreas e marítimas

l'**aereo** [aˈɛːreo] *n m* ■ L'**aereo** è appena atterrato.	o **avião** ■ O **avião** acabou de pousar.
l'**aeroporto** [aeroˈpɔrto] *n m* ■ Roma e Milano sono i principali **aeroporti** italiani.	o **aeroporto** ■ Roma e Milão são os principais **aeroportos** da Itália.
la **compagnia (aerea)** [kompaɲˈɲiːa (aˈɛːrea)] *n* ■ Con che **compagnia** voli?	a **companhia (aérea)** ■ Com qual **companhia** você vai?
il **volo** [ˈvoːlo] *n* ■ Ultima chiamata per il **volo** AZ 125 per Lamezia Terme.	o **voo** ■ Última chamada para o **voo** AZ125 para Lamezia Terme.
volare [voˈlaːre] *v* ■ L'aereo **vola** veloce.	**voar** ■ O avião **voa** rápido.
il **cancello** [kanˈtsɛllo] *n* ■ Vada subito al **cancello** A23.	o **portão** ■ Vá rápido ao **portão** A23.

➔ **cancello** é a expressão italiana para o termo em inglês **gate**, que é de uso mais comum.

il **terminal** [ˈtɛrminal] *n* ■ Da che **terminal** partite?	o **terminal** ■ De qual **terminal** você parte?

Viagens aéreas e marítimas

decollare [dekol'la:re] v
- L'aereo è **decollato** con un quarto d'ora di ritardo.

➜ ingrassare p. 28

decolar
- O avião **decolou** com quinze minutos de atraso.

atterrare [atter'ra:re] v
- **Siamo atterrati** all'aeroporto di Roma Fiumicino.

➜ ingrassare p. 28

aterrissar
- **Aterrissamos** em Roma, no aeroporto Fiumicino.

cancellare [kantʃel'la:re] v
- Il nostro volo è **stato cancellato** per nebbia.

cancelar
- Nosso voo **foi cancelado** por causa da neblina.

la **nave** ['na:ve] n
- A Genova abbiamo preso la **nave** per Barcellona.

o **navio**
- Em Gênova, pegamos o **navio** para Barcelona.

la **barca** ['barka] n
- Abbiamo venduto la **barca**.

o **barco**
- Vendemos o **barco**.

il **traghetto** [tra'getto] n
- Per andare in Sardegna abbiamo preso il **traghetto** da Livorno.

a **balsa**, o *ferry-boat*
- Para ir à Sardenha, pegamos a **balsa** de Livorno.

il **porto** ['pɔrto] n
- La nave è arrivata in **porto** con due ore di ritardo.

o **porto**
- O navio chegou ao **porto** com duas horas de atraso.

affondare [affo'nda:re] v
- La nave è affondata in mare aperto.

➜ ingrassare p. 28

afundar
- O navio **afundou** em mar aberto.

l'**elicottero** [eli'kɔttero] n m
- Un **elicottero** è atterrato sul prato.

o **helicóptero**
- Um **helicóptero** aterrissou no campo.

lo **scalo** ['ska:lo] n
- Ci aspettano 18 ore con **scalo** a Hong Kong.

➜ stato civile p. 19

a **escala**
- Teremos 18 horas de voo com **escala** em Hong Kong.

➜ fazer escala é fare scalo.

low cost [louˈkɔst] *n* ■ Ho trovato un volo **low cost** per Berlino.	barato, econômico ■ Encontrei um voo **econômico** para Berlim.
venire a prendere [veˈniːre a ˈprɛndere] *loc* ▶ **v irr** p. 413 venire ■ Ti vengo a prendere all'aeroporto.	ir pegar, ir apanhar ■ **Vou** lhe **pegar** no aeroporto.
l'**annuncio** [anˈnuntʃo] *n m* ■ Hai sentito l'**annuncio**?	o comercial, o anúncio ■ Você ouviu o **comercial**?
salire a bordo [saˈliːre a ˈbordo] *loc* ▶ **v irr** p. 411 salire ■ Siamo **saliti a bordo** con dieci minuti di ritardo.	embarcar ■ **Embarcamos** com 10 minutos de atraso.
La **crociera** [kroˈtʃɛːra] *n* ■ Abbiamo fato una stupenda **crociera** nel Mediterraneo.	o cruzeiro ■ Fizemos um fantástico **cruzeiro** pelo Mediterrâneo.
La **cabina** [kaˈbiːna] *n* ■ Abbiamo prenotato una **cabina** di prima classe.	a cabine ■ Reservamos uma **cabine** de primeira classe.
Il **carico** [ˈkaːriko] *n*; *pl* **carichi** [ˈkaːriki] ■ Stanno controllando il **carico**.	a carga ■ Estamos verificando a **carga**.
caricare [kariˈkaːre] *v* ■ La nave **viene caricata** a Taranto.	carregar ■ O navio é **carregado** em Taranto.
il **trasporto** [trasˈpɔrto] *n* ■ Nel prezzo è compreso il **trasporto**.	o transporte ■ No preço está incluído o **transporte**.
trasportare [trasporˈtaːre] *v* ■ Le banane **vengono trasportate** in nave.	transportar ■ As bananas **são transportadas** por navio.
il **container** [konˈtɛːiner] *n*; *pl inv* ■ Nel porto di Napoli ci sono migliaia di **container**.	o contêiner ■ No porto de Nápoles, há milhares de **contêineres**.

Transporte individual

il traffico ['traffiko] *n*
- A quest'ora c'è molto **traffico**.
➡ **simpatico** p. 21

o **trânsito**
- A esta hora tem muito **trânsito**.

---

la macchina ['makkina] *n*
- Ho comprato una **macchina**.

o **carro**, o **automóvel**
- Comprei um **carro**.

➡ Em vez de **macchina** emprega-se também o substantivo feminino **automobile** ou sua forma abreviada, **auto**.

---

il taxi ['taksi] *n; pl inv*
- Per andare all'aeroporto ho preso il **taxi**.

o **táxi**
- Peguei um **táxi** para ir ao aeroporto.

---

l'autista [au'tista] *n m/f*
- L'**autista** dell'autobus ha frenato.
➡ **apprendista** p. 133

o **motorista**
- O **motorista** do ônibus freou.

➡ Atenção: **autista** emprega-se tão somente para motoristas de transporte público; o motorista de veículo particular é chamado de **guidatore**.

---

guidare [gui'da:re] *v*
- Vuoi che **guidi** io?

guiar, dirigir
- Quer que eu **dirija**?

---

la patente (di guida) [pa'tɛnte (di 'gwi:da)] *n*
- La Polizia gli ha ritirato la **patente**.

a **carteira de motorista**
- A polícia lhe tirou a **carteira de motorista**.

---

la moto ['mɔ:to] *n; pl inv*
- Non sono mai andata in **moto**.

a **motocicleta**, a **moto**
- Nunca andei de **moto**.

➡ **moto** é a abreviação de **motocicletta**.

---

la bici ['bi:tʃi] *n; pl inv*
- Preferisco andare in **bici**.

a **bicicleta**
- Prefiro ir de **bicicleta**.

➡ A abreviação **bici** é empregada com mais frequência que **bicicletta**.

---

andare avanti [a'nda:re a'vanti] *loc*
▶ *v irr* p. 405 andare
- **Vai** ancora un po'più **avanti**.

ir para a frente
- **Vá** um pouco mais **para a frente**.

fare retromarcia [ˈfaːre retroˈmartʃa] *loc* ▶ v irr p. 409 fare ■ **Facendo retromarcia** è finita contro un albero.	dar (marcha a) ré ■ Ao **dar marcha a ré**, acabou batendo numa árvore.
fare inversione [ˈfaːre inverˈsjoːne] *loc* ▶ v irr p. 409 fare ■ Al prossimo incrocio deve **fare inversione**.	virar ■ Você deve **virar** no próximo cruzamento.
fermarsi [ferˈmarsi] *v* ■ Qui non può **fermarsi**.	parar ■ Aqui não se pode **parar**.
parcheggiare [parkedˈdʒaːre] *v* ■ **Parcheggia** qui, il ristorante non è lontano.	estacionar ■ **Estacione** aqui, o restaurante não fica longe.
attraversare [attraverˈsaːre] *v* ■ Possiamo **attraversare** qui.	atravessar ■ Podemos **atravessar** aqui.
il semaforo [seˈmaːforo] *n* ■ Ho trovato tutti i **semafori** rossi.	o **semáforo**, o **sinal**, o **farol** ■ Encontrei todos os **faróis** vermelhos.
il cartello [karˈtɛllo] *n* ■ Non ha visto il **cartello** e ha preso una multa.	a placa ■ Não viu a **placa** e levou uma multa.
la benzina [benˈdziːna] *n* ■ In Svizzera la **benzina** costa meno.	a gasolina ■ Na Suíça, a **gasolina** é mais barata.
il gasolio [gaˈzɔːljo] *n* ■ Mi faccia il pieno di **gasolio**.	o (óleo) *diesel* ■ Encha o tanque com *diesel*.

➜ Em vez de gasolio também se diz diesel.

il distributore (di benzina) [distribuˈtoːre (di benˈdziːna)] *n* ■ Fermati al primo **distributore**.	o posto (de gasolina) ■ Pare no primeiro **posto**.
fare benzina [ˈfaːre benˈdziːna] *loc* ▶ v irr p. 409 fare ■ Dobbiamo **fare benzina**.	abastecer ■ Temos de **abastecer**.

Transporte individual

fare il pieno [ˈfaːre il ˈpjɛːno] *loc* ▶ v irr p. 409 fare ■ Prima di partire ho **fatto il pieno**.	**encher o tanque** ■ Antes de partir, **enchi o tanque**.
consumare [konsuˈmaːre] *v* ■ Questa macchina non **consuma** molto.	**consumir** ■ Este carro não **consome** muito.
la **ruota** [ˈruɔːta] *n* ■ L'auto è parcheggiata con due **ruote** sul marciapiede.	a **roda** ■ O carro está estacionado com duas **rodas** na calçada.
il **veicolo** [veˈiːkolo] *n* ■ I **veicoli** in sosta vietata saranno rimossi.	o **veículo** ■ Os **veículos** em estacionamento proibido serão guinchados.
l'**automobilista** [automobiˈlista] *n m/f* ■ Molti **automobilisti** sono soci dell'ACI. ➡ **apprendista** p. 133	o **motorista** ■ Muitos **motoristas** são membros do ACI.
il **camion** [ˈkaːmjon] *n*; *pl inv* ■ La domenica non ci sono **camion** in autostrada.	o **caminhão** ■ Domingo não tem **caminhões** na estrada.
la **bici a pedalata assistita** [ˈbiːtʃi a pedaˈlaːta assiˈstiːta] *n* ■ Con la **bici a pedalata assistita** si fa meno fatica.	a **bicicleta de pedal assistido** ■ Com a **bicicleta de pedal assistido** cansa-se menos.
il **pedone** [peˈdoːne] *n* ■ Nessuno si ferma per far attraversare i **pedoni**.	o **pedestre** ■ Ninguém freia para que os **pedestres** atravessem a rua.
percorrere [perˈkorrere] *v* ▶ v irr p. 407 correre ■ **Ha percorso** 10 quilometri a piedi.	**percorrer** ■ Ele **percorreu** 10 quilômetros a pé.
il **tragitto** [traˈdʒitto] *n* ■ Abbiamo percorso il **tragitto** in due ore.	o **trajeto** ■ Fizemos o **trajeto** em duas horas.
il **navigatore satellitare** [navigaˈtoːre satelliˈtaːre] *n* ■ Con il **navigatore satellitare** mi trovi subito.	o **sistema de posicionamento global**, o **GPS** ■ Com o **GPS**, você logo vai me encontrar.

Transporte individual

la **scorciatoia** [skortʃaˈtoːja] *n* ■ Abbiamo preso una **scorciatoia**.	o **atalho** ■ Pegamos um **atalho**.
la **deviazione** [devjaˈtsjoːne] *n* ■ C'è una **deviazione** per lavori in corso.	o **desvio** ■ Há um **desvio** por causa de obras.
la **coda** [ˈkoːda] *n* ■ Ci sono 6 chilometri di **coda**.	o **congestionamento**, o **engarrafamento** ■ São 6 quilômetros de **congestionamento**.
bloccare [blokˈkaːre] *n* ■ C'è un camion che **blocca** la strada.	**bloquear** ■ Há um caminhão **bloqueando** a estrada.
la **curva** [ˈkurva] *n* ■ Attento, c'é un'altra **curva**.	a **curva** ■ Cuidado, tem mais uma **curva**.
girare [dʒiˈraːre] *v* ■ Vada sempre diritto fino a piazza Mazzini e poi **giri** a destra.	**virar, dobrar** ■ Vá sempre em frente até a piazza Mazzini e então **vire** à direita.
il **freno** [ˈfrɛːno] *n* ■ Devo far controllare i **freni**.	o **freio** ■ Tenho de verificar os **freios**.
frenare [freˈnaːre] *v* ■ **Ha frenato** bruscamente.	**frear** ■ **Freou** bruscamente.
mettere la freccia [ˈmettere la ˈfrettʃa] *loc* ▶ *v irr* p. 409 mettere ■ **Ha messo la freccia** a destra e ha girato a sinistra.	**dar a seta, dar sinal** ■ **Deu seta** à direita e virou à esquerda.
la **gomma** [gomma] *n* ■ Devo cambiare una **gomma**.	o **pneu** ■ Tenho de trocar um **pneu**.
a terra [a ˈtɛrra] *adv* ■ Ho una gomma a **terra**.	**furado** ■ Estou com um pneu **furado**.
rimanere in panne [rimaˈneːre in ˈpanne] *loc* ▶ *v irr* p. 411 rimanere ■ **Siamo rimasti in panne** in autostrada.	**ter um problema, ter uma avaria, ter uma pane** ■ **Tivemos um problema** na estrada.

la **strada a senso unico** [ˈstraːda a ˈsɛnso ˈuːniko] ■ In questo quartiere ci sono tante **strade a senso unico**.	a **via de mão única** ■ Neste bairro há muitas **vias de mão única**.
il **numero di targa** [ˈnuːmero di ˈtarga] *n* ■ Sei riuscita a prendere il **numero di targa**?	o **número da placa** ■ Você conseguiu anotar o **número da placa**?
➡ **targa** refere-se ao número da placa. Para **o carro de placa número ...** diz-se **la macchina targata**.	
il **segnale stradale** [seɲˈɲaːle straˈdaːle] *n* ■ Ho fatto un corso per conoscere meglio i **segnali stradali**.	o **sinal de trânsito** ■ Fiz um curso para conhecer melhor os **sinais de trânsito**.
la **multa** [ˈmulta] *n* ■ Il vigile mi ha dato una **multa**.	a **multa** ■ O guarda me deu uma **multa**.
la **cintura di sicurezza** [tʃinˈtuːra di sikuˈrettsa] *n* ■ Dietro non ci sono le **cinture di sicurezza**.	o **cinto de segurança** ■ No banco de trás não tem **cinto de segurança**.
mettere la cintura (di sicurezza) [ˈmettere la tʃinˈtuːra (di sikuˈrettsa)] *loc* ▶ v irr p. 409 mettere ■ Anche chi sta dietro deve **mettere la cintura**.	**colocar o cinto (de segurança)** ■ Quem está no banco traseiro também deve **colocar o cinto de segurança**.
il **casco** [ˈkasko] *n* ■ Porto sempre il **casco**. ➡ **vigliacco** p. 22	o **capacete** ■ Sempre uso **capacete**.
essere obbligatorio, essere obbligatoria [ˈɛssere obbligaˈtɔːrjo, ˈɛssere obbligaˈtɔːrja] *loc* ▶ v irr p. 408 essere ■ In motto il casco è obbligatorio.	**ser obrigatório** ■ Para motos, o capacete é **obrigatório**.

Transporte individual 267

l'autogrill [auto'grill] *n m; pl inv* ■ Abbiamo mangiato qualcosa all'**autogrill**.	a **parada de autoestrada** ■ Comemos alguma coisa na **parada de autoestrada**.
l'area di servizio [ˈaːrea di serˈviːtsjo] *n f* ■ C'è un'**area di servizio** tra 15 chilometri.	a **área de repouso** ■ Há uma **área de repouso** a cada 15 quilômetros.
il pedaggio [peˈdaddʒo] *n* ■ Abbiamo pagato 20 euro di **pedaggio**.	o **pedágio** ■ Pagamos 20 euros de **pedágio**.
il casello [kaˈsɛllo] *n* ■ Rallenta, c'è il **casello**.	a **área de pedágio** ■ Devagar, é uma **área de pedágio**.
a pagamento [a pagaˈmento] *adj* ■ È un parcheggio **a pagamento**.	**pago** ■ É um estacionamento **pago**.
fare l'autostop [ˈfaːre autoˈstɔp] *loc* ▶ v irr p. 409 fare ■ Ho **fatto** spesso l'**autostop**.	**viajar de carona** ■ **Viajei** muitas vezes **de carona**.
dare un passaggio a [ˈdaːre un pasˈsaddʒo] *loc* ▶ v irr p. 407 dare ■ Il nostro professore ci **ha dato un passaggio**.	**dar (uma) carona a** ■ Nosso professor nos **deu uma carona**.
il biocarburante [biokarbuˈrante] *n* ■ Il **biocarburante** è indicato per motori moderni.	o **biocombustível** ■ Os **biocombustíveis** são indicados para motores modernos.

Natureza e meio ambiente

Animais e plantas

l'**animale** [ani'maːle] *n m*	o **animal**
il **cane** [ˈkaːne] *n*	o **cão**
➡ O feminino é **cagna**, e o diminutivo masculino, **cagnolino**.	
il **gatto** [ˈgatto] *n*	o **gato**
l'**uccello** [utˈtʃɛllo] *n m*	o **pássaro**
il **cavallo** [kaˈvallo] *n*	o **cavalo**
➡ O feminino é **cavalla**; **garanhão**, em italiano, é **stallone**.	
la **mucca** [ˈmukka] *n*	a **vaca**
il **bue** [ˈbuːe] *n*; *pl* **buoi** [orig] *n*	o **boi**
il **vitello** [viˈtɛllo] *n*	a **vitela**
il **maiale** [maˈjaːle] *n*	o **porco**
la **pecora** [ˈpɛːkora] *n*	a **ovelha**
la **capra** [ˈkaːpra] *n*	a **cabra**
il **gallo** [ˈgallo] *n*	o **galo**
la **gallina** [galˈliːna] *n*	a **galinha**
il **topo** [ˈtɔːpo] *n*	o **rato**
il **pesce** [ˈpeʃʃe] *n*	o **peixe**
la **pianta** [ˈpjanta] *n*	a **planta**
l'**albero** [ˈalbero] *n m*	a **árvore**
il **fiore** [ˈfjoːre] *n*	a **flor**
l'**erba** [ˈɛrba] *n f*	a **grama**

la **foglia** [ˈfoʎʎa] n ➡ foglio p. 148	a **folha**
il **ramo** [ˈraːmo] n	o **ramo**, o **galho**
l'**essere vivente** [ˈɛssere viˈvɛnte] n m	o **ser vivo**
l'**animale domestico** [aniˈmaːle doˈmɛstiko] n m	o **animal doméstico**
l'**asino** [ˈaːsino] n m	o **asno**, o **burro**
il **coniglio** [koˈniʎʎo] n ➡ dubbio p. 61	o **coelho**
l'**anatra** [ˈaːnatra] n f	o **pato**
l'**orso** [ˈorso] n m	o **urso**
➡ O urso-branco é chamado **orso bianco** ou **orso polare**.	
la **volpe** [ˈvolpe] n	a **raposa**
il **lupo** [ˈluːpo] n	o **lobo**
il **leone** [leˈoːne] n	o **leão**
la **tigre** [ˈtiːgre] n	o **tigre**
l'**elefante** [eleˈfante] n m	o **elefante**
la **scimmia** [ˈʃimmja] n	o **macaco**
il **delfino** [delˈfiːno] n	o **golfinho**
la **balena** [baˈleːna] n	a **baleia**
lo **squalo** [ˈskuaːlo] n ➡ stato civile p. 19	o **tubarão**
il **serpente** [serˈpɛnte] n	a **cobra**, a **serpente**
l'**insetto** [inˈsɛtto] n m	o **inseto**
la **farfalla** [farˈfalla] n	a **borboleta**
la **rosa** [ˈrɔːza] n	a **rosa**

il **pino** [ˈpiːno] *n*	o **pinheiro**
l'**abete** [aˈbeːte] *n m* ➡ **serpente** p. 269	o **abeto**
la **quercia** [ˈkuɛrtʃa] *n* ➡ **faccia** p. 25	o **carvalho**
la **vite** [ˈviːte] *n*	a **videira**
il **tulipano** [tuliˈpaːno] *n*	a **tulipa**
il **girasole** [dʒiraˈsoːle] *n*	o **girassol**
l'**oleandro** [oleˈandro] *n m*	o **oleandro**
il **fungo** [ˈfuŋgo] *n* ➡ **largo** p. 32	o **fungo**, o **cogumelo**

Paisagem

il **paesaggio** [paeˈzaddʒo] *n* ▪ Potrei stare ad ammirare il **paesaggio** per ore. ➡ **dubbio** p. 61	a **paisagem** ▪ Eu poderia ficar admirando a **paisagem** por horas.
la **natura** [naˈtuːra] *n* ▪ Mi hano insegnato a rispettare la **natura**.	a **natureza** ▪ Ensinaram-me a respeitar a **natureza**.
la **regione** [reˈdʒoːne] *n* ▪ La Foresta Nera è una **regione** montuosa nel sud della Germania. ▪ L'Italia è divisa in venti **regioni**.	a **região** ▪ A Floresta Negra é uma **região** montanhosa no sul da Alemanha. ▪ A Itália é dividida em vinte **regiões**.

➡ As vinte regiões da Itália são **Val d'Aosta**, **Piemonte**, **Lombardia**, **Trentino Alto**, **Adige**, **Veneto**, **Friuli**, **Giulia**, **Liguria**, **Toscana**, **Emilia Romagna**, **Marche**, **Lazio**, **Umbria**, **Abruzzo**, **Molise**, **Campania**, **Puglia**, **Basilicata** e **Calabria**, além das ilhas da **Sicilia** e **Sardegna**. Essas regiões são divididas em **province** (**províncias**), que, por sua vez, são divididas em **comuni** (comunas, equivalentes aos nossos municípios).

regionale [reʤoˈnaːle] *adj*
- In Italia ci sono molte specialità **regionali**.

regional
- Na Itália, há muitas especialidades **regionais**.

il **continente** [kontiˈnɛnte] *n*
- I cinque **continenti** sono: Europa, Asia, Africa, America e Oceania.

o **continente**
- Os cinco **continentes** são: Europa, Ásia, África, América e Oceania.

la **montagna** [monˈtaːɲa] *n*
- Domenica, se fa bel tempo, andiamo in **montagna**.
- Il Monte Bianco è la **montagna** più alta d'Europa.

a **montanha**
- Domingo, se fizer tempo bom, vamos à **montanha**.
- O Monte Branco é a **montanha** mais alta da Europa.

la **cima** [ˈtʃiːma] *n*
- Le **cime** degli Appennini sono coperti di neve.

o **cume**, o **topo**
- Os **cumes** dos Apeninos são cobertos de neve.

la **collina** [kolˈliːna] *n*
- Siamo saliti sulla **collina**.

a **colina**
- Subimos a **colina**.

→ **colle** é um sinônimo de **collina**. Roma é também conhecida como **la città dei sete colli** – a cidade das sete colinas.

collinoso [kolliˈnoːso] *adj*
- L'isola è **collinosa** e ha molte spiagge.

colinoso
- A ilha é **colinosa** e tem muitas praias.

l'**acqua** [ˈakkuaːjo] *n f*
- L'**acqua** è troppo fredda, io non faccio il bagno.

a **água**
- A **água** está muito fria, não vou tomar banho.

il **mare** [ˈmaːre] *n*
- Andate in vacanza al **mare** o in montagna?

o **mar**
- Vocês vão tirar férias no **mar** ou na montanha?

l'**oceano** [otʃeˈaːno] *n m*
- Madera è un'isola nell'**Oceano** Atlantico.

o **oceano**
- A Madeira é uma ilha no **Oceano** Atlântico.

il **Mediterraneo** [mediterˈraːneo] *n*
- Il **Mediterraneo** comunica con l'Atlantico attaverso lo stretto di Gibilterra.

o **Mediterrâneo**
- O **Mediterrâneo** se comunica com o Atlântico pelo estreito de Gibraltar.

> ➡ O Mediterrâneo é dividido em **Mar Adriatico** (entre o norte da Itália e os Bálcãs), o **Mar Jônico**, (a oeste da Bota e da Sicília), o **Mar Tirreno** (a oeste da Bota) e o **Mar Lígure** (junto à costa da Ligúria e da Toscana).

l'**Atlantico** [at'lantiko] *n m*
- Eravamo in un campeggio sull'**Atlantico**.

o **Atlântico**
- Estávamos num camping no **Atlântico**.

il **Pacifico** [pa'tʃiːfiko] *n*
- Hanno attraversato il **Pacifico** in barca a vela.

o **Pacífico**
- Atravessaram o **Pacífico** num barco a vela.

l'**onda** [ˈonda] *n f*
- Ehi, che **onde** oggi!

a **onda**
- Ei, que **ondas** hoje!

la **costa** [ˈkɔsta] *n*
- L'Italia ha migliaia di chilometri di **coste**.

a **costa**
- A Itália tem milhares de quilômetros de **costa**.

la **spiaggia** [ˈspjaddʒa] *n*
- Le **spiagge** dell'Adriatico sono ideali per chi va in vacanza con i bambini.

a **praia**
- As **praias** do Adriático são ideais para quem sai de férias com crianças.

> ➡ O plural de substantivos terminados em consoante + -**gia** átono é formado com a substituição da terminação por -**ge**.

il **fiume** [ˈfjuːme] *n*
- Il Po è il **fiume** più lungo d'Italia.

o **rio**
- O Pó é o **rio** mais longo da Itália.

il **lago** [ˈlaːgo] *n*; *pl* **laghi** [orig] *n*
- Ho fatto il bagno nel **lago**.

o **lago**
- Tomei banho no **lago**.

la **riva** [ˈriːva] *n*
- Abbiamo fatto una passeggiata lungo le **rive** del fiume.

a **margem**
- Passeamos pela **margem** do rio.

l'**isola** [ˈiːzola] *n f*
- Stromboli è un'**isola** vulcanica.

a **ilha**
- Stromboli é uma **ilha** vulcânica.

il **bosco** [ˈbɔsko] *n*
- Oggi pomeriggio andiamo a fare una passeggiata nel **bosco**.

o **bosque**
- Hoje à tarde vamos fazer um passeio no **bosque**.

➡ **vigliacco** p. 22

> ➡ **foresta** designa uma região de mata expandida, por exemplo, **foresta pluviale** – floresta pluvial.

Paisagem

il deserto [deˈzɛrto] *n*
- Ci vogliono tre giorni per attraversare questo **deserto**.

o **deserto**
- São necessários três dias para atravessar o **deserto**.

il sentiero [senˈtjɛːro] *n*
- Se seguite il **sentiero**, arrivate alla cappella.

o **caminho**
- Se vocês continuarem pelo **caminho**, vão chegar à capela.

il territorio [terriˈtɔːrjo] *n*
- Il **territorio** della provincia di Varese è molto esteso.

o **território**
- O **território** da província de Varese é muito grande.

il terreno [terˈreːno] *n*
- È un **terreno** povero di minerali.

o **terreno**
- É um **terreno** pobre em minerais.

➡ **terreno** também aparece em muitas expressões, por exemplo, **tastare il terreno** – sondar o terreno, **perdere/guadagnare terreno** – perder/ganhar terreno.

la valle [ˈvalle] *n*
- Fiumi e ghiacciai hanno formato le **valli**.

o **vale**
- Rios e geleiras formaram os **vales**.

➡ Em muitos topônimos, **valle** é abreviado por **val**.

la pianura [pjaˈnuːra] *n*
- La **pianura** che si estende ai piedi del Monte Pellegrino è molto fertile.
- Non mi piace la montagna, preferisco camminare in **pianura**.

a **planície**
- A **planície** que se estende aos pés do Monte Pellegrino é bastante fértil.
- Não gosto de montanha, prefiro caminhar na **planície**.

il pendio [penˈdiːo] *n*
- Siamo scesi lungo un **pendio** molto ripido.

a **encosta**
- Subimos por uma **encosta** muito íngreme.

ripido, ripida [ˈriːpido, ˈriːpida] *adj*
- Non ce la faccio più, questo sentiero è troppo **ripido**.

íngreme
- Não consigo mais, este caminho é muito **íngreme**.

la roccia [ˈrɔttʃa] *n*
- La strada è scavata nella **roccia**.
➡ **faccia** p. 25

a **rocha**, o **rochedo**
- A estrada é escavada na **rocha**.

Paisagem

lo scoglio [ˈskɔʎʎo] *n*
- Mi sono seduta su uno **scoglio** a guardare il tramonto.

→ stato civile p. 19
→ dubbio p. 61

a rocha, o rochedo
- Eu me sentei sobre um **rochedo** para contemplar o pôr do sol.

→ **scoglio** designa um **penhasco** junto ao mar; uma **rocha** em região montanhosa se chama **roccia**.

alpino, alpina [alˈpiːno, alˈpiːna] *adj*
- Nelle zone montuose c'è un clima **alpino**.

alpino
- Nas regiões montanhosas, há um clima **alpino**.

il ghiacciaio [ɡjatˈtʃaːjo] *n*
- In estate si può sciare sul **ghiacciaio** della Marmolada.

→ dubbio p. 61

geleira
- No verão, pode-se esquiar na **geleira** de Marmolada.

il canale [kaˈnaːle] *n*
- Venezia è famosa per i suoi **canali**.

o canal
- Veneza é famosa por seus **canais**.

la corrente [korˈrɛnte] *n*
- Nuotare qui è pericoloso, la **corrente** è molto forte.

a correnteza, a corrente
- Nadar aqui é perigoso, a **correnteza** é muito forte.

il torrente [torˈrɛnte] *n*
- Se prendi questo sentiero, devi attraversare il **torrente**.

o riacho
- Se você pegar este caminho, terá de atravessar o **riacho**.

la sorgente [sorˈdʒɛnte] *n*
- L'acqua della **sorgente** è buona.

a fonte
- A água da **fonte** é boa.

la penisola [peˈniːzola] *n*
- L'Italia è una **penisola** a forma di stivale.

a península
- A Itália é uma **península** com a forma de uma bota.

→ O termo é também empregado para se referir à própria Itália, e nesse caso é escrito com inicial maiúscula, por exemplo, **su tutta la Penisola – em toda a Itália**.

la sabbia [ˈsabbja] *n*
- C'è una spiaggia con la **sabbia** finissima.

a areia
- Há uma praia de **areia** finíssima.

la grotta [ˈgrɔtta] *n* ▪ Le **grotte** si possono visitare in barca.	a **caverna** ▪ Podem-se visitar as **cavernas** de barco.
il vulcona [vulˈkaːno] *n* ▪ L'Etna è un **vulcano** attivo.	o **vulcão** ▪ O Etna é um **vulcão** ativo.

Pontos cardeais

il nord [nɔrd] *n* ▪ Vivono al **nord**.	o **norte** ▪ Eles moram no **norte**.

➡ Os pontos cardeais são escritos com inicial minúscula quando indicam direção, e com inicial maiúscula quando indicam uma parte do mundo ou um grupo de países, por exemplo, **i paesi dell'Ovest – os países do Ocidente**.

settentrionale [settentrjoˈnaːle] *adj* ▪ Brescia è una città dell'Italia **settentrionale**.	**setentrional** ▪ Brescia é uma cidade da Itália **setentrional**.
il sud [sud] *n* ▪ Il vento viene da **sud**. ➡ **nord** p. 275.	o **sul** ▪ O vento vem do **sul**.
meridionale [meridjoˈnaːle] *adj* ▪ Ci sono state temperature da record nell'Italia **meridionale**.	**do sul, meridional** ▪ Ocorreram temperaturas recordes na Itália **meridional**.
l'ovest [ˈɔːvest] *n m* ▪ La nave si dirige verso **ovest**. ➡ **nord** p. 275	o **oeste**, o **ocidente** ▪ O navio se dirige ao **oeste**.
occidentale [ottʃidenˈtaːle] *adj* ▪ Ha deciso di andare a vivere sulla costa **occidentale** degli USA.	**ocidental** ▪ Decidiu viver na costa **ocidental** dos EUA.
l'est [ɛst] *n m* ▪ Il sole sorge a **est** e tramonta a ovest. ➡ **nord** p. 275	o **leste** ▪ O sol nasce no **leste** e se põe no oeste.
orientale [orjenˈtaːle] *adj* ▪ Le Alpi sono divise in Alpi Occidentali, Alpi Centrali e Alpi **Orientali**.	**oriental** ▪ Os Alpes dividem-se em Alpes Ocidentais, Alpes Centrais e Alpes **Orientais**.

Universo

il **mondo** [ˈmondo] *n* ■ È una città che attira ogni anno milioni di turisti da tutto il **mondo**.	o **mundo** ■ É uma cidade que atrai todo ano milhões de turistas de todo o **mundo**.
la **Terra** [ˈtɛrra] *n* ■ Suo padre è uno scienziato che studia i movimenti della **Terra**.	a **Terra** ■ O pai dele é um cientista que estuda os movimentos da **Terra**.

➡ **Terra**, **Luna** e **Sole** são escritos com inicial maiúscula quando indicam especificamente tais corpos celestes.

lo **spazio** [ˈspaːtsjo] *n* ■ Il mio sogno è di volare nello **spazio**.	o **espaço** ■ Meu sonho é voar pelo **espaço**.
spaziale [spaˈtsjaːle] *adj* ■ Hanno costruito una stazione **spaziale** internazionale.	**espacial** ■ Construíram uma estação **espacial** internacional.
il **cielo** [ˈtʃɛːlo] *n* ■ In **cielo** non c'è neanche una nuvola.	o **céu** ■ O **céu** não tem uma nuvem sequer.
il **Sole** [ˈsoːle] *n* ■ La Terra gira intorno a se stessa e intorno al **Sole**. ➡ Terra p. 276	o **Sol** ■ A Terra gira em torno de si mesma e em torno do **Sol**.
la **Luna** [ˈluːna] *n* ■ La **Luna** sorge sulle montagne. ➡ Terra p. 276	a **Lua** ■ A **Lua** surge por trás dos montes.
la **stella** [ˈstella] *n* ■ Il cielo è coperto, non si vedono le **stelle**.	a **estrela** ■ O céu está encoberto, não se veem as **estrelas**.
splendere [ˈsplɛndere] *v* ■ Quando **splende** il sole, è tutto più bello.	**resplandecer**, **brilhar** ■ Quando **brilha** o sol, é tudo mais bonito.
brillare [brilˈlaːre] *v* ■ Le stelle che **brillano** in cielo mi fanno sognare.	**brilhar**, **reluzir** ■ As estrelas que **brilham** no céu me fazem sonhar.

Universo

l'**aria** [ˈaːrja] *n f*
- In campagna l'**aria** è più pulita.

o **ar**
- No campo o **ar** é mais limpo.

l'**atmosfera** [atmoˈsfɛːra] *n f*
- La Terra è circondata dall'**atmosfera**.

a **atmosfera**
- A Terra é circundada pela **atmosfera**.

l'**universo** [uniˈvɛrso] *n m*
- L'**universo** si è formato in seguito al Big Bang.

o **universo**
- O **universo** se formou em seguida ao *Big Bang*.

il **pianeta** [pjaˈneːta] *n*
- Saturno è il **pianeta** che ha il maggior numero di satelliti.

o **planeta**
- Saturno é o **planeta** com o maior número de satélites.

l'**alba** [ˈalba] *n f*
- Dobbiamo partire all'**alba**.

o **amanhecer**
- Temos de partir ao **amanhecer**.

il **tramonto** [traˈmonto] *n*
- Abbiamo visto un **tramonto** meraviglioso.

o **pôr do sol**
- Vimos um **pôr do sol** maravilhoso.

sorgere [ˈsɔrdʒere] *v*
▶ v irr p. 412 sorgere
- Oggi il sole **sorge** alle 7.22.

surgir, nascer
- Hoje o sol **nasce** às 7h22.

→ il **sorgere** del sole significa **o nascer do sol**.

tramontare [tramonˈtaːre] *v*
- In inverno il sole **tramonta** presto.
→ ingrassare p. 28

pôr-se
- No inverno, o sol **se põe** cedo.

le **maree** [maˈrɛːe] *n pl*
- Nel Mediterraneo le **maree** sono appena avvertibili.

as **marés**
- No Mediterrâneo, as **marés** mal são perceptíveis.

l'**alta marea** [ˈalta maˈrɛːa] *n f*
- Quando c'è **alta marea**, l'acqua arriva fin qui.

a **maré alta**, a **cheia**
- Quando há **maré alta**, a água chega até aqui.

la **bassa marea** [ˈbassa maˈrɛːa]
- Adesso c'è **bassa marea** ma fra un'ora sale.

a **maré baixa**, a **vazante**
- Agora é **maré baixa**, mas em uma hora sobe.

il **satellite** [saˈtɛllite] *n*
- Molti programmi televisivi si ricevono via **satellite**.

o **satélite**
- Muitos programas de televisão são transmitidos via **satélite**.

la **navicella spaziale** [naviˈtʃɛlla spaˈtsjaːle] *n* ■ Le **navicelle spaziali** vengono messe in orbita con l'aiuto di razzi vettori.	o **ônibus espacial** ■ Os **ônibus espaciais** são postos em órbita com o auxílio de lançadores.
l'**astronauta** [astroˈnaːuta] *n m/f* ■ L'**astronauta** Juri Gagarin fu il primo uomo nello spazio. ➡ **apprendista** p. 133	o **astronauta** ■ O **astronauta** Yuri Gagarin foi o primeiro homem no espaço.

Meio ambiente, tempo e clima

il **tempo** [ˈtɛmpo] *n* ■ Che **tempo** fa lì da voi?	o **tempo** ■ Como está o **tempo** onde vocês moram?
il **clima** [ˈkliːma] *n* ■ A Singapore c'è un **clima** tropicale. ➡ **problema** p. 120	o **clima** ■ Cingapura tem um **clima** tropical.
la **temperatura** [temperaˈtuːra] *n* ■ Sono previsto **temperature** in lieve aumento.	a **temperatura** ■ A previsão é de **temperaturas** em ligeira elevação.
il **caldo** [ˈkaldo] *n* ■ Ho dormito malissimo stanotte per via del gran **caldo**. ■ Un po' di **caldo** ti farà bene.	o **calor** ■ Dormi muito mal esta noite em razão do forte **calor**. ■ Um pouco de **calor** lhe fará bem.
➡ **qu. ha caldo** significa **alguém está com calor**.	
caldo, calda [ˈkaldo, ˈkalda] *adj* ■ È stata l'estate più **calda** degli ultimi cinquant'anni.	**quente** ■ Foi o verão mais **quente** dos últimos cinquenta anos.
fare caldo [ˈfaːre ˈkaldo] *loc* ▶ **v irr** p. 409 **fare** ■ In questi ultimi anni non ha mai **fatto** veramente **caldo**.	**fazer calor** ■ Nestes últimos anos nunca **fez** realmente **calor**.
il **freddo** [ˈfreddo] *n* ■ Non sopporto il **freddo**.	o **frio** ■ Não suporto o **frio**.

> qu. ha freddo significa **alguém está com frio**.

freddo, fredda ['freddo, 'fredda] *adj*
- È in arrivo una corrente di aria **fredda** dalla Russia.

frio
- Está chegando uma frente **fria** da Rússia.

fare freddo ['faːre 'freddo] *loc*
▶ v irr p. 409 fare
- Oggi non **fa** tanto **freddo**.

estar/fazer frio

- Hoje não **está** tão **frio**.

fresco, fresca ['fresko, 'freska] *adj*
- A fine agosto le giornate erano già più **fresche**.

fresco
- No final de agosto os dias já estavam mais **frescos**.

la nuvola ['nuːvola] *n*
- Hai visto quelle **nuvole** nere? Mi sa che stia arrivando un temporale.

a nuvem
- Você viu as **nuvens** escuras? Acho que está vindo um temporal.

nuvoloso, nuvolosa [nuvo'loːso, nuvo'loːsa] *adj*
- Oggi è uma giornata **nuvolosa**.

nublado, nebuloso
- Hoje está um dia **nublado**.

la pioggia ['pjɔddʒa] *n*
- Ci vorrebbe un po' di **pioggia** per i campi.
➡ spiaggia p. 272

a chuva
- Faria bem um pouco de **chuva** para os campos.

piovere ['pjɔːvere] *v*
- Non smette più di **piovere**.

chover
- Não para mais de **chover**.

bagnato, bagnata [baɲ'ɲaːto, baɲ'ɲaːta] *adj*
- Ha piovuto, la strada è **bagnata**.

molhado
- Choveu, a rua está **molhada**.

asciutto, asciutta [aʃʃutto, aʃʃutta] *adj*
- Qui non ha piovuto, la strada è **asciutta**.

seco
- Aqui não choveu, a estrada está **seca**.

il vento [vɛnto] *n*
- Di pomeriggio c'è sempre **vento**.

o vento
- À tarde sempre tem **vento**.

ventoso, ventosa [ven'toːso, ven'toːsa] *adj*
- Domani sarà una giornata **ventosa**.

ventoso
- Amanhã será um dia **ventoso**.

> ➡ Também se diz: **C'è vento – Está ventando**.

la **tempesta** [tem'pɛsta] *n*
- La **tempesta** ha fatto tre vittime.

a **tempestade**
- A **tempestade** fez três vítimas.

il **temporale** [tempo'raːle] *n*
- D'estate qui ci sono spesso violenti **temporali**.

o **temporal**
- No verão, costuma fazer **temporais** violentos aqui.

la **nebbia** ['nebbja] *n*
- Quando c'è **nebbia**, bisogna andare piano.

a **neblina**
- Quando tem **neblina**, é preciso ir devagar.

> ➡ Também se pode dizer: **C'è nebbia – Tem neblina**.

la **neve** ['neːve] *n*
- Ho un amiga italiana che non ha mai visto la **neve**.

a **neve**
- Tenho uma amiga italiana que nunca viu a **neve**.

nevicare [nevi'kaːre] *v*
- Fuori è tutto bianco, **ha nevicato**.

nevar
- Lá fora está tudo branco, **nevou**.

il **ghiaccio** ['gjattʃo] *n*
- È sciovato sul **ghiaccio**.

a **geada**, o **gelo**
- É escorregadio sobre o **gelo**.

il **fuoco** ['fuɔːko] *n*; *pl* **fuochi** ['fuɔːki]
- È vietato accendere **fuochi** nei boschi.

o **fogo**
- É proibido acender **fogo** no bosque.

bruciare [bru'tʃaːre] *v*
- La legna asciutta **brucia** molto bene.

queimar
- A madeira seca **queima** muito bem.

il **terremoto** [terre'mɔːto] *n*
- Il **terremoto** ha fatto crollare una scuola.

o **terremoto**
- O **terremoto** fez ruir uma escola.

grave ['graːve] *adj*
- Il **grave** terremoto ha provocato un altissimo numero di vittime.

grave
- O **grave** terremoto deixou um número altíssimo de vítimas.

lieve ['ljɛːve] *adj*
- È previsto un **lieve** aumento della temperatura.

leve
- Está previsto um **leve** aumento da temperatura.

l'**ambiente** [a'mbjɛnte] *n m*
- I rifuti speciali inquinano l'**ambiente**.

o **meio ambiente**
- Os resíduos perigosos poluem o **meio ambiente**.

l'**ombra** ['ombra] *n f* ■ Che caldo, andiamo all'**ombra**.	a **sombra** ■ Que calor, vamos para a **sombra**.
il **gelo** ['dʒɛːlo] *n* ■ Bisogna proteggere le piante dal **gelo**.	a **geada** ■ É preciso proteger as plantas da **geada**.
gelare [dʒeˈlaːre] *v* ■ A fine ottobre, di notte inizia a **gelare**. ■ L'acqua delle pozzanghere è **gelata**.	**gear, congelar** ■ No final de outubro, começa a **gear** à noite. ■ A água das poças está **congelada**.

→ Os tempos compostos do verbo gelare podem ser formados com avere ou com essere.

la **grandine** ['grandine] *n* ■ La **grandine** ha danneggiato gli alberi da frutta.	o **granizo** ■ O **granizo** danificou as árvores frutíferas.
la **siccità** [sittʃiˈta] *n* ■ Per far fronte alla **siccità** é stata razionata l'acqua. → città p. 17	a **seca** ■ Para fazer frente à **seca**, a água foi racionada.
le **previsioni del tempo** [previˈzjoːne del ˈtɛmpo] *n pl* ■ Hai sentito le **previsioni del tempo**?	a **previsão do tempo** ■ Você ouviu a **previsão do tempo**?
prevedere [preveˈdeːre] *v* ▶ v irr p. 413 vedere ■ È **previsto** cielo nuvoloso per l'intera giornata.	**prever** ■ **Está previsto** céu nublado para o dia inteiro.

→ O verbo prevedere é empregado sobretudo em construções impessoais, como è previsto, sono previsti, si prevede, si prevedono.

avvertire [avverˈtiːre] *v* ▶ v irr p. 408 divertire ■ La popolazione **è stata avvertita** del pericolo.	**advertir, avisar** ■ A população **foi advertida** do perigo.

Meio ambiente, tempo e clima

la **calamità naturale** [kalami'ta natu'raːle] *n* ■ Hanno molta paura di terremoti e altre **calamità naturale**. ➡ **città** p. 17	a **catástrofe natural** ■ Eles têm muito medo de terremotos e outras **catástrofes naturais**.
l'**alluvione** [alluˈvjoːne] *n f* ■ Il presidente del consiglio ha promesso aiuti alle vittime dell'**alluvione**.	a **enchente** ■ O primeiro-ministro prometeu ajuda às vítimas da **enchente**.
la **pozzanghera** [potˈtsaŋgera] *n* ■ Il marciapiede è un'unica **pozzanghera**.	a **poça** ■ A calçada está cheia de **poças**.
la **distruzione** [distruˈtsjoːne] *n* ■ Il terremoto ha portato morte e **distruzione**.	a **destruição** ■ O terremoto trouxe morte e **destruição**.
distruggere [diˈstruddʒere] *v* ▶ **v irr** p. 408 distruggere ■ L'incendio **ha** completamente **distrutto** l'edificio.	**destruir** ■ O incêndio **destruiu** completamente o edifício.
l'**inquinamento** [iŋkuinaˈmento] *n m* ■ La raccolta differenziata è un passo in avanti per ridurre l'**inquinamento**.	a **poluição** ■ A coleta seletiva é um passo para reduzir a **poluição**.

➡ **inquinamento** pode também significar **contaminação**, por exemplo, **inquinamento dell'aria – poluição do ar**.

la **sostenibilità** [sostenibiliˈta] *n* ■ Studiano la **sostenibilità** del progetto.	a **sustentabilidade** ■ Estão estudando a **sustentabilidade** do projeto.
ecologico, ecologica [ekoˈlɔːdʒiko, ekoˈlɔːdʒika] *adj* ■ Uso un detersivo **ecologico**. ■ In questa zona stanno facendo analisi **ecologiche**. ➡ **simpatico** p. 21	**ecológico** ■ Uso detergente **ecológico**. ■ Nessa região estão fazendo pesquisas **ecológicas**.

Meio ambiente, tempo e clima

le energie rinnovabili [ener'dʒiːe rinno'vaːbile] *n pl*
- Lo stato promuove l'utilizzo di **energie rinnovabili**.

as **energias renováveis**
- O Estado promove o uso de **energias renováveis**.

i rifiuti [ri'fjuːti] *n pl*
- Il problema dei **rifiuti** in Campania non è ancora stato risolto.

o **lixo**, o **resíduo**
- O problema **do lixo** na Campânia ainda não foi resolvido.

➡ Outras designações para **lixo** são **spazzatura** e **immondizia**.

buttare via [but'taːre 'viːa] *v*
- **Ho buttato via** le mie vecchie scarpe.

jogar fora
- **Joguei fora** meus sapatos velhos.

avvelenare [avvele'naːre] *v*
- I metalli pesanti **hanno avvelenato** l'acqua del fiume.

contaminar
- Os metais pesados **contaminaram** a água do rio.

Mídia e meios de comunicação

Correio

la posta [ˈpɔsta] *n*
- Mandamelo per **posta**.

o **correio**
- Mande-me pelo **correio**.

→ As agências de correio são chamadas posta ou poste, no plural, por exemplo, **Vado in posto**. – Eu vou ao correio. A designação oficial para agência de correio é **ufficio postale**.

il francobollo [franko'bollo] *n*
- Vorrei un **francobollo** per una cartolina.

o **selo (de carta)**
- Eu gostaria de um **selo** para um cartão-postal.

→ Os selos de carta podem ser comprados também em tabacarias.

la lettera [ˈlɛttera] *n*
- Ho ricevuto una **lettera**.

a **carta**
- Recebi uma **carta**.

la cartolina [kartoˈliːna] *n*
- Buone vacanze! Scrivici una **cartolina**.

o **cartão-postal**
- Boas férias! Mande-me um **cartão-postal**.

il pacco [ˈpakko] *n*
- Vado alla posta a spedire questi **pacchi**.

o **pacote**
- Vou ao correio enviar estes **pacotes**.

mandare [manˈdaːre] *v*
- Ti **mando** tutto per e-mail.

mandar, enviar
- **Mando**-lhe tudo por e-mail.

inviare [inviˈaːre] *v*
- Le **abbiamo inviato** le informazioni da lei richieste.

enviar
- **Enviamos** a você as informações desejadas.

→ inviare é mais formal do que mandare.

spedire [speˈdiːre] *v*
- Vorrei **spedire** questa lettera per raccomandata.

enviar, mandar, expedir
- Eu gostaria de **enviar** esta carta como carta registrada.

il **codice postale,** il CAP [ˈkɔːditʃe posˈtaːle] *n*
- Mi dà il suo **codice postale**?
- Il **codice postale** lo devi mettere qui sotto, dove c'è scritto CAP.

o **código (de endereçamento) postal,** o CEP
- Por favor, qual seu **código postal**?
- O número do **código postal** tem de ser escrito aqui embaixo, onde consta o CEP.

lo **sportello** [sporˈtɛllo] *n*
- La raccomandate si ritirano allo **sportello** 2.

o **guichê**
- As cartas registradas devem ser retiradas no **guichê** 2.

la **buca delle lettere** [ˈbuːka delle ˈlɛttere] *n*
- In Italia le **buche delle lettere** sono rosse.

a **caixa de correio**
- Na Itália, as **caixas de correio** são vermelhas.

➡ Também se diz **cassetta delle lettere**.

imbucare [imbuˈkaːre] *v*
- **Ho imbucato** la lettera.

enviar
- **Enviei** a carta.

la **busta** [ˈbusta] *n*
- Dove sono le **buste**?

o **envelope**
- Onde estão os **envelopes**?

il **mittente** [mitˈtɛnte] *n*
- C'è una lettera senza **mittente**.

o **remetente**
- Há uma carta sem **remetente**.

➡ Para destinatário se diz **destinatorio**.

affrancare [affraˈŋkaːre] *v*
- Bisogna **affrancare** tutte le lettere.

selar
- É preciso **selar** todas as cartas.

recapitare [rekapiˈtaːre] *v*
- Il pacco **verrà recapitato** domani.

entregar
- O pacote **será entregue** amanhã.

Imprensa e radiodifusão

la **notizia** [no'tiːtsja] *n* ■ Hai sentito le ultime **notizie**?	a **notícia** ■ Ficou sabendo da última **notícia**?
l'**informazione** [informa'tsjoːne] *n f* ■ Può darmi un'**informazione** per cortesia?	a **informação** ■ Por gentileza, poderia me dar uma **informação**?
informare [infor'maːre] *v* ■ La banca **ha informato** i clienti della situazione.	**informar** ■ O banco **informou** aos clientes sobre a situação.
il **giornale** [dʒor'naːle] *n* ■ Leggo ogni mattina il **giornale**.	o **jornal** ■ Leio o **jornal** todas as manhãs.

➡ Na Itália, os jornais são veiculados diariamente, mesmo aos domingos.

la **rivista** [ri'vista] *n* ■ In questa **rivista** ci sono sempre foto incredibili.	a **revista** ■ Nesta **revista** sempre há fotos incríveis.
l'**articolo** [ar'tiːkolo] *n m* ■ Hai letto questo **articolo**?	o **artigo** ■ Você leu este **artigo**?
il **numero** ['nuːmero] *n m* ■ Il prossimo **numero** esce giovedì.	o **número**, a **edição** ■ O próximo **número** sai na quinta-feira.
l'**abbonamento** [abbona'mento] *n m* ■ L'**abbonamento** scade a dicembre.	a **assinatura** ■ A **assinatura** expira em dezembro.
essere abbonato a, essere abbonata a ['ɛssere abbo'naːto a, 'ɛssere abbo'naːta] *loc* ▶ **v irr** p. 408 essere ■ **Sono abbonato a** una rivista di vela.	**ter assinatura, assinar** ■ **Assino** uma revista sobre velas.
la **radio** ['raːdjo] *n; pl inv* ■ Mi piace ascoltare la **radio** mentre lavoro.	o **rádio** ■ Gosto de ouvir o **rádio** enquanto trabalho.

la **televisione** [televi'zjo:ne] *n*
- Cosa c'è di bello stasera in **televisione**?

a **televisão**
- O que há de bom na **televisão** esta noite?

➡ Em vez de **televisione** e **televisore**, são mais frequentes as abreviações **la tele** ou **la tivù**.

il **televisore** [televi'zo:re] *n*
- Abbiamo un **televisore** in cucina e uno nel soggiorno.

o **televisor**
- Temos um **televisor** na cozinha e um na sala de estar.

guardare la televisione [guar'da:re la televi'zjo:ne] *loc*
- Ieri sera **ho guardato la televisione** fino a dopo mezzanotte.

assistir à televisão
- Ontem à noite **assisti à televisão** até depois da meia-noite.

la **trasmissione** [trazmis'sjo:ne] *n*
- C'è qualcuno che sa a che ora è la **trasmissione** di Fabio Fazio?

a **transmissão**, o **programa**
- Alguém sabe a que horas é o **programa** de Fabio Fazio?

trasmettere [traz'mettere] *v*
▶ *v irr* p. 409 mettere
- La partita **viene trasmessa** su Rai Uno.

transmitir
- A partida **será transmitida** pela RAI 1.

il **programma** [pro'gramma] *n*
- Accendi la tele, c'è un **programma** che mi interessa.
➡ **problema** p. 120

o **programa**
- Ligue a TV, tem um **programa** que me interessa.

il **telegiornale** [teledʒor'na:le] *n*
- Alle otto e mezza c'è il **telegiornale** su Rai Due.

o **telejornal**
- Às oito e meia tem o **telejornal** na RAI 2.

➡ **telegiornale** é termo que se usa somente para jornais televisivos; sua abreviação é TG. Os noticiários no rádio são chamados **radiogiornale**.

lo **spot** [spɔt] *n*; *pl inv*
- Ogni quarto d'ora il programma viene interrotto da uno **spot**.
➡ **stato civille** p. 19

o **comercial**
- A cada quinze minutos a transmissão é interrompida por um **comercial**.

la **verità** [veri'ta] *n*
- Dubita della **verità** di questa notizia.
➡ **città** p. 17

a **verdade**
- Ele duvida da **verdade** desta notícia.

Imprensa e radiodifusão

vero, vera [ˈveːro, ˈveːra] *adj* ■ Non tutto quello che dice l'articolo è **vero**.	**verdadeiro** ■ Nem tudo o que diz aquele artigo é **verdadeiro**.
la **stampa** [ˈstampa] *n* ■ La notizia è apparsa anche sulla **stampa** estera.	a **imprensa** ■ A notícia apareceu também na **imprensa** estrangeira.
il **quotidiano** [kuotiˈdjaːno] *n* ■ Ho dato un'occhiata ai titoli dei **quotidiani**.	o **jornal (diário)** ■ Dei uma olhada nas manchetes do **jornal**.
la **cronaca** [ˈkrɔːnaka] *n* ■ A me interessa sopratutto la **cronaca** politica.	o **noticiário** ■ Interessa-me, sobretudo, o **noticiário** político.

➡ **cronaca** é o conjunto de notícias e relatos referentes a um tema determinado, por exemplo, **cronaca cittadina** – seção local, **cronaca sportiva** – seção de esportes, **cronaca nera** – seção policial.

il **servizio** [serˈviːtsjo] *n* ■ Chiamami quando c'è il **servizio** del corrispondente da Berlino. ➡ **dubbio** p. 61	o **informe**, a **reportagem** ■ Avise-me quando aparecer a **reportagem** do correspondente de Berlim.
il **reportage** [reporˈtaːʒ] *n*; *pl inv* ■ A pagina 10 c'è un **reportage** sul lavoro degli interpreti.	a **reportagem** ■ Na página 10 há uma **reportagem** sobre o trabalho dos intérpretes.
il **commento** [komˈmento] *n* ■ Nel suo **commento** il giornalista fa delle osservazioni interessanti.	o **comentário** ■ Em seu **comentário**, o jornalista fez observações interessantes.
l'**intervista** [interˈvista] *n f* ■ Durante l'**intervista** l'attrice ha risposto a tutte le domande della giornalista.	a **entrevista** ■ Durante a **entrevista**, a atriz respondeu a todas as perguntas da jornalista.
riferire [rifeˈriːre] *v* ■ Il corrispondente **ha riferito** sugli avvenimenti nella capitale.	**referir-se** ■ O correspondente **referiu-se** aos acontecimentos da capital.
il **titolo** [ˈtiːtolo] *n* ■ Il **titolo** mi è subito saltato all'occhio.	a **manchete** ■ A **manchete** logo me saltou aos olhos.

Imprensa e radiodifusão 289

la **prima pagina** [ˈpriːma, ˈpaːdʒina] *n* ▪ Il suo commento è in **prima pagina**.	a **primeira página** ▪ Seu comentário está na **primeira página**.
il **supplemento** [suppleˈmento] *n* ▪ Oggi con il quotidiano è in vendita un **supplemento** dedicato al Salone del Mobile.	o **suplemento** ▪ Hoje no jornal há um **suplemento** dedicado ao Salão dos Móveis.
il **quiz televisivo** [kuits televiˈziːvo] *n*; *pl* **quiz televisivi** [kuits televiˈziːvi] *n* ▪ Tutti questi **quiz televisivi** mi annoiano.	o *quiz* **televisivo** ▪ Todos esses *quiz* **televisivos** me irritam.
la **stazione** [staˈtsjoːne] *n* ▪ Questa **stazione** trasmette musica molto buona.	a **estação** ▪ Esta **estação** transmite músicas muito boas.
l'**immagine** [imˈmaːdʒine] *n f* ▪ Le **immagini** dallo spazio sono fantastiche.	a **imagem** ▪ As **imagens** do espaço são fantásticas.
in diretta [in diˈrɛtta] *adv* ▪ La partita va in onda **in diretta**.	**ao vivo** ▪ O jogo é transmitido **ao vivo**.
la **realtà** [realˈta] *n* ▪ Non è sempre facile distinguere tra finzione e **realtà**. ➜ città p. 17	a **realidade** ▪ Nem sempre é fácil distinguir entre ficção e **realidade**.
reale [reˈaːle] *adj* ▪ Nell'intervista non ha detto quali siano i **reali** motivi del suo rifiuto.	**real** ▪ Na entrevista, ele não disse quais são os **reais** motivos de sua recusa.
il **fatto** [ˈfatto] *n* ▪ Le notizie pubblicate sulla stampa riportano solo **fatti** reali.	o **fato** ▪ As notícias publicadas no jornal reportam somente **fatos** verdadeiros.
oggettivo, oggettiva [odʤetˈtiːvo, odʤetˈtiːva] *adj* ▪ Ha fatto una descrizione **oggettiva** di quello che era accaduto.	**objetivo** ▪ Ele fez uma descrição **objetiva** do que aconteceu.

incredibile [iŋkre'diːbile] *adj*
- Sul giornale ho letto una storia **incredibile**.

inacreditável
- Li uma notícia **inacreditável** no jornal.

Telefone, celular e internet

il **telefono** [te'lɛːfono] *n*
- Se squilla il **telefono**, rispondi tu per favore.

o **telefone**
- Se o **telefone** tocar, atenda, por favor.

➡ Na Itália, ao se atender o telefone, diz-se **pronto**.

la **telefonata** [telefo'naːta] *n*
- Devo fare un paio di **telefonate**.

o **telefonema**, a **ligação**
- Tenho de fazer algumas **ligações**.

➡ Também se diz **chiamata**.

telefonare [telefo'naːre] *v*
- Mi **telefona** tutte le sere.

telefonar
- Ele me **telefona** todas as noites.

➡ Atenção: **ligar** para alguém é **telefonare a qu**.

chiamare [kja'maːre] *v*
- **Ho chiamato** mio marito.

ligar
- **Liguei** para meu marido.

richiamare [rikja'maːre] *v*
- Ha detto di **richiamarlo**.

ligar de volta
- Ele disse para **ligar de volta**.

sentirsi [sen'tirsi] *v*
- ▶ *v irr* p. 411 **sentire**
- **Ci sentiamo** domani.

falar (por telefone)

- **Falamo-nos** amanhã.

comporre [kom'porre] *v*
- ▶ *v irr* p. 410 **porre**
- Devi **comporre** il numero e poi premere questo tasto.

discar

- Você tem de **discar** o número e depois pressionar as teclas.

sbagliare numero [zbaʎ'ʎaːre 'nuːmero] *loc*
- Scusi, **ho sbagliato numero**.

discar (o número) errado
- Desculpe, eu **disquei errado**.

passare [pas'saːre] *v*
- Un attimo, le **passo** il signor Scamardi.

transferir, passar
- Um momento, **vou transferir** para o senhor Scamardi.

Telefone, celular e internet

→ Atenção: para **transferir a chamada de A para B** se diz **passare B a A**.

occupato, occupata [okkuˈpaːto, okkuˈpaːta] *adj*
ocupado
- È da un ora che provo a chiamare Luigi, ma è sempre **occupato**.
- Faz uma hora que tento falar com Luigi, mas está sempre **ocupado**.

il **cellulare** [tʃelluˈlaːre] *n*
o **celular**
- Puoi chiamarmi a qualsiasi ora sul **cellulare**.
- Você pode me chamar a qualquer hora no **celular**.

→ O **celular** é também chamado **telefonino**.

il **messaggino** [messadˈdʒiːno] *n*
o sms, o **torpedo**
- Mandami un **messaggino**, quando stai per arrivare.
- Mande-me um sms quando estiver para chegar.

messaggiare [messadˈdʒaːre] *v*
trocar mensagens
- Passo il tempo a **messaggiare** con lei.
- Passo tempo **trocando mensagens** com ela.

la **scheda telefonica** [ˈskɛːda teleˈfɔːnika] *n*
o **cartão telefônico**
- Vorrei una **scheda telefonica** da 5 euro.
- Quero um **cartão telefônico** de 5 euros.

→ Também se diz **carta telefonica**.

la **carta ricaricabile** [ˈkarta rikariˈkaːbile] *n*
o **cartão recarregável**
- Vorrei un **carta ricaricabile**.
- Quero um **cartão recarregável**.

il **vivavoce** [ˌviːvaˈvoːtʃe] *n*
o **viva-voz**
- In macchina uso il **vivavoce**.
- No carro eu uso o **viva-voz**.

il **prefisso** [preˈfisso] *n*
o **prefixo**
- Il **prefisso** internazionale per l'Italia è lo 0039.
- O **prefixo** internacional da Itália é 0039.

la **rete fissa** [ˈreːte ˈfissa] *n*
a **rede (de telefonia) fixa**
- Tutte le chiamate verso la **rete fissa** sono gratuite.
- Todas as chamadas para a **rede fixa** são gratuitas.

il wi-fi [ˈwaːi ˈfaːi] *n; pl inv*
o wi-fi
- Non riesco a connettermi al wi-fi.
- Não consigo me conectar ao wi-fi.

la **tariffa flat** [taˈriffa flɛt] *n*
- Quanto costa la **tariffa flat** per l'internet?

a **tarifa fixa**
- Quanto custa a **tarifa fixa** de internet?

l'**Internet** [ˈinternɛt] *n m*
- In **Internet** trovi proprio di tutto.

a **internet**
- Na **internet** encontra-se realmente de tudo.

l'**e-mail** [iˈmɛːil] *n m/f; pl inv*
- Le ho scritto un'**e-mail**.

o **e-mail**
- Eu lhe escrevi um **e-mail**.

l'**account** [akˈkaːunt] *n m; pl inv*
- Come faccio ad aprire un **account**?

a **conta**
- Como faço para abrir uma **conta**?

il **nome utente** [ˈnoːme uˈtɛnte] *n*
- Hai inserito il **nome utente** e la password?

o **nome de usuário**
- Você digitou o **nome de usuário** e a senha?

fare il login [ˈfaːre il loˈgin] *loc*
- Non riesco a **fare il login**.

fazer log-in
- Não consigo **fazer log-in**.

fare il logout [ˈfaːre il loˈgaːut] *loc*
- Bisogna **fare il logout** prima di riavviare il computer.

fazer log-out
- É preciso **fazer log-out** antes de reiniciar o computador.

scaricare [skariˈkaːre] *v*
- Puoi **scaricare** il modello dal sito del comune.

baixar, fazer download
- Você pode **baixar** o formulário do site do município.

vedersi in Skype® [veˈdersi in ˈskaːipe] *loc*
- **Vediamoci in Skype®** più tardi.

falar por Skype®
- **Falamo-nos por Skype®** mais tarde.

chattare [tʃatˈtaːre] *v*
- **Chatto** tutti i giorni con una mia amica.

bater papo (por internet)
- **Bato papo** todo dia com uma amiga.

postare [posˈtaːre] *v*
- Ho visto il video che **hai postato**.

postar
- Assisti ao vídeo que você **postou**.

cliccare mi piace [klikˈkaːre mi pjaˈtʃe] *loc*
- **Cliccare mi piace** e vincere un Tablet.

(clicar em) curtir
- **Curta** e ganhe um tablet.

twittare [twitˈtaːre] *v*
- É una che **twitta** tutto il giorno.

twittar
- Ela **twitta** o dia inteiro.

Telefone, celular e internet 293

il **social network** [ˈsɔːtʃaːle ˈnɛtwork] *n*; *pl inv* ■ Non mi sono mai connesso a un **social network**.	a **rede social** ■ Nunca me conectei a uma **rede social**.
il **selfie** [ˈsɛlfi] *n*; *pl inv* ■ Hanno caricato un **selfie** sul loro sito.	a **selfie** ■ Publicaram uma **selfie** em seu site.
il **blog** [blɔg] *n* ■ La mia ragazza ha creato un **blog**.	o **blog** ■ Minha namorada criou um **blog**.
l'**home banking** [om ˈbaŋkiŋg] *n m*; ■ Quanto costa l'**home banking**?	o **home banking** ■ Quanto custa o **home banking**?
lo **smartphone** [ˈzmartfon] *n*; *pl inv* ■ Ha comprato uno **smartphone** di ultima generazione.	o **smartphone** ■ Ele comprou um **smartphone** de última geração.
la **linea** [ˈliːnea] *n* ■ È caduta la **linea**.	a **rede** ■ Caiu a **rede**.

➡ **restare in linea** significa **estar ao telefone**.

squillare [skuilˈlaːre] *v* ■ C'è il telefono che **squilla**.	**tocar** ■ O telefone **está tocando**.
suonare [suoˈnaːre] *v* ■ Mi sta **suonando** il cellulare.	**tocar** ■ Meu celular **está tocando**.

➡ Atenção: **suonare** refere-se a um celular. O toque de celular é denominado por **suoneria**.

rispondere [risˈpondere] *v* ▶ **v irr** p. 411 rispondere ■ Ho lasciato squillare a lungo, ma non **ha risposto** nessuno.	**atender** ■ Deixei chamar um bom tempo, mas ninguém **atendeu**.
mettere giù [mettere dʒu] *v* ▶ **v irr** p. 409 mettere ■ Non so chi fosse, **ha messo giù** senza dire niente.	**desligar** ■ Não sei quem era, **desligou** sem dizer nada.
la **segreteria telefonica** [segreteˈriːa teleˈfɔːnika] *n* ■ Giuliana non c'era, ma le ho lasciato un messaggio sulla **segreteria telefonica**.	a **secretária eletrônica** ■ Giuliana não estava, mas deixei recado na **secretária eletrônica**.

la **casella di posta elettronica** [ka'sɛlla di 'pɔsta elet'trɔːnika] *n* ■ La mia **casella di posta elettronica** è piena.	a **caixa de mensagens** ■ Minha **caixa de mensagens** está cheia.
l'**elenco telefonico** [e'lɛŋko tele'fɔːniko] *n m* ■ Se non sai il numero, cercalo nell'**elenco telefonico**. ➡ **simpatico** p. 21	a **lista telefônica** ■ Se não sabe o número, procure na **lista telefônica**.

➡ Os números pessoais são listados nas **pagine bianche** – páginas brancas, e os comerciais, nas **pagine gialle** – páginas amarelas.

la **chiamata urbana** [kja'maːta ur'baːna] *n* ■ Dal telefono dell'ufficio posso fare solo **chiamate urbane**.	a **ligação/chamada local** ■ Do telefone do escritório, só posso fazer **chamadas locais**.
la **chiamata interurbana** [kja'maːta interur'baːna] *n* ■ Quanto costa una **chiamata interurbana** a quest'ora?	a **ligação/chamada interurbana** ■ Quanto custa uma **ligação interurbana** a esta hora?
l'**interno** [in'tɛrno] *n m* ■ Qual è il suo **interno**?	o **ramal** ■ Qual é seu **ramal**?
ricaricare [rikari'kaːre] *v* ■ Cosa devo fare per **ricaricare** il cellulare?	**recarregar** ■ O que devo fazer para **recarregar** meu celular?

➡ **ricaricare** emprega-se também quando se trata de carregar uma bateria ou de um acumulador de energia.

il **campo** ['kampo] *n* ■ Ti chiamo più tardi. Qui non c'è **campo**.	a **rede**, a **cobertura** ■ Ligo pra você mais tarde. Aqui não há **cobertura**.
il **rete mobile** ['reːte 'mɔːbile] *n* ■ La **rete mobile** non è disponibile.	a **rede móvel** ■ A **rede móvel** não está disponível.
il **roaming** ['rɔːmiŋg] *n*; *pl inv* ■ All'estero il **roaming** costa molto.	o **roaming** ■ No exterior, o **roaming** custa muito caro.
il **provider** [pro'vaːider] *n*; *pl inv* ■ Ho cambiato **provider**.	o **provedor** ■ Mudei de **provedor**.

Telefone, celular e internet

il sito web [ˈsiːto uɛb] *n* ■ Può vedere i prezzi sul nostro **sito web**.	o **site**, o **website** ■ Você pode ver os preços em nosso **site**.
navigare [naviˈgaːre] *v* ■ Passo ore a **navigare** in Internet.	**navegar** ■ Passo horas **navegando** na internet.
l'indirizzo e-mail [indiˈrittso iˈmɛːil] *n m* ■ Ha un **indirizzo e-mail**?	o **endereço de e-mail** ■ Tem um **endereço de e-mail**?

➡ Também se pode dizer **indirizzo di posta elettronica**.

allegare [alleˈgaːre] *v* ■ Ho dimenticato di **allegare** il file.	**anexar** ■ Esqueci de **anexar** o arquivo.
bloggare [blogˈgaːre] *v* ■ Da quanto **bloggo**, ho conosciuto molte persone.	**escrever em um blog** ■ Desde que **escrevo no blog**, passei a conhecer muita gente.
lo streaming [ˈstriːmiŋg] *n; pl inv* ■ Ho guardato i film in **streaming**.	o *streaming* ■ Eu assisto aos filmes pelo *streaming*.
l'aggiornamento [addʒornaˈmento] *n m; pl inv* ■ Hai già fatto l'**aggiornamento** dele app?	a **atualização** ■ Você fez a **atualização** do aplicativo?
disattivare [dizattiˈvaːre] *v* ■ Ho **disattivato** il vivavoce.	**desativar** ■ Eu **desativei** o viva-voz.
il nativo digitale, la nativa diggitale [naˈtiːvo didʒiˈtaːle, naˈtiːva didʒiˈtaːle] *n* ■ Partecipo ad un progetto per **nativi digitali**.	o **nativo digital**, a **nativa digital** ■ Participo de um projeto para **nativos digitais**.

Computador e multimídia

il computer [kom'pju:ter] *n; pl inv* ■ Posso usare il tuo **computer**?	**o computador** ■ Posso usar seu **computador**?
avviare [avvi'a:re] *v* ■ Non riescono ad **avviare** il computer.	**ligar** (o computador) ■ Eles não conseguem **ligar** o computador.
arrestare [arre'sta:re] *v* ■ Non ho capito come si **arresta** il sistema.	**desligar** ■ Não sei como **desligar** este sistema.
riavviare [rjavvi'a:re] *v* ■ Dopo un aggiornamento, bisogna **riavviare** il computer.	**reiniciar** ■ Depois de uma atualização, você deve **reiniciar** o computador.
il tasto ['tasto] *n* ■ Puoi bloccare la tastiera premendo questo **tasto**.	**a tecla** ■ Você pode bloquear o teclado apertando esta **tecla**.
il mouse ['ma:us] *n; pl inv* ■ Mi sono comprato un **mouse** per il portatile.	**o mouse** ■ Comprei um **mouse** para meu laptop.
cliccare [klik'ka:re] *v* ■ Se **clicchi** su questa icona, si apre una finestra.	**clicar** ■ Se você **clicar** nesse ícone, aparecerá uma janela.
il CD-ROM [tʃidi'rɔm] *n; pl inv* ■ Questo dizionario c'è anche su CD-ROM.	**o CD-ROM** ■ Este dicionário também está disponível em CD-ROM.
il DVD [divvud'di] *n; pl inv* ■ Il film è uscito su DVD.	**o DVD** ■ O filme saiu em DVD.
digitale [didʒi'ta:le] *adj* ■ Lavoriamo solo con immagini **digitali**.	**digital** ■ Trabalhamos somente com imagens **digitais**.
virtuale [vir'tua:le] *adj* ■ La realtà **virtuale** è un fenomeno affascinante.	**virtual** ■ A realidade **virtual** é um fenômeno fascinante.
il programma [pro'gramma] *n* ■ Sai come funziona questo **programma**?	**o programa** ■ Você sabe como funciona esse **programa**?

Computador e multimídia

---

interattivo, interattiva
[interat'ti:vo, interat'ti:va] *adj*
- Per studiare l'italiano uso un programa **interattivo**.

interativo, interativa
- Para estudar italiano eu uso um programa **interativo**.

---

installare [instal'la:re] *v*
- Devi chiudere il programma prima di **installare** la nuova versione.

instalar
- Você precisa fechar o programa para **instalar** sua versão mais atual.

---

disinstallare [dizinstal'la:re] *v*
- Abbiamo dovuto **disinstallare** il programma.

desinstalar
- Tivemos de **desinstalar** o programa.

---

i dati ['da:ti] *n pl*
- I **dati** che cerchi sono in quel file.

os dados
- Os **dados** que você procura estão naquele arquivo.

---

il file [fa:il] *n; pl inv*
- Fai una copia di tutti i **file**.

o arquivo
- Faça uma cópia de todos os **arquivos**.

---

salvare [sal'va:re] *v*
- Non riesco a **salvare** questo testo.

salvar
- Não consigo **salvar** este texto.

---

copiare [ko'pja:re] *v*
- Premendo questi due tasti puoi **copiare** la frase.

copiar
- Ao pressionar estas duas teclas você pode **copiar** a frase.

---

cancellare [kantʃel'la:re] *v*
- Ogni sei mesi **cancello** tutte le vecchie e-mail.

apagar
- A cada seis meses, **apago** todos os e-mails antigos.

---

linkare [liŋ'ka:re] *v*
- Non so come si **linka** un sito.

linkar
- Não sei como **linkar** um site.

---

il messaggio di errore
[mes'saddʒo di er'ro:re] *n*
- Quando clicco sul link, appare un **messaggio di errore**.

a mensagem de erro
- Quando clico no link, aparece uma **mensagem de erro**.

---

il portatile [por'ta:tile] *n*
- Con il **portatile** riesco a lavorare anche in treno.

o notebook
- Com o **notebook**, posso trabalhar no trem.

---

il tablet ['ta:blet] *n; pl inv*
- Leggo gli e-book sul **tablet**.

o tablet
- Leio e-books no **tablet**.

il **disco fisso** [ˈdisko ˈfisso] *n* ■ Il **disco fisso** è la memoria interna del computer.	o **disco rígido** ■ O **disco rígido** é a memória interna do computador.
lo **schermo** [ˈskermo] *n* ■ Non stare così vicino allo **schermo**, ti fa male agli occhi.	a **tela** ■ Não fique tão perto da **tela**, faz mal para os olhos.
la **tastiera** [tasˈtjɛːra] *n* ■ Anche la **tastiera** è nuova.	o **teclado** ■ Até o **teclado** é novo.
il **touchpad** [tatʃpɛd] *n*; *pl inv* ■ Ti piace di più il **touchpad** o il mouse?	o **touchpad** ■ Você prefere o **touchpad** ou o mouse?
il **touchscreen** [tatʃskriːn] *n*; *pl inv* ■ Ho disattivato il **touchscreen**.	o **touchscreen** ■ Desativei o **touchscreen**.
il **cursore** [kurˈsoːre] *n* ■ Sposta un po' il mouse, così vedi dov'è il **cursore**	o **cursor** ■ Mova um pouco o mouse, assim você verá onde está o **cursor**.
scrollare [skrolˈlaːre] *v* ■ Se **scrolli**, trovi la foto.	**rolar** ■ Se você **rolar**, vai encontrar a foto.
la **stampante** [stamˈpante] *n* ■ La **stampante** non è collegata.	a **impressora** ■ A **impressora** não está conectada.
stampare [stamˈpaːre] *v* ■ Non posso **stampare** la lettera, perchè è finita la carta.	**imprimir** ■ Não posso **imprimir** a carta, porque acabou o papel.
il **lettore** DVD [letˈtoːre divvudˈdi] *n* ■ Mi serve un cavo per collegare il **lettore** DVD al televisore.	o **leitor de** DVD ■ Preciso de um cabo para conectar o **leitor de** DVD ao televisor.
la **porta** USB [ˈpɔrta uɛsseˈbi] *n* ■ Il portatile dispone di quattro **porte** USB.	a **porta** USB ■ O notebook tem quatro **portas** USB.
la **chiavetta** USB [kjaˈvetta uɛsseˈbi] *n* ■ Ho salvato le foto sulla **chiavetta**.	o **pendrive** ■ Salvei as fotos no **pendrive**.
scannerizzare [skanneridˈdzaːre] *v* ■ Dovrei **scannerizzare** questo documento.	**escanear** ■ Tenho de **escanear** este documento.

masterizzare [masterid'dzaːre] v ■ Mi puoi **masterizzare** questo CD?	**gravar** ■ Você poderia **gravar** este CD para mim?
il **sistema operativo** [sis'tɛːma operaˈtiːvo] n ■ Il programma non è compatibile con il mio **sistema operativo**.	o **sistema operacional** ■ O programa não é compatível com meu **sistema operacional**.
lo **spazio di memoria** [ˈspaːtsjo di meˈmɔːrja] n ■ Lo **spazio di memoria** è insufficiente.	o **espaço de memória** ■ O **espaço de memória** é insuficiente.
il **requisito di sistema** [rekwiˈziːti di sisˈtɛːma] n ■ Quali sono i **requisiti di sistema** per questa app?	o **requisito de sistema** ■ Quais são os **requisitos de sistema** para este aplicativo?
programmare [programˈmaːre] v ■ Vent'anni fa chi usava un computer sapeva anche **programmare**.	**programar** ■ Há vinte anos, quem usava um computador também sabia **programar**.
l'**interfaccia** [interˈfattʃa] n f ■ La macchina nuova ha un'**interfaccia** per il cellulare.	a **interface** ■ O carro novo tem uma **interface** para o celular.
lo **screenshot** [ˈskriːnʃot] n; pl inv ■ Qual è la combinazione di tasti per fare un **screenshot**?	a **captura de tela** ■ Qual é a combinação de teclas para fazer uma **captura de tela**?
l'**app** [ap] n f; pl inv ■ Ho scaricato una nuova **app** per il cellulare.	o **aplicativo** ■ Baixei um novo **aplicativo** de celular.
l'**e-book** [iˈbuk] n m ■ Ho scaricato l'**e-book** da poco.	o **e-book** ■ Baixei o **e-book** há pouco.
il **videogioco** [videoˈdʒɔːko] n; pl **videogiochi** [videoˈdʒɔːki] ■ Sa tutto sui **videogiochi**.	o **video game** ■ Sabe tudo sobre **video games**.
il **riconoscimento vocale** [rikonoʃʃiˈmento voˈkaːle] n ■ Come funziona il **riconoscimento vocale** del cellulare?	o **reconhecimento de voz** ■ Como funciona o **reconhecimento de voz** do celular?

il database [data'ba:ze] *n; pl inv* ■ Abbiamo raccolto i dati dei nostri clienti in un **database**.	o **banco de dados** ■ Reunimos todos os dados de nossos clientes em um **banco de dados**.
il hacker ['a:ker] *n m/f; pl inv* ■ Gli **hacker** hanno attaccato il suo sito web.	o **hacker** ■ Os **hackers** atacaram o site dele.
hackerare [ake'ra:re] *v* ■ Qualcuno ha cercato di **hackerare** il mi account.	**hackear, invadir** ■ Alguém tentou **hackear** a minha conta.
inserire [inse'ri:re] *v* ■ Qui vorrei **inserire** una foto. ■ Deve **inserire** gli indirizzi in un database.	**inserir, digitar (texto)** ■ Aqui eu gostaria de **inserir** uma foto. ■ Deve **inserir** os endereços num banco de dados.
la copia di sicurezza ['kɔ:pja di siku'rettsa] *n* ■ Avevo fatto una **copia di sicurezza** dei miei dati.	a **cópia de segurança** ■ Eu tinha feito uma **cópia de segurança** dos meus dados.
la cartella [kar'tɛlla] *n* ■ In che **cartella** hai messo il file?	a **pasta** ■ Em qual **pasta** você colocou o arquivo?
la password ['pasuord] *n* ■ Ho dimendicato la mia **password**.	a **senha** ■ Esqueci minha **senha**.
il motore di ricerca [mo'to:re di ri'tʃerka] *n* ■ Ho trovato questo sito web usando un **motore di ricerca**.	a **ferramenta de busca** ■ Encontrei este site usando uma **ferramenta de busca**.
l'audiovisivo, audiovisiva [audjovi'zi:vo, audjovi'zi:va] *adj* ■ A scuola usano molti mezzi **audiovisivi**.	o **audiovisual** ■ Na escola usam muitos meios **audiovisuais**.

Economia, técnica e pesquisa

Indústria, comércio e prestação de serviços

l'**economia** [ekono'mi:a] *n f*
- Negli anni sessanta ci fu un boom nell'**economia** italiana.

a **economia**
- Nos anos 1960, houve um *boom* na **economia** italiana.

l'**impresa** [im'pre:sa] *n f*
- Lavoro come segretaria per una piccola **impresa**.

a **empresa**, a **firma**
- Trabalho como secretária em uma pequena **empresa**.

l'**industria** [in'dustrja] *n f*
- L'**industria** italiana ha diminuto i consumi elettrici di quasi un terzo in due mesi.

a **indústria**
- A **indústria** italiana diminuiu o consumo de eletricidade em quase um terço em dois meses.

la **produzione** [produ'tsjo:ne] *n*
- I formaggi sono di **produzione** propria.

a **produção**
- Os queijos são de **produção** própria.

il **prodotto** [pro'dotto] *n*
- Il prosciutto di Parma è un **prodotto** tipico dell'Emilia Romagna.

o **produto**, o **artigo**
- O presunto de Parma é um **produto** típico da Emília-Romanha.

produrre [pro'durre] *v*
▶ *v irr* p. 406 condurre
- In Italia ci sono molte fabbriche che **producono** automobili.
- Quest'azienda **produce** un ottimo vino.

produzir

- Na Itália, há muitas fábricas que **produzem** automóveis.
- Esta empresa **produz** um ótimo vinho.

il **bene** ['bɛ:ne] *n*
- Bisogna distinguere tra **beni** e servizi.

o **bem**
- É preciso distinguir entre **bens** e serviços.

la **merce** ['mɛrtʃe] *n*
- La **merce** verrà cosegnata domani.

a **mercadoria**
- A **mercadoria** será entregue amanhã.

il **commercio** [kom'mɛrtʃo] *n*
- Questo prodotto è fuori **commercio**.

o **comércio**
- Este produto está fora de **comércio**.

l'affare [affaːre] *n m* ▪ Boicottano le aziende italiane che fanno **affari** con questo paese.	**o negócio** ▪ Eles boicotam empresas italianas que fazem **negócio** com esse país.
il consumatore, la consumatrice [konsumaˈtoːre, konsumaˈtriːtʃe] *n* ▪ Siamo dalla parte del **consumatore**.	**o consumidor, a consumidora** ▪ Estamos do lado do **consumidor**.
esportare [esporˈtaːre] *v* ▪ Moltissimi prodotti italiani **vengono esportati**.	**exportar** ▪ Muitos produtos italianos **são exportados**.
importare [imporˈtaːre] *v* ▪ La Germania **importa** generi alimentari dall'Italia.	**importar** ▪ A Alemanha **importa** produtos alimentícios da Itália.
l'ordine [ˈordine] *n m* ▪ Abbiamo ricevuto due **ordini**.	**o pedido** ▪ Recebemos dois **pedidos**.
l'officina [offiˈtʃiːna] *n f* ▪ Mio padre lavora come meccanico in un'**officina**.	**a oficina** ▪ Meu pai trabalha como mecânico em uma **oficina**.
montare [monˈtaːre] *v* ▪ Qui **montano** le biciclette.	**montar** ▪ Aqui **montam** as bicicletas.
riparare [ripaˈraːre] *v* ▪ Il meccanico sta **riparando** il motore.	**consertar** ▪ O mecânico está **consertando** o motor.

➡ Em vez de riparare, é frequente o emprego do verbo aggiustare.

l'azienda [aˈdzjɛnda] *n f* ▪ Le **aziende** di questo settore sono tutte in crisi.	**a empresa** ▪ As **empresas** desse setor estão todas em crise.
la ditta [ˈditta] *n* ▪ Vado un attimo in **ditta**.	**a empresa** ▪ Estou indo para a **empresa**.
il settore [setˈtoːre] *n* ▪ Lavoro da dieci anni in questo **settore**.	**o setor** ▪ Trabalho há dez anos neste **setor**.
il fatturato [fattuˈraːto] *n* ▪ Il **fatturato** dell'azienda è aumentato.	**o faturamento** ▪ O **faturamento** da empresa aumentou.

Indústria, comércio e prestação de serviços

la **domanda** [do'manda] *n* ▪ Il mercato è regolato dalla **domanda** e dall'offerta.	a **demanda** ▪ O mercado é regulado por oferta e **demanda**.

➡ Observe-se a ordem invertida dos termos da expressão em italiano: **domanda e offerta** – **oferta e procura**.

il **servizio** [ser'viːtsjo] *n* ▪ L'impresa offre vari **servizi** nell'ambito della comunicazione.	o **serviço** ▪ A empresa oferece vários **serviços** no ramo da comunicação.
la **società per azioni** [sotʃe'ta deːi a'tsjoːne] *n* ▪ L'impresa di mio zio verrà trasformata in **società per azioni**.	a **sociedade por ações** ▪ A empresa do meu tio vai ser convertida numa **sociedade por ações**.
il **consiglio di amministrazione** [ko'nsiʎʎo di amministra'tsjoːne] *n* ▪ Il signor Beretta fa parte del **consiglio di amministrazione**.	o **conselho administrativo** ▪ O senhor Beretta pertence ao **conselho administrativo**.
procurare [proku'raːre] *v* ▪ Lei sa se esistono agenzie che **procurano** lavoro temporaneo per l'estero?	**arranjar** ▪ O senhor sabe se existem agências que **arranjam** trabalho temporário em países estrangeiros?
la **pubblicità** [pubblitʃi'ta] *n* ▪ L'impresa spende ogni anno milioni di euro in **pubblicità**.	a **publicidade**, a **propaganda** ▪ A empresa gasta todos os anos milhões de euros em **publicidade**.
l'**annuncio pubblicitario** [an'nuntʃo pubblitʃi'taːrjo] *n m* ▪ In questa rivista ci sono tre **annunci pubblicitari** dello stesso produttore di automobili. ➡ dubbio p. 61	o **anúncio publicitário** ▪ Nesta revista há três **anúncios publicitários** do mesmo fabricante de automóveis.
la **società dei consumi** [sotʃe'ta deːi ko'nsuːmo] *n* ▪ La nostra è una **società dei consumi**.	a **sociedade de consumo** ▪ A nossa é uma **sociedade de consumo**.
la **concorrenza** [koŋkor'rɛntsa] *n* ▪ Nel mercato delle telecomunicazioni c'è molta **concorrenza**.	a **concorrência** ▪ No mercado das telecomunicações, há muita **concorrência**.

lo **sviluppo economico**
[zviˈluppo ekoˈnɔːmiko] *n*
- Il premier ha detto che quest'anno sarà il periodo più difficile per lo **sviluppo economico** dopo l'entrata nel nuovo secolo.

o **desenvolvimento econômico**
- O primeiro-ministro afirmou que este ano será o período mais difícil para o **desenvolvimento econômico** desde o início do novo século.

la **globalizzazione**
[globaliddzaˈtsjoːne] *n*
- La **globalizzazione** ha vantaggi e svantaggi.

a **globalização**
- A **globalização** tem vantagens e desvantagens.

Dinheiro, bancos e mercados financeiros

la **banca** [ˈbaŋka] *n*
- Devo andare in **banca**.

o **banco**
- Tenho de ir ao **banco**.

i **soldi** [ˈsɔldi] *n pl*
- Ho speso troppo e sono rimasto senza **soldi**.

o **dinheiro**
- Gastei demais e fiquei sem **dinheiro**.

➡ para **custar muito dinheiro** se diz **costare molto**.

i **contanti** [konˈtante] *n pl*
- Devo pagare con la carta, non ho abbastanza **contanti**.

(o dinheiro) **em espécie**
- Tenho de pagar com o cartão, não tenho o suficiente **em espécie**.

in **contanti** [in konˈtante] *adv*
- Da quando ho la carta di credito, non pago più **in contanti**.

em espécie, **em dinheiro vivo**
- Desde que tenho cartão de crédito, não pago mais **em espécie**.

la **banconota** [baŋkoˈnɔːta] *n*
- Il distributore di biglietti non accetta **banconote**.

a **nota (de dinheiro)**, a **cédula**
- A máquina de bilhetes não aceita **cédulas**.

il **biglietto** [biʎˈʎetto] *n*
- Ho solo un **biglietto** da 100 euro.

a **nota**, a **cédula**
- Tenho somente uma **nota** de 100 euros.

la **moneta** [moˈneːta] *n*
- Mi serve una **moneta** per il carrello.
- Mi dispiace, non ho **moneta**.
- L'euro è una **moneta** forte.

a **moeda**, o **trocado**
- Preciso de uma **moeda** para o carrinho de compras.
- Sinto muito, não tenho **trocado**.
- O euro é uma **moeda** forte.

Dinheiro, bancos e mercados financeiros

l'**euro** [ˈɛːuro] *n m*
- Può pagare in franchi o in **euro**.

o **euro**
- Você pode pagar em francos ou em **euros**.

il **centesimo** [tʃenˈtɛːzimo] *n*
- Una brioche costa 90 **centesimi**.

o **centavo**
- Um brioche custa 90 **centavos**.

il **dollaro** [ˈdɔllaro] *n*
- Dal mio ultimo viaggio negli USA mi sono rimasti ancora venti **dollari**.

o **dólar**
- Ainda restam 20 **dólares** da minha última viagem aos Estados Unidos.

cambiare [kamˈbjaːre] *v*
- Vorrei **cambiare** 200 Euro in dollari.

converter, trocar (moedas)
- Eu gostaria de **converter** 200 euros em dólares.

l'**ufficio cambio** [ufˈfiːtʃo ˈkambjo] *n m*
- In aeroporto ci sono molti **uffici cambio**.

a **casa de câmbio**
- No aeroporto, há muitas **casas de câmbio**.

➡ dubbio p. 61

il **bancomat** [ˈbaŋkomat] *n; pl inv*
- Il **bancomat** non funziona.
- Paga con carta di credito o con **bancomat**?

o **caixa eletrônico**, o **cartão de débito**
- O **caixa eletrônico** não funciona.
- Vai pagar com cartão de crédito ou **cartão de débito**?

➡ Como na Itália as funções de crédito e débito são combinadas em um único cartão, costuma-se perguntar com qual das duas opções se gostaria de pagar.

la **carta di credito** [ˈkarta di ˈkreːdito] *n*
- Posso pagare con la **carta di credito**?

o **cartão de crédito**
- Posso pagar com **cartão de crédito**?

il **risparmio** [risˈparmjo] *n*
- Abbiamo investito i nostri **risparmi** in azioni.

a **economia**
- Investimos nossas **economias** em ações.

➡ dubbio p. 61

risparmiare [risparˈmjaːre] *v*
- Con tutte queste spese è difficile **risparmiare**.

economizar
- Com todas essas despesas, é difícil **economizar**.

Dinheiro, bancos e mercados financeiros

il debito [ˈdeːbito] *n*
- Abbiamo ancora un **debito** da pagare.

a **dívida**
- Temos ainda uma **dívida** a pagar.

dovere [doˈveːre] *v*
- ▶ **v irr** p. 408 dovere
- Ricordami che ti **devo** dei soldi.

dever
- Lembre-me de que lhe **devo** dinheiro.

l'assicurazione [assikuraˈtsjoːne] *n f*
- L'**assicurazione** pagherà una parte dei danni.

o **seguro**
- O **seguro** pagará parte dos danos.

il percento [perˈtʃɛnto] *n*
- Il prezzo della benzina era aumentato del 20 **percento**.

o **por cento (%)**
- O preço da gasolina aumentou em **20%**.

aumentare [aumeˈntaːre] *v*
- Dobbiamo **aumentare** le entrate e diminuire le uscite.
- I prezzi **sono aumentati**.

aumentar
- Temos de **aumentar** as entradas e diminuir as saídas.
- Os preços **aumentaram**.

➡ Os tempos compostos desse verbo são formados com **essere**.

ridurre [riˈdurre] *v*
- ▶ **v irr** p. 406 condurre
- Il governo ha promesso di **ridurre** le tasse.

reduzir
- O governo prometeu **reduzir** os impostos.

abbassare [abbaˈssaːre] *v*
- Per fortuna **hanno abbassato** il prezzo della benzina.

(a)baixar, diminuir
- Por sorte **baixaram** o preço da gasolina.

➡ O verbo abbassare tem também um significado concreto, mas a tradução depende em grande parte do contexto, por exemplo, **abbassare il quadro** – baixar o quadro (mover para baixo), **abbassare la voce** – baixar o tom de voz (diminuir).

diminuire [diminuˈiːre] *v*
- I prezzi non **diminuiscono** mai.
- ➡ aumentare p. 306

baixar, reduzir
- Os preços nunca **baixam**.

valere la pena [vaˈleːre la ˈpeːna] *loc*
- ▶ **v irr** p. 413 valere
- In questo momento non **vale la pena** vendere.

valer a pena
- Neste momento não **vale a pena** vender.

le tasse ['tasse] *n pl*
- Paghiamo troppe **tasse**.

os **impostos**
- Pagamos **impostos** demais.

➡ **tasse** é o termo genérico para impostos. **Imposta** se refere a impostos específicos indicado pela letra **I** em diversas abreviações, como IVA **(imposto sobre valor agregado)** OU IRPEF **(imposto de renda)**.

finanziario, finanziaria
[finan'tsja:rjo, finan'tsja:rja] *adj*
- Abbiamo parlato con un operatore **finanziario**.

financeiro
- Conversamos com um operador **financeiro**.

il **conto (corrente)** ['konto (kor'rɛnte)] *n*
- Mi dà l'IBAN del suo **conto**?

a **conta(-corrente)**
- Você me passa o IBAN de sua **conta**?

➡ **conto corrente** designa a conta-corrente; para se referir à conta poupança se diz **conto di risparmio**.

versare [ver'sa:re] *v*
- **Ho versato** 100 euro sul tuo conto.

depositar
- **Depositei** 100 euros em sua conta.

il **bonifico** [bo'ni:fiko] *n*
- Devo fare un **bonifico**.
➡ simpatico p. 21

a **transferência**
- Preciso fazer uma **transferência**.

il **valore** [va'lo:re] *n*
- Quel quadro ha un **valore** di più di centomila euro.

o **valor**
- Aquele quadro tem um **valor** de mais de cem mil euros.

gli **utili** ['u:tili] *n pl*
- Gli **utili** vengono divisi tra i soci.

o **lucro**
- O **lucro** será dividido entre os sócios.

la **perdita** ['pɛrdita] *n*
- Gli affari vanno male, siamo in **perdita**.

o **prejuízo**
- Os negócios não vão bem, estamos no **prejuízo**.

le **entrate** [en'tra:te] *n pl*
- Per fortuna le **entrate** sono superiori alle spente.

a **entrada**, a **receita**
- Felizmente, as **entradas** estão superiores às despesas.

le **spese** ['spe:se] *n pl*
- Ci sono così tante **spese** ogni mese!

as **despesas**
- Há tantas **despesas** todos os meses!

al verde [al ˈverde] *adj* ■ Mi puoi prestare 50 euro? Sono completamente **al verde**.	**no vermelho** ■ Você pode me emprestar 50 euros? Estou completamente **no vermelho**.
la borsa [ˈbɔrsa] *n* ■ La **borsa** di Milano è la più importante d'Italia.	**a bolsa** ■ A **bolsa** de Milão é a mais importante da Itália.
l'azione [aˈtsjoːne] *n f* ■ Ho venduto tutte le **azioni**.	**a ação** ■ Vendi todas as **ações**.
investire [invesˈtiːre] *v* ■ **Abbiamo investito** molti soldi in fondi.	**investir** ■ **Investimos** muito dinheiro em fundos.
il prestito [ˈprɛstito] *n* ■ Ha chiesto un **prestito** alla sua banca.	**o empréstimo** ■ Solicitou um **empréstimo** ao seu banco.
l'interesse [inteˈrɛsse] *n* ■ Gli **interessi** sul mio conto di risparmio sono del 4 percento.	**o juro** ■ Os **juros** de minha poupança são de 4%.
➡ Taxa de juros é **tasso d'interesse**.	
stipulare [stipuˈlaːre] *v* ■ **Abbiamo stipulato** un'assicurazione.	**estipular** ■ **Estipulamos** um seguro.
lordo, lorda [ˈlordo, ˈlorda] *adj* ■ Lo stipendio **lordo** è di 2000 euro.	**bruto** ■ O salário **bruto** é de 2.000 euros.
netto, netta [ˈnetto, ˈnetta] *adj* ■ Questo è l'importo **netto**, senza IVA.	**líquido** ■ Esta é quantia **líquida**, sem imposto sobre valor agregado.

Agricultura

l'agricoltura [agrikolˈtuːra] *n f* ■ L'**agricoltura** è un settore fondamentale dell'economia.	**a agricultura** ■ A **agricultura** é um setor fundamental da economia.
agricolo, agricola [aˈgriːkolo, aˈgriːkola] *adj* ■ Vendono prodotti **agricoli**.	**agrícola** ■ Eles vendem produtos **agrícolas**.

Agricultura

la fattoria [fatto'riːa] *n*
- Hanno una grande **fattoria** con mucche e maiali.

a fazenda
- Tenho uma **fazenda** grande, com vacas e porcos.

→ No norte da Itália, uma fazenda é também chamada **cascina**.

il podere [po'deːre] *n*
- Gli zii hanno un **podere** in Toscana.

a propriedade
- Meus tios têm uma **propriedade** na Toscana.

il campo ['kampo] *n*
- I contadini coltivano i **campi** a grano.

o campo
- Os camponeses cultivam os **campos** com cereais.

il prato ['praːto] *n*
- L'erba del **prato** era alta.

o prado
- O capim no **prado** estava alto.

fiorire [fjo'riːre] *v*
- I mandorli sono i primi a **fiorire** in primavera.

florescer
- As amendoeiras são as primeiras a **florescerem** na primavera.

piantare [pjan'taːre] *v*
- Non è la stagione adatta per **piantare** un albero.

plantar
- Não é a estação adequada para **plantar** uma árvore.

coltivare [kolti'vaːre] *v*
- In questo campo **coltiviamo** patate.

cultivar
- Neste campo **cultivamos** batatas.

la raccolta [rak'kolta] *n*
- Le olive non sono ancora mature, la **raccolta** inizia tra un mese.

a colheita
- As azeitonas ainda não estão maduras, a **colheita** se inicia em um mês.

il raccolto [rak'kolto] *n*
- Il **raccolto** quest'anno è stato buono.

a colheita
- A **colheita** este ano foi boa.

→ A atividade da colheita chama-se **raccolta**; **raccolto** indica o que foi colhido, o produto da colheita.

raccogliere [rak'koʎʎere] *v; pl*
- **Abbiamo raccolto** 100 chilogrammi di mele.

colher
- **Colhemos** 100 quilos de maçãs.

annaffiare [anna'ffjaːre] *v*
- Bisogna **annaffiare** le piante.

regar, aguar, irrigar
- É preciso **regar** as plantas.

Agricultura

selvatico, selvatica [sel'vaːtiko, sel'vaːtika] *adj*
- Abbiamo raccolto erbe **selvatiche**.

➡ **simpatico** p. 21

selvagem
- Colhemos ervas **selvagens**.

---

addomesticato, addomesticata [addomestiˈkaːto, addomestiˈkaːta] *adj*
- Hanno un lupo **addomesticato**.

domesticado
- Eles têm um lobo **domesticado**.

dare da mangiare a [ˈdaːre da manˈdʒaːre a] *loc*
▶ v irr p. 407 dare
- A volte mi dimentico di **dar da mangiare** al cane.

dar de comer a
- Às vezes eu me esqueço de **dar de comer ao** cachorro.

vegetale [vedʒeˈtaːle] *adj*
- L'olio di oliva è un grasso **vegetale**.

vegetal
- O azeite de oliva é gordura **vegetal**.

il pascolo [ˈpaskolo] *n*
- In primavera portiamo le mucche al **pascolo**.

o pasto
- Na primavera levamos as vacas ao **pasto**.

il fieno [ˈfjɛːno] *n*
- D'inverno le capre mangiano il **fieno**.

o feno
- No verão as cabras comem **feno**.

la paglia [ˈpaʎʎa] *n*
- Il gatto dormiva sulla **paglia**.

a palha
- O gato dormia sobre a **palha**.

fertile [ˈfɛrtile] *adj*
- È un terreno molto **fertile**.

fértil
- É um terreno muito **fértil**.

il concime [koˈntʃiːme] *n*
- Non usiamo **concimi** chimici.

o fertilizante, o adubo
- Não usamos **fertilizantes** químicos.

concimare [kontʃiˈmaːre] *v*
- Questi terreni vengono **concimati** due volte all'anno.

fertilizar, adubar
- Estes terrenos são **adubados** duas vezes ao ano.

il bestiame [beˈstjaːme] *n*
- D'inverno serve molto fieno per il **bestiame**.

o gado
- No inverno se precisa de muito feno para o **gado**.

l'**allevamento** [alleva'mento] *n m* ■ La sua principale attività è l'**allevamento** e la vendita di cavalli.	a **criação** ■ Sua atividade principal é **criação** e venda de cavalos.
allevare [alle'va:re] *v* ■ **Alleva** pecore.	**criar** ■ Ele **cria** ovelhas.
la **razza** ['rattsa] *n* ■ Le loro mucche sono di **razze** diverse.	a **raça** ■ Suas vacas são de **raças** diversas.
la **pesca** ['peska] *n* ■ La mattina presto vanno a **pesca**. ➡ pesca p. 195	a **pesca** ■ De manhã cedo eles vão à **pesca**.
l'**ecologia** [ekolo'dʒi:a] *n f* ■ Studia **ecologia**.	a **ecologia** ■ Ela estuda **ecologia**.
biologico, biologica [bjo'lɔ:dʒiko, bjo'lɔ:dʒika] *adj* ■ I processi **biologici** del corpo umano sono molto interessanti. ➡ simpatico p. 21	**biológico** ■ Os processos **biológicos** do corpo humano são muito interessantes.
alternativo, alternativa [alterna'ti:vo, alterna'ti:va] *adj* ■ Gli scienziati cercano forme di energia **alternativa**.	**alternativo** ■ Os cientistas buscam formas de energia **alternativa**.

Técnica, energia e pesquisa

il **macchinario** [makki'na:rjo] *n* ■ L'azienda deve investire in nuovi **macchinari**. ➡ dubbio p. 61	as **máquinas**, o **maquinário** ■ A empresa tem de investir em novo **maquinário**.
il **motore** [mo'to:re] *n* ■ Se vi fermate in galleria, spegnete il **motore**.	o **motor** ■ Quando parar em um túnel, desligue o **motor**.
la **funzione** [fun'tsjo:ne] *n* ■ Qual'è la **funzione** di questo tasto?	a **função** ■ Qual é a **função** desta tecla?

funzionare [funtsjoˈnaːre] v
- È stato aggiustato da poco, dovrebbe **funzionare**.

funcionar
- Foi consertado há pouco tempo, deveria **funcionar**.

servire [serˈviːre] v
▶ v irr p. 411 servire
- A che cosa **serve** questo attrezzo?
- Accelerare non **serve** a niente.

servir, prestar, adiantar
- Para que **serve** esta ferramenta?
- Acelerar não **adianta** nada.

utilizzabile [utilidˈdzaːbile] adj
- Dici che questo materiale è **utilizzabile**?

utilizável
- Você diz que esse material é **utilizável**?

inutilizzabile [inutilidˈdzaːbile] adj
- Questo trapano è ormai **inutilizzabile**.

inutilizável
- Esta furadeira está **inutilizável**.

➡ impaziente p. 20

la **corrente** [korˈrɛnte] n
- Manca la **corrente**.

a **força (elétrica)**
- Caiu a **força**.

l'**elettricità** [elettritʃiˈta] n f
- Ormai la nostra vita sarebbe impossibile senza l'**elettricità**.

a **eletricidade**
- A nossa vida seria impossível sem **eletricidade**.

elettrico, elettrica [eˈlɛttriko, eˈlɛttrika] adj
- Uso un rasoio **elettrico**.

elétrico

- Uso um barbeador **elétrico**.

➡ simpatico p. 21

la **potenza** [poˈtɛntsa] n
- Che **potenza** ha questo motore?

a **potência**
- Que **potência** tem esse motor?

la **scoperta** [skoˈpɛrta] n
- Gli ingegneri hanno fatto una **scoperta** straordinaria.

a **descoberta**
- Os engenheiros fizeram uma **descoberta** extraordinária.

scoprire [skoˈpriːre] v
▶ v irr p. 407 coprire
- Hanno **scoperto** un nuovo virus.

descobrir

- **Descobriram** um vírus novo.

l'**invenzione** [invenˈtsjoːne] n f
- La posta eletronica è un'**invenzione** importantissima nel campo della comunicazione.

a **invenção**
- O e-mail é uma **invenção** importantíssima no campo da comunicação.

inventare [inven'ta:re] *v*
- **Ha inventato** un nuovo metodo di analisi.

inventar
- **Inventou** um novo método de análise.

il **sistema** [sis'tɛ:ma] *n*
- C'è un errore nel **sistema**.
➡ **problema** p. 120

o **sistema**
- Tem um erro no **sistema**.

sistematico, sistematica
[siste'ma:tiko, siste'ma:tika] *adj*
- È un elenco **sistematico** di tutte le specie.
➡ **simpatico** p. 21

sistemático

- É uma lista **sistemática** de todas as espécies.

preciso, precisa [pre'tʃi:zo, pre'tʃi:za] *adj*
- Ho bisogno delle misure **precise** della stanza.

preciso, exato

- Preciso das medidas **exatas** do quarto.

la **tecnica** ['tɛknika] *n*
- I progressi della **tecnica** migliorano la vita dell'uomo.

a **técnica**
- Os progressos da **técnica** melhoram a vida do homem.

la **tecnologia** [teknolo'dʒi:a] *n*
- Nel nostro laboratorio utilizziamo le **tecnologie** più moderne.

a **tecnologia**
- No nosso laboratório, usamos as **tecnologias** mais modernas.

tecnologico, tecnologica
[tekno'lɔ:dʒiko, tekno'lɔ:dʒika] *adj*
- Viviamo in un'era **tecnologica**.

tecnológico, tecnológica

- Vivemos em uma era **tecnológica**.

l'**apparecchio** [appa'rekkjo] *n m*

- Non bisogna mai avvicinare gli **apparecchi** elettrici all'acqua.

o **equipamento**, o **aparelho**, o **dispositivo**
- **Equipamentos** elétricos nunca devem ser postos em contato com a água.

la **pompa** ['pompa] *n*
- La **pompa** viene azionata da questo motore.

a **bomba**
- A **bomba** é acionada por este motor.

il **cavo** ['ka:vo] *n*
- La stampante è collegata al computer con questo **cavo**.

o **cabo**
- A impressora está conectada ao computador por meio deste **cabo**.

la batteria [batte'riːa] n ■ Per il telefono portatile servono due **batterie**.	**a bateria, a pilha** ■ São necessárias duas **pilhas** para o telefone sem fio.

➡ Como no português, além de **batteria (bateria)**, também se fala **pila (pilha)** em italiano.

l'interruttore [interrut'toːre] n m ■ In questa posizione l'**interruttore** è acceso.	**o interruptor** ■ Nesta posição, o **interruptor** está ligado.
regolare [rego'laːre] v ■ Qui si **regola** la frequenza.	**ajustar** ■ Aqui você **ajusta** a frequência.
la pressione [pres'sjoːne] n ■ La **pressione** è superiore a 2 bar.	**a pressão** ■ A **pressão** é de mais de 2 bar.
automatico, automatica [auto'maːtiko, auto'maːtika] adj ■ Questa ditta vende porte **automatiche**. ➡ simpatico p. 21	**automático, automática** ■ Esta empresa vende portas **automáticas**.
meccanico, meccanica [mek'kaːniko, mek'kaːnika] adj ■ É necessario sostituire alcune parti **meccaniche**. ➡ simpatico p. 21	**mecânico, mecânica** ■ Algumas peças **mecânicas** precisam ser substituídas.
elettronico, elettronica [elet'troːniko, elet'troːnika] adj ■ I signori passeggeri sono pregati di spegnere tutti gli apparecchi **elettronici**. ➡ simpatico p. 21	**eletrônico** ■ Pedimos aos senhores passageiros que desliguem todos os aparelhos **eletrônicos**.
la scala ['skaːla] n ■ La **scala** termometrica va da -30 a +50 gradi. ■ Questa carta geografica ha una **scala** di 1:200.000.	**a escala, a medida** ■ A **escala** termométrica vai de -30 a +50 graus. ■ Este mapa geográfico tem uma **escala** de 1:200.000.
l'energia [ener'dʒiːa] n f ■ L'**energia** elettrica è una delle tante forme di energia.	**a energia** ■ A **energia** elétrica é uma das muitas formas de energia.

la **centrale elettrica** [tʃenˈtraːle eˈlɛttrika] *n* ■ Una **centrale elettrica** produce e fornisce elettricità.	a **central elétrica** ■ Uma **central elétrica** produz e fornece eletricidade.
la **centrale nucleare** [tʃenˈtraːle nukleˈaːre] *n* ■ Vogliamo cambiare casa perché qui vicino stanno costruendo una **centrale nucleare**.	a **central nuclear** ■ Queremos mudar de casa porque aqui perto estão construindo uma **central nuclear**.
nucleare [nukleˈaːre] *adj* ■ Molti sono contro l'energia **nucleare**.	**nuclear** ■ Muitos são contra a energia **nuclear**.
radioattivo, radioattiva [radjoatˈtiːvo, radjoatˈtiːva] *adj* ■ Qui lavorano con sostanze **radioattive**.	**radioativo** ■ Aqui trabalham com substâncias **radioativas**.
solare [soˈlaːre] *adj* ■ L'energia **solare** è pulita.	**solar** ■ A energia **solar** é limpa.
l'**esperimento** [esperiˈmento] *n m* ■ Per migliorare i nostri prodotti, facciamo regolarmente degli **esperimenti**.	o **experimento** ■ Para melhorar nossos produtos, fazemos **experimentos** regularmente.
la **scienza** [ˈʃɛntsa] *n* ■ I progressi della **scienza** sono incredibili.	a **ciência** ■ Os progressos da **ciência** são incríveis.
scientifico, scientifica [ʃenˈtiːfiko, ʃenˈtiːfika] *adj* ■ L'analisi è stata eseguita con metodi **scientifici**. ➡ simpatico p. 21	**científico** ■ A análise foi realizada com métodos **científicos**.
la **teoria** [teoˈriːa] *n* ■ Per spiegare questo fenomeno ci sono diverse **teorie**.	a **teoria** ■ Para explicar esse fenômeno, há diversas **teorias**.
teorico, teorica [teˈɔːriko, teˈɔːrika] *adj* ■ È una distinzione **teorica**. ➡ simpatico p. 21	**teórico** ■ É uma diferenciação **teórica**.

il metodo [ˈmɛːtodo] *n* ■ Questo **metodo** è sbagliato.	**o método** ■ Esse **método** está errado.
efficace [effiˈkaːtʃe] *adj* ■ Non ci sono ancora farmaci **efficaci** per curare questa malattia.	**eficaz, efetivo** ■ Ainda não há medicamentos **eficazes** para curar essa doença.
efficiente [effiˈtʃɛnte] *adj* ■ Dobbiamo trovare un metodo **efficiente** per risolvere il problema.	**eficiente** ■ Temos de encontrar um método **eficiente** para resolver o problema.
lo sviluppo [zviˈluppo] *n* ■ Il governo favorisce lo **sviluppo** economico del paese. ➡ **stato civile** p. 19	**o desenvolvimento** ■ O governo promove o **desenvolvimento** econômico do país.
sviluppare [zvilupˈpaːre] *v* ■ È stato **sviluppato** un nuovo modello.	**desenvolver** ■ **Foi desenvolvido** um novo modelo.
il risultato [risulˈtaːto] *n* ■ Qual è stato il **risultato** dell'indagine?	**o resultado** ■ Qual foi o **resultado** da pesquisa?
positivo, positiva [poziˈtiːvo, poziˈtiːva] *adj* ■ Il test è stato **positivo**.	**positivo** ■ O teste deu **positivo**.
negativo, negativa [negaˈtiːvo, negaˈtiːva] *adj* ■ Conosciamo davvero il latte e i suoi effetti **negativi** su salute, animali e ambiente?	**negativo** ■ Será que sabemos tudo sobre o leite e seus efeitos **negativos** para a saúde, os animais e o ambiente?

Matéria-prima e materiais

il **materiale** [mate'rja:le] n
- Di che **materiale** è fatto?

o **material**
- De que **material** é feito?

la **polvere** ['polvere] n
- È una **polvera** bianca da sciogliere nell'acqua.

o **pó**
- É um **pó** branco que se dissolve na água.

→ polvere significa também **poeira**.

il **petrolio** [pe'trɔ:ljo] n
- L'Italia importa soprattutto materie prime, fra cui il **petrolio**.

o **petróleo**
- A Itália importa principalmente matéria-prima, incluindo **petróleo**.

il **gas** [gas] n; pl inv
- Qui c'è odore di **gas**.

o **gás**
- Aqui tem cheiro de **gás**.

il **legno** ['leɲo] n
- Questo tavolo è di **legno** massiccio.

a **madeira**
- Esta mesa é de **madeira** maciça.

→ legno, pl legni significa madeira, e legna, pl legna ou legne, lenha.

la **pietra** ['pjɛtra] n
- I muri della casa sono di **pietra**.

a **pedra**
- Os muros da casa são de **pedra**.

il **metallo** [me'tallo] n
- La lampada è di **metallo**.

o **metal**
- A lâmpada é de **metal**.

il **ferro** ['fɛrro] n
- Il **ferro** è il metallo più importante in campo industriale.

o **ferro**
- O **ferro** é o metal mais importante no setor industrial.

l'**acciaio** [at'tʃa:jo] n m
- L'orologio è di **acciaio** inossidabile.

o **aço**
- O relógio é de **aço** inoxidável.

→ dubbio p. 61

l'**alluminio** [allu'mi:njo] n m
- L'**alluminio** è un metallo molto leggero.

o **alumínio**
- O **alumínio** é um metal muito leve.

→ Atenção: o termo italiano é escrito com dois l.

l'**oro** ['ɔ:ro] n m
- L'**oro** è un metallo prezioso.

o **ouro**
- O **ouro** é um metal precioso.

l'**argento** [ar'dʒɛnto] *n m* ■ I nonni mi hanno regalato un anello d'**argento**.	a **prata** ■ Meus avós me presentearam com um anel de **prata**.
la **plastica** ['plastika] *n* ■ La **plastica** può essere riciclata.	o **plástico** ■ O **plástico** pode ser reciclado.
il **vetro** ['ve:tro] *n* ■ Il **vetro** è stato scoperto dai Fenici.	o **vidro** ■ O **vidro** foi descoberto pelos fenícios.
la **lana** ['la:na] *n* ■ Le pecore ci danno la **lana**.	a **lã** ■ As ovelhas fornecem **lã**.
il **cotone** [ko'to:ne] *n* ■ Il **cotone** è una fibra naturale.	o **algodão** ■ O **algodão** é uma fibra natural.
la **pelle** ['pɛlle] *n* ■ Le scarpe sono di **pelle**.	o **couro** ■ Os sapatos são de **couro**.
morbido, morbida ['mɔrbido, 'mɔrbida] *adj* ■ È un tessuto molto **morbido**.	**mole, macio** ■ É um tecido muito **mole**.
duro, dura ['du:ro, 'du:ra] *adj* ■ Il granito è una roccia molto **dura**.	**duro** ■ O granito é uma pedra bastante **dura**.
fragile ['fra:dʒile] *adj* ■ Questo tipo de legno è **fragile**.	**frágil** ■ Este tipo de madeira é **frágil**.
liscio, liscia ['liʃʃo, 'liʃʃa] *adj* ■ La superficie del marmo è **liscia**.	**liso** ■ A superfície do mármore é **lisa**.
ruvido, ruvida ['ru:vido, 'ru:vida] *adj* ■ I sacchi delle patate sono di stoffa **ruvida**.	**cru, bruto** ■ Os sacos de batata são de tecido **cru**.
la **caratteristica** [karatte'ristika] *n* ■ Quali sono le **caratteristiche** negative di questo materiale?	a **característica** ■ Quais são as **características** negativas desse material?
la **sostanza** [sos'tantsa] *n* ■ Tutte queste **sostanze** inquinano l'ambiente.	a **substância** ■ Todas essas **substâncias** contaminam o meio ambiente.

la **materia prima** [maˈtɛːrja ˈpriːma] *n* ■ L'economia di questo paese è basata sull'esportazione di **materie prime**.	a **matéria-prima** ■ A economia desse país é baseada na exportação de **matérias-primas**.
la **miscela** [miʃˈʃɛːla] *n* ■ Il fummo della sigaretta è una complessa **miscela** di sostanze chimiche.	a **mistura**, o **misto** ■ O fumo do cigarro é uma **mistura** complexa de substâncias químicas.
mescolare [meskoˈlaːre] *v* ■ Il cemento viene **mescolato** con l'acqua.	**misturar** ■ O cimento é **misturado** com água.
essere composto di, essere composta di [ˈɛssere komˈposto di, ˈɛssere komˈposta di] *loc* ▶ *v irr* p 408 essere ■ Il corpo umano è composto per il 75 percento **di** acqua.	**ser composto/constituído de** ■ O corpo humano **é constituído** por 75% **de** água.
il **marmo** [ˈmarmo] *n* ■ Il **marmo** di Carrara è famoso in tutto il mondo.	o **mármore** ■ O **mármore** de Carrara é famoso em todo o mundo.
il **carbone** [karˈboːne] *n* ■ Il **carbone** si è formato da resti vegetali.	o **carbono** ■ O **carbono** é formado de restos vegetais.
il **rame** [ˈraːme] *n* ■ I cavi elettrici sono di **rame**.	o **cobre** ■ Os cabos elétricos são de **cobre**.
il **piombo** [ˈpjombo] *n* ■ Il **piombo** è un metallo pesante.	o **chumbo** ■ O **chumbo** é um metal pesado.
il **cemento** [tʃeˈmento] *n* ■ Sembra che in molte costruzioni abbiano usato sabbia invece del **cemento**.	o **cimento** ■ Parece que, em muitas construções, usaram areia em vez de **cimento**.
il **calcestruzzo** [kaltʃesˈtruttso] *n* ■ Quel ponte è stato costruito con il **calcestruzzo**.	o **concreto** ■ Aquela ponte foi construída com **concreto**.
la **gomma** [ˈgomma] *n* ■ Queste ruote sono di **gomma**.	a **borracha** ■ Estas rodas são de **borracha**.

il **tessuto** [tesˈsuːto] n • La seta è un **tessuto** prezioso.	o **tecido** • A seda é um **tecido** precioso.
la **seta** [ˈseːta] n • È morbido come la **seta**.	a **seda** • É mole como **seda**.

Sociedade e Estado

História

il **re** [re] *n; pl inv*
- Vittorio Emanuele III di Savoia è stato l'ultimo **re** d'Italia.

o **rei**
- Vittorio Emanuele III de Saboia foi o último **rei** da Itália.

la **regina** [re'dʒi:na] *n*
- La **regina** Elisabetta è la madre del principe Carlo.

a **rainha**
- A **rainha** Elizabeth é a mãe do príncipe Charles.

il **regno** [ˈreɲɲo] *n*
- La Gran Bretagna si chiama anche **Regno** Unito.

o **reino**
- A Grã-Bretanha se chama também **Reino** Unido.

regnare [reɲˈɲaːre] *v*
- Gli Asburgo **regnarono** in Europa.

reinar
- Os Habsburgo **reinaram** na Europa.

l'**imperatore**, l'**imperatrice** [imperaˈtoːre, imperaˈtriːtʃe] *n m/f*
- Giulio Cesare era un **imperatore** romano.

o **imperador**, a **imperatriz**
- Júlio César era um **imperador** romano.

l'**impero** [imˈpɛːro] *n m*
- Dal 1805 Genova faceva parte dell'**impero** di Napoleone I.

o **império**
- A partir de 1805, Gênova passou a fazer parte do **império** de Napoleão I.

la **monarchia** [monarˈkiːa] *n*
- L'Italia è stata una **monarchia** fino al 1946.

a **monarquia**
- A Itália foi uma **monarquia** até 1946.

conquistare [konkuisˈtaːre] *v*
- Il paese nemico **fu conquistato** nel giro di tre mesi.

conquistar
- O país inimigo **foi conquistado** em três meses.

la **corona** [koˈroːna] *n*
- Il re porta una **corona**.

a **coroa**
- O rei usa uma **coroa**.

il sovrano, la **sovrana** [soˈvraːno, soˈvraːna] *n*
- Alla presenza del **sovrano** tutti si mettono in ginocchio.

o soberano
- Na presença do **soberano**, todos ficam de joelhos.

storico, storica [ˈstɔːriko, ˈstɔːrika] *adj*
- L'accordo di Schengen è stato un momento **storico** per L'Europa.
➡ **simpatico** p. 21

histórico
- O acordo de Schengen foi um momento **histórico** para a Europa.

il **principe**, la **principessa** [ˈprintʃipe, printʃiˈpessa] *n*
- Il **principe** è un membro della famiglia reale.
- Il sovrano di Monaco è il **principe**.

o **príncipe**, a **princesa**
- O **príncipe** é um membro da família real.
- O soberano de Mônaco é o **príncipe**.

i **nobili** [ˈnɔːbili] *n pl*
- I **nobili** napoletani protestarono.

o nobre
- Os **nobres** napolitanos protestaram.

sottomettere [sottoˈmettere] *v*
▶ v irr p. 409 mettere
- I vincitore **sottomettono** le popolazioni dei paesi conquistati.

submeter
- Os vencedores **submetem** a população dos países conquistados.

la **liberazione** [liberaˈtsjoːne] *n*
- C'erano commemorazioni per il sessantesimo anniversario della **liberazione**.

a libertação
- Houve comemorações pelo 60º aniversário da **libertação**.

➡ O dia 25 de abril é feriado nacional na Itália, celebrado como **Anniversario della Liberazione**.

liberare [libeˈraːre] *v*
- Gli alleati **liberarono** il mezzogiorno.

libertar
- Os aliados **libertaram** o sul da Itália.

la **rivoluzione** [rivoluˈtsjoːne] *n*
- Il 1848 è stato l'anno delle **rivoluzioni** in Europa.

a **revolução**
- 1848 foi o ano das **revoluções** na Europa.

lo **scavo** [ˈskaːvo] *n*
- Gli **scavi** sono iniziati nel 1860.
➡ **stato civile** p. 19

a escavação
- As **escavações** começaram em 1860.

→ O plural, **scavi**, indica também um sítio de escavação, por exemplo, **gli scavi di Pompei.**

l'epoca [ˈɛːpoka] *n f* ■ Il Rinascimento è stata un'**epoca** importante per tutta l'Europa.	a **época** ■ O Renascimento foi uma **época** importante para toda a Europa.
l'età della pietra [eˈta ˈdella ˈpjɛːtra] *n f* ■ Hanno trovato un'arma dell'**età della pietra**.	a **Idade da Pedra** ■ Encontraram uma arma da **Idade da Pedra**.
l'antichità [antikiˈta] *n f* ■ Aristotele è uno dei filosofi più importanti dell'**antichità**.	a **Antiguidade** ■ Aristóteles é um dos filósofos mais importantes da **Antiguidade**.
la mummia [ˈmummja] *n* ■ Nelle piramidi sono state trovate molte **mummie**.	a **múmia** ■ Nas pirâmides, foram encontradas muitas **múmias**.
il medioevo [mɛdjoˈɛːvo] *n* ■ Le mura furono costruite nel **medioevo**.	a **Idade Média** ■ As muralhas foram construídas na **Idade Média**.
la prima Guerra mondiale [ˈpriːma ˈɡwɛrra monˈdjaːle] *n* ■ L'Italia entrò nella **prima Guerra mondiale** nel 1915.	a **Primeira Guerra Mundial** ■ A Itália entrou na **Primeira Guerra Mundial** em 1915.
la seconda Guerra mondiale [seˈkonda ˈɡwɛrra monˈdjaːle] *n* ■ All'inizio della **seconda Guerra mondiale** l'Italia e la Germania erano alleate.	a **Segunda Guerra Mundial** ■ No início da **Segunda Guerra Mundial**, Itália e Alemanha eram aliadas.
la guerra civile [ˈɡwɛrra tʃiˈviːle] *n* ■ La **guerra civile** ha fatto migliaia di vittime.	a **guerra civil** ■ A **guerra civil** fez milhares de vítimas.
la resistenza [resisˈtɛntsa] *n* ■ Gli abitanti della città non hanno opposto **resistenza**.	a **resistência** ■ Os habitantes da cidade não ofereceram **resistência**.

→ **Resistenza** também se refere especificamente ao movimento de resistência italiana na Segunda Guerra Mundial que lutou contra a ocupação alemã e contra os fascistas da chamada **Repubblica Sociale Italiana** ou **Repubblica di Salò.**

324 Sociedade

il **partigiano**, la **partigiana** [parti'dʒaːno, parti'dʒaːna] ■ I **partigiani** si nascondevano nelle montagne.	o **partidário** ■ Os **partidários** se escondiam nas montanhas.
la **colonia** [ko'loːnja] *n* ■ Dal 1935 al 1941 l'Etiopia è stata una **colonia** italiana.	a **colônia** ■ De 1935 a 1941, a Etiópia foi uma **colônia** italiana.
colonizzare [kolonid'dzaːre] *v* ■ Alla fine dell'Ottocento l'Italia **colonizzò** Eritrea. ■ Quest'area **fu colonizzata** dai Romani.	**colonizar** ■ No final do século xix, a Itália **colonizou** a Eritreia. ■ Esta região **foi colonizada** pelos romanos.
lo **schiavo**, la **schiava** ['skjaːvo, parti'dʒaːna] *n* ■ Nell antica Roma c'erano molti **schiavi**. ➡ stato civile p. 19	o **escravo** ■ Na Roma antiga, havia muitos **escravos**.
l'**imperialismo** [imperaja'lizmo] *n m* ■ Protestano contro l'**imperialismo** di questo stato.	o **imperialismo** ■ Protestam contra o **imperialismo** deste país.
il **nazionalismo** [natsjona'lizmo] *n* ■ Prova avversione per qualsiasi forma di **nazionalismo**.	o **nacionalismo** ■ Tem aversão a qualquer forma de **nacionalismo**.
il **fascismo** [faʃ'ʃizmo] *n* ■ Abbiamo parlato del **fascismo** in Italia.	o **fascismo** ■ Falamos do **fascismo** na Itália.

Sociedade

la **società** [sotʃe'ta] *n* ■ Vorrei essere utile alla **società**.	a **sociedade** ■ Eu gostaria de ser útil à **sociedade**.
sociale [sotʃa:le] *adj* ■ Discutiamo spesso dei problemi **sociali** di oggi.	**social** ■ Discutimos com frequência os problemas **sociais** de hoje.

Sociedade

il **pubblico** [ˈpubbliko] *n*
- Oggi tutti i castelli della regione sono aperto al **pubblico**.
→ simpatico p. 21

o **público**
- Hoje todos os castelos da região são abertos ao **público**.

publicco, publicca [ˈpubbliko, ˈpubblika] *adj*
- L'opinione **pubblica** conta molto.
→ simpatico p. 21

público
- A opinião **pública** conta muito.

privato, privata [priˈvaːto, priˈvaːta] *adj*
- Sono faccende **private**.

particular, privado
- São assuntos **particulares**.

la **popolazione** [popolaˈtsjoːne] *n*
- La **popolazione** è stata avvertita del pericolo.

a **população**
- A **população** foi advertida do perigo.

la **miseria** [miˈzɛːrja] *n*
- È importante vincere la lotta contro la **miseria** in questo paese.

a **miséria**
- É importante vencer a luta contra a **miséria** neste país.

la **mancanza** [manˈkantsa] *n*
- In questa regione la **mancanza** di lavoro costituisce un problema.

a **carência**, a **falta**
- Nessa região, a **falta** de trabalho constitui um problema.

la **povertà** [poverˈta] *n*
- Vivono in grande **povertà**.

a **pobreza**
- Vivem em grande **pobreza**.

povero, povera [ˈpɔːvero, ˈpɔːvera] *adj*
- Alcuni quartieri della città sono molto **poveri**.

pobre
- Alguns bairros da cidade são muito **pobres**.

la **ricchezza** [rikˈkettsa] *n*
- La capitale produce la maggior parte della **ricchezza** della nazione.

a **riqueza**
- A capital produz a maior parte da **riqueza** da nação.

ricco, ricca [ˈrikko, ˈrikka] *adj*
- Hai letto il rapporto dell'Unicef sulla povertà dei bambini nei paesi **ricchi**?
→ vigliacco p. 22

rico
- Você leu o relato da UNICEF sobre a pobreza infantil nos países **ricos**?

benestante [benesˈtante] *adj* ■ Appartiene a una famiglia **benestante**.	**abastado** ■ Pertence a uma família **abastada**.
il **paese** [paˈeːze] *n* ■ Al congresso partecipano rappresentanti di molti **paesi**.	o **país** ■ No congresso, participam representantes de muitos **países**.
la **nazione** [naˈtsjoːne] *n* ■ A Capodanno il presidente della Repubblica fa un discorso alla **nazione**.	a **nação** ■ No Ano-Novo, o presidente da República faz um discurso à **nação**.
nazionale [natsjoˈnaːle] *adj* ■ Il problema deve essere risolto a livello **nazionale**. ■ L'inno **nazionale** italiano è stato scritto da Mameli. ■ Deve lasciare il territorio **nazionale** entro un mese.	**nacional** ■ O problema tem de ser resolvido em âmbito **nacional**. ■ O hino **nacional** italiano foi escrito por Mameli. ■ Tem de deixar o território **nacional** em um mês.
internazionale [internatsjoˈnaːle] *adj* ■ Discutono della situazione dei mercati **internazionali**.	**internacional** ■ Eles discutem a situação dos mercados **internacionais**.
lo **straniero**, la **straniera** [straˈnjɛːro. straˈnjɛːra] *n* ■ In questa città vivono molti **stranieri**.	o **estrangeiro** ■ Nesta cidade vivem muitos **estrangeiros**.
straniero, straniera [straˈnjɛːro. straˈnjɛːra] *adj* ■ In Italia gran parte dei lavoratori **stranieri** proviene dall'Africa. ■ Ha visitato molti paesi **stranieri**.	**estrangeiro, estrangeira** ■ Na Itália, grande parte dos trabalhadores **estrangeiros** vem da África. ■ Ele visitou muitos países **estrangeiros**.
comunitario, comunitaria [komuniˈtarjo, komuniˈtarja] *adj* ■ Il diritto di soggiorno per i cittadini **comunitari** è stato riformato.	**da União Europeia** ■ O direito de permanência para cidadãos **da União Europeia** foi reformado.

Sociedade 327

l'**extracomunitario**, l'**extracomunitaria** [ekstrakomuni'tarjo. ekstrakomuni'tar:ja] *n m/f* ▪ Vogliono concedere il voto ali **extracomunitari**. ➡ **dubbio** p. 61	**de fora da União Europeia** ▪ Eles querem conceder o direito de voto aos **de fora da União Europeia**.
civile [tʃi'vi:le] *adj* ▪ Il paese è distrutto dalla guerra **civile**. ▪ L'Unione Europea incoraggia lo sviluppo della società **civile** quale punto d'incontro tra cittadini e istituizioni. ▪ Ha scelto di svolgere il servizio **civile**.	**civil** ▪ O país foi destruído pela guerra **civil**. ▪ A União Europeia encoraja o desenvolvimento da sociedade **civil** como ponto de encontro entre cidadãos e instituições. ▪ Decidiu prestar o serviço **civil**.
il **ceto** ['tʃɛ:to] *n* ▪ Il problema riguarda tutti i **ceti** sociali.	a **classe social**, a **camada** ▪ O problema diz respeito a todas as **classes sociais**.

➡ A classe alta chama-se **ceto alto**, a classe média, **ceto medio**, a classe baixa, **ceto basso**; com frequência emprega-se também a forma plural **ceti**.

la **posizione** [pozi'tsjo:ne] *n* ▪ Fa di tutto per non perdere la sua **posizione** sociale.	a **posição**, o **status** ▪ Ele faz tudo para não perder sua **posição** social.
il **plurilinguismo** [plurilin'guizmo] *n* ▪ Promuovere il **plurilinguismo** è un modo eccellente per avvicinare tra loro i cittadini europei.	o **plurilinguismo** ▪ Promover o **plurilinguismo** é uma maneira excelente de aproximar os cidadãos europeus entre si.
lasciare [laʃ'ʃa:re] *v* ▪ **Ha lasciato** la patria all'età di cinque anni. ▪ **Hanno lasciato** i figli nel loro paese.	**deixar** ▪ **Deixou** a pátria aos cinco anos de idade. ▪ Eles **deixaram** os filhos em seu país.
l'**emigrato**, l'**emigrata** [emi'gra:to, emi'gra:ta] *n m/f* ▪ Gli **emigrati** mandano i soldi ai loro parenti in patria.	o **emigrado** ▪ Os **emigrados** enviam dinheiro aos seus parentes em seu país.

➡ Em italiano, distingue-se entre uma pessoa que já emigrou ou imigrou, sendo então **emigrato** ou **immigrato**, e uma pessoa que está emigrando ou imigrando, e neste caso **emigrante** ou **immigrante**.

Sociedade

emigrare [emiˈgraːre] v
- Molti italiani **sono emigrati** in Germania.

emigrar
- Muitos italianos **emigraram** para a Alemanha.

→ Os tempos compostos de **emigrare** são geralmente compostos com **essere**; só mesmo quando o verbo for empregado sem complemento é que se insere **avere**, por exemplo, **Erano così poveri che hanno emigrato. – Eram tão pobres que emigraram.**

l'immigrante [immiˈgrante] n m/f
- Gli **immigranti** devono frequentare un corso di lingua.

o imigrante
- Os **imigrantes** têm de frequentar um curso de língua.

immigrare [immiˈgraːre] v
- Siamo **immigrati** vent'anni fa.
→ **ingrassare** p. 28

imigrar
- **Imigramos** há vinte anos.

il clandestino, la clandestina
[klandesˈtiːno, klandesˈtiːna] n
- I **clandestini** sono stati arrestati.

o clandestino, o imigrante ilegal
- Os **clandestinos** foram presos.

asilo (politico) [aˈziːlo poˈliːtiko] n m
- Gli immigranti hanno chiesto **asilo** politico.

o asilo
- Os imigrantes solicitaram **asilo** político.

il permesso di soggiorno
[perˈmesso di sodˈdʒorno] n
- Il suo **permesso di soggiorno** è scaduto.

o visto de permanência
- O seu **visto de permanência** expirou.

il razzismo [tatˈtsizmo] n
- Non nasconde il suo **razzismo**.

o racismo
- Não esconde seu **racismo**.

razzista [tatˈtsista] adj
- È stata denunciata per insulti **razzisti**.

racista
- Ela foi denunciada por insultos **racistas**.

la discriminazione
[diskriminaˈtsjoːne] n
- La **discriminazione** per motivi di religione è vietata dalla costituzione.

a discriminação
- A **discriminação** por motivos religiosos é proibida pela constituição.

discriminare [diskrimiˈnaːre] v
- Sul lavoro le donne **vengono** spesso **discriminate**.

discriminar
- No trabalho, as mulheres com frequência **são discriminadas**.

Religião e moral

la religione [reli'dʒo:ne] *n* ■ Le **religioni** hanno molto in comune.	**a religião** ■ As **religiões** têm muito em comum.
religioso, religiosa [reli'dʒo:so] *adj* ■ La signora Carli è molto **religiosa**. ■ Ha fondato una communità **religiosa**.	**religioso** ■ A senhora Carli é muito **religiosa**. ■ Fundou uma comunidade **religiosa**.
la fede ['fe:de] *n* ■ La sua **fede** in Dio l'ha sempre aiutata.	**a fé** ■ Sua **fé** em Deus sempre a ajudou.
il/la fedele [fe'de:le] *n m/f* ■ I **fedeli** si riuniscono in chiesa.	**o fiel** ■ Os **fiéis** se reúnem na igreja.
credente ['kre'dɛnte] *adj* ■ È un musulmano **credente**.	**fiel, crente** ■ É um **fiel** muçulmano.
credere ['kre:dere] *v* ■ I cristiani **credono** nella vita eterna dopo la morte.	**crer** ■ Os cristãos **creem** na vida eterna após a morte.
cristiano, cristiana [kris'tja:no, kris'tja:na] *adj* ■ La cultura del paese è basata sulla fede **cristiana**.	**cristão, cristã** ■ A cultura do país se baseia na fé **cristã**.

➡ As palavras que indicam uma confissão religiosa podem ser usadas tanto como substantivos quanto como adjetivos, por exemplo, **un cristiano** – **um cristão**, **una musulmana** – **uma muçulmana**.

cattolico, cattolica [kat'tɔ:liko, kat'tɔ:lika] *adj* ■ La maggior parte degli italiani è di fede **cattolica**. ➡ simpatico p. 21	**católico, católica** ■ A maior parte dos italianos é de fé **católica**.
protestante [protes'tante] *adj* ■ Sono cresciuta in una famiglia **protestante**.	**protestante** ■ Cresci em uma família **protestante**.

ebraico, ebraica [eˈbraːiko, eˈbraːika] *adj*
- Qui c'è un cimitero **ebraico**.
➡ simpatico p. 21

judeu, judaico
- Aqui é um cemitério **judaico**.

islamico, islamica [izˈlaːmiko, izˈlaːmika] *adj*
- Il Pakistan è un paese **islamico**.
➡ simpatico p. 21

islâmico, islâmica
- O Paquistão é um país **islâmico**.

musulmano, musulmana [musulˈmaːno, musulˈmaːna] *adj*
- Un gruppo di fedeli **musulmani** chiede l'apertura di una nuova moschea.

muçulmano
- Um grupo de fiéis **muçulmanos** pede a abertura de uma mesquita nova.

buddista [budˈdista] *adj*
- Abbiamo visitato un tempio **buddista**.
➡ entusiasta p. 59

budista
- Visitamos um templo **budista**.

induista [induˈista] *adj*
- La maggior parte della popolazione indiana è **induista**.
➡ entusiasta p. 59

hinduísta
- A maior parte da população indiana é **hinduísta**.

l'ateo, l'atea [ˈaːteo, ˈaːtea] *n m/f*
- Non ha fatto battezzare suo figlio perché è **atea**.

o ateu, a ateia
- Não batizou o filho porque é **ateia**.

l'esistenza [ezisˈtɛntsa] *n f*
- Gli atei negano l'**esistenza** di Dio.

a existência
- Os ateus negam a **existência** de Deus.

il dio [ˈdiːo] *n*; *pl* **gli dei** [ʎi ˈdɛːi]
- Eros è il **dio** greco dell'amore.

o deus
- Eros é o **deus** grego do amor.

➡ Quando o substantivo se refere ao deus cristão, é escrito com inicial maiúscula: **Credo in Dio.** – **Acredito em Deus.** O feminino é **dea**, *pl* **dee**.

lo spirito [ˈspiːrito] *n*
- Nel nome del padre, del figlio e dello **Spirito** Santo, amen.

o espírito
- Em nome do Pai, do Filho e do **Espírito** Santo, amém.

santo, santa [ˈsanto, ˈsanta] *adj*
- Il patrono della città è **san** Nicola.

santo
- O patrono da cidade é **São** Nicolau.

Religião e moral

→ Diante de nomes masculinos iniciados em consoante (à exceção de **st, sp** etc.) ou com **i** + vogal, usa-se **san**, por exemplo **san Giovanni**; diante de vogais, tanto o masculino quanto o feminino costumam ser apostrofados, por exemplo **sant'Agata**. Grafa-se com iniciais maiúsculas quando designa nomes de igrejas, por exemplo, **San Marco**, ou de uma instituição, por exemplo, **Santo Padre** – **Santo Pai**. A abreviação é **s.** ou **S**.

l'**angelo** [ˈandʒelo] *n m* ■ Nell'affresco Cristo è circondato da **angeli**.	o **anjo** ■ No afresco, Cristo é circondato por **anjos**.
il **diavolo** [ˈdjaːvolo] *n* ■ Il **diavolo** vive tra le fiamme dell'inferno.	o **diabo** ■ O **diabo** vive entre as chamas do inferno.
pregare [preˈgaːre] *v* ■ Tutte le sere, prima di andare a letto, **preghiamo** insieme.	**orar, rezar** ■ Toda noite, antes de ir para a cama, **oramos** juntos.
la **coscienza** [koʃˈʃɛnsa] *n* ■ Non ho fatto niente di male, ho la **coscienza** pulita.	a **consciência** ■ Não fiz nenhum mal, tenho a **consciência** limpa.

→ **avere la coscienza a posto** significa também **ter (boa) consciência**, enquanto **peso na consciência** é dito **coscienza sporca**.

morale [moˈraːle] *adj* ■ Ha espresso un giudizio **morale**.	**moral** ■ Expressou um juízo **moral**.
amorale [amoˈraːle] *adj* ■ Lo considero un comportamento **amorale**.	**amoral** ■ Considero um comportamento **amoral**.
la **confessione** [konfesˈsjoːne] *n* ■ La religione cristiana è divisa in varie **confessioni**.	a **confissão** ■ A religião cristã é dividida em várias **confissões**.
il **Papa** [ˈpaːpa.] *n* ■ Il **Papa** a mezzanotte celebra una messa per le vittime del terremoto.	o **papa** ■ À meia-noite, o **papa** celebrará uma missa pelas vítimas do terremoto.
il **prete** [ˈprɛːte] *n* ■ Ha deciso di farsi **prete**.	o **padre** ■ Ele decidiu se tornar **padre**.

→ Na Itália, os padres são referidos pelo título **Don**.

il **frate** [ˈfraːte] *n*
- I **frati** possono celebrare il matrimonio?

o **frade**
- **Frades** podem celebrar casamento?

la **suora** [ˈsuɔːra] *n*
- Negli ospedali le **suore** sono molto utili.

a **freira**
- Nos hospitais, as **freiras** são muito úteis.

la **Bibbia** [ˈbibbia] *n*
- Mi puoi dare un consiglio per cominciare a leggere la **Bibbia**?

a **Bíblia**
- Você poderia me dar um conselho para começar a ler a **Bíblia**?

l'**anima** [ˈaːnima] *n f*
- Ieri sera hanno celebrato una messa per le **anime** dei defunti.

a **alma**
- Ontem à noite, celebraram uma missa pela **alma** dos mortos.

il **peccato** [pekˈkaːto] *n*
- Uccidere è il **peccato** più grave.

o **pecado**
- Matar é o **pecado** mais grave.

il **paradiso** [paraˈdiːzo] *n*
- Spero di andare in **paradiso**.

o **paraíso**
- Espero ir para o **paraíso**.

l'**inferno** [inˈfɛrno] *n m*
- Nella *Divina Commedia* Dante descrive il paradiso e l'**inferno**.

o **inferno**
- Na *Divina comédia*, Dante descreve o paraíso e o **inferno**.

Política

la **nazionalità** [natsjonaliˈta] *n*
- Mia moglie è di **nazionalità** tedesca, ma vive in Italia ormai da tanti anni.

a **nacionalidade**
- Minha mulher é de **nacionalidade** alemã, mas vive na Itália há muitos anos.

la **politica** [poˈliːtika] *n*
- I maggiore quotidiani dedicano ampio spazio alla **politica**.

a **política**
- Os maiores jornais dedicam amplo espaço à **política**.

politico, politica [poˈliːtiko, poˈliːtika] *adj*
- La decisione è stata presa per ragioni **politiche**.
➔ simpatico p. 21

político
- A decisão foi tomada por motivos **políticos**.

Política

il potere [poˈteːre] *n*
- Negli ultimi decenni il **potere** del presidente è molto cresciuto.

o poder
- Nas últimas décadas, o **poder** do presidente cresceu muito.

potente [poˈtɛnte] *adj*
- È un uomo molto **potente**.

poderoso
- É um homem muito **poderoso**.

il governo [goˈvɛrno] *v*
- Questo partito non fa parte del **governo**.

o governo
- Esse partido não faz parte do **governo**.

governare [goverˈnaːre] *v*
- Il paese è **governato** da una coalizione.

governar
- O país é **governado** por uma coalizão.

influenziare [influenˈtsaːre] *v*
- Ha fatto di tutto per **influenziare** gli elettori.

influenciar
- Fez de tudo para **influenciar** os eleitores.

il partito [parˈtiːto] *n*
- Al governo c'è un **partito** di centrodestra.

o partido
- No governo está um **partido** de centro-direita.

→ Os partidos políticos mais importantes da Itália são a grande coalizão de centro-direita **Popolo delle Libertà** (PDL) e seu antagonista **Partito Democratico** (PD), o conservador UDC (**Unione di Centro**), a **Lega Nord**, do norte da Itália, o **Italia dei Valori – Lista di Pietro**, o partido verde **Federazione dei Verdi**, o **Partito Socialista** (PS), bem como os partidos de orientação comunista **Partito della Rifondazione Comunista** (PRC) e **Partito dei Comunisti Italiani** (PDCI).

il/la leader [ˈliːder] *n m/f; pl inv*
- I **leader** dei maggiori partiti si sono incontrati.

o líder
- Os **líderes** dos maiores partidos se encontraram.

la democrazia [demokraˈtsiːa] *n*
- In una **democrazia** è il popolo che sceglie i suoi rappresentanti.

a democracia
- Em uma **democracia** é o povo que elege seus representantes.

democratico, democratica [demoˈkraːtiko, demoˈkraːtika] *adj*
- L'Italia è una repubblica **democratica**.
→ *simpatico* p. 21

democrático
- A Itália é uma república **democrática**.

la dittatura [dittaˈtuːra] *n*
- La Germania di Hitler era una **dittatura**.

a ditadura
- A Alemanha de Hitler era uma **ditadura**.

Política

l'ambasciata [ambaʃˈʃaːta] *n f*
- Le principali **ambasciate** sono a Roma.

a **embaixada**
- As principais **embaixadas** estão em Roma.

il consolato [konsoˈlaːto] *n*
- Per rinnovare il passaporto bisogna andare al **consolato**.

o **consulado**
- Para renovar o passaporte é preciso ir ao **consulado**.

estero, estera [ˈɛstero, ˈɛstera] *adj*
- Il nuovo governo si concentrerà sulla politica **estera**.
- La stampa **estera** critica la nostra politica.

externo, exterior, estrangeiro
- O novo governo vai se concentrar na política **externa**.
- A imprensa **estrangeira** critica a nossa política.

interno, interna [inˈtɛrno, inˈtɛrna] *adj*
- Sono affari di politica **interna**.
- Sono questioni **interne**.

interno, interior
- Isso diz respeito à política **interna**.
- São assuntos **internos**.

la repubblica [reˈpubblika] *n*
- Del 1948 l'Italia è una **repubblica**.

a **república**
- A Itália é uma **república** desde 1948.

il presidente del consiglio (dei ministri) [presiˈdɛnte del koˈnsiʎʎo] *n*
- In Italia il capo del governo si chiama **presidente del consiglio**.

o **primeiro-ministro**
- Na Itália, o chefe do governo se chama **primeiro-ministro**.

➡ A designação oficial **presidente del consiglio** (literalmente, **presidente do conselho**) é por vezes abreviada como **presidente** e não deve ser confundida com **presidente della Repubblica**.

il presidente della Repubblica [presiˈdɛnte ˈdella reˈpubblika] *n*
- La carica più importante dello Stato italiano è quella del **presidente della Repubblica**.

o **presidente da República**
- O cargo mais importante do Estado italiano é o do **presidente da República**.

il primo ministro [ˈpriːmo miˈnistro] *n*
- In molti paesi il **primo ministro** è il capo del governo.

o **primeiro-ministro**
- Em muitos países, o **primeiro-ministro** é o chefe do governo.

il cancelliere, la cancelliera [kantʃelˈljɛre, kantʃelˈljɛra] *n*
- In Germania il capo del governo si chiama **cancelliere**.

o **chanceler**
- Na Alemanha, o chefe do governo se chama **chanceler**.

Política

il ministro [mi'nistro] *n* ▪ I **ministri** sono membri del governo.	o **ministro** ▪ Os **ministros** são membros do governo.
il parlamento [parla'mento] *n* ▪ Il **parlamento** ha sede a Roma.	o **parlamento** ▪ O **parlamento** tem sede em Roma.

➡ O **parlamento** italiano compõe-se da **camera di deputati – câmera dos deputados** e **senato – senado**.

il popolo ['pɔːpolo] *n* ▪ Il **popolo** ha eletto un nuovo parlamento.	o **povo** ▪ O **povo** elegeu um novo parlamento.
il deputato, la deputata [depuˈtaːto, depuˈtaːta] *n* ▪ I **deputati** sono i rappresentanti del popolo al parlamento.	o **deputado** ▪ Os **deputados** são os representantes do povo no parlamento.
la maggioranza [maddʒoːrantsa] *n* ▪ La **maggioranza** è dalla sua parte.	a **maioria** ▪ A **maioria** está do seu lado.
la minoranza [minoˈrantsa] *n* ▪ In Italia i protestanti sono una **minoranza** religiosa.	a **minoria** ▪ Na Itália, os protestantes são uma **minoria** religiosa.
l'elezione [eleˈtsjoːne] *n f* ▪ Ad aprile ci saranno le **elezioni**.	a **eleição** ▪ Em abril acontecem as **eleições**.

➡ Ao se referir à eleição do parlamento e de outras instituições responsáveis pela administração pública, emprega-se a forma plural, **elezioni**. A eleição para o parlamento é chamada **elezioni politiche**, enquanto as eleições regionais, provinciais e comunais são chamadas **elezioni amministrative**.

l'opposizione [oppoziˈtsjoːne] *n f* ▪ Il suo partito è all'**opposizione**.	a **oposição** ▪ O partido dele está na **oposição**.
il voto [voːto] *n* ▪ Per essere eletta ha bisogno del 51 percento dei **voti**.	o **voto** ▪ Para ser eleita, precisa de 51% dos **votos**.
votare [voˈtaːre] *v* ▪ Non so per chi **votare**.	**votar** ▪ Não sei em quem **votar**.

l'ideologia [ideoloˈdʒiːa] *n f* ■ Siamo amici anche se abbiamo **ideologia** diverse.	**a ideologia** ■ Somos amigos, mesmo que tenhamos **ideologias** diferentes.
l'idea [iˈdɛa] *n f* ■ Ha sempre lottato per l'**idea** della non violenza.	**a ideia** ■ Ele sempre lutou pela **ideia** da não violência.
il capitalismo [kapitalismoˈ] *n* ■ La concorrenza è uno dei principi fondamentali del **capitalismo**.	**o capitalismo** ■ A concorrência é um dos princípios fundamentais do **capitalismo**.
il comunismo [komuˈnismo] *n* ■ Il **comunismo** si basa sul principio dell'uguaglianza sociale.	**o comunismo** ■ O **comunismo** se baseia no princípio da igualdade social.

➡ Atenção: o termo italiano é escrito com um único *m*!

il socialismo [soʧazlismo] *n* ■ Il **socialismo** reale era il sistema politico di molti paese dell'Europa orientale.	**o socialismo** ■ O **socialismo** real era o sistema político de muitos países da Europa Oriental.
l'indipendenza [indipenˈdɛntsa] *n f* ■ I ribelli lottano per l'**indipendenza**.	**a independência** ■ Os rebeldes lutam pela **independência**.
indipendente [indipenˈdɛnte] *adj* ■ La Repubblica di San Marino è uno stato **indipendente**.	**independente** ■ A República de San Marino é um Estado **independente**.
l'unità [uniˈta] *n f* ■ L'Italia ha raggiunto l'**unità** nel 1861.	**a unidade** ■ A Itália alcançou a **unidade** em 1861.
l'unione [uˈnjoːne] *n f* ■ Negli ultimi anni l'**Unione** Europea si è allargata.	**a união** ■ Nos últimos anos, a **União** Europeia se ampliou.
unirsi [uˈnirsi] *v* ■ La Germania dell'Est e la Germania dell'Ovest **si sono unite**.	**unir-se** ■ A Alemanha Oriental e a Alemanha Ocidental **se uniram**.
la crisi [ˈkriːsi] *n*; *pl inv* ■ Il governo deve affrontare un'altra **crisi** finanziaria.	**a crise** ■ O governo deve enfrentar uma nova **crise** financeira.

Política

l'UE, l'Unione Europea [ue, u'njoːne euro'pɛːa] *n f*
- Oggi si riuniscono i ministri dell'interno dell'**UE**.
- Quanti membri ha l'**Unione Europea**?

a **União Europeia**
- Hoje se encontram os ministros do Interior da **UE**.
- Quantos membros tem a **União Europeia**?

il diritto internazionale [di'ritto internatsjo'naːle] *n*
- Il **diritto internazionale** regola le relazioni tra gli stati.

o **direito internacional**
- O **direito internacional** regula as relações entre os Estados.

la trattativa [tratta'tiːva] *n*
- Le **trattative** tra i due stati sono state interrotte.

a **negociação**
- A **negociação** entre os dois Estados foi interrompida.

➡ Para negociações políticas, usa-se a forma plural **trattative**. Outro termo plural para designá-lo é **negoziato**.

diplomatico, diplomatica [diplo'maːtiko, diplo'maːtika] *adj*
- Abbiamo interrotto le relazioni **diplomatiche** con questo paese.
➡ simpatico p. 21

diplomático
- Interrompemos as relações **diplomáticas** com esse país.

il paese in via di sviluppo [pa'eːze in 'viːa di zvi'luppo] *n*
- Bisogna incoraggiare l'industrializzazione dei **paesi in via di sviluppo**.
➡ simpatico p. 21

o **país em (vias de) desenvolvimento**
- É preciso encorajar a industrialização dos **países em desenvolvimento**.

manifestare [manifes'taːre] *v*
- Gli studenti **manifestano** contro la riforma della scuola.

manifestar
- Os estudantes **manifestam-se** contra a reforma do ensino.

reprimere [re'priːmere] *v*
▶ v irr p. 408 **esprimere**
- La rivoluzione è stata **repressa**.

reprimir
- A revolução **foi reprimida**.

Defesa e segurança

la sicurezza [siku'rettsa] *n*
- Il ministro della Difesa si occupa della **sicurezza** nazionale.

a **segurança**
- O ministro da Defesa se ocupa da **segurança** nacional.

sicuro, sicura [si'kuːro, si'kuːra] *adj*
- Sono stati portati in un luogo **sicuro**.

seguro
- Foram levados para um lugar **seguro**.

la bandiera [ban'djɛːra] *n*
- La **bandiera** italiana è verde, bianca e rossa.

a **bandeira**
- A **bandeira** italiana é verde, branca e vermelha.

la patria ['paːtrja] *n*
- Non sono mai tornati in **patria**.

a **pátria**
- Eles nunca voltaram à **pátria**.

il confine [kon'fiːne] *n*
- Al **confine** il treno è stato fermo per un'ora.

a **fronteira**
- Na **fronteira**, o trem ficou parado por uma hora.

la pace ['paːtʃe] *n*
- La colomba è il simbolo della **pace**.

a **paz**
- A pomba é o símbolo da **paz**.

pacifico, pacifica [pa'tʃiˈfico, pa'tʃiˈfica] *adj*
- Il conflitto è stato risolto con mezzi **pacifici**.
→ simpatico p. 21

pacífico

- O conflito foi resolvido por meios **pacíficos**.

la guerra ['guɛrra] *n*
- Mussolini ha portato l'Italia in **guerra**.

a **guerra**
- Mussolini levou a Itália à **guerra**.

il nemico, la nemica [ne'miːko] *n*
- Hanno avuto pietà dei loro **nemici**.
→ simpatico p. 21

o **inimigo**
- Eles tiveram piedade de seus **inimigos**.

scoppiare [skop'pjaːre] *v*
- La seconda Guerra mondiale è **scoppiata** nel 1939.
- Ieri notte nella capitale è **scoppiata** una bomba.
→ ingressare p. 28

irromper, explodir
- A Segunda Guerra Mundial **irrompeu** em 1939.
- Ontem à noite, na capital, **explodiu** uma bomba.

Defesa e segurança

sparare [spaˈraːre] *v*
- I soldati non **hanno sparato**.

atirar
- Os soldados não **atiraram**.

l'arma [ˈarma] *n f; pl* **armi** [ˈarmi]
- Gli eserciti moderni dispongono di **armi** potentissime.

a arma
- Os exércitos modernos dispõem de **armas** potentíssimas.

armato, armata [arˈmaːto, arˈmaːta] *adj*
- C'è stato uno sconttro **armato** tra studenti e forze dell'ordine.

armado
- Houve confronto **armado** entre estudantes e policiais.

l'esercito [eˈzɛrtʃito] *n m*
- Il Presidente ha incontrato alcuni generali dell'**esercito**.

o exército
- O presidente se encontrou com alguns generais do **exército**.

la battaglia [batˈtaʎa] *n*
- Mio nonno è morto in **battaglia**.

a batalha, o combate
- Meu avô morreu em **combate**.

combattere [komˈbattere] *v*
▶ *v irr* p. 406 battere
- Mio nonno **ha combattuto** nella prima Guerra mondiale.

combater, lutar
- Meu avô **lutou** na Primeira Guerra Mundial.

il conflitto [konˈflitto] *n*
- Si è riacceso il **conflitto** tra i due stati.

o conflito
- O **conflito** entre os dois Estados foi reacendido.

il terrorismo [terroˈrizmo] *n*
- Il **terrorismo** è diventato una minaccia costante.

o terrorismo
- O **terrorismo** se tornou uma ameaça constante.

terroristico [terroˈristiko] *adj*
- Nel corso di due attentati **terroristici** sono rimaste ferite cinque persone.

terrorista
- Foram feridas cinco pessoas em dois atentados **terroristas**.

il disarmo [diˈzarmo] *n*
- Gli USA e la Russia hanno concordato un piano di **disarmo**.

o desarmamento
- Os Estados Unidos e a Rússia fizeram um plano de **desarmamento**.

la difesa [diˈfeːsa] *n*
- Il principale compito dell'esercito è la **difesa** del territorio nazionale.

a defesa
- A principal missão do exército é a **defesa** do território nacional.

Defesa e segurança

difendere [difˈɛndere] v ▶ v irr p. 407 difendere ▪ I soldati **hanno difeso** con coraggio il loro paese. ▪ In passato le mura **difendevano** le città dagli attachi dei nemici.	**defender** ▪ Os soldados **defenderam** seu país com coragem. ▪ No passado, as muralhas **defendiam** as cidades de ataques dos inimigos.
l'**attacco** [atˈtarcco] n m ▪ L'**attacco** è avvenuto durante la notte. ➡ vigliacco p. 22	o **ataque** ▪ O **ataque** aconteceu durante a noite.
la **truppa** [ˈtruppa] n ▪ Durante la seconda Guerra mondiale c'erano **truppe** italiane in Africa.	as **tropas** ▪ Na Segunda Guerra Mundial, havia **tropas** italianas na África.
la **marina militare** [maˈriːna miliˈtaːre] n ▪ Mio zio è ufficiale della **marina militare**.	a **marinha** ▪ Meu tio é oficial da **marinha**.
l'**aeronautica militare** [aeroˈnaːutika miliˈtaːre] n f ▪ Qui c'è una caserna dell'**aeronautica militare**.	a **aeronáutica** ▪ Aqui é uma caserna da **aeronáutica**.
occupare [okkuˈpaːre] v ▪ L'esercito nemico **aveva occupato** una parte del paese.	**ocupar** ▪ O exército inimigo **ocupou** uma parte do país.
perseguitare [perseguiˈtaːre] v ▪ I nazisti **hanno perseguitato** gli ebrei.	**perseguir** ▪ Os nazistas **perseguiram** os judeus.
fuggire [fudˈdʒiːre] v ▶ v irr p. 409 fuggire ▪ Alcuni prigioneri sono riusciti a **fuggire**. ➡ ingrassare p. 28	**fugir** ▪ Alguns prisioneiros conseguiram **fugir**.
il **profugo**, la **profuga** [ˈprɔːfugo, ˈprɔːfuga] n; pl **profughi** [ˈprɔːfugi] ▪ Hanno distribuito cibo e coperte al **profughi**.	o **refugiado** ▪ Distribuíram comida e cobertores aos **refugiados**.

sorvegliare [sorveʎˈʎaːre] *v* ■ Sono in due **a sorvegliare** i prigioneri.	**vigiar, supervisionar** ■ Há dois deles **vigiando** os prisioneiros.
l'uniforme [uniˈforme] *n f* ■ Le **uniformi** del nostro personale sono grigie e bianche.	**o uniforme** ■ Os **uniformes** dos nossos funcionários são cinza e branco.
l'eroe, l'eroina [eˈrɔːe, eˈrɔːiːna] *n m/f* ■ Al ritorno dalla guerra tutti lo consideravano un **eroe**.	**o herói, a heroína** ■ Ao voltar da guerra, todos o consideravam um **herói**.
l'onore [oˈnoːre] *n m* ■ Il presidente degli Stati Uniti è stato ricevuto con gli **onori** militari.	**a honra** ■ O presidente dos Estados Unidos foi recebido com **honras** militares.
tradire [traˈdiːre] *v* ■ Ci hanno **traditi**.	**trair** ■ Eles nos **traíram**.
la **tortura** [torˈtuːra] *n* ■ Amnesty ricorda che il divieto di **tortura** è assoluto.	a **tortura** ■ A Anistia nos recorda que a proibição da **tortura** é absoluta.

Instituições governamentais e administração

lo **stato** [ˈstaːto] *n* ■ L'Italia è uno **stato** democratico. ➔ **stato civile** p. 19	o **Estado** ■ A Itália é um **Estado** democrático.
statale [staˈtaːle] *adj* ■ Ho iscritto mia figlia a una scuola **statale**. ■ È impiegata **statale**.	**estatal, do Estado, público** ■ Matriculei minha filha em uma escola **do Estado**. ■ Ela é funcionária **pública**.
ufficiale [uffiˈtʃaːle] *adj* ■ Non ci sono ancora notizie **ufficiali**.	**oficial** ■ Ainda não há nenhum comunicado **oficial**.
il **cittadino**, la **cittadina** [tʃittaˈdiːno, tʃittaˈdiːna] *n* ■ Per venire incontro ai bisogni dei **cittadini**, il comune è aperto anche il pomeriggio.	o **cidadão**, a **cidadã** ■ Para ir ao encontro das necessidades dos **cidadãos**, a prefeitura também abre no período da tarde.

Instituições governamentais e administração

la **capitale** [kapiˈtaːle] *n* ■ Roma è **capitale** d'Italia.	a **capital** ■ Roma é a **capital** da Itália.

➡ O termo **capitale** é empregado apenas para se referir à capital de um país; a capital de uma unidade administrativa menor chama-se **capoluogo**.

l'**abitante** [abiˈtante] *n m/f* ■ Quanti **abitanti** ha questa città?	o **habitante** ■ Quantos **habitantes** tem esta cidade?
il **modulo** [ˈmɔːdulo] *n* ■ Prendi un **modulo** anche per me.	o **formulário** ■ Traga um **formulário** para mim também.
compilare [kompiˈlaːre] *v* ■ Bisogna **compilare** tre moduli.	**preencher** ■ É preciso **preencher** três formulários.
la **firma** [ˈfirma] *n* ■ Su questo documento manca la tua **firma**.	a **assinatura** ■ Falta sua **assinatura** neste documento.
firmare [firˈmaːre] *v* ■ **Firmi** qui per favore.	**assinar** ■ **Assine** aqui, por favor.
il **certificato** [tʃertifiˈkaːto] *n* ■ Questo **certificato** viene rilasciato dal comune di nascita.	a **certidão**, o **certificado** ■ Esta **certidão** é expedida pela cidade de origem.
l'**amministrazione** [amministraˈtsjoːne] *n f* ■ Un attimo, le passo la collega dell'**amministrazione**.	a **administração** ■ Um momento, vou lhe passar para o colega da **administração**.
la **divisione** [diviˈzjoːne] *n* ■ Lavoriamo nella stessa **divisione**.	o **setor** ■ Trabalhamos no mesmo **setor**.
la **carica** [ˈkaːrika] *n* ■ Riveste una **carica** pubblica.	o **cargo** ■ Ele exerce um **cargo** público.
nominare [nomiˈnaːre] *v* ■ **Sono stata nominata** presidente della nuova associazione.	**nomeado** ■ Fui **nomeada** presidente da nova associação.
rivestire [rivesˈtiːre] *v* ▶ v irr p. 413 vestire ■ **Riveste** il rango di un ufficiale.	**ocupar, exercer** ■ Ele **ocupa** o cargo de oficial.

Instituições governamentais e administração

federale [fede'ra:le] *adj* ■ La Germania è uno stato **federale**.	**federativo, federal** ■ A Alemanha é um Estado **federativo**.
la província [pro'vintʃa] n ■ Il radicchio è una specialità della **provincia** di Treviso. ➡ **faccia** p. 25	**a província** ■ O *radicchio* é uma especialidade da **província** de Treviso.
il municipio [muni'tʃi:pjo] ■ Il **municipio** è un palazzo medievale. ➡ **dubbio** p. 61	**a prefeitura** ■ A **prefeitura** é um palácio medieval.

➡ Tanto comune como municipio designam a administração municipal e a construção que abriga a sua sede.

il comune [ko'mu:ne] *n'* ■ In dicembre in molti **comuni** della provincia di Bolzano ci sono i mercatini di Natale. ■ Per rinnovare la carta d'identità devi andare in **comune**.	**a comuna, o município, a prefeitura** ■ Em dezembro, em muitas **comunas** da província de Bolzano, há mercados de Natal. ■ Para revalidar a carteira de identidade, você deve ir à **prefeitura**.
comunale [komu'nale] *adj* ■ Domani c'è una seduta del consiglio **comunale**.	**municipal** ■ Amanhã acontecerá uma reunião da câmara **municipal**.
il sindicato ['sindikato] *n* ■ Il nuovo **sindicato** vuole fare molto per il comune. ➡ **simpatico** p. 21	**o prefeito** ■ O novo **prefeito** quer fazer muito pela cidade.
la sede ['sɛ:de] *n* ■ In questo edificio c'è la **sede** dell'ufficio stampa.	**a sede** ■ Neste edifício está a **sede** da assessoria de imprensa.
la seduta [se'du:ta] *n* ■ La **seduta** è stata aperta alle 9.	**a reunião** ■ A **reunião** foi aberta às 9h.
il sussidio [sus'si:djo] *n* ■ Percepisce un **sussidio** statale.	**o subsídio, o auxílio, a assistência** ■ Ele recebe um **subsídio** estatal.

➡ **sussidio di disoccupazione** significa **seguro-desemprego**.

Lei e jurisprudência

il **diritto** [di'titto] *n* ▪ Ha il **diritto** di non rispondere.	o **direito** ▪ Tem o **direito** de não responder.
la **legge** ['leddʒe] *n* ▪ Ogni stato ha le sue **leggi**.	a **lei** ▪ Todo Estado tem suas **leis**.
legale [le'ga:le] *adj* ▪ Quello che stai facendo non è **legale**.	**legal** ▪ O que você está fazendo não é **legal**.
illegale [ille'ga:le] *adj* ▪ Si tratta di commercio **illegale** di armi.	**ilegal** ▪ Trata-se de comércio **ilegal** de armas.
il **tribunale** [tribu'na:le] *n* ▪ Il caso è stato discusso in **tribunale**.	o **tribunal** ▪ O caso foi discutido no **tribunal**.

➡ **tribunale** é a designação geral para tribunal; alguns tribunais são chamados também **corte**, por exemplo, **la corte di costituzione** – o tribunal constitucional.

il **processo** [pro'tʃɛsso] *n* ▪ Questo **processo** si svolge a porte chiuse.	o **processo** ▪ Esse **processo** corre a portas fechadas.
l'**imputato**, l'**imputata** [impu'ta:to, impu'ta:ta] *n m/f* ▪ Gli **imputati** devono rispondere alle domande del giudice.	o **acusado** ▪ Os **acusados** devem responder às perguntas do juiz.
denunciare [denun'tʃa:re] *v* ▪ **Ha denunciato** il marito.	**denunciar** ▪ **Denunciou** o marido.
accusare [akku'za:re] *v* ▪ I due **sono accusati** di furto.	**acusar** ▪ Os dois **foram acusados** de furto.
il/la **testimone** [testi'mo:ne] *n m/f* ▪ La **testimone** ha dichiarato di non conoscere l'imputato.	a **testemunha** ▪ A **testemunha** declarou não conhecer o acusado.
la **giustizia** [dʒus'ti:tsja] *n* ▪ I clandestini arrestati chiedono **giustizia**. ▪ Sono stati consegnati alla **giustizia**.	a **justiça** ▪ Os imigrantes ilegais presos exigem **justiça**. ▪ Eles foram entregues à **justiça**.

Lei e jurisprudência

giusto, giusta ['dʒusto, 'dʒusta] *adj*
- È **giusto** punire chi non rispetta la legge.

justo
- É **justo** punir quem não respeita a lei.

ingiusto, ingiusta [in'dʒusto, in'dʒusta] *adj*
- È una sentenza **ingiusta**.
➔ impaziente p. 20

injusto
- É uma sentença **injusta**.

la **colpa** ['kolpa] *n*
- Lo ammetto, è **colpa** mia.

a **culpa**
- Eu confesso que a **culpa** é minha.

colpevole [kol'peːvole] *adj*
- Il tribunale lo ha dichiarato **colpevole**.

culpado
- O tribunal o declarou **culpado**.

innocente [inno'tʃɛnte] *adj*
- Non ho fatto niente, sono **innocente**.

inocente
- Não fiz nada, sou **inocente**.

la **libertà** [liber'ta] *n*
- La costituzione italiana dichiara che la **libertà** personale è inviolable.

a **liberdade**
- A Constituição italiana afirma que a **liberdade** pessoal é inviolável.

libero, libera ['liːbero, 'liːbera] *adj*
- Sono finalmente **libera**.

livre
- Finalmente estou **livre**.

la **pena** ['peːna] *n*
- Per questo reato è prevista una **pena** di tre anni.

a **pena**
- Para esse crime é prevista uma **pena** de três anos.

il **delitto** [de'litto] *n*
- Sono accusati di **delitti** gravissimi.

o **crime**, o **delito**
- São acusados de **delitos** gravíssimos.

il **furto** ['furto] *n*
- Oggi tutti i giornali parlano del **furto** al museo.

o **furto**
- Hoje todos os jornais falam do **furto** do museu.

rubare [ru'baːre] *v*
- Questa notte **è stato rubato** un famoso quadro di Modigliani.

roubar
- Esta noite **foi roubado** um quadro famoso de Modigliani.

l'**omicidio** [omi'tʃiːdjo] *n m*
- È stato condannato per **omicidio**.
➔ dubbio p. 61

o **homicídio**
- Foi condenado por **homicídio**.

> **omicidio** é o termo técnico jurídico para **assassinato**; na linguagem cotidiana, é mais frequente o termo **assassinio**.

uccidere [utˈtʃiːdere] *v*
▶ v irr p. 413 uccidere
- Il giudice è stato **ucciso** da uno sconosciuto.

matar, assassinar
- O juiz foi **assassinado** por um desconhecido.

> Para **matar, assassinar, dar cabo** também se diz **assassinare**.

la vittima [ˈvittima] *n*
- Oggi si celebra una Messa in ricordo delle **vittime**.

a vítima
- Hoje é celebrada uma missa em memória das **vítimas**.

la costituzione [kostituˈtsjoːne] *n*
- La **costituzione** è l'insieme delle leggi fondamentali di uno stato.

a constituição
- A **constituição** é o conjunto das leis fundamentais de um Estado.

i diritti umani [diˈriti uˈmaːni] *n pl*
- Hanno protestato contro la violazione dei **diritti umani**.

os direitos humanos
- Protestaram contra a violação dos **direitos humanos**.

giurare [dʒuˈraːre] *v*
- In tribunale bisogna **giurare** di dire la verità.

jurar
- Em um tribunal, é preciso **jurar** que se dirá a verdade.

confessare [konfesˈsaːre] *v*
- L'imputato **ha confessato** di aver rubato i soldi.

confessar
- O acusado **confessou** ter roubado o dinheiro.

la prova [ˈproːva] *n*
- È stato assolto per mancanza di **prove**.

a prova
- Ele foi solto por falta de **provas**.

dimostrare [dimosˈtraːre] *v*
- Posso **dimostrare** di essere stato in un'altra città la notte del delitto.

provar, demonstrar
- Posso **provar** que estava em outra cidade na noite do crime.

la sentenza [senˈtɛntsa] *n*
- La **sentenza** è prevista per domani.

a sentença
- A **sentença** está prevista para amanhã.

punire [puˈniːre] *v*
- Chi sbaglia verrà **punito**.

punir
- Quem errar será **punido**.

Lei e jurisprudência

assolvere [as'sɔlvere] *v* ▶ *v irr* p. 405 assolvere ■ Tutti gli imputati sono stati **assolti**.	**absolver** ■ Todos os acusados foram **absolvidos**.
l'**arresto** [ar'rɛsto] *n m* ■ Dopo l'**arresto** i due uomini sono stati portati in commissariato.	a **prisão** ■ Depois da **prisão**, os dois homens foram levados à delegacia.
arrestare [arres'taːre] *v* ■ La polizia **ha arrestato** l'assassino.	**prender** ■ A polícia **prendeu** o assassino.
il **carcere** ['katʃere] *n* ■ È uscito dal **carcere** da poco.	a **prisão**, a **cadeia**, o **cárcere** ■ Saiu da **prisão** há pouco.
➡ **prisão** e **carcere** são sinônimos.	
il **detenuto**, la **detenuta** [dete'nuːto, dete'nuːta] *n* ■ Il **detenuto** è stato trasferito nel carcere di Sassari.	o **detento** ■ O **detento** foi transferido para a prisão de Sassari.
controllare [kontrol'laːre] *v* ■ **Hanno controllato** i documenti.	**examinar**, **verificar** ■ **Verificaram** os documentos.
la **criminalità** [kriminali'ta] *n* ■ È un giudice impegnato nella lotta contro la **criminalità** organizzata.	o **crime**, a **criminalidade** ■ Esse juiz está engajado na luta contra o **crime** organizado.
il/la **delinquente** [deliŋ'kuɛnte] *n m/f* ■ Sono stati arrestati due **delinquenti**.	o **delinquente** ■ Foram presos dois **delinquentes**.
minacciare [minat'tʃaːre] *v* ■ È **stato minacciato** più volte.	**ameaçar** ■ Ele **foi ameaçado** várias vezes.
la **violenza** [vjo'lɛntsa] *n* ■ La legge punisce ogni forma di **violenza**.	a **violência** ■ A lei pune toda forma de **violência**.
violento, **violenta** [vjo'lɛnto, vjo'lɛnta] *adj* ■ Quando beve diventa **violento**.	**violento** ■ Quando bebe, fica **violento**.
violentare [vjolen'taːre] *v* ■ La donna è stata **violentata**.	**violentar** ■ A mulher **foi violentada**.

la rapina [raˈpiːna] *n* ■ È accusato di aver commesso una **rapina**.	o **roubo** ■ É acusado de ter cometido um **roubo**.
rapinare [rapiˈnaːre] *v* ■ Oggi è stato **rapinato** un altro ufficio postale.	**assaltar, roubar** ■ Hoje **foi assaltada** outra agência dos correios.
rapire [raˈpiːre] *v* ■ Ieri notte **è stato rapito** un imprenditore.	**sequestrar, raptar** ■ Ontem à noite um empresário **foi sequestrado**.
imbrogliare [imbroʎˈʎaːre] *v* ■ Il venditore mi ha **imbrogliato**.	**enganar** ■ O vendedor me **enganou**.

➡ Para **enganar**, também se costuma usar o verbo **fregare. Mi ha fregato. – Ele me enganou.**

Tempo

Decurso do ano

l'**anno** [ˈannɔ] n m	o **ano**

→ Ao se indicar um ano, emprega-se a preposição **nel**, por exemplo, **Sono nata nel 1962.** – Nasci em (no ano de) 1962.

la **stagione** [staˈʒoːne] n	a **estação**
la **primavera** [primaːvɛra] n	a **primavera**
l'**estate** [esˈtaːte] n f	o **verão**
l'**autunno** [auˈtunno] n m	o **outono**
l'**inverno** [inˈvɛrno] n m	o **inverno**
il **mese** [ˈmeːse] n	o **mês**
la **settimana** [settiˈmaːna] n	a **semana**
il **giorno feriale** [ˈdʒorno feˈrjaːle] n	o **dia útil**
il **giorno festivo** [ˈdʒorno fesˈtiːvo] n	o **feriado**

→ O domingo também é considerado um **giorno festivo**.

il **fine settimana** [ˈfiːne settiˈmaːna] n; pl inv	o **fim de semana**

→ Com frequência se usa, em vez de **fine settimana**, o termo inglês **weekend**.

annuale [anˈnuaːle] adj	**anual**
il **semestre** [seˈmɛstre] adj	o **semestre**
semestrale [semɛsˈtraːle] adj	**semestral**
mensile [menˈsiːle] adj	**mensal**
settimanale [settimaˈnaːle] adj	**semanal**
quindici giorni [ˈkuinditʃi ˈdʒorni] loc	**quinzena**

Meses do ano

il **gennaio** [dʒenˈnaːjo] *n*	**janeiro**

> Para datas, empregam-se números cardinais: **il dodici gennaio** para **doze de janeiro**. Exceção à regra é o **primeiro** dia do mês, por exemplo, **il primo febbraio**.

il **febbraio** [febˈbraːjo] *n*	**fevereiro**
il **marzo** [ˈmartso] *n*	**março**
l'**aprile** [aˈpriːle] *n m*	**abril**
il **maggio** [ˈmaddʒo] *n*	**maio**
il **giugno** [ˈdʒuɲɲo.] *n*	**junho**
il **luglio** [ˈluʎʎo] *n*	**julho**
l'**agosto** [aˈgosto] *n m*	**agosto**
il **settembre** [seˈtɛmbre] *n*	**setembro**
l'**ottobre** [otˈtoːbre] *n m*	**outubro**
il **novembre** [noˈbɛmbre] *n*	**novembro**
il **dicembre** [diˈtʃɛmbre] *n*	**dezembro**

Dias da semana

il **lunedì** [luneˈdi] *n*	a **segunda-feira**

> Quando se indica a data de um evento específico e sem artigo, o dia da semana não é precedido nem por preposição nem por artigo, por exemplo, **Ci vediamo lunedì. – Nós nos vemos na segunda-feira.** Quando se indica um evento frequente e regular, o dia da semana é precedido pelo artigo definido, **La domenica vado a messa. – Aos domingos eu vou à igreja.**

il **martedì** [marteˈdi] *n*	a **terça-feira**
il **mercoledì** [merkoleˈdi] *n*	a **quarta-feira**
il **giovedì** [dʒoveˈdi] *n*	a **quinta-feira**

il **venerdì** [vener'di] n	a **sexta-feira**
il **sabato** ['sabaːto] n	o **sábado**
la **domenica** [do'meniːka] n	o **domingo**

Períodos do dia

il **giorno** ['dʒorno] n • Vado a Roma per tre **giorni**.	o **dia** • Vou a Roma por três **dias**.

→ Quando se quer ressaltar o transcurso do dia, diz-se **giornata** em vez de **giorno**, por exemplo, Buona giornata! – Bom dia! Di giorno significa **de dia**; durante il giorno significa **durante o dia**.

la **mattina** [mat'tiːna] n • L'ho vista ieri **mattina**.	a **manhã** • Eu a vi ontem pela **manhã**.

→ O substantivo masculino **mattino** é menos frequente. La mattina significa **de manhã** ou **pela manhã**.

la **mattinata** [matti'naːta] n • Dammi un colpo di telefono in **mattinata**.	a **manhã** • Telefone-me pela **manhã**.

→ Enquanto **mattina** e **sera** indicam apenas o período do tempo, **mattinata** e **serata** são usados para ressaltar o transcurso da manhã ou da tarde.

stamattina [stamat'tiːna] adv • **Stamattina** ho fatto colazione al bar.	**hoje de manhã, esta manhã** • **Esta manhã** tomei café na cafeteria.
il **mezzogiorno** [meddzo'dʒorno] n • Torno verso **mezzogiorno**.	o **meio-dia** • Volto pelo **meio-dia**.

→ **mezzogiorno** é uma indicação de tempo precisa; por isso, mezzogiorno significa **às 12 horas**, mezzogiorno e mezzo significa **meio-dia e meia**.

il **pomeriggio** [pome'riddʒo] n • Ho un appuntamento nel tardo **pomeriggio**. → dubbio p. 61	a **tarde** • Tenho uma entrevista no final da **tarde**.

→ il **pomeriggio** é traduzido por **às tardes**, por exemplo, Il pomeriggio sono a casa. – Às tardes estou em casa.

Períodos do dia

la sera [ˈseːra] *n*
- Vado a trovare mia mamma ogni **sera**.

a **noite**
- Visito minha mãe toda **noite**.

→ **la sera** significa à noite, por exemplo, **La sera guardo il televisione.** – **À noite assisto televisão.**

la serata [seˈraːta] *n*
- Abbiamo passato una **bella** serata insime.
→ **mattinata** p. 351

a **noite**, a **noitada**
- Passamos uma bela **noitada** juntos.

stasera [staˈseːra] *adv*
- Che cosa fai **stasera**?

esta noite
- O que você vai fazer **esta noite**?

la notte [ˈnɔtte] *n*
- Buona **notte** e sogni d'oro!

a **noite**
- Boa **noite** e tenha bons sonhos!

→ **di notte** significa à noite, por exemplo, **Di notte è scuro.** – **À noite é escuro.**

stanotte [staˈnɔtte] *adv*
- **Stanotte** torna l'ora solare.

hoje à noite, esta noite
- **Hoje à noite** volta o horário de inverno.

la mezzanotte [meddzaˈnɔtte] *n*
- Sono tornata a **mezzanotte**.

a meia-noite
- Cheguei em casa à **meia-noite**.

giornaliero, giornaliera
[dʒornaˈljɛːro, dʒornaˈljɛːra] *adj*
- Ho comprato un biglietto **giornaliero**.

diário

- Comprei um bilhete **diário**.

quotidiano, quotidiana
[kuotiˈdjaːno, kuotiˈdjaːna] *adj*
- Ho bisogno della mia dose **quotidiana** di caffè.

diário, cotidiano

- Preciso de minha dose **diária** de café.

notturno, notturna [notˈturno, notˈturna] *adj*
- Questa farmacia fa anche servizio **notturno**.

noturno

- Esta farmácia tem também um serviço **noturno**.

Horas

l'ora [ˈoːra] *n*
- Che **ora** è? – Sono le tre e dieci.
- Il corso dura un'**ora**.

a **hora**
- Que **horas** são? – São três e dez.
- O curso dura uma **hora**.

➡ Em italiano, as indicações de tempo somam ou subtraem minutos: **tre e dieci** – **três e dez** ou **tre meno dieci** – **dez para as três**.

➡ Para hora em indicações de tempo, pode-se também usar o plural **ore**, por exemplo, **Che ore sono?** Formulações como **le ore dieci (dez horas)** são empregadas apenas em contextos formais, por exemplo, ao se dar as horas no rádio. Na linguagem cotidiana se diz **le dieci**.

la mezz'ora [medˈdzoːra] *n*
- A piedi ci vuole circa **mezz'ora**.

a **meia hora**
- A pé levo cerca de **meia hora**.

➡ Também é frequente a grafia **mezzora**.

il quarto d'ora [ˈkuarto ˈdoːra] *n*
- Ho aspettato un **quarto d'ora**.

o **quarto de hora**
- Esperei um **quarto de hora**.

il minuto [miˈnuːto] *n*
- Ancora qualche **minuto** e abbiamo finito.

o **minuto**
- Mais alguns **minutos**, e acabamos.

il secondo [seˈkondo] *n*
- Questa colla asciuga in pochi **secondi**.

o **segundo**
- Esta cola seca em poucos **segundos**.

a che ora [a ke ˈoːra] *loc*
- **A che ora** parte il treno? – Alle nove.

a que horas
- **A que horas** sai o trem? – Às nove.

mezzo [ˈmɛddzo] *adj*
- Ci vediamo alle sei e **mezzo**.

meio
- Vemo-nos às seis e **meia**.

➡ Em vez do advérbio **mezzo**, pode-se também empregar o adjetivo feminino **mezza**, por exemplo, **l'una e mezza – uma e meia**. **Mezzo** e **mezza** referem-se à hora corrente.

in punto [in ˈpunto] *adv*
- Devi essere qui alle undici in **punto**.

em ponto
- Você deve estar aqui às onze **em ponto**.

Outros conceitos de tempo

Momento presente, passado e futuro

il **tempo** [ˈtɛmpo] *n* ■ È già venerdì, il **tempo** vola.	o **tempo** ■ Já é sexta-feira, o **tempo** voa.
quando [ˈkuando] *adv* ■ **Quando** sei nata? ■ Ci divertiamo sempre **quando** siamo insieme. ■ **Quando** facevo l'università, avevo più tempo per viaggiare.	**quando** ■ **Quando** você nasceu? ■ Sempre nos divertimos **quando** estamos juntos. ■ **Quando** eu estava na faculdade, tinha mais tempo para viajar.
mentre [ˈmentre] *conj* ■ **Mentre** cucino mi piace ascoltare la radio.	**enquanto** ■ Gosto de ouvir rádio **enquanto** cozinho.
durante [duˈrante] ■ **Durante** la riunione qualcuno lo ha chiamato al cellulare.	**durante** ■ **Durante** a reunião, alguém ligou para o celular dele.
la **data** [ˈdaːta] *n* ■ Non dimenticare la **data** e la firma.	a **data** ■ Não esqueça da **data** e da assinatura.
adesso [aˈdɛsso] *adv* ■ **Adesso** vado a letto.	**agora** ■ Vou para a cama **agora**.

➡ **adesso** tem o mesmo significado que **ora**, como advérbio; os dois termos são intercambiáveis.

finora [fiˈnoːra] *adv* ■ Cos'hai fatto **finora**?	**até agora** ■ O que você fez **até agora**?
oggi [ˈɔddʒi] *adv* ■ Che giorno è **oggi**?	**hoje** ■ Que dia é **hoje**?
il **momento** [moˈmento] *n* ■ Aspetta un **momento**!	o **momento** ■ Espere um **momento**!

➡ Em vez de **momento**, pode-se também dizer **attimo** ou **istante**.

ieri [ˈjɛːri] *adv* ■ Dov'eri **ieri** a mezzogiorno?	**ontem** ■ Onde você estava **ontem** ao meio-dia?

l'altro ieri [ˈlaltro ˈjɛːri] *adv*
- L'**altro ieri** abbiamo fatto un giro in moto.

anteontem
- **Anteontem** demos uma volta de moto.

scorso, scorsa [ˈskorso, ˈskorsa] *adj*
- La settimana **scorsa** ho incontrato Piero.

passado
- Na semana **passada** encontrei Pietro.

fa [fa] *adv*
- Ci siamo conosciuti un anno **fa**.

há, faz
- Nós nos conhecemos **há** um ano.

→ Atenção: o **fa** é a palavra que expressa o período.

domani [doˈmaːni] *adv*
- **Domani** devo portare la macchina dal meccanico.

amanhã
- **Amanhã** tenho de levar o carro à oficina.

dopodomani [dopodoˈmaːni] *adv*
- Vieni domani o **dopodomani**?

depois de amanhã
- Você vem amanhã ou **depois de amanhã**?

→ Pode-se escrever também **dopo domani**.

prossimo, prossima [ˈprɔssimo, ˈprɔssima] *adj*
- La **prossima** volta non posso venire.

próximo
- Na **próxima** vez não poderei vir.

fra [fra]
- Ci risentiamo **fra** quindici giorni.

em, daqui a
- Falamo-nos **daqui a** quinze dias.

il secolo [ˈsɛːkolo] *n*
- Con l'anno 2001 è iniziato il ventunesimo **secolo**.

o século
- O **século** XXI iniciou no ano 2001.

→ Os séculos podem ser indicados de dois modos: com números ordinais em vez dos cardinais, por exemplo, **nel diciotessimo século** – **no século dezoito**, ou pela indicação da centena em que se dão os anos em questão, por exemplo, **il settecento** – **o século dezoito, no Setecentos**, **nel novecento** – **no século vinte, no Novecentos**.

il periodo [peˈriːodo] *n*
- In questo **periodo** c'è sempre nebbia.

o período, a época
- Nesta **época** sempre há neblina.

entro ['entro]	**até, dentro de**
■ Si saprà qualcosa **entro** stasera.	■ **Até** hoje à noite se saberá alguma coisa.
■ Devi pagare questa somma **entro** una settimana.	■ Você vai ter de pagar esse valor **dentro de** uma semana.

nel frattempo [nel fratˈtɛmpo] *adv*	**nesse ínterim, nesse meio-tempo**
■ Sono passati molti anni e, **nel frattempo**, quei due si sono sposati.	■ Passaram-se muitos anos e **nesse ínterim** os dois se casaram.

allora [alˈloːra] *adv, conj*	**à época, então**
■ Non me il ricordo perché **allora** ero molto piccola.	■ Não consigo lembrar porque **à época** eu era muito pequena.
■ **Allora**, avete deciso?	■ **Então**, já se decidiram?

futuro, futura [fuˈtuːro, fuˈtuːra] *adj*	**futuro**
■ Ieri ho conosciuto la mia **futura** nuora.	■ Ontem eu conheci minha **futura** nora.

Duração e frequência

durare [duˈraːre] *v*	**durar**
■ Quanto **dura** questo film?	■ Quanto **dura** esse filme?

fino a [ˈfiːno]	**até**
■ Ti abbiamo aspettato **fino alle** 4.	■ Esperamos você **até** as quatro.

ancora [aŋˈkoːra.] *adv*	**ainda**
■ Qui, d'estate alle 10 di sera c'è **ancora** luce.	■ Aqui, no verão, às 10 **ainda** está claro.

breve [ˈbrɛːve] *adj*	**breve, curto**
■ È stata una vacanza **breve** ma interessante.	■ Foram férias **breves**, mas interessantes.

➡ **tra breve** significa **em breve**.

poco [ˈpɔːco] *adv*	**pouco**
■ È successo **poco** prima.	■ Aconteceu **pouco** antes.

lungo, lunga [ˈluŋgo, ˈluŋga] *adj*	**longo**
■ È stato un viaggio **lungo** e faticoso.	■ Foi uma viagem **longa** e cansativa.
➡ **largo** p. 32	

Duração e frequência

a **lungo** [a ˈluŋgo] *adv*
- Ci siamo parlato **a lungo**.

longamente
- Falamos **longamente**.

la **volta** [ˈvɔlta] *n*
- Ogni **volta** che lo vedo, mi racconta la solita storia.

a vez
- Toda **vez** que o vejo, ele me conta a mesma história.

➡ para **uma vez** se diz **una volta**, duas vezes é expresso por **due volte** etc.

sempre [ˈsɛmpre.] *adv*
- Per San Valentino il mio ragazzo mi regala **sempre** una rosa.

sempre
- No dia de São Valentim, meu namorado **sempre** me dá uma rosa.

spesso [ˈspesso] *adv*
- Vado **spesso** a teatro.

com frequência
- Vou **com frequência** ao teatro.

a **volte** [a ˈvɔlte] *adv*
- **A volte** vado al mercato a comprare la frutta.

às vezes
- **Às vezes**, vou ao mercado comprar fruta.

➡ Em vez de **a volte**, também se pode dizer **qualche volta** ou **talvolta**.

mai [ˈmaːi] *adv*
- Non ci eravamo **mai** incontrati prima.
- Hai **mai** visto una cosa del genere?

nunca, jamais, alguma vez
- **Nunca** havíamos nos encontrado antes.
- Você **alguma vez** viu algo assim?

➡ Antes de **mai** no sentido de **nunca**, usa-se sempre o advérbio de negação **non**.

la **durata** [duˈraːta] *n*
- Bisogna considerare anche la **durata** della crisi.

a **duração**
- É preciso considerar também a **duração** da crise.

continuamente [kontinuaˈmente] *adv*
- Non chiamarmi **continuamente**.

continuamente, o tempo todo
- Não fique me chamando **o tempo todo**.

frequente [freˈkuɛnte] *adj*
- Cerco un shampoo per lavaggi **frequenti**.

frequente, constante
- Procuro um xampu para uso **frequente**.

raramente [raraˈmente] *adv*
- Ci vediamo **raramente** ma ci telefoniamo spesso.

raramente
- Vemo-nos **raramente**, mas nos telefonamos com frequência.

Mais cedo, mais tarde

già [gʒa] *adv*
- Ci siamo **già** visti da qualche parte?

já
- **Já** nos vimos em algum lugar?

prima [ˈpriːma] *adv*
- Non avevo mai visto niente di simile **prima**.
- **Prima** riuscivo a correre per mezz'ora adesso non ho più fiato.
- **Prima** vado a fare la spesa, poi passo l'aspirapolvere.

antes, primeiro, primeiramente
- Nunca vi algo assim **antes**.
- **Antes** eu conseguia correr durante meia hora, agora fico logo sem fôlego.
- **Primeiro** vou às compras, depois passo o aspirador.

➡ **prima o poi** significa **mais cedo ou mais tarde**.

prima di [ˈpriːma di] *prep*
- Se arrivi **prima di** me, prepara qualcosa da mangiare.

antes de
- Se chegar **antes de** mim, faça alguma coisa para comer.

prima di [ˈpriːma di] *conj*
- Lavatevi le mani **prima di** venire a tavola.

antes de
- Lave suas mãos **antes** de vir à mesa.

➡ Essa conjunção só pode ser empregada quando a oração principal e a auxiliar tiverem o mesmo sujeito.

prima che [ˈpriːma ke] *conj*
- Chiamami **prima che** vada al lavoro.

antes de
- Chame-me **antes de** eu ir para o trabalho.

➡ Após essa conjunção, o verbo aparecerá no modo subjuntivo.

dopo [ˈdoːpo] *adv*
- Adesso non ho tempo, lo faccio **dopo**.
- È arrivato Franco e subito **dopo** Antonio.

depois
- Agora não tenho tempo, faço **depois**.
- Franco chegou, e logo **depois** Antonio.

dopo [ˈdoːpo] *prep*
- Ci vediamo **dopo** le vacanze.

depois
- Nós nos vemos **depois** das férias.

dopo [ˈdoːpo] *conj*
- **Dopo** aver mangiato sono uscita.
➡ **prima di** p. 358

depois de
- **Depois** de comer, saí.

dopo (che) [ˈdoːpo (ke)] *conj*
- Ho trovato la lettera **dopo che** era partita.

depois que
- Encontrei a carta **depois que** ela partiu.

in tempo [in ˈtɛmpo] *adv*
- Non so se riusciamo ad arrivare **in tempo**.

em tempo, a tempo
- Não sei se conseguiremos chegar **a tempo**.

solo [ˈsoːlo] *adv*
- Il tempo non passa più, sono **solo** le 3.

só, somente, apenas
- O tempo não passa mais, são **só** 3h.

appena [apˈpeːna] *adv*
- È **appena** andato via.

mal, agora mesmo, apenas, só
- Ele **mal** saiu.

presto [ˈprɛsto] *adv*
- Che ore sono? – È ancora **presto**.
- Ciao, a **presto**.

cedo, logo
- Que horas são? – Ainda é **cedo**.
- Tchau, até **logo**.

subito [ˈsuːbito] *adv*
- Torno **subito**.

logo, já
- **Já** volto.

➡ **immediatamente** tem o mesmo significado que **subito**, mas é raramente utilizado.

poi [ˈpɔːi] *adv*
- Voleva partire, ma **poi** è rimasto in città.

depois, em seguida
- Ele queria ir embora, mas **depois** ficou na cidade.

tardi [ˈtardi] *adv*
- Meglio **tardi** che mai.

tarde
- Antes **tarde** do que nunca.

ultimo, ultima [ˈultimo, ˈultima] *adv*
- A che ora passa l'**ultimo** autobus?

último
- A que horas passa o **último** ônibus?

finalmente [finalˈmente] *adv*
- Sono **finalmente** riuscita a parlargli.

finalmente
- **Finalmente** consegui falar com ele.

finale [fiˈnaːle] *adv*
- Ti è piaciuta la scena **finale**?
- Qual è il risultato **finale**?
- Ho studiato giorno e notte per l'esame **finale**.

final
- Você gostou da cena **final**?
- Qual é o resultado **final**?
- Estudei dia e noite para o exame **final**.

urgente [ur'dʒɛnte] *adj*
- Non devi farlo subito, non è **urgente**.

urgente
- Você não precisa fazer logo, não é **urgente**.

definitivo, definitiva [defini'tiːvo, defini'tiːva] *adj*
- Non ci ha ancora dato una risposta **definitiva**.

definitivo
- Ele ainda não nos deu uma resposta **definitiva**.

Decurso do tempo

l'inizio [i'niːtsjo] *n m*
- Ripetimi tutto con calma dall'**inizio** alla fine.

o início, o começo
- Repita tudo com calma, do **início** ao fim.

iniziare [ini'tsjaːre] *v*
- Le lezioni **iniziano** alle 8.

iniciar, começar
- As aulas **começam** às 8.

➡ **iniziare** e **cominciare** são sinônimos.

restare [res'taːre] *v*
- Sono solo le nove e mezza, **restate** un altro po'.

ficar
- São só nove e meia, **fique** mais um pouco.

➡ **restare** e **rimanere** são sinônimos. Os tempos compostos de ambos os verbos são formados com **essere**.

continuare [konti'nuaːre] *v*
- Per oggi basta, **continuiamo** domani.

continuar
- Por hoje basta, **continuamos** amanhã.

di nuovo [di 'nuɔːvo] *adv*
- Mi ha chiamata **di nuovo**.

de novo, novamente
- Ele me chamou **de novo**.

ripetere [ri'pɛːtere] *v*
- Deve **ripetere** l'esame.

repetir
- Deve **repetir** o exame.

diventare [diven'taːre] *v*
- I bambini sono **diventati** grandi.

➡ **ingrassare** p. 28

tornar-se, ficar
- As crianças **ficaram** grandes.

finire [fi'niːre] *v*
- Non **ho** ancora **finito** il lavoro.
- Abbiamo **finito** tutte le provviste.
- **Finitela** una buona volta!
- Il sentiero **finisce** qui.

terminar, acabar
- Ainda não **terminei** o trabalho.
- **Acabamos** com todas as provisões.
- **Termine** de uma vez!
- O caminho **termina** aqui.

la **fine** ['fiːne] *n*
- Non siamo riusciti a vedere la **fine** del programma.

o **fim**
- Não chegamos a ver o **fim** do programa.

➡ A expressão **alla fine** pode ser traduzida por **finalmente**.

smettere ['zmettere] *v*
▶ *v irr* p. 409 **mettere**
- Ho deciso di **smettere** di fumare.

parar, deixar

- Decidi **parar** de fumar.

cambiare [kam'bjaːre] *v*
- **Ho cambiato** idea.
- De quando l'ho vista l'ultima volta è **cambiata** tantissimo.
➡ **aumentare** p. 306

mudar
- **Mudei** de ideia.
- Desde que a vi pela última vez, ela **mudou** bastante.

il **progresso** [pro'grɛsso] *n*
- Ha fatto grandi **progressi**.

o **progresso**
- Ele fez grandes **progressos**.

procedere [pro'tʃɛːdere] *v*
- Adesso **procediamo** con il secondo punto dell'ordine del giorno.
- Come **procediamo** adesso?

prosseguir, proceder
- **Prossigamos** agora com o segundo ponto da ordem do dia.
- Como vamos **proceder** agora?

➡ **procedere** pode significar também **avançar, ir avante**; nesse caso, os tempos compostos são formados com **essere**.

attuale [at'tuaːle] *adj*
- L'**attuale** situazione politica del paese è molto seria.

atual
- A **atual** situação política do país é muito séria.

attualmente [attual'mente] *adv*
- **Attualmente** no assumiamo personale.

atualmente, no momento
- **No momento**, não estamos contratando.

interrompere [inter'rompere] *v*
▶ *v irr* p. 411 **rompere**
- Mi **interrompe** sempre quando parlo.

interromper

- Ele me **interrompe** sempre quando falo.

➡ Assim como em português, **interrompere** também significar parar.

Espaço

Conceitos de espaço

il **posto** [ˈposto] *n* ▪ Vedrai che bel **posto**! ▪ Qui non c'è **posto**.	o **lugar**, o **local** ▪ Você vai ver que **lugar** bonito! ▪ Aqui não há **lugar**.

➡ **di dove** ou **da dove** significam **de onde**: Di dove sei?, Da dove vieni? – De onde você vem?

dove [ˈdoːve] *adv* ▪ **Dove** sei? ▪ **Dove** siete andate?	**(a)onde** ▪ **Onde** você está? ▪ **Aonde** vocês foram?

qui [kui] *adv* ▪ Voglio rimanere **qui**. ▪ Posso sedermi **qui**? ▪ Vieni **qui**!	**aqui** ▪ Quero ficar **aqui**. ▪ Posso sentar **aqui**? ▪ Venha **aqui**!

➡ Também se diz **qua** como indicação de lugar, mas tem um sentido um pouco mais indeterminado que **qui**.

lì [li] *adv* ▪ La valigia dovrebbe essere **lì** in fondo. ▪ So che Claudia è dalla nonna. Vado **lì**.	**ali, lá** ▪ A mala tinha de ficar **lá** no fundo. ▪ Acho que Claudia está na casa da vó dela. Vou **para lá**.

➡ **lì** e **là** são sinônimos.

dappertutto [dapperˈtutto] *adv* ▪ Abbiamo guardato **dappertutto**.	**por toda a parte** ▪ Procuramos **por toda a parte**.

lontano, lontana [lonˈtaːno, lonˈtaːna] *adj* ▪ Il ristorante non è **lontano** da qui.	**longe** ▪ O restaurante não é **longe** daqui.

vicino [viˈtʃiːno] *adv* ▪ Conosco un posto qui **vicino** dove si mangia bene.	**perto, aqui perto** ▪ Conheço um local **aqui perto**, onde se come bem.

➡ **vicino a** significa **perto de, próximo de**.

Conceitos de espaço 363

davanti [da'vanti] *adv*
- Nella foto i bambini stanno **davanti**.
- Mettiti **davanti**.

em frente
- Na foto, as crianças estão **na frente**.
- Sente-se **na frente**.

davanti a [da'vanti a]
- **Davanti alla** chiesa c'è una bella piazza.

em frente a
- **Em frente à** igreja há uma bela praça.

dietro ['djɛːtro] *adv*
- Fai sedere i bambini **dietro**.

atrás
- Faça as crianças sentarem **atrás**.

dietro a ['djɛːtro a]
- Si è nascoto **dietro a** un albero.

atrás de
- Ele se escondeu **atrás** de uma árvore.

accanto a [ak'kanto a]
- Chi abita **accanto a** voi?

(junto) com
- Quem mora **junto com** vocês?

di fronte a [di 'fronte a]
- **Di fronte a** casa nostra costruiscono un parcheggio.

de frente para, diante de
- **Diante de** nossa casa estão construindo um estacionamento.

verso ['vɛrso]
- Sono andati **verso** il centro.

na direção de
- Foram **na direção do** centro.

intorno a [in'torno a]
- **Intorno a** lui c'era tanta gente.

em torno de, em volta de
- **Em volta** dele havia muita gente.

➡ **intorno** e **attorno** são sinônimos.

lungo ['luŋgo]
- Abbiamo fatto una passeggiata **lungo** la spiaggia.

ao longo de
- Fizemos um passeio **ao longo da** praia.

destro, destra ['dɛstro, 'dɛstra] *adj*
- Mi fa male il ginocchio **destro**.

direito
- Meu joelho **direito** está doendo.

a destra [a 'dɛstra] *adv*
- La seconda strada **a destra** è viale della Repubblica.

à direita
- A segunda rua **à direita** é a viale della Repubblica.

sinistro, sinistra [si'nistro, si'nistra] *adj*
- Mi fa male il piede **sinistro**.

esquerdo

- Meu pé **esquerdo** está doendo.

a sinistra [a si'nistra] *adv*
- Gira qui **a sinistra**.

à esquerda
- Vire aqui **à esquerda**.

Conceitos de espaço

su [su] *adv*
- È andato **su**.

para cima
- Ele foi **para cima**.

sopra [ˈsoːpra] *adv*
- Sotto è di ferro, ma **sopra** è di plastica.

em cima
- A parte de baixo é de ferro, mas **em cima** é de plástico.

l'**altezza** [alˈtettsa] *n f*
- Il campanile ha un'**altezza** notevole.

a **altura**
- O campanário é de uma **altura** impressionante.

alto, alta [ˈalto, ˈalta] *adj*
- Questo muro è molto **alto**.
➡ alto p. 26

alto
- Este muro é muito **alto**.

sotto [ˈsotto]
- Il cane è **sotto** il tavolo.

sob, debaixo
- O cão está **debaixo** da mesa.

giù [dʒu] *adv*
- Aspetta che vengo **giù**.
- Per andare in cantina scendi **giù** e gira a sinistra.
- I bambini sono **giù** che giocano.

para baixo, embaixo
- Espere, vou **para baixo**.
- Para ir ao porão, vá **para baixo** e vire à esquerda.
- As crianças brincam lá **embaixo**.

basso, bassa [ˈbasso, ˈbassa] *adj*
- In questa strada ci sono solo case **basse**.

baixo
- Nesta rua há somente casas **baixas**.

la **direzione** [direˈtsjoːne] *n*
- C'è molto traffico sull'autostrada A2 in **direzione** sud.

a **direção**
- Tem muito trânsito na autoestrada A2 na **direção** sul.

avanti [aˈvanti] *adv*
- Vieni **avanti**!

para a frente, em frente
- Vá **para a frente**!

➡ Com Avanti! pede-se a alguém para entrar. **D'ora in avanti** significa **a partir de agora**.

indietro [inˈdjɛːtro] *adv*
- Ha fatto un passo avanti e due **indietro**.

atrás
- Ele deu um passo à frente e dois **para trás**.

attraverso [attraˈvɛrso]
- **Attraverso** il finestrino dell'aereo sono riuscita a vedere le Alpi.

através
- Pude ver os Alpes **através** da janela do avião.

diritto, diritta [di'ritto, di'ritta] *adj* ■ Non riesco a tracciare una linea **diritta**.	**reto** ■ Não consigo traçar uma linha **reta**.
diritto [di'ritto] *adv* ■ Se vai sempre **diritto**, arrivi al ponte.	**em frente, em linha reta** ■ Se você for sempre **em frente**, chegará à ponte.
la distanza [dis'tantsa] *n* ■ Da questa **distanza** non riesco a leggere il cartello.	**a(à) distância** ■ Desta **distância**, não consigo ler a placa.
avvicinarsi [avvitʃi'narsi] *v* ■ **Avvicinatevi** pure.	**aproximar-se, chegar perto** ■ **Aproxime-se**.
allontanarsi [allonta'narsi] *v* ■ Si è **allontanato** dal gruppo.	**distanciar-se** ■ Ele **se distanciou** do grupo.
il lato ['laːto] *n* ■ Il marciapiede è all'altro **lato**.	**o lado** ■ A calçada fica do outro **lado**.
la larghezza [lar'gettsa] *n* ■ Il tavolo ha una **larghezza** di 60 centimetri.	**a largura** ■ A mesa tem uma **largura** de 60 centímetros.
largo, larga ['largo, 'larga] *adj* ■ Abbiamo dovuto attraversare una strada molto **larga**.	**largo** ■ Tivemos de atravessar uma rua muito **larga**.
la profondità [profondi'ta] *n* ■ Il lago raggiunge una **profondità** di 230 metri.	**a profundidade** ■ O lago chega a uma **profundidade** de 230 metros.
profondo, profonda [pro'fondo, pro'fonda] *adj* ■ Non si vede il fondo, l'acqua è molto **profonda**.	**profundo** ■ Não se vê o fundo, as águas são muito **profundas**.
la lunghezza [luŋ'gettsa] *n* ■ Hanno una piscina di 50 metri di **lunghezza**.	**o comprimento** ■ Eles têm uma piscina de 50 metros de **comprimento**.
la superficie [super'fiːtʃe] *n*; *pl* **superfici** [super'fiːtʃi] ■ La **superficie** della conchiglia è ruvida.	**a superfície** ■ A **superfície** da concha é áspera.

piatto, piatta [ˈpjatto, ˈpjatta] *adj* ■ Ho trovato un sasso tutto **piatto**.	**liso, plano** ■ Encontrei uma pedra toda **lisa**.
da qualche parte [da ˈkualke ˈparte] *adv* ■ Guarda bene, **da qualche parte** deve esserci un interruttore.	**em algum lugar** ■ Olhe bem, **em algum lugar** deve haver um interruptor.
da nessuna parte [da nesˈsuːna parte] *adv* ■ Non l'ho visto **da nessuna parte**.	**em parte alguma, em lugar nenhum** ■ Não o vi **em lugar nenhum**.

Movimento, velocidade e repouso

il movimento [moviˈmento] *n* ■ Ha fatto un **movimento** con il braccio.	**o movimento** ■ Ela fez um **movimento** com o braço.
➡ Diz-se, por exemplo, **C'è movimento** – **Algo está acontecendo.**	
muovere [ˈmuɔːvere] *v* ▶ **v irr** p. 409 muovere ■ Mi sono fatta male, non riesco a **muovere** il braccio.	**mover** ■ Eu me machuquei, não consigo **mover** meu braço.
muoversi [ˈmuɔːversi] *v* ▶ **v irr** p. 409 muovere ■ Stai fermo, non **muoverti**!	**mover-se** ■ Fique parado, não **se mova**!
a piedi [a ˈpjɛːdi] *adv* ■ Ho perso l'autobus e sono dovuto andare a casa **a piedi**.	**a pé** ■ Perdi o ônibus e tive de ir para casa **a pé**.
girarsi [dʒiˈrarsi] *v* ■ Per strada tutti **si girano** a guardarla.	**virar-se** ■ Na rua, todos **se viram** para olhá-la.
in giro [in ˈdʒiːro] *adv* ■ Sono stata **in giro** tutto il giorno.	**nas redondezas** ■ Estive **nas redondezas** o dia inteiro.
il passo [ˈpasso] *n* ■ Abito a pochi **passi** dal centro.	**o passo** ■ Moro a poucos **passos** do centro.

salire [saˈliːre] v
▶ v irr p. 411 salire
- Mio nonno no riesce più a **salire** le scala da solo.
- Non vuoi **salire** un attimo?
- A Firenze **sono salite** molte persone.
- I prezi **sono saliti** del 20 percento.

subir, embarcar
- Meu avô não consegue mais **subir** a escada sozinho.
- Você não quer **subir** um momento?
- Em Florença, **embarcaram** muitas pessoas.
- Os preços **subiram** 20%.

➡ Os tempos compostos de **salire** e **scendere** são formados com o verbo auxiliar **essere** quando o verbo é intransitivo, e com **avere**, quando é transitivo.

scendere [ˈʃendere] v
▶ v irr p. 411 scendere
- È già **scesa**.
- Quando sono arrivata, **stava scendendo** le scale.
- **Scendo** alla prossima fermata.
- Di notte la temperatura **scende** parecchio.

descer, cair
- Ela já **desceu**.
- Quando cheguei, ela **estava descendo** a escada.
- **Desço** na próxima estação.
- À noite, a temperatura **cai** consideravelmente.

cadere [kaˈdeːre] v
▶ v irr p. 406 cadere
- Attento a non **cadere** all'albero.
- È **caduto** e gli fa male la caviglia.
➡ ingrassare p. 28

cair
- Cuidado para não **cair** da árvore.
- Ele **caiu** e está com o tornozelo doendo.

la velocità [velotʃiˈta] n
- Gli hanno dato la multa per eccesso di **velocità**.

a velocidade
- Deram-lhe uma multa por excesso de **velocidade**.

la fretta [ˈfretta] n
- Scusami, vado di **fretta**.

a pressa
- Desculpe, estou com **pressa**.

➡ **avere fretta** significa **estar com pressa/ter pressa**.

stendersi [ˈstɛndersi] v
▶ v irr p. 412 tendere
- Perché non vai a **stenderti** un po'?

deitar-se
- Por que você não vai **se deitar** um pouco?

➡ Em vez de **stendersi**, pode-se também dizer **sdraiarsi**.

stare in piedi [ˈstaːre in ˈpjɛdi] loc
▶ v irr p 412 stare
- Non voglio sedermi, preferisco **stare in piedi**.

ficar de pé
- Não quero sentar, prefiro **ficar de pé**.

scivolare [ʃivoˈlaːre] *v* ■ **Sono scivolato** e mi sono rotto un braccio. ➡ ingrassare p. 28	**escorregar** ■ **Escorreguei** e quebrei um braço.
sbrigarsi [zbriˈgarsi] *v* ■ Se non ci **sbrighiamo**, arriviamo in ritardo.	**apressar-se** ■ Se não **nos apressarmos**, chegaremos atrasados.
sorpassare [sorpasˈsaːre] *v* ■ L'autista **ha sorpassato** un camion.	**ultrapassar** ■ O motorista **ultrapassou** um caminhão.
rallentare [rallenˈtaːre] *v* ■ C'è una curva pericolosa, **rallenta**!	**desacelerar** ■ Aí tem uma curva perigosa, **desacelere**!
fermo, ferma [ˈfermo, ˈferma] *adj* ■ Il bambino non riesce a stare **fermo**.	**parado** ■ A criança não consegue ficar **parada**.

Ir e vir

andare [anˈdaːre] *v* ▶ v irr p. 405 andare ■ Dove **vai**? – **Vado** in città.	**ir** ■ Aonde você **vai**? – **Vou** à cidade.

➡ Os tempos compostos de verbos de movimento são formados geralmente com **essere**.

andare via [anˈdaːre] *v* ▶ v irr p. 405 andare ■ A che ora siete **andati via**?	**ir embora** ■ A que horas vocês **foram embora**?
venire [veˈniːre] *v* ▶ v irr p. 413 venire ■ Quando **vieni**? – **Vengo** appena posso.	**Vir** ■ Quando você **vem**? – **Vou** assim que puder.
entrare [enˈtraːre] *v* ■ Per favore, **entra** e chiudi la porta.	**entrar** ■ Por favor, **entre** e feche a porta.

uscire [uʃˈʃiːre] v
▶ **v irr** p. 413 uscire
- L'ho visto **uscire**.
- Questa sera non ho voglia di **uscire**.

sair

- Eu o vi **sair**.
- Não tenho vontade de **sair** esta noite.

tornare [torˈnaːre] v
- Sto uscendo, ma **torno** subito.

voltar, tornar
- Estou saindo, mas **volto** logo.

➡ Em vez de **tornare**, pode-se empregar também **ritornare**.

passare [pasˈsaːre] v
- Vieni a trovarmi, se **passi** da Trento.

passar
- Venha me visitar se **passar** por Trento.

andarsene [anˈdarsene] v
▶ **v irr** p. 405 andare
- Sabrina **se ne è andata** senza salutare nessuno.

sair, partir, ir embora
- Sabrina **partiu** sem se despedir de ninguém.

raggiungere [radˈdundʒundʒere] v
▶ **v irr** p. 409 giungere
- Andate avanti voi, io vi **raggiungo** più tardi.

alcançar, juntar-se
- Vá na frente, eu depois os **alcanço** mais tarde.

➡ Os tempos compostos desse verbo são formados com **avere**.

scomparire [skompaˈriːre] v
▶ **v irr** p. 405 apparire
- Il mio cane **è scomparso**.

desaparecer, sumir
- Meu cachorro **desapareceu**.

passeggiare [passedˈdʒaːre] v
- **Abbiamo passeggiato** mano nella mano.
➡ **raggiungere** p. 369

passear
- **Passeamos** de mãos dadas.

Cores e formas

Cores

il **colore** [ko'lo:re] *n*	a **cor**
bianco, bianca ['bjaŋko, 'bjaŋka] *adj* ➡ **vigliacco** p. 22	**branco**

➡ Os substantivos que designam as cores são masculinos, por exemplo, **il bianco, il rosso, il nero**.

nero, nera ['ne:ro, 'ne:ra] *adj*	**preto**
giallo, gialla ['dʒallo, ['dʒalla] *adj*	**amarelo**
rosso, rossa ['rosso, 'rossa] *adj*	**vermelho**
blu [blu] *adj; pl inv*	**azul (-escuro)**
azzurro, azzurra [ad'dzurro, ad'dzurra] *adj*	**azul (-claro)**

➡ Se se tratar de um azul mais claro ou mais escuro, emprega-se **azzurro** ou **blu**. O termo **celeste** designa um azul muito claro.

verde ['verde] *adj*	**verde**
arancione [aran'tʃo:ne] *adj*	**alaranjado, laranja**

➡ O adjetivo de cor pode se manter inalterado no plural: **pantaloni arancione**. No português também temos exceções que não flexionam o plural em indicações de cor, quando esta representa um substantivo, por exemplo: **Comprei três camisas violeta**.

rosa ['ro:za] *adj; pl inv*	**rosa**
viola ['vjɔ:la] *adj; pl inv*	**violeta**
marrone [mar'ro:ne] *adj*	**marrom**
grigio, grigia ['gri:dʒo] *adj*	**cinza**

O plural feminino de adjetivos cujo singular masculino é terminado em vogal + **-gio** é formado pela substituição da terminação por **-gie**.	
colorato, colorata [koloˈraːto, koloˈraːta] *adj*	colorido
scuro [ˈskuːro] *adj*	escuro
➡ Quando um adjetivo de cor é combinado com **chiaro (claro)** ou **scuro (escuro)**, ele não concorda em gênero e número com o substantivo.	
il **buio** [ˈbuːjo] *n*	a **escuridão**
chiaro, chiara [ˈkjaːro] *adj* ➡ scuro p. 371	claro
la **luce** [ˈluːtʃe] *n*	a **luz**

Formas

la **forma** [ˈforma] *n*	a **forma**
la **linea** [ˈliːnea] *n*	a **linha**
il **cerchio** [ˈtʃerkjo] *n* ➡ dubbio p. 61	o **círculo**
rotondo, rotonda [roˈtondo, roˈtonda] *adj*	redondo
il **quadrato** [kuaˈdraːto] *n*	o **quadrado**
il **rettangolo** [retˈtaŋgolo] *n*	o **retângulo**
il **triangolo** [triˈaŋgolo] *n*	o **triângulo**
la **croce** [ˈkroːtʃe] *n*	a **cruz**
l'**angolo** [ˈaŋgolo] *n*	o **ângulo**
la **sfera** [ˈsfɛːra] *n*	a **esfera**
il **bordo** [ˈbordo] *n*	a **margem**, a **borda**
il **punto** [ˈpunto] *n*	o **ponto**
la **punta** [ˈpunta] *n*	a **ponta**

appuntito, appuntita [appun'ti:to] *adj*	**pontudo, pontiagudo**
la **freccia** ['frettʃa] *n* ➜ faccia p. 25	a **seta**, a **flecha**

Números e unidades de medida

Números inteiros

0 zero [ˈdzɛːro]	zero
1 uno [ˈuːno]	um

Os termos para números inteiros são de gênero masculino – por exemplo, **un due** – **um dois** – e se mantêm invariáveis no plural, por exemplo, **due tre** – **dois três**.

2 due [ˈduːe]	dois
3 tre [tre]	três
4 quattro [ˈkuattro]	quatro
5 cinque [ˈtʃiŋkue]	cinco
6 sei [ˈsɛːi]	seis
7 sette [ˈsɛtte]	sete
8 otto [ˈɔtto]	oito
9 nove [ˈnɔːve]	nove
10 dieci [ˈdjɛːtʃe]	dez
11 undici [ˈunditʃi]	onze
12 dodici [ˈdoːditʃi]	doze
13 tredici [ˈtreːditʃi]	treze
14 quattordici [kuatˈtorditʃi]	catorze
15 quindici [ˈkuinditʃi]	quinze
16 sedici [ˈseːditʃi]	dezesseis
17 diciassette [ditʃasˈsɛtte]	dezessete
18 diciotto [diˈtʃɔtto]	dezoito

19 diciannove [dit'ʃannɔːve]	dezenove
20 venti ['venti]	vinte
21 ventuno [ven'tuːno]	vinte e um

Quando aparecem diante de um substantivo, **ventuno, trentuno** etc. podem ser abreviados por **ventun, trentun** etc.

22 ventidue [venti'duːe]	vinte e dois
30 trenta ['trenta]	trinta
40 quaranta [kua'ranta]	quarenta
50 cinquanta [tʃiŋ'kuanta]	cinquenta
60 sessanta [ses'santa]	sessenta
70 settanta [set'tanta]	setenta
80 ottanta [ot'tanta]	oitenta
90 novanta [no'vanta]	noventa
100 cento ['tʃɛnto]	cem
1.000 mille ['mille]	mil
1.000.000 un milione [un mi'ljoːne]	um milhão

➡ Atenção: **milione** e **miliardo** são sempre grafados com um l. Os substantivos são adicionados com **di**, por exemplo, **un milione di euro** – um milhão de euros, **un miliardo di persone** – um bilhão de pessoas.

1.000.000.000 un miliardo [un mi'ljardo]	um bilhão

➡ 1.000.000 **un milione** p. 374

il **numero** ['nuːmero] n
- Nella relazione scrivi anche il **numero** dei presenti.

o **número**
- No relatório, escreva também o **número** dos presentes.

la **cifra** ['tʃiːfra] n
- Sugli assegni bisogna scrivere l'importo in **cifre** e in lettere.

o **numeral**, o **dígito**
- No cheque, é preciso escrever o valor em **numeral** e por extenso.

contare [kon'ta:re] *v* ▪ Non so quante mele sono, non le ho **contate**.	**contar** ▪ Não sei quantas maçãs são, não as **contei**.
la somma ['somma] *n* ▪ La **somma** dei due numeri è pari a 76.	**a soma** ▪ A **soma** dos dois números é igual a 76.

➡ **fare la somma** significa **fazer a soma**.

sommare [som'ma:re] *v* ▪ **Sommate** tutti i punti e sottraete cinque.	**somar** ▪ **Some** todos os pontos e subtraia cinco.
sottrarre [sot'trarre] *v* ▶ v irr p. 412 sotrarre ▪ Da questo importo devi **sotrarre** l'IVA.	**subtrair, diminuir** ▪ Desse valor, você tem de **subtrair** o imposto sobre o valor agregado.
moltiplicare [moltipli'ka:re] *v* ▪ **Moltiplica** questo numero per due.	**multiplicar** ▪ **Multiplique** esse número por dois.
dividere [di'vi:dere] *v* ▶ v irr p. 408 dividere ▪ Devi **dividere** questo importo per quattro.	**dividir** ▪ Você tem de **dividir** esse valor por quatro.
fare di conto [fare di 'konto] *loc* ▶ v irr p. 409 fare ▪ Mio figlio non sa ancora **fare di conto**.	**fazer conta, calcular** ▪ Meu filho ainda não sabe **fazer contas**.

Números ordinais

primo, prima ['pri:mo, 'pri:ma] *adj* ➡ gennaio p. 350	primeiro
secondo, seconda [se'kondo, se'konda] *adj*	segundo
terzo, terza ['tɛrtso, 'tɛrtsa] *adj*	terceiro
quarto, quarta ['kuarto, 'kuarta] *adj*	quarto

quinto, quinta [ˈkuinto, ˈkuinta] *adj*	quinto
sesto, sesta [ˈsɛsto, ˈsɛsta] *adj*	sexto
settimo, settima [ˈsɛttimo, ˈsɛttima] *adj*	sétimo
ottavo, ottava [otˈtaːvo, otˈtaːva] *adj*	oitavo
nono, nona [ˈnɔːno, ˈnɔːna] *adj*	nono
decimo, decima [ˈdɛːtʃimo, ˈdɛːtʃimo] *adj*	décimo
undicesimo, undicesima [undiˈtʃɛːzimo, undiˈtʃɛːzima] *adj*	décimo primeiro
dodicesimo, dodicesima [dodiˈtʃɛːzimo, dodiˈtʃɛːzima] *adj*	décimo segundo
tredicesimo, tredicesima [trediˈtʃɛːzimo, trediˈtʃɛːzima] *adj*	décimo terceiro
quattordicesimo, quattordicesima [kuattordiˈtʃɛːzimo, kuattordiˈtʃɛːzima] *adj*	décimo quarto
quindicesimo, quindicesima [kuindiˈtʃɛːzimo, kuindiˈtʃɛːzima] *adj*	décimo quinto
sedicesimo, sedicesima [sediˈtʃɛːzimo, sediˈtʃɛːzima] *adj*	décimo sexto
diciassettesimo, diciassettesima [ditʃassetˈtɛːzimo, ditʃassetˈtɛːzima] *adj*	décimo sétimo
diciottesimo, diciottesima [ditʃotˈtɛːzimo, ditʃotˈtɛːzima] *adj*	décimo oitavo
diciannovesimo, diciannovesima [ditʃannoˈvɛːzimo, ditʃannoˈvɛːzima] *adj*	décimo nono
ventesimo, ventesima [venˈtɛːzimo, venˈtɛːzima] *adj*	vigésimo

ventunesimo, ventunesima [ventuˈnɛːzimo, ventuˈnɛːzima] *adj*	vigésimo primeiro
ventiduesimo, ventiduesima [ventiduˈɛːzimo, ventiduˈɛːzima] *adj*	vigésimo segundo
ventitreesimo, ventitreesima [ventitreˈɛːzimo, ventitreˈɛːzima] *adj*	vigésimo terceiro
ventiquattresimo, ventiquattresima [ventikuatˈtrɛːzimo, ventikuatˈtrɛːzima] *adj*	vigésimo quarto
trentesimo, trentesima [trenˈtɛːzimo, trenˈtɛːzimo] *adj*	trigésimo
quarantesimo, quarantesima [kuaranˈtɛːzimo, kuaranˈtɛːzima] *adj*	quadragésimo
cinquantesimo, cinquantesima [tʃiŋkuanˈtɛːzimo, tʃiŋkuanˈtɛːzima] *adj*	quinquagésimo
sessantesimo, sessantesima [sessanˈtɛːzimo, sessanˈtɛːzima] *adj*	sexagésimo
settantesimo, settantesima [settanˈtɛːzimo, settanˈtɛːzima] *adj*	septuagésimo
ottantesimo, ottantesima [ottanˈtɛːzimo, ottanˈtɛːzima] *adj*	octogésimo
novantesimo, novantesima [novanˈtɛːzimo, novanˈtɛːzima] *adj*	nonagésimo
centesimo, centesima [tʃenˈtɛːzimo, tʃenˈtɛːzima] *adj*	centésimo
millesimo, millesima [milˈlɛːzimo, milˈlɛːzima] *adj*	milésimo
milionesimo, milionesima [miljoˈnɛːzimo, miljoˈnɛːzima] *adj*	milionésimo

Pesos e medidas

il **metro** [ˈmɛːtro] *n*	o **metro**

→ O substantivo cuja medida é indicada é precedido pela preposição **di**, por exemplo, **un metro di stoffa** – um metro de tecido, **un litro di vino** – um litro de vinho.

il **chilometro** [kiˈlɔmetro] *n*	o **quilômetro**
il **centimetro** [tʃenˈtiːmetro] *n*	o **centímetro**
il **milimetro** [milˈliːmetro] *n*	o **milímetro**
il **litro** [ˈliːtro] *n*	o **litro**
il **grammo** [ˈgrammo] *n*	o **grama**
l'**etto** [ˈɛtto] *n*	cem gramas
il **chilo** [ˈkiːlo] *n*	o **quilo**
il **chilogrammo** [kiloˈgrammo] *n*	o **quilograma**
la **tonnellata** [tonnelˈlaːta] *n*	a **tonelada**
il **grado** [ˈgraːdo] *n*	o **grau**
la **misura** [miˈzuːra] *n* ■ Scriviti la **misura** del lenzuolo.	a **medida** ■ Anote a **medida** do lençol.
misurare [mizuˈraːre] *v* ■ Prima di comprare l'armadio bisogna **misurare** bene la stanza.	**medir** ■ Antes de comprar o armário, é preciso **medir** bem o quarto.
il **peso** [ˈpeːso] *n* ■ Il **peso** dipende dall'altezza.	o **peso** ■ O **peso** depende da altura.
pesare [peˈsaːre] *v* ■ **Hai pesato** la farina?	**pesar** ■ Você **pesou** a farinha?

→ Também há a regência intransitiva de **pesare**: **Quanto pesi?** – **Quanto você pesa?**

il **termometro** [terˈmɔːmetro] *n* ■ Ho rotto il **termometro**.	o **termômetro** ■ Quebrei o **termômetro**.

Conceitos de quantidade

tutto ['tutto] *pron* ■ **Hai** capito **tutto**?	**tudo** ■ Você entendeu **tudo**?
tutto, tutta ['tutto, 'tutta] *adj* ■ Hai letto **tutto** il libro?	**todo** ■ Leu o livro **todo**?

➡ O plural **tutti** ou **tutte** é traduzido por **todos**, por exemplo, **tutti i libri** – **todos os livros**, **C'erano tutti. – Estavam todos lá.**

molto ['molto] *adv* ■ Ha viaggiato **molto**. ■ È una teoria **molto** interessante.	**muito** ■ Ele viajou **muito**. ■ É uma teoria **muito** interessante.

➡ Uma variante mais rara de **molto** é **assai**.

troppo ['trɔppo] *adv* ■ Mi sembra di aver parlatto **troppo**. ■ È **troppo** caro.	**demais** ■ Parece-me que falei **demais**. ■ É caro **demais**.
la **metà** [me'ta] *n* ■ Ho già letto **metà** del libro.	a **metade** ■ Já li **metade** do livro.
mezzo, mezza ['mɛddzo, 'mɛddza] *adj* ■ Per preparare la crema ci vuole **mezzo** litro di latte.	**meio** ■ Para preparar o creme, é preciso **meio** litro de leite.
il **pezzo** ['pettso.] *n* ■ Mi dia questo **pezzo** di formaggio.	o **pedaço**, a **peça** ■ Dê-me esse **pedaço** de queijo.
la **parte** ['parte] *n* ■ Dammi la mia **parte**.	a **parte** ■ Dê-me a minha **parte**.
abbastanza [abbas'tantsa] *adv* ■ Ormai sei **abbastanza** grande per andarci da solo. ■ C'è **abbastanza** pane? ■ Sono **abbastanza** stanca.	**suficiente, bastante** ■ Você já está **bastante** crescido para ir sozinho. ■ Tem pão **suficiente**? ■ Estou **bastante** cansada.
più ... [pju] *adv* ■ Daria è **più** simpatica di Maristella.	**mais ...** ■ Daria é **mais** simpática do que Maristella.

➡ O superlativo é formado com o artigo definido mais o advérbio **più**.

Conceitos de quantidade

di più [di pju] *adv* ■ Devo lavorare **di più**.	**mais** ■ Tenho de trabalhar **mais**.
non più [non pju] *adv* ■ **Non** mi ama **più**.	**não mais** ■ **Não** me ama **mais**.
un po' [un pɔ] *adv* ■ Avete fame? – **Un po'**.	**um pouco** ■ Vocês estão com fome? **Um pouco**.

➡ Os substantivos são precedidos pela preposição **di**, por exemplo, **un po' di latte** – **um pouco de leite**.

poco [ˈpɔːko] *adv* ■ Il lavoro mi piace, ma guadagno **poco**.	**pouco** ■ O trabalho me agrada, mas ganho **pouco**.
meno [ˈmeːno] *adv* ■ Dovresti fumare **meno**.	**menos** ■ Você deveria fumar **menos**.
non ... nessuno [non ... nesˈsuːno] ■ **Non** è venuto **nessuno**.	**não ... ninguém** ■ **Não** veio **ninguém**.

➡ O **non** só poderá ser suprimido quando a sentença se iniciar com **nessuno**: **Nessuno è venuto**. – **Ninguém veio**.

non ... niente [non ... ˈnjɛnte] ■ **Non** ho trovato **niente**.	**não ... nada** ■ Não encontrei **nada**.

➡ Quando a sentença se inicia com **niente**, o **non** desaparece. **non ... per niente** significa **por nada**. Em vez de **non ... niente**, pode-se também empregar **non ... nulla**.

circa [ˈtʃirka] *adv* ■ Sono stata al telefono **circa** mezz'ora.	**cerca de, aproximadamente** ■ Fiquei no telefone **cerca de** meia hora.
il **contenuto** [konteˈnuːto] *n* ■ In dogana devi dichiarare il **contenuto** del pacco.	o **conteúdo** ■ Na alfândega, você tem de declarar o **conteúdo** do pacote.
contenere [konteˈneːre] *v* ▶ v irr p. 412 tenere ■ Questo prodotto non **contiene** coloranti.	**conter** ■ Este produto não **contém** colorantes.
la **quantità** [kuantiˈta] *n* ■ Ciò che conta è la qualità e non la **quantità**.	a **quantidade** ■ O que conta é a qualidade, não a **quantidade**.

Conceitos de quantidade 381

doppio, doppia [ˈdoppjo, ˈdoppja] *adj*
- Un caffè **doppio**, per favore.
- Ho prenotato una camera **doppia**.

duplo
- Um expresso **duplo**, por favor.
- Reservei um quarto **duplo**.

la decina [deˈtʃiːna] *n*
- Ho invitato una **decina** di persone.

uma **dezena**
- Convidei uma **dezena** de pessoas.

➡ Para as dezenas, há em italiano também os substantivos **ventina** – **vintena**, **trentina** – **trintena** etc.; **un centinaio** indica uma **centena**, e **un miglaio**, um **milhar**.

entrambi [enˈtrambi] *adj.*; *f* **entrambe** [enˈtrambe]
- I miei figli sono **entrambi** maggiorenni.

ambos
- Meus filhos são **ambos** maiores de idade.

➡ Em vez de **entrambi** pode-se também dizer **tutti** e **due** ou **ambedue**.

né … né [ne … ne] *conj*
- Non conosco **né** sua madre **né** suo padre.

nem … nem
- Não conheço **nem** a mãe **nem** o pai dele.

Classificação – conceitos gerais

Diferença e divisão

solo [ˈsoːlo] *adv* ■ Ho deciso di dirlo **solo** a voi.	**só, somente** ■ Decidi contar **somente** a você.

➡ Em vez de **solo**, pode-se empregar também **soltanto**.

solo, sola [ˈsoːlo, ˈsoːla] *adj* ■ Non credo a una **sola** parola di ciò che dice.	**único** ■ Não acredito numa **única** palavra do que ele disse.
singolo, singola [ˈsiŋgolo, ˈsiŋgola] *adj* ■ Ha salutato ogni **singolo** collega. ■ Ho dormito in una stanza **singola**.	**um, individual** ■ Ele se despediu de cada **um** dos colegas. ■ Dormi num quarto **individual**.
oltre a [ˈoltre a] ■ Chi avete invitato **oltre al** Bianchi.	**além de** ■ Quem vocês convidaram, **além dos** Bianchi?
insieme [inˈsjɛːme] *adv* ■ Mario e Chiara sono sempre **insieme**.	**juntos** ■ Mario e Chiara estão sempre **juntos**.

➡ Em vez de **insieme**, pode-se usar também **assieme**.

l'altro [ˈaltro] *n m* ■ Stavo pensando a tutt'**altro**. ■ Desidera **altro**?	**algo diferente, outra coisa, algo mais** ■ Eu estava pensando em **outra coisa**. ■ Gostaria de **algo mais**?

➡ A expressão senz'altro significa **certamente** ou **sem dúvida**.

altro, altra [ˈaltro, ˈaltra] *adj* ■ L'**altra** gonna è più bella.	**outro** ■ A **outra** saia é mais bonita.
un altro, un'altra [un ˈaltro, un ˈaltra] *adj* ■ Posso prendere **un altro** biscotto?	**outro** ■ Posso pegar **outro** biscoito?

Diferença e divisão

il resto [ˈrɛsto] *n*
- Ho stirato solo due camicie, il **resto** lo faccio stasera.

o **resto**, o **restante**
- Passei apenas duas camisas, o **restante** faço hoje à noite.

uguale [uˈɡuaːle] *adj*
- Gli uomini sono tutti **uguali**.

igual
- Os homens são todos **iguais**.

→ **uguale** é traduzido por **assim como**.

diverso, diversa [diˈvɛrso, diˈvɛrsa] *adj*
- Questo fiore è **diverso** dagli altri.
- I gemelli sono **diversi** tra loro.

diferente, diverso
- Essas flores são **diferentes** das outras.
- Os gêmeos são **diferentes** entre si.

così [koˈsi] *adv*
- Barbara è davvero **così** carina come dicono?

assim, tão
- Barbara é **tão** bonita quanto dizem?

normale [norˈmaːle] *adj*
- Credo che la sua reazione sia stata più che **normale**.

normal
- Acho que a reação dele foi mais do que **normal**.

speciale [speˈtʃaːle] *adj*
- Sei una persona davvero **speciale**.

especial
- Você é uma pessoa realmente **especial**.

→ Para **particular** também se usa em italiano o termo **particolare**.

specialmente [spetʃalˈmente] *adv*
- I miei colleghi sono proprio simpatici, **specialmente** Giulio!

especialmente, sobretudo
- Meus colegas são mesmo simpáticos, **especialmente** Giulio.

il tipo [ˈtiːpo] *n*
- È proprio il **tipo** di casa che piacerebbe a me.

o **tipo**
- É bem esse o **tipo** de casa que me agradaria.

la specie [ˈspɛːtʃe] *n; pl inv*
- Questo animale fa parte di una **specie** in via d'estinzione.

a **espécie**
- Esse animal faz parte de uma **espécie** em vias de extinção.

→ Os substantivos **genere**, **tipo** e **specie** têm significados aproximados.

la qualità [kualiˈta] *n*
- Costa molto ma è di ottima **qualità**.

a **qualidade**
- É muito caro, mas de ótima **qualidade**.

l'**ordine** [ˈordine] *n m*
- Rispettate l'**ordine** cronologico.

a **ordem**
- Respeite a **ordem** cronológica.

sistemare [sisteˈmaːre] *v*
- Devo **sistemare** questi documenti.

arrumar, **organizar**
- Tenho de **organizar** estes documentos.

il **paio** [ˈpaːjo] *n*; *pl* le **paia** [le ˈpaːja]
- Ho comprato un **paio** di stivali neri.

o **par**
- Comprei um **par** de botas pretas.

→ un paio di pode também significar **alguns**.

il **gruppo** [ˈgruppo] *n*
- Siamo un **gruppo** di amici appassionati di sport.

o **grupo**
- Somos um **grupo** de amigos apaixonados por esporte.

o ... o [o ... o] *conj*
- **O** ti sbrighi, **o** ci vado da sola.

ou ... ou
- **Ou** você se apressa, **ou** eu vou sozinha.

sia ... che [ˈsiːa ,,, ke] *conj*
- **Sia** il Colosseo **che** l'arena di Verona sono opere romane.

tanto ... quanto
- **Tanto** o Coliseu **quanto** a Arena de Verona são obras dos romanos.

l'**eccezione** [ettʃeˈtsjoːne] *n f*
- L'**eccezione** conferma la regola.

a **exceção**
- A **exceção** confirma a regra.

eccetto, eccetta [etˈtʃɛtto, etˈtʃɛtta] *adj*
- Ho tutti i suoi dati **eccetto** l'indirizzo e-mail.

exceto
- Tenho todos os seus dados, **exceto** o endereço de e-mail.

confrontare [konfronˈtaːre] *v*
- Prima di comprare qualcosa, **confronto** i prezzi di vari negozi.

comparar
- Antes de comprar qualquer coisa, **comparo** os preços de várias lojas.

paragonabile [paragoˈnaːbile] *adj*
- Il nostro appartamento è **paragonabile** al vostro.

comparável
- Nosso apartamento é **comparável** ao de vocês.

→ **Confrontabile** e, menos comum, **comparabile** são sinônimos de **paragonabile**.

Diferença e divisão

simile [ˈsiːmile] *adj*
- Abbiamo gusti **simili**.
- Un **simile** comportamento non è accetabile.

semelhante, tal
- Temos gostos **semelhantes**.
- **Tal** comportamento não é aceitável.

la differenza [diffeˈrɛntsa] *n*
- Non vedo che **differenza** faccia.

a diferença
- Não vejo que **diferença** faria.

il contrario [konˈtraːrjo] *n*
- Sei ammalato? – Al **contrario**, sto proprio bene.
→ dubbio p. 61

o contrário
- Você está doente? – Pelo **contrário**, estou muito bem.

→ **avere qc. in contrario** significa **ter algo contra**.

solito, solita [ˈsɔlito, ˈsɔlita] *adj*
- Ci vediamo alla **solita** ora.

mesmo, de costume, habitual
- Encontramo-nos na **mesma** hora.

di solito [di ˈsɔlito] *adv*
- **Di solito** vado in palestra due volte alla settimana.

habitualmente, comumente
- **Habitualmente** vou duas vezes por semana à academia.

medio, media [ˈmɛːdjo, ˈmɛːdja] *adj*
- L'età **media** dei partecipanti è di trent'anni.

o médio
- A idade **média** dos participantes é de trinta anos.

tipico [ˈtiːpiko] *adj*
- È un caso **tipico**.
→ simpatico p. 21

típico, característico
- É um caso **típico**.

→ **tipico** é empregado com frequência para expressar que algo é característico de determinada região, por exemplo, **prodotti tipici del Trentino** – **produtos típicos do Trentino**.

generale [dʒeneˈraːle] *adj*
- Sono argomenti di interesse **generale**.

geral
- São temas de interesse **geral**.

straordinario, straordinaria [straordiˈnaːrjo, straordiˈnaːrja] *adj*
- Ha un talento **straordinario**.

extraordinário
- Tem um talento **extraordinário**.

principale [printʃiˈpaːle] *adj*
- Il motivo **principale** è che non voglio andare via.

principal
- O motivo **principal** é que não quero ir embora.

estremo, estrema [esˈtrɛːmo, esˈtrɛːma] *adj* ■ Questo è il limite **estremo**. ■ Mi piacciono gli sport **estremi**.	**extremo, radical** ■ Este é o limite **extremo**. ■ Gosto de esportes **radicais**.
raro, rara [ˈraːro, ˈraːra] *adj* ■ Soffre di una malattia molto **rara**.	**raro** ■ Ela sofre de uma doença muito **rara**.
il limite [ˈliːmite] *adj* ■ Adesso ha superato ogni **limite**.	**o limite** ■ Agora passou de todos os **limites**.
limitare [limiˈtaːre] *v* ■ Cerchiamo almeno di **limitare** i danni. ■ Dovrebbe **limitare** il suo consumo di alcolici.	**limitar** ■ Vamos procurar ao menos **limitar** os danos. ■ Deve **limitar** seu consumo de álcool.
il piano [ˈpjaːno] *n* ■ Sul **piano** politico le cose non vanno molto bene.	**o plano** ■ No **plano** político, as coisas não vão muito bem.
il livello [liˈvɛllo] *adj* ■ Il **livello** degli studenti è notevolmente migliorato.	**o nível** ■ O **nível** dos estudantes melhorou notavelmente.
la marca [ˈmarːka] *m* ■ Di che **marca** è?	**a marca** ■ De que **marca** é?
la serie [ˈsɛːrje] *n; pl inv* ■ Luciano ha fatto una **serie** di proposte interessanti.	**a série** ■ Luciano fez uma **série** de propostas interessantes.

Causa e efeito

perché [perˈke] *conj* ■ **Perché** me lo chiedi, se lo sai già? ■ Vado a piedi **perché** ho voglia di fare una passeggiata.	**por que, porque** ■ **Por que** você me pergunta, se já sabe? ■ Vou a pé **porque** estou com vontade de fazer um passeio.

→ **perché** também pode ser empregado como substantivo.

Causa e efeito

perció [perˈtjɔ] *conj*
- Sono stanca, **perciò** vado a letto.

por isso
- Estou cansada, **por isso** vou para a cama.

il **motivo** [moˈtiːvo] *n*
- Qual è il **motivo** della sua visita?

o **motivo**
- Qual é o **motivo** de sua visita?

per [per] *conj*
- Siamo venuti **per** aiutarti.

para
- Viemos **para** ajudá-lo.

affinché [affinˈke] *conj*
- Ve lo scrivo **affinché** non lo dimentichiate.
➔ **prima che** p. 358

para que, a fim de que
- Estou escrevendo a vocês, **para que** não esqueçam.

l'**origine** [oˈriːdʒine] *n f*
- Non mangio carne di dubbia **origine**.
- L'isola è di **origine** vulcanica.

a **origem**
- Não como carne de **origem** duvidosa.
- A ilha é de **origem** vulcânica.

l'**originale** [oridʒiˈnaːle] *n m*
- Questa è solo una fotocopia, mi serve l'**originale**.

o **original**
- Esta é apenas uma cópia, preciso do **original**.

la **causa** [ˈkaːusa] *n*
- Dicono che la **causa** dell'incendio sia stata una candela dimenticata accesa.

a **causa**
- Dizem que a **causa** do incêndio foi uma vela que alguém deixou acesa.

a causa di [a ˈkaːuza]
- C'erano poche persone **a causa del** gran freddo.

por causa de, em razão de
- Havia poucas pessoas **por causa do** frio intenso.

causare [kauˈzaːre] *v*
- La grandine **ha causato** gravi danni.

causar
- O granizo **causou** sérios danos.

provocare [provoˈkaːre] *v*
- È una sostanza che può **provocare** allergia.

provocar
- É uma substância que pode **provocar** alergia.

poiché [poiˈke] *conj*
- **Poiché** il presidente non è d'accordo, dobbiamo studiare un'altra soluzione.

uma vez que, visto que
- **Uma vez que** o presidente não está de acordo, temos de estudar uma outra solução.

➔ Em vez de **perché** e **poiché**, pode-se também empregar as conjunções **visto che, dato che** ou **siccome**.

quindi [ˈkuindi] *adv*
- Oltre a noi ci sono altre due persone, **quindi** siamo in sei.

então, portanto, por conseguinte
- Além de nós há outras duas pessoas, **portanto** estamos em seis.

la **conseguenza** [konseˈguɛntsa] *n*
- Le **conseguenze** dell'inquinamento sono gravissime.

a **consequência**
- As **consequências** da poluição ambiental são gravíssimas.

➡ Atenção: O termo italiano é grafado com g.

l'**effetto** [efˈfɛtto] *n m*
- Questa medicina ha un **effetto** rilassante.
- Gli **effetti** di queste misure sono molto incerti.
- Sono stati utilizzati molti **effetti** acustici.

o efeito
- Este medicamento tem um **efeito** relaxante.
- Os **efeitos** dessas medidas são muito incertos.
- Foram usados muitos **efeitos** acústicos.

la **reazione** [reaˈtsjoːne] *n*
- Quando le ho dato la notizia, non ha avetuo nessuna **reazione**.

a **reação**
- Quando lhe dei a notícia, não esboçou nenhuma **reação**.

la **condizione** [kondiˈtsjoːne] *n*
- Vengo solo a **condizione** che ci andiamo in treno.

a **condição**
- Vou somente com a **condição** de que iremos de trem.

➡ A locução a condizione che rege verbos conjugados no modo subjuntivo.

Modos e maneiras

il **modo** [ˈmɔːdo] *n*
- Ma ti sembra il **modo** di parlare con tuo padre?
- Non preoccuparti, in un **modo** o nell'altro ce la faremo.

o **modo**, a **maneira**, a **forma**
- Mas isso lhe parece o **modo** de se falar com seu pai?
- Não se preocupe, de um **modo** ou de outro nós o faremos.

come [ˈkoːme] *adv*
- Ciao Elena, **come** stai?
- **Come** primo cosa prendete?

como
- Oi, Elena, **como** vai?
- **Como** primeiro prato, o que vai querer?

almeno [alˈmeːno] *adv*
- Se non puoi andarci, fagli **almeno** una telefonata.
- Un appartamento in centro ti costa **almeno** 1000 euro al mese.

ao menos, pelo menos
- Se você não pode ir, **pelo menos** telefone.
- Um apartamento no centro custa **ao menos** 1.000 euros por mês.

quasi [ˈkuaːzi] adv
- Ancora un attimo, sono **quasi** pronta.

quase
- Mais um momento, estou **quase** pronta.

piuttosto [pjutˈtɔsto] adv
- Questo ristorante è **piuttosto** caro.
- È **piuttosto** un film per bambini.
- Con questa bella giornata di sole **piuttosto** andrei al mare.

realmente, mesmo, mais
- Este restaurante é **realmente** caro.
- É **mesmo** um filme para crianças.
- Com este belo dia de sol, eu gostaria **mais** de ir à praia.

anche [ˈaŋke] adv
- Volete **anche** voi un bicchiere di vino?

também
- Vocês **também** gostariam de um copo de vinho?

→ Uma alternativa mais rara que **anche** é **pure**.

volentieri [volenˈtjɛːri] adv
- Grazi, accetto **volentieri** il vostro invito.

de bom grado
- Obrigado, aceito **de bom grado** seu convite.

soprattutto [sopratˈtutto] adv
- L'Italia si riempie di turisti **soprattutto** d'estate.

sobretudo
- A Itália se enche de turistas, **sobretudo** no verão.

proprio [ˈprɔːprio] adv
- Questo è **proprio** ciò che cercavo.
- Hai pensato **proprio** a tutto.

exatamente, mesmo
- É **exatamente** isso o que eu procurava.
- Você pensou **mesmo** em tudo.

davvero [davˈveːro] adv
- Cinzia è **davvero** simpatica.

realmente, mesmo
- Cinzia é **realmente** simpática.

veramente [veraˈmente] adv
- Emanuele ha detto **veramente** di sì?
- **Veramente** c'eravamo prima noi.

realmente, na verdade
- Emanuele **realmente** disse sim?
- **Na verdade**, fomos os primeiros.

a proposito [a proˈpɔzito] adv
- **A proposito**, Gianna, com'é andata ieri da Paolo?

a propósito
- **A propósito**, Gianna, como foi ontem com Paolo?

improvvisamente [improvvizaˈmente] adv
- **Improvvisamente** la terra iniziò a tremare.

de repente, subitamente
- **De repente** a terra começou a tremer.

il mezzo ['mɛddzo] *n* ■ Non abbiamo i **mezzi** per fare ciò che ci proponi.	**o meio** ■ Não temos os **meios** necessários para fazer o que nos propõe.
invano [in'vaːno] *adv* ■ L'ho aspettato **invano** per due ore.	**em vão** ■ Esperei **em vão** por duas horas.
per caso [per 'kaːzo] *adv* ■ Hai visto **per caso** il mio bloc-notes?	**por acaso** ■ **Por acaso** você viu meu bloco de anotações?
non ... neanche [non... ne'aŋke] *adv* ■ **Non** viene **neanche** mia sorella. ■ **Non** ho fatto **neanche** in tempo a entrare, che il telefono si è messo a squillare.	**também não, nem mesmo** ■ Minha irmã **também não** vem. ■ Não deu **nem mesmo** tempo de entrar, que o telefone já tocou.
perfino [per'fiːno] *adv* ■ Lo capisce **perfino** lei.	**até (mesmo)** ■ Isso **até** ela entende.
semplicemente [semplitʃe'mente] *adv* ■ C'era così tanta neve che era **semplicemente** impossibile uscire. ■ Gli ho **semplicemente** detto la mia opinione.	**simplesmente, apenas** ■ Havia tanta neve que era **simplesmente** impossível sair. ■ Eu **simplesmente** lhe falei minha opinião.
generalmente [dʒeneral'mente] *adv* ■ **Generalmente** i negozi sono chiusi alla domenica.	**geralmente, normalmente** ■ **Geralmente** os negócios fecham aos domingos.
completamente [kompleta'mente] *adv* ■ È **completamente** matto.	**completamente** ■ Ele está **completamente** louco.
assolutamente [assoluta'mente] *adv* ■ Hai **assolutamente** ragione. ■ Devo **assolutamente** finire questo lavoro entro venerdì sera.	**absolutamente** ■ Você está **absolutamente** certo. ■ Eu **absolutamente** tenho de terminar este trabalho até sexta-feira à noite.

Modos e maneiras

in ogni caso [in ˈoɲɲi ˈkaːzo] *adv* — em todo caso, seja como for
- **In ogni caso** è meglio se mandi anche un fax di conferma.
- **Em todo caso**, é melhor enviar um fax para confirmar.

altrimenti [altriˈmenti] *adv* — ou (então), senão, de outro modo
- Chiudi il cancello **altrimenti** il cane scappa.
- Feche a porta, **ou então** o cachorro foge.
- Ho dovuto dargli dei soldi, non ho potuto fare **altrimenti**.
- Sou obrigado a dar o dinheiro a ele, não posso fazer **de outro modo**.

Termos estruturantes

Artigos

il, lo, la [il, lo, la]	**o, a**

→ Em italiano, há dois gêneros gramaticais: o masculino e o feminino. Diante de substantivos iniciados com vogal ou **h** mudo, o artigo singular é abreviado, **l'**.
→ Usa-se a forma masculina singular **lo** quando o artigo precede substantivos iniciados com **h** mudo, **s** + consoante, **gn**, **pn**, **ps**, **x** ou **z**.

i, gli, le [i, ʎi, le] (*pl*)	**os, as**

→ Usa-se a forma masculina plural **gli** quando o artigo precede substantivos iniciados com um **h** mudo, **s** + consoante, **gn**, **pn**, **ps**, **x** ou **z**.

un, uno, una [un, ˈuːno, ˈuːna] → **il** p. 392	**um, uma**

→ Diante de substantivos femininos iniciados com vogal ou **h** mudo, o artigo plural é abreviado, **un'**.

del, dello, della [del, ˈdello, ˈdella] ▪ Come secondo vorrei **del** pesce. → **i** p. 392	**(não traduzível)** ▪ Como segundo prato, vou querer peixe.

dei, degli, delle (ˈdeːi, ˈdeːʎi, ˈdelle) (artigo partitivo *pl*) ▪ Qui ci sono **delle** spiagge bellissime. → **i** p. 392	**(não traduzível)** ▪ Aqui há praias belíssimas.

di [di] *n* (artigo partitivo)	**(não traduzível)**

→ **di** é inserido após um quantificador, por exemplo, **un chilo di ...** – **um quilo de ...**

Pronomes

Pronomes pessoais

io [ˈiːo]
- Chi ha mangiato la fetta di torta?
  – **Io**.

eu
- Quem comeu o pedaço de bolo?
  – **Eu**.

→ Os pronomes pessoais do caso reto só aparecem em sentenças sem verbo ou quando o sujeito deve ser enfatizado.

tu [tu]
- Devi andare dal dentista anche **tu**?
→ io p. 393

tu, você
- **Você** também tem de ir ao dentista?

lui [ˈluːi]
- **Lui** non è d'accordo.
→ io p. 393

ele
- **Ele** não está de acordo.

→ Na linguagem escrita, em vez de **lui** emprega-se também **egli**. A variante menos usada **esso** refere-se apenas a animais e coisas.

lei [ˈlɛːi]
- Andiamo da Sonia, anche **lei** sarà contenta di vederti.
→ io p. 393

ela
- Vamos ver Sonia, **ela** também vai gostar de vê-lo.

→ Na linguagem coloquial, em vez de **lei** eventualmente se emprega também **ella**.

noi [ˈnoːi]
- **Noi** andiamo in pizzeria, venite anche voi?
→ io p. 393

nós
- **Nós** vamos à pizzaria, vocês também vêm?

voi [ˈvoːi]
- **Voi** non sapete ancora niente, vero?
→ io p. 393

vós, vocês
- **Vocês** ainda não sabem de nada, não é?

loro [ˈloːro]
- Questa volta hanno ragione **loro**!

eles
- Desta vez **eles** têm razão.

→ Variantes menos usadas de **loro** são **essi**, bem como a forma feminina **esse**. Ambas são empregadas tanto como sujeito quanto como objeto.

me [me]
- Parlate di **me**?
- Cercano **me**?

me, (de) mim
- Estão falando **de mim**?
- Estão **me** procurando?

→ Os pronomes oblíquos aparecem somente quando o objeto deve ser ressaltado, em sentenças sem verbo e também após preposições.
→ Em italiano, os pronomes pessoais tônicos regem o uso da preposição **a**; portanto, **a me, a te, a lui, a lei, a noi, a voi, a loro**: Telefono a voi! – **Eu lhe telefono**.

te [te]
- È sempre così gentile con **te**.
→ me p. 394

te, ti
- Ele é sempre tão gentil **contigo**.

lui [ˈluːi]
- L'ho fatto solo per **lui**.
→ me p 394

ele, o, lo
- Eu fiz somente por **ele**.

→ Há também as formas menos comuns **egli** e **ella**.

lei [ˈlɛːi]
- Non posso vivere senza di **lei**.
→ me p. 394
→ lui p. 394

ela, a, la
- Não posso viver sem **ela**.

sé [se]
- Prima di tutto devono convincere **sé**.

se
- Antes de tudo, eles têm de **se** convencer.

→ **Sé** é frequentemente enfatizado pelo emprego do adjetivo **stesso**; nesses casos, o acento no **e** será suprimido: **se stesso**.

noi [ˈnoːi]
- Ha detto che conta su di **noi**.
→ me p. 394

nós, nos
- Ele disse que contava **conosco**.

voi [ˈvoːi]
- Uno di **voi** me deve aiutare.
→ me p. 394

vos, a vós, vocês, a vocês
- Um de **vocês** tem de me ajudar.

loro [ˈloːro]
- È importante per i bambini. L'ho fatto per **loro**.
→ me p. 394

eles, elas
- É importante para as crianças. Eu fiz por **elas**.

mi [mi]
- Devi dir**mi** la verità.

me, mim
- Você tem de **me** dizer a verdade.

> Os pronomes oblíquos átonos são complementos verbais e geralmente precedem o verbo na maioria dos tempos verbais. Os pronomes são justapostos ao final do imperativo da segunda pessoa do singular e do plural e do infinitivo, que perde a vogal final, e a **ecco**. Diante de vogal e de **h** mudo, a vogal final do pronome é suprimida, isto é, **mi** pode se tornar **m'** etc. Diante de **la**, **le**, **li**, **lo**, **l'e ne**, a vogal final **i** se torna **e**, por exemplo, **te**, **la**, **ve**, **ne**.

ti [ti] ■ **Ti** aspettiamo alle tre. ➡ mi p. 394	**te, ti** ■ Nós **te** esperamos às três.
gli [ʎi] ■ Che cosa hai comprato a Luca? – **Gli** ho comprato dei libri. ➡ mi p. 394	**a/para ele, lhe** ■ O que você comprou para Luca? Comprei-**lhe** uns livros.
lo [lo] ■ Chi accompagna lo zio? – **L'**accompagno io. ➡ mi p. 394	**o, lo** ■ Quem acompanha o tio? – Eu **o** acompanho.
le [le] ■ È il compleanno di mia moglie e **le** regalo dei fiori. ➡ mi p. 394	**lhe, a ela** ■ Hoje é o aniversário de minha mulher, e **lhe** presentearei com flores.
la [la] ■ Oggi ho visto Isabella, dopo tanto tempo quasi non **la** riconoscevo. ➡ mi p. 394	**a, la** ■ Hoje vi Isabella, depois de tanto tempo quase não **a** reconheci.
si [si] ■ Paolo **si** è ferito. ➡ mi p. 394	**se** ■ Paolo **se** feriu.
ci [tʃi] ■ **Ci** invitano spesso. ➡ mi p. 394	**nos** ■ Convidam-**nos** com frequência.
vi [vi] ■ **Vi** va la nostra idea? ➡ mi p. 394	**vos, lhes** ■ Nossa ideia **lhes** agrada?
gli [ʎi] ■ **Gli** ho proposto un'altra soluzione. ➡ mi p. 394 ➡ gli p. 395	**lhes** ■ Propus-**lhes** outra solução.

Pronomes pessoais

→ Uma variante mais culta e mais rara de **gli** é **loro**, inserido após o verbo conjugado, por exemplo, **Ho proposto loro ...** – **Eu lhes propus...**

li [li]
- Gli amici sono in un bar. Io **li** ho visti circa un'ora fa.
→ **mi** p. 394

os
- Os amigos estão em um café. Eu **os** vi há cerca de uma hora.

le [le]
- Mancano ancora le sue amiche. **Le** ho chiamate.
→ **mi** p. 394

as
- Faltam ainda suas amigas. Eu **as** chamei.

→ **le** refere-se a uma quantidade de objetos introduzidos por artigo feminino ou a uma quantidade de pessoas do sexo feminino.

Lei [ˈlɛːi]
- C'è una telefonata per **Lei**.

o senhor, a senhora
- Há uma ligação para **o(a) senhor(a)**.

→ A forma de tratamento de cortesia da segunda pessoa do singular é a terceira pessoa do singular do feminino. Os pronomes correspondentes cada vez mais estão sendo escritos com inicial minúscula.

Le [le]
- **Le** spedisco la merce oggi.
→ **Lei** p. 396
→ **mi** p. 394

ao senhor, à senhora
- Envio a mercadoria **ao senhor** hoje.

La [la]
- **La** preghiamo di aspettare.
→ **Lei** p. 396
→ **mi** p. 394

ao senhor, à senhora
- Pedimos **à senhora** que espere.

voi [ˈvoːi]
- **Voi** cosa ne dite?

os senhores
- O que **os senhores** dizem disso?

→ O tratamento cortês no plural é formado com a segunda pessoa. Com essa função, o pronome **loro** é empregado somente na forma literária ou em contextos formais.

vi [vi]
- **Vi** ringrazio della vostra del 10 marzo.

lhe(s), ao(s) senhor(es), à(s) senhora(s)
- **Agradeço-lhe** pela carta de 10 de março.

Pronomes possessivos

mio, mia [ˈmiːo, ˈmiːa]; *pl* **miei** [ˈmjɛːi] *pl f* **mie** [ˈmiːe] • **Mia** sorella ha tre anni più di me.	**meu, minha** • **Minha** irmã é três anos mais velha do que eu.

→ Os pronomes possessivos concordam em gênero e número com o substantivo qualificado, apenas **loro** é invariável. Normalmente, são precedidos por artigos definidos, exceto quando o substantivo for um grau de parentesco (exceto **loro**).

tuo, tua [ˈtuːo, ˈtuːa]; *pl* **tuoi** [ˈtuɔːi] *pl f* **tue** [ˈtuːe] • I **tuoi** sci sono molto veloci.	**teu, tua, seu, sua** • **Seus** esquis são muito rápidos.
suo, sua [ˈsuːo, ˈsuːa]; *pl* **suoi** [ˈsuɔːi] *pl f* **sue** [ˈsuɔːe] • Mi ha presentato la **sua** ragazza.	**seu, sua** • Ele me apresentou **sua** namorada.
nostro, nostra [ˈnɔstro, [ˈnɔstra]; *pl* **nostri** [ˈnɔstri] *pl f* **nostre** [ˈnɔstre] • Sono affari **nostri**.	**nosso, nossa** • São assuntos **nossos**.
vostro, vostra [ˈvɔstro, ˈvɔstra]; *pl* **vostri** [ˈvɔstri] *pl f* **vostre** [ˈvɔstre] • Stiamo aspettando la **vostra** risposta.	**vosso, vossa, seu, sua** • Estamos esperando a **sua** resposta.
loro [ˈloːro]; *pl inv* • Domani vengono le mie amiche con i **loro** bambini.	**seu, sua** • Amanhã minha amiga vem com **seus** filhos.

Pronomes demonstrativos

questo, questa [ˈkuesto, ˈkuesta]	este, esta
quello, quella [ˈkuello, ˈkuella]	aquele, aquela
ciò [tʃɔ]	isto, aquilo
tale [ˈtaːle]	tal
stesso, stessa [ˈstesso, ˈstessa] *adj*	o mesmo, a mesma

Pronomes interrogativos

chi [ki]	**quem**
che [ke]	**o que, do que, que tipo de**

➡ Os pronomes interrogativos **che**, **cosa** e **che cosa** são mais ou menos intercambiáveis.

che cosa [ke ˈkɔːsa] ➡ **che** p. 398	**o que**
quale [ˈkuaːle]	**qual**

➡ **Che** é um pronome interrogativo que não flexiona gênero e número, e se refere somente a objetos ou situações. **Quale** é um pronome interrogativo, flexionável em número, e usado em perguntas sobre qualidade ou identidade. Diante da palavra **è**, assume a forma **qual**.

quanto, quanta [ˈkuanto, ˈkuanta]	**quanto, quanta**

Pronomes indefinidos e adjetivos indeterminados

ogni [ˈoɲɲi] *adj; pl inv* ■ L'autobus passa **ogni** 5 minuti.	**todo, cada** ■ O ônibus passa a **cada** 5 minutos.
ciascuno, ciascuna [tʃasˈkuːna] *adj*	**cada um**

➡ Diante de substantivos masculinos iniciados com s + consoante, **gn**, **pn**, **os**, **x** ou **z**, **ciascuno** é abreviado: **ciascun**. Diante de substantivos femininos iniciados com vogal, o termo é apostrofado, **ciascun'**.

qualche [ˈkualke] *adj; f inv* ■ Ancora **qualche** giorno di lavoro e poi vado in ferie.	**alguns, algumas** ■ Mais **alguns** dias de trabalho e depois saio de férias.

➡ **qualche** pede sempre o emprego de um substantivo no singular.

alcuni, alcune [alˈkuːni, alˈkuːne] *adj*	**alguns**

➡ **non ... alcuno** significa **nenhum**.

qualcuno, qualcuna [kualˈkuːno, kualˈkuːna] *pron*	**alguém**

qualsiasi [kual'siːasi] *adj; f inv* ■ Pagherei **qualsiasi** cifra per questa casa.	**qualquer** ■ Eu pagaria **qualquer** preço por esta casa.

➡ **qualunque** e **qualsiasi** são sinônimos.

poco, poca ['pɔːko, 'pɔːka] pron; *pl* **pochi** ['pɔːki]	pouco, pouca
molto, molta ['molto, 'molta] *pron*	muito, muita
tanto, tanta ['tanto, 'tanta] *pron*	tanto
troppo, troppa ['trɔppo, 'trɔppa]	demais
parecchio, parecchia [pa'rekkjo, pa'rekkja] *pron*	muito, bastante, numeroso
vari, varie ['vaːri, 'vaːrie] *adj inv*	vários, alguns, diversos

Preposições

a [a]
- **A** Natale mangiamo il pesce.
- Ho preso la patente **a** diciotto anni.
- Ciao, **a** domani.
- Laura invece vuole andare **all**'estero.
- Prima vado dal macellaio e poi **al** supermercato.
- Farò una settimana di vacanza **all**'isola d'Elba.

em, com, até, a/à, ao, para
- **No** Natal comemos peixe.
- Fiz a carteira de motorista **com** 18 anos.
- Tchau, **até** domingo.
- Já Laura preferiria viajar **ao** exterior.
- Primeiro vou ao açougue e depois **ao** supermercado.
- Vou tirar uma semana de férias **na** ilha de Elba.

➡ A preposição **a** serve para indicar o objeto indireto, por exemplo **A mio marito ho regalato una cravatta. – Para o meu marido dei uma gravata.** Quando a preposição **a** é sucedida por um artigo, empregam-se as formas aglutinadas **al, all', allo, alla, ai, ali, alle**.

da [da]
- Sono appena tornata **da** Roma.
- Tanti saluti **dallo** zio Matteo.
- Oggi pomeriggio vado **da** Luciano.
- Abbiamo pranzato **dai** miei.
- Alessio è tornato **da** una settimana.
- **Da** bambino giocavo a calcio.

de, desde, no, quando, com, desde
- Acabei de chegar **de** Roma.
- Saudações **do** tio Matteo.
- Hoje à tarde vou **ao** Luciano.
- Almoçamos **com** meus pais.
- Alessio voltou há uma semana.
- **Quando** criança, eu jogava futebol.

➡ Quando a preposição é sucedida por um artigo, empregam-se as formas aglutinadas **dal, dall', dallo, dalla, dai, dagli, dalle**.

di [di] *prep*
- Questa è la casa **di** Patrizia e Valerio.
- Sono quasi morta **di** paura.

de
- Esta é a casa **de** Patrizia e Valerio.
- Quase morri **de** medo.

➡ **di** expressa frequentemente uma relação de posse. Quando a preposição é sucedida por um artigo, empregam-se as formas aglutinadas **del, dell', dello, della, dei, degli, delle**.

in [in]
- C'era molta gente **nella** sala.
- Quando torni **in** Italia?
- Io e Carola ci scriviamo **in** inglese.
- Viaggiando **in** treno si conoscono molte persone.

em, de, para
- Havia muita gente **na** sala.
- Quando você volta **para** a Itália?
- Eu e Carola nos correspondemos **em** inglês.
- Quando se viaja **de** trem, conhecem-se pessoas.

➡ Quando a preposição é sucedida por um artigo, empregam-se as formas aglutinadas **nel, nell', nello, nella, nei, negli, nelle**.

con [kon]
- Vuoi venire **con** noi al cinema?
- Sei arrabiata **con** me?
- È impossibile dormire **con** questo caldo.

com
- Você quer ir **conosco** ao cinema?
- Você está chateada **comigo**?
- É impossível dormir **com** esse calor.

➡ As formas **col** (para con il) e **coi** (para con i) são raras. Na linguagem cotidiana de nossos dias, não é comum a aglutinação.

su [su]

- Siediti **su** una sedia.
- Ho letto un articolo **sulla** situazione in Iraq.
- C'è molto da dire **su** questo argomento.
- L'ho letto **sul** giornale.
- Il nostro professore è **sulla** cinquantina.

em, sobre

- Sente-se **numa** cadeira.
- Li um artigo **sobre** a situação no Iraque.
- **Sobre** esse tema há muito a dizer.
- Li **no** jornal.
- Nosso professor está **nos** cinquenta.

→ Quando a preposição é sucedida por um artigo, empregam-se as formas aglutinadas **sul, sull', sullo, sulla, sui, sugli, sulle**.

per [per]

- L'ho comprato **per** 10 euro.
- Vi mandiamo un ordine **per** fax.
- Eravamo tristi **per** la brutta notizia.
- L'asilo è chiuso **per** sciopero.
- **Per** amore si fa questo e altro.
- Non voglio passare **per** il centro.
- Vorrei due biglietti **per** Ancona.
- Non sono mai stato in vacanza **per** tutto un mese.
- Penso di tornare **per** fine mese.
- Tre **per** tre fa nove.

por, para, por causa de

- Eu o comprei **por** 10 euros.
- Mandamos ao senhor um pedido **por** fax.
- Estávamos tristes **pela** triste notícia.
- O jardim de infância está fechado **por** causa da greve.
- **Por** amor se faz isso e muito mais.
- Não quero passar **pelo** centro.
- Gostaria de duas passagens **para** Ancona.
- Eu nunca estive de férias **por** um mês inteiro.
- Penso em voltar lá **pelo** fim do mês.
- Três **por** três dá nove.

fra [fra]

- Mi sono seduta **fra** Carla e Giuliano.
- È arrivata **fra** i primi.

entre

- Eu me sentei **entre** Carla e Giuliano.
- Ela ficou **entre** os primeiros.

→ As preposições **fra** e **tra** são sinônimas. Faz-se uso da possibilidade de escolha para evitar cacofonias, por exemplo, **tra fratelli**.

contro ['kontro]

- Ho appoggiato il quadro **contro** il muro.

contra

- Apoiei o quadro **contra** a parede.

senza ['sɛntsa]

- Prendo il caffè **senza** zucchero.

sem

- Tomo café **sem** açúcar.

→ **senza** rege a preposição **di** quando precede pronomes pessoais e também, algumas vezes, pronomes demonstrativos, por exemplo, **senza di te** – **sem você**.

Conjunções e advérbios

e [e] *conj*
- Ho comprato un libro **e** qualche CD.

e
- Comprei um livro **e** alguns CDs.

ma [ma] *conj*
- Comprerei volentieri questa sciarpa, **ma** è troppo cara.
- Ha nevicato non solo al nord, **ma** anche in molte regioni del sud.

mas
- Compraria de bom grado esta echarpe, **mas** está cara demais.
- Nevou não apenas no norte, **mas** também em muitas regiões do sul.

però [pe'rɔ] *adv*
- Nessuno viene ad aprire la porta **però** in casa la luce è accesa.

porém
- Ninguém vem abrir a porta, **porém** na casa a luz está acesa.

che [ke] *conj*
- So **che** non hai mai tempo.

que
- Eu sei **que** você nunca tem tempo.

se [se] *conj*
- **Se** domani fa bello, andiamo allo zoo.
- Non so **se** venga anche Diego.

se
- **Se** amanhã fizer tempo bom, vamos ao zoológico.
- Não sei **se** Diego também vem.

come ['koːme] *conj*
- Va bene, facciamo **come** vuoi tu.

como
- Tudo bem, façamos **como** você quer.

benché [beŋ'ke] *conj*
- Hanno fatto il bagno in mare **benché** l'acqua fosse molto fredda.

ainda que
- Eles tomaram banho de mar, **ainda que** a água estivesse muito fria.

→ **benché** e **sebbene** são sinônimos. Esta conjunção rege o uso de verbo no modo subjuntivo.

senza che ['sentsa] *conj*
- I ladri sono entrati **senza che** me ne accorgessi.
→ **prima che** p. 358

sem que
- Os ladrões entraram **sem que** eu percebesse.

comunque [ko'muŋkue] *conj*
- Non era previsto, **comunque** avresti almeno potuto telefonarmi.
- I bambini non si conoscono, ma giocheranno insieme **comunque**.

mas, mesmo assim, não obstante
- Não era previsto, **mesmo assim** você poderia ao menos ter me telefonado.
- As crianças não se conhecem, mas **mesmo assim** vão brincar juntas.

anzi [ˈantsi] *adv* ■ Non mi disturba affatto, **anzi**.	**ao contrário, pelo contrário** ■ Não me incomodam, **pelo contrário**.
inoltre [iˈnoltre] *adv* ■ **Inoltre** ci occupiamo di problemi dell'ambiente.	**além disso, também** ■ **Além disso**, ocupamo-nos com problemas ambientais.
ci [tʃi] *adv*	**ali, para lá, até lá**

➡ **ci** faz as vezes de indicação de lugar ou de algum outro complemento com **a**, **in** ou **si**. **Ci** se converte em **ce** diante de **lo**, **la**, **li**, **le** e **ne**.

ne [ne] *part*	**disto, daquilo**

➡ O pronome **ne** faz as vezes de artigo partitivo ou de outros complementos acompanhado por **di**. É apostrofado diante de **è**: **Se n'è andato.** – **Ele foi embora.**

Verbos auxiliares e modais

essere [ˈɛssere] *v* ▶ v irr p. 408 essere ■ Stamattina Pina e Daria **sono** andate in piscina.	**(não traduzível)** ■ Hoje pela manhã, Pina e Daria foram à piscina.

➡ O verbo auxiliar **essere** é empregado para formar tempos compostos de verbos reflexivos, de movimento e outros. Nesses casos, o particípio perfeito concordará em gênero e número com o sujeito da oração.

avere [aˈveːre] *v* ▶ v irr p. 406 avere ■ **L'ho** chiamata subito.	**(não traduzível)** ■ Logo liguei para ela.

➡ Este é o verbo auxiliar usado para a formação de tempos compostos da maioria dos verbos. Se houver na sentença um objeto direto da terceira pessoa do singular ou do plural (**l'**, **lo**, **la**, **li**, **le**), o particípio concordará com o pronome.

potere [poˈtreːre] *v* ▶ v irr p. 410 potere ■ Forza, **puoi** farcela anche tu! ■ Non **puoi** farlo, è vietato!	**poder** ■ Força, você **pode** conseguir! ■ Isso você não **pode** fazer, é proibido!

Verbos auxiliares e modais

dovere [do'veːre] v
- ▶ v irr p. 408 dovere
- ■ **Devi** ancora fare i compiti.
- ■ Quando **devo** venire?

dever
- ■ Você ainda **deve** fazer o dever de casa.
- ■ Quando **devo** ir?

volere [vo'leːre] v
- ▶ v irr p. 413 volere
- ■ **Volete** venire con noi?

querer
- ■ **Querem** vir conosco?

➡ O uso do verbo **volere** no modo condicional é semelhante ao uso cortês do futuro do pretérito do indicativo do verbo **gostar** em português para fazer pedidos, por exemplo, **vorrei** – **eu gostaria**, **vorresti** – **tu gostarias**.

sapere [sa'peːre] v
- ■ Non **sa** nuotare.

saber
- ■ Ele não **sabe** nadar.

stare ['staːre] v
- ▶ v irr p. 412 stare
- ■ Quando l'ho chiamato, **stava** cucinando.

estar
- ■ Quando liguei para ele, ele **estava** cozinhando.

➡ **stare** + gerúndio denota um acontecimento atual.

venire [ve'niːre] v
- ▶ v irr p. 413 venire
- ■ Il progetto migliore **verrà** premiato.

será
- ■ O melhor projeto **será** premiado.

➡ Os tempos compostos com o verbo **venire** são empregados para a formação da voz passiva.

Apêndice

Verbos irregulares

As formas que não estão listadas a seguir são regulares ou dedutíveis. A seguir, encontram-se somente as formas mais frequentes na linguagem cotidiana.
pres. = indicativo presente; *imp.* = indicativo imperfetto; *pr.* = passato remoto; *fut.* = indicativo futuro; *cong. p.* = congiuntivo presente; *cong. i.* = congiuntivo imperfetto; *cond.* = condizionale presente; *ger.* = gerundio; *imper.* = imperativo; *ppr.* = participio presente; *pp.* = participio passato.

accendere
pr.:	accesi, accese, accesero	pp.:	aceso

accorgersi
pr.:	accorsi, accorse, accorsero	pp.:	accorto

andare
pres.:	vado, vai, va, andiamo, andate, vanno	fut.:	andrò
cong. p.:	vada, vadano	cond.:	andrei
imper.:	va/va'/vai		

apparire
pres.:	appaio, appari, appare, appaiono	pr.:	apparvi, apparve, apparvero
cong. p.:	appaia, appaiano		
		pp.:	apparso

applaudire
pres.:	applaudo, applaudi, applaude, applaudono	cong. p.:	applauda, applaudano

aprire
pres.:	apro, apri, apre, aprono	cong. p.:	apra, aprano
pp.:	aperto		

assolvere
pr.:	assolsi, assolse, assolsero	pp.:	assolto

assumere
pr.:	assunsi, assunse, assunsero	pp.:	assunto

avere
pres.:	ho, hai, ha, abbiamo, avete, hanno	pr.:	ebbi, ebbe, ebbero
fut.:	avrò	cong. p.:	abbia, abbiano
cond.:	avrei	imperf.:	abbi

battere
pr.: battei, batté, batterono

bere
pres.:	bevo, bevi, beve, beviamo, bevete, bevono	imp.:	bevevo
pr.:	bevvi, bevesti, bevve, bevvemo, beveste, bevvero	fut.:	berrò
cong. p.:	beva, bevano	cong. i.:	bevessi
cond.:	berrei	pp.:	bevuto

bollire
pres.:	bollo, bolli, bolle, bollono	cong. p.:	bolla, bollano

cadere
pr.:	caddi, cadde, caddero	fut.:	cadrò
cond.:	cadrei		

chiedere
pr.:	chiesi, chese, chiesero	pp.:	chiesto

chiudere
pr.:	chiusi, chiuse, chiusero	pp.:	chiuso

cogliere
pres.:	colgo, cogli, coglie, cogliamo, cogliete, colgono	pr.:	colsi, colse, colsero
cong. p.:	colga, colgano	pp.:	colto

concedere
pr.:	concessi, concesse, concessero	pp.:	concesso

condurre
pres.:	conduco, conduci, conduce, conduciamo, conducete, conducono	imp.:	conducevo
pr.:	condussi, conducesti, condusse, condussero	fut.:	condurrò
cong. p.:	conduca, conducano	cong. i.:	conducessi
cond.:	condurrei	pp.:	condotto

conoscere
pr.: conobbi, conobbe, conobbero
pp.: coperto

coprire
pres.: copro, copri, copre, coprono
pp.: conosciuto

correggere
pr.: corressi, corresse, corressero
pp.: corretto

correre
pr.: corsi, corse, corsero
pp.: corso

crescere
pr.: crebbi, crebbe, crebbero
pp.: cresciuto

cucire
pres.: cucio, cuci, cuce, cuciono
cong. p.: cucia, cuciano

cuocere
pres.: cuocio, cuoci, cuoce, cuociono
cong. p.: cuocia, cuociano
pr.: cossi, cosse, cossero
pp.: cotto

dare
pres.: do, dai, dà, diamo, date, danno
fut.: darò
cond.: darei
imper.: dà/da'/dai
pr.: diedi, desti, diede, demmo, deste, diedero
cong. p.: dia, diano
cong. i: dessi
pp.: dato

decidere
pr.: decisi, decise, decisero
pp.: deciso

difendere
pr.: difesi, difese, difesero
pp.: difeso

deludere
pr.: delusi, deluse, delusero
pp.: deluso

dipendere
pr.: dipesi, dipese, dipesero
pp.: dipeso

dipingere
pr.: dipinsi, dipinse, dipinsero
pp.: dipinto

dire
- *pres.*: dico, dici, dice, diciamo, dite, dicono
- *pr.*: dissi, dicesti, disse, dicemmo, diceste, dissero
- *cong. p.*: dica, dicano
- *cond.*: direi
- *pp.*: detto
- *imp.*: dicevo
- *fut.*: dirò
- *cong. i.*: dicessi
- *imper.*: di'

dirigere
- *pr.*: diressi, diresse, diressero
- *pp.*: diretto

discutere
- *pr.*: discussi, discusse, discussero
- *pp.*: discusso

distruggere
- *pr.*: distrussi, distrusse, distrussero
- *pp.*: distrutto

divertire
- *pres.*: diverto, diverti, diverte, divertono
- *cong. p.*: diverta, divertano

dividere
- *pr.*: divisi, divise, divisero
- *pp.*: diviso

dormire
- *pres.*: dormo, dormi, dorme, dormono
- *cong. p.*: dorma, dormano

dovere
- *pres.*: devo, devi, deve, dobbiamo, dovete, devono
- *fut.*: dovrò
- *cond.*: dovrei
- *pr.*: dovetti, dovette, dovettero
- *cong. p.*: debba, debbano

esprimere
- *pr.*: espressi, espresse, espressero
- *pp.*: espresso

essere
- *pres.*: sono, sei, è, siamo, siete, sono
- *pr.*: fui, fosti, fu, fummo, foste, furono
- *cong. p.*: sia, siano
- *cond.*: sarei
- *pp.*: stato
- *imp.*: ero, eri, era, eravamo, eravate, erano
- *fut.*: sarò
- *cong. i.*: fossi, fossi, fosse, fossimo, foste, fossero
- *imper.*: sii

fare
pres.:	faccio, fai, fa, facciamo, fate, fanno	*imp.*:	facevo
pr.:	feci, facesti, fece, fecero	*fut.*:	farò
cong. p.:	faccia, facciano	*cong. i.*:	facessi
cond.:	farei	*imper.*:	fa/fa'/fai
pp.:	fatto		

fuggire
pres.:	fuggo, fuggi, fugge, fuggono	*cong. p.*:	fugga, fuggano

giungere
pr.:	giunsi, giunse, giunsero	*pp.*:	giunto

godere
fut.:	godrò	*cond.*:	godrei

leggere
pr.:	lessi, lesse, lessero	*pp.*:	letto

mentire
pres.:	mento, menti, mente, mentono	*cong. p.*:	menta, mentano

mettere
pr.:	misi, mise, misero	*pp.*:	messo

morire
pres.:	muoio, muori, muore, muoiono	*cong. p.*:	muoia, muoiano
pp.:	morto		

muovere
pr.:	mossi, mosse, mossero	*pp.*:	mosso

nascere
pr.:	nacqui, nacque, nacquero	*pp.*:	nato

nascondere
pr.:	nascosi, nascose, nascosero	*pp.*:	nascosto

offendere
pr.:	offesi, offese, offesero	*pp.*:	offeso

offrire
pr.: offrii/offersi, offrì/offerse, offrirono/offersero
pp.: offerto

partire
pres.: parto, parti, parte, partono
cong. p.: parta, partano

perdere
pr.: persi, perse, persero
pp.: perso/perduto

piacere
pres.: piaccio, piacciamo, piacciono
cong. p.: piaccia, piacciano
pr.: piacqui, piacque, piacquero

piangere
pr.: piansi, pianse, piansero
pp.: pianto

porre
pres.: pongo, poni, pone, poniamo, ponete, pongono
pr.: posi, ponesti, pose, ponemmo, poneste, posero
cong. p.: ponga, pongano
cond.: porrei
imp.: ponevo
fut.: porrò
cong. i: ponessi
pp.: posto

potere
pres.: posso, puoi, può, possiamo, potete, possono
cong. p.: possa, possano
fut.: potrò
cond.: potrei

prendere
pr.: presi, prese, presero
pp.: preso

proteggere
pr.: protessi, protesse, protessero
pp.: protetto

ridere
pr.: risi, rise, risero
pp.: riso

riempire
pres.: riempio, riempi, riempie, riempiono
ger.: riempiendo
cong. p.: riempia, riempiano

riflettere
pr.: riflessi, riflesse, riflessero
pp.: riflesso

rimanere
pres.: rimango, rimangono
fut.: rimarrò
cond.: rimarrei

pr.: rimasi, rimase, rimasero
cong. p.: rimanga, rimangano
pp.: rimasto

rispondere
pr.: risposi, rispose, risposero
pp.: risposto

rompere
pr.: ruppi, ruppe, ruppero
pp.: rotto

salire
pres.: salgo, salgono
cong. p.: salga, salgano

sapere
pres.: so, sai, sa, sappiamo, sapete, sanno
fut.: saprò
cond.: saprei

pr.: seppe, seppe, seppero
cong. p.: sappia, sappiano
imper.: sappi

scegliere
pres.: scelgo, scelgono
cong. p.: scelga, scelgano

pr.: scelsi, scelse, scelsero
pp.: scelto

scendere
pr.: scesi, scese, scsero
pp.: sceso

sciogliere
pres.: sciolgo, sciolgono
cong. p.: sciolga, sciolgano

pr.: sciolsi, sciolse, sciolsero
pp.: sciolto

scrivere
pr.: scrissi, scrisse, scrissero
pp.: scritto

sedere
pres.: siedo, siedi, siede, siedono
cong. p.: seida, siedano

seguire
pres.: seguo, segui, segue, seguono
cong. p.: segua, seguano

sentire
pres.: sento, senti, sente, sentono
cong. p: senta, sentano

servire
pres.: servo, servi, serve, servono
cong. p.: serva, servano

sorgere
pr.: sorsi, sorse, sorsero   *pp.:* sorto

sottrarre
pres.: sottraggo, sottrai, sottrae, sottraiamo, sottraete, sottraggono
fut.: sottrarrò
cong. i: sottraessi
pp.: sottratto
pr.: sottrassi, sottraesti, sottrasse, sottrassero
cong. p.: sottragga, sottraggano
cond.: sottrarrei

spegnere
pr.: spensi, spense, spensero   *pp.:* spento

spendere
pr.: spesi, spese, spesero   *pp.:* speso

spingere
pr.: spinsi, spinse, spinsero   *pp.:* spinto

stare
pres.: stoi, stai, sta, stiamo, state, stanno
fut.: starò
cong. i: stessi, stessi, stesse, stessimo, steste, stessero
imper.: sta/sta'/stai
pr.: stetti, stesti, stette, stemmo, steste, stettero
cong. p.: stia, stiamo, stiate, stiano
cond.: starei

stringere
pr.: strinsi, strinse, strinsero   *pp.:* stretto

tacere
pres.: taccio, tacciamo, tacciono
cong. p.: taccia, tacciano
pr.: tacqui, tacque, tacquero
pp.: taciuto

tendere
pr.: tesi, tese, tesero   *pp.:* teso

tenere
pres.: tengo, tieni, tiene, teniamo, tenete, tengono
fut.: terró
cond.: terrei
pr.: tenni, tenne, tennero
cong. p.: tenga, tengano

togliere
pres.: tolgo, tolgono
cong. p.: tolga, tolgano
pr.: tolsi, tolse, tolsero
pp.: tolto

uccidere
pr.: uccisi, uccise, uccisero *pp.:* ucciso

uscire
pres.: esco, esci, esce, escono *cong. p.:* esca, escano

valere
pres.: valgo, valgono
fut.: varrò
cond.: varrei
pr.: valsi, valse, valsero
cong. p.: valga, valgano
pp.: valso

vedere
pr.: vidi, vide, videro
cond.: vedrei
fut.: vedrò
pp.: visto/veduto

venire
pres.: vengo, vieni, viene, vengono
fut.: verrò
cond.: verrei
pr.: venni, venne, vennero
cong. p.: venga, vengano
pp.: venuto

vestire
pres.: vesto, vesti, veste, vestono *cong. p.:* vesta, vestano

vincere
pr.: vinsi, vinse, vinsero *pp.:* vinto

vivere
pr.: vissi, visse, vissero
cond.: vivrei
fut.: vivrò
pp.: vissuto

volere
pres.: voglio, vuoi, vuole, vogliamo, vogliono
fut.: vorrò
cond.: vorrei
pr.: volli, volle, vollero
cong. p.: voglia, vogliano

Países, línguas e povos

l'**Europa** [euˈrɔːpa] *n f*	a **Europa**
europeu, europea [euroˈpɛa] *adj*	**europeu**
l'**europeu,** l'**europea** [euroˈpɛːo, euroˈpɛːa] *n m/f*	o **europeu**
la **Germania** [dʒerˈmaːnja] *n*	a **Alemanha**
tedesco, tedesca [teˈdesko, teˈdeska] *adj*	**alemão**

→ Como substantivo, refere-se tanto ao idioma quanto ao habitante do país. Em italiano, as línguas são sempre masculinas: **tedesco** – alemão, **il tedesco** – o alemão, e **il tedesco, la tedesca** – o alemão, a alemã.

l'**Italia** [iˈtaːlja] *n f*	**Itália**

→ As designações de países e regiões geralmente são precedidas por artigo definido: **dall'Italia** – da Itália, **per la Germania** – para a Alemanha. Quando precedidas pela preposição **in**, o artigo sempre é suprimido se o substantivo for o nome de um país, por exemplo, **Siamo in Italia. – Estamos na Itália**, **Andiamo in Germania. – Vamos para a Alemanha**; e com frequência também com países masculinos, por exemplo **in Belgio, in Canada, in Giappone** ou **in Brasile**.

italiano, italiana [itaˈljaːno, itaˈljaːna] *adj*	**italiano**
lo **Stato del Vaticano** [ˈstaːto del vatiˈkaːno] *n*	o **Estado do Vaticano**
la **Sardegna** [sarˈdeɲɲa] *n*	a **Sardenha**
sardo, sarda [ˈsardo, ˈsarda] *adj*	**sardo**
la **Sicilia** [siˈtʃiːlja] *n*	**Sicília**
siciliano, siciliana [sitʃiˈljaːno, sitʃiˈljaːna] *adj*	**siciliano**
la **Norvegia** [norˈvɛːdʒa] *n*	**Noruega**
norvegese [norvɛˈdʒeːse] *adj*	**norueguês**
la **Svezia** [ˈzvɛːtsja] *n*	**Suécia**
svedese [sveˈdeːse] *adj*	**sueco**

la **Finlandia** [fin'landja] *n*	**Finlândia**
finlandese [finlan'de:se] *adj*	**finlandês**
la **Danimarca** [dani'marka] *n*	**Dinamarca**
danese [da'ne:se] *adj*	**dinamarquês**
la **Gran Bretagna** [gran bre'taɲɲa] *n*	**Grã-Bretanha**
britannico, britannica [bri'tanniko, bri'tannika] *adj*	**britânico**
l'**Inghilterra** [iŋgil'tɛrra] *n f*	**Inglaterra**
inglese [iŋ'gle:se] *adj*	**inglês**
l'**Irlanda** [ir'landa] *n f*	**Irlanda**
irlandese [irlan'de:se] *adj*	**irlandês**
l'**Olanda** [o'landa] *n*	**Holanda**
olandese [olan'de:se.] *adj*	**holandês**
i **Paesi Bassi** [pa'e:zi 'bassi] *n pl*	os **Países Baixos**
il **Belgio** ['bɛldʒo] *n*	**Bélgica**
belga ['bɛlga] *adj*; *pl* **belgi** ['bɛldʒi] *n*	**belga**
l'**Austria** ['a:ustrja] *n f*	**Áustria**
austriaco, austriaca [aus'tri:ako, aus'tri:aka] *adj*	**austríaco**
la **Svizzera** ['zvittsera] *n*	**Suíça**
svizzero, svizzera ['zvittsero, 'zvittsera] *adj*	**suíço**
la **Francia** ['frantʃa] *n*	**França**
francese [fran'tʃe:se] *adj*	**francês**
la **Spagna** ['spaɲɲa] *n*	**Espanha**
spagnolo, spagnola [spaɲ'ɲɔ:lo, spaɲ'ɲɔ:la] *adj*	**espanhol**

il **Portogallo** [porto'gallo] *n*	**Portugal**
portoghese [porto'ge:se] *adj*	**português**
la **Grecia** ['grɛ:tʃa] *n*	**Grécia**
greco, greca ['grɛ:ko, 'grɛ:ka] *adj*	**grego**
la **Russia** ['russja] *n*	**Rússia**
russo, russa ['russo, 'russa] *adj*	**russo**
la **Polonia** [po'lɔ:nja] *n*	**Polônia**
polacco, polacca [po'lakko, po'lakka] *adj*	**polonês**
la **Repubblica Ceca** [re'pubblika 'tʃɛ:ka] *n*	a **República Tcheca**
ceco, ceca ['tʃɛ:ko, 'tʃɛ:ka] *adj*	**tcheco**
l'**America** [a'mɛ:rika] *n f*	**América**
americano, americana [ameri'ka:no, ameri'ka:na] *adj*	**americano**
l'**America del nord** [a'mɛ:rika del nɔrd] *n f*	**América do Norte**
nordamericano, nordamericana [nɔrdameri'ka:no, nɔrdameri'ka:no] *adj*	**norte-americano**
l'**America del sud** [a'mɛ:rika del sud] *n f*	**América do Sul**
sudamericano, sudamericana [sudameri'ka:no, sudameri'ka:na] *adj*	**sul-americano**
l'**America Latina** [a'mɛ:rika la'ti:na] *n f*	**América Latina**
latino-americano, latino-americana ▪ [latinoameri'ka:no, latinaameri'ka:na] *adj*	**latino-americano**
gli **Stati Uniti** ['sta:ti u'ni:ti] *n pl*	os **Estados Unidos**

gli USA [ˈuːsa] *n pl*	OS EUA

→ Em italiano, a sigla USA não se pronuncia por uma sequência de letras, e sim como palavra.

il **Canada** [ˈkaːnada] *n*	Canadá
canadese [kanaˈdeːse] *adj*	canadense
il **Brasile** [braˈziːle] *n*	o **Brasil**
brasiliano, brasiliana [braziˈljaːno, braziˈljaːna] *n*	brasileiro
l'**Argentina** [ardʒenˈtiːna] *n f*	a **Argentina**
argentino, argentina [ardʒenˈtiːno, ardʒenˈtiːna] *adj*	argentino, argentina
l'**Asia** [ˈaːzja] *n f*	Ásia
asiatico, asiatica [aˈzjaːtiko, aˈzjaːtika] *adj*	asiático
l'**Arabia** [aˈraːbja] *n f*	Arábia
arabo, araba [ˈaːrabo, ˈaːraba] *adj*	árabe
la **Turchia** [turˈkiːa] *n*	Turquia
turco, turca [ˈturko, ˈturka] *adj*	turco
l'**Israele** [izraˈɛːle] *n m*	Israel
israeliano, israeliana [izraeˈljaːno, izraeˈljaːna] *adj*	israelense
l'**ebraico** [eˈbraːiko] *n*	hebraico, judeu
l'**israeliano**, l'**israeliana** [izraeˈljaːno, izraeˈljaːna] *n m/f*	israelita
la **Cina** [ˈtʃiːna] *n*	China
cinese [tʃiˈneːse] *adj*	chinês
il **Giappone** [dʒapˈpoːne] *n*	o **Japão**
giapponese [dʒappoˈneːse] *adj*	japonês

l'**India** [ˈindja] *n f*	a **Índia**
indiano, indiana [inˈdjaːno, inˈdjaːna] *adj*	indiano, indiana

➡ Atenção: **indiano** significa também **índios**, os nativos do continente americano, ou seja, **indígenas**.

l'**hindi** [ˈindi] *n*	hindu
l'**Australia** [ausˈtraːlja] *n f*	Austrália
australiano, australiana [austraˈljaːno, austraˈljaːna] *adj*	australiano, australiana
la **Nuova Zelanda** [ˈnuɔːva dzeˈlanda] *n*	a **Nova Zelândia**
neozelandese [nɛodzelanˈdeːse] *adj*	neozelandês
l'**Africa** [ˈaːfrika] *n f*	África
africano, africana [afriˈkaːno, afriˈkaːna] *adj*	africano, africana
l'**Egitto** [eˈdʒitto] *n m*	Egito
egiziano, egiziana [edʒiˈtsjaːno, edʒiˈtsjaːna] *adj*	egípcio
l'**Albania** [albaˈniːa] *n f*	Albânia
albanese [albaˈneːse] *n*	albanês
la **Croazia** [kroˈaːtsja] *n*	a **Croácia**
croato, croata [kroˈaːto, kroˈaːta] *adj*	o/a **croata**
l'**Etiopia** [eˈtjɔːpja] *n f*	Etiópia
etiopico, etiopica [eˈtjɔːpiko, eˈtjɔːpika] *adj*	etíope
la **Malta** [ˈmalta] *n*	Malta
maltese [malˈteːse] *adj*	maltês

Países, línguas e povos

il **Marocco** [maˈrɔkko] *n*	Marrocos
marocchino, marocchina [marokˈkiːno, marokˈkiːna] *adj*	marroquino
la **Romania** [romaˈniːa] *n*	Romênia
rumeno, rumena [ruˈmɛːno, ruˈmɛːna] *adj*	romeno
la **Slovenia** [zloˈvɛːno, zloˈvɛːna] *adj*	Eslovênia
sloveno, slovena	esloveno
la **Somalia** [soˈmaːlja] *n*	Somália
somalo, somala [ˈsɔːmalo, ˈsɔːmala] *adj*	somali

A

a 399
abbandonare 89
abbassare 88, 197, 306
abbastanza 379
abbigliamento 29
abbonamento 255, 286
abbracciare 40
abbraccio 40
abete 270
abile 141
abilità 141
abitante 342
abitare 224
abito 30
abituarsi 103
abituato 22
abitudine 103
aborto indotto 106
a buon marcato 194
a casa 224
a causa di 387
accademia 132
accanto a 363
accendere 232, 239
accendino 239
accento 126
accettare 74
acciaio 317
Accidenti! 83
accogliente 232
accogliere 171
accomodarsi 231
accompagnare 46
accordo 76
accorgersi 54
account 292
accusare 344
aceto 213
a che ora 353
acido 201
acqua 271
acqua minerale 215
acquavite 216
acquistare 193
acquisto 193
adatto 138
Addio! 81
addomesticato 310
addormentarsi 86
adesso 354
a destra 363
A domani! 81

A dopo! 80
adottare 39
adulto 48
aereo 259
aeronautica militare 340
aeroporto 259
affermare 76
affettati 211
affetto 43
affidare 94
affinché 387
affitare 225
affollato 258
affondare 260
affrancare 285
affresco 166
afitto 225
Africa 418
africano 418
agenda 147
agenzia di lavoro interinale 154
agenzia viaggi 243
aggettivo 125
aggiornamento 137, 295
aggiungere 205
agire 83
agitato 59
aglio 210
agnello 212
ago 192
agosto 350
agressivo 60
agricolo 308
agricoltura 308
agriturismo 245
aids 105
aiutare 92
aiuto 92
Aiuto! 111
alba 277
albanese 418
Albania 418
albergo 246
albero 268
albicocca 209
albume 213
alcol 215
alcolizzato
alcolizzata 106
al completo 248
alcuni 398
al dente 205
alfabeto 124

alimentazione 203
alimenti naturali 206
all'aperto 230
all'ora 156
alla griglia 219
allarme 111
allegare 295
allegra 21, 21
allegria 56
allegro 21
allenamento 178
allenarsi 178
allergia 104
allevamento 311
allevare 311
allieva 128
allievo 128
alloggio 246
allontanarsi 365
allora 356
alluminio 317
alluvione 282
almeno 388
alpinismo 181
alpino 274
alta marea 277
alternativo 311
altezza 364
alto 26, 163, 364
altoparlante 164
altrimenti 391
altro 382
a lungo 357
al verde 308
altro ieri 355
alzare 88
alzarsi 86
amare 40
amaro 201, 216
amarsi 40
ambasciata 334
ambasciatore 146
ambasciatrice 146
ambiente 47, 280
ambulanza 111
ambulatorio 107
a memoria 122
America 416
America del nord 416
America del sud 416
America Latina 416
americano 416
amichevole 44
amicizia 43

amico 43
a minoranza 335
ammalarsi 101
amministratrice 141
amministratore 141
amministrazione 342
ammirare 59
ammirazione 59
ammobiliato 231
amorale 331
amore 39
analcolico 216
anatra 269
anche 389
ancora 356
andare 368
andare a bere qc. 176
andare a cavallo 181
andare a male 204
andare a trovare 45
andare avanti 262
andare d'accordo 46
andare in barca a vela 184
andare via 368
andarsene 369
andata 256
anello 35
angelo 331
anglistica 134
angolo 371
anima 332
animale 268
animale domestico 269
annaffiare 309
anniversario 171
anniversario di matrimonio 171
anno 349
anno accademico 132
annoiarsi 60
annuale
annullare 243
annuncio 261
annuncio di lavoro 153
annuncio pubblicitario 303
antenato 39
antichità 323
antico 165
antipasto 220
antipatica 21

antipatico 21
anulare 99
anzi 403
anziani 50
a pagamento 267
aperitivo 216
aperto 192
a piedi 366
a posto 241
app 299
apparecchiare 222
apparecchio 313
apparenza 55
appartamento 224
appartenere 94
appassionante 186
appassionato 23
appena 359
appendere 233
appetito 200
applaudire 170
applauso 169
appoggio 93
apposta 92
apprendista 133
approfitare di 85
approvare 74
appuntamento 45, 149
appuntito 372
appunto 148
A presto! 80
apribottiglie 238
aprile 350
aprire 228
apriscatole 239
a proposito
a quadri 34
Arabia 417
arabo 417
arancia 209
aranciata 216
arancione 370
arbitra 186
arbitro 186
architetto 143
architettura 134
area di servizio 267
Argentina 417
argentino 417
argento 318
aria 277
aria condizionata 237
a righe 34
arma 339

armadio 231
armato 339
arrabiarsi 78
arrabiato 78
arrampicare 185
arredamento 232
arredare 233
arrestare 296, 347
arresto 347
arrivare 242
Arrivederci! 80
arrivo 242
arrostire 205
arrosto 219
a roulotte 247
arte 165
articolo 286
artigiano 143
artista 145
artistico 167
ascensore 228
asciugamano 237
asciugare 237
asciugarsi 113
asciutto 279
ascoltare 161
Asia 417
asiatico 417
asilo politico 328
a sinistra 363
asino 269
aspettare 256
aspettarsi 54
aspetto 24
aspirapolvere 240
aspro 201
assicurare 70
assicurazione 306
assistente 142
assistente di volo 145
assolutamente 390
assolvere 347
assomigliare 26
assomigliarsi 26
assumere 151
assurdità 55
astronauta 278
atelier 167
a tempo pieno 156
ateo 330
a terra 265
Atlantico 272
atleta 183
atletica leggera 183
atletico 183

atmosfera 277
attacco 340
attaco 105
attengiamento 47
attento 120
Attento! 111
attenzione 120
atterrare 260
attività 87
attivo 87
atto 87, 168
attore 145
attraente 25
attraversare 263
attraverso 364
attrezzatura 248
attrezzo 188
attrice 145
attuale 361
attualmente 361
audiovisivo 300
auguri 172
aula 128
aumentare 306
aumento 155
Australia 418
australiano 418
Austria 415
austriaco 415
autista 262
autobus 255
autogrill 267
automatico 314
automobilista 264
autore 145
autorizzare 72
autorizzazione 72
autosilo 253
autostrada 253
autrice 145
autunno 349
avanti 364
Avanti! 81
avere 94, 403
avere ... anni 48
avere bisogno di 85
avere la nausea 102
avere luogo 172
avere male 101
avere odore 63
avere ragione 74
avere torto 74
a volte 357
avvelenare 283
avventura 245
avverbio 125

avversario 182
avvertire 66, 281
avviare 296
avvicinarsi 365
avvocato 142
azienda 302
azione 87, 308
azzurro 370

B

baccalà 212
baciare 40
baciarsi 40
bacio 40
baffi 28
bagaglio 244
bagnato 279
bagno 229
balcone 229
balena 269
ballare 176
ballerina 145
ballerino 145
balletto 168
ballo 176
bambina 16
bambino 16
banana 209
banca 304
bancomat 305
banconota 304
bandiera 338
bar 217
barba 28
barca 260
barzelletta 177
basilica 249
basilico 213
basket 184
bassa marea 277
basso 26, 162, 163, 364
Basta, grazie! 82
bastare 222
battaglia 339
battere 183, 192
battere a macchina 149
batteria 164, 314
batterio 105
battesimo 173
battezare 173
bebè 15

bed and breakfast 247
belga 415
Belgio 415
bellezza 25
bello 25
benché 402
benda 109
bene 118, 301
Bene, grazie! 81
benestante 326
Benvenuto! 81
benzina 263
bere 200
berretto 35
best seller 160
bestiame 310
bevanda 215
bianco 370
Bibbia 332
bibita 215
biblioteca 159
bicchiere 235
bici 262
bici a pedalata assistita 264
biglietteria 257
biglietto 255, 304
biglietto andata e ritorno 258
biglietto d'ingresso 167
biglietto da visita 147
bikini 32
bilancia 238
bilocale 226
binario 259
biocarburante 267
biografia 159
biologia 134
biologico 206, 311
biondo 27
biro 149
birra 215
birreria 217
biscotto 214
bisteca 211
bisteca alla svizzera 212
bloccare 265
blog 293
bloggare 295
blu 370
bocca 97
boccone 203

bollire 202
bonifico 307
bonus 157
bordo 371
borsa 34, 308
borsa della spesa 196
borsa di studio 133
borsetta 34
borsone 245
bosco 272
bottiglia 215
bottone 34
boutique 199
braccialetto 35
braccio 98
branzino 212
Brasile 417
brasiliano 417
brava 19
bravo 119
breve 356
brillare 276
brioche 207
britannico 415
broccoli 210
brodo 219
bruciare 280
bruciarsi 111
brutto 25
buca delle lettere 285
bucato 236
buccia 203
buddista 330
bue 268
buffo 178
bugia 79
bulo 371
Buon appetito! 200
Buon divertimento! 177
Buon viaggio! 243
buona 19, 19
Buona giornata! 81
Buona serata! 81
Buonanotte! 80
Buonasera! 80
Buongiorno! 80
buono 19
burro 212
bussare 88
busta 285
buttare 89
buttare via 283

C

cabina 261
caccia 189
cacciavite 191
cachi 210
cadavere 51
cadere 367
caffè 215
caffellatte 215
caffetteria 217
caffettiera 235
calamità naturale 282
calcestruzzo 319
calciatore 180
calciatrice 180
calcio 180
calcolatrice 150
caldo 278
calendario 147
calma 21
calza 31
calzino 31
cambiare 195, 255, 305, 361
cambiare casa 226
cambiarsi 29
camera da letto 229
camera doppia 248
camera singola 248
cameriera 142
cameriere 142
camicetta 31
camicia 31
camicia da notte 32
camino 230
camion 264
camminata 181
campagna 252
campana 251
campanello 234
campanile 250
campeggiare 247
campeggio 247
camper 247
campionati mondiali 185
campo 182, 294, 309
Canada 417
canadese 417
canale 274
cancellare 260, 297
cancelliere 334
cancello 228, 259
cancro 105

candela 239
cane 268
canederlo 219
canottiera
cantante 145
cantare 161
cantiere 225
cantina 229
canto 164
canzone 161
capace 138
capacità 141
capello 27
capire 115
capitale 342
capitalismo 336
capitano 146
capitolo 160
capo 139
capodano 175
capolinea 256
cappella 250
cappello 34
cappotto 30
cappuccino 215
capra 268
caprino 213
caramella 214
carattere 22
caratteristica 318
carbone 319
carcere 347
carciofo 210
carica 342
caricare 261
carico 261
carie 106
carino 24
carnagione 28
carne 211
carnevale 175
caro 194
carota 209
carrello 197
carriera 152
carrozza 258
carta 148
carta d'identità 244
carta da parati 191
carta dei vini 223
carta di credito 305
carta geografica 253
carta igienica 114
carta ricaricabile 291
carte 188
cartella 300

Índice remissivo 423

cartello 263
cartoleria 199
cartolina 284
casa 224
casa editrice 160
casa popolare 226
casalinga 141
casalingo 141
casco 266
casello 267
cassa 194
casseta 240
cassetta 259
cassetto 233
castano 27
castello 250
categoria 248
cattedrale 249
cattiva 19
cattivo 19
cattolico 329
causa 387
causare 387
cavallo 268
cavatappi 238
caviglia 99
cavo 313
cavolfiore 210
cd 163
cd-rom 296
ceco 416
celebrare
celibe 17
cellulare 291
cemento 319
cena 221
cenare 221
censurare 160
centesimo 305
centesimo 377
centimetro 378
cento 374
centrale elettrica 315
centrale nucleare 315
centriolo 211
centro 252
centro commerciale 198
centro perimpiego 154
cercare 85
cercare su 123
cerchio 371
cereali 208
cerniera 34

cerotto 109
certezza 91
certificato 342
certificato medico 110
certo 91
cervello 98
cestino 150
ceto 327
chance 152
chattare 292
che 398, 402
che cosa 398
chi 398
chiachierare 66
chiamare 16, 65, 290
chiamarsi 16
chiamata interurbana 294
chiamata urbana 294
chiaro 28, 75, 371
chiaro e tondo 75
chiave 234
chiavetta 298
chiedere 67
chiedersi 54
chiesa 249
chilo 378
chilogrammo 378
chilometro 378
chimica 134
chimico 144
chiodo 192
chitarra 162
chitarra elettrica 162
chiudere 228
chiudere a chiave 234
chiuso 192
ci 395, 403
Ci sentiamo! 80
Ci vediamo! 80
Ciao! 80
ciascuno 398
cibo 200
cieco 103
cielo 276
cifra 374
ciliegia 209
cima 271
cimitero 253
Cina 417
cinema 167
cinese 417
cinquanta 374
cinquantesimo 377

cinque 373
cintura 35
cintura di sicurezza 266
ciò 397
cioccolatino 214
cioccolato 214
cioè 75
cipolla 210
circa 380
circo 173
circolo 46
citazione 160
citofonare 234
città 17, 252
cittadinanza 19
cittadino 246, 341
civile 327
clandestino 328
classe 128
classico 163
cliccare 296
cliccare mi piace 292
cliente 196
clima 278
clinica 108
coca 215
cocktail 216
cocomero 210
coda 195, 265
codice postale 285
cognata 38
cognato 38
cognome 16
coincidenza 257
colazione 221
colla 150
collaborazione 139
collana 35
collant 33
collega 137
collegare 88
colletto 33
collezionare 190
collezione 190
collina 271
collinoso 271
collo 97
colloquio di lavoro 152
colonia 324
colonizzare 324
colonna 251
colorato 371
colore 370
colorito 28

colpa 345
colpevole 345
coltellino 189
coltello 236
coltivare 309
combattere 339
come 27, 388, 402
Come? 67
Come sta? 81
Come stai? 81
comfort 226
comica 21 21
comico 21
commedia 168
commento 288
commerciale 137
commercialista 146
commerciante 146
commercio 301
commessa 141
commesso 141
commuovere 61
comoda 232
comodo 232
compagnia aerea 259
compagno
compagno di classe 129
compassione 60
competente 139
competenza 153
compilare 342
compiti 128
compito in classe 128
compleanno 171
completamente 390
completo 194
comporre 290
compositore 145
compositrice 145
comprare 193
comprensibile 123
comprensione 123
compreso 222
computer 296
comunale 343
comune 44, 343
comunicare 66
comunicazione 66
comunismo 336
comunitario 326
comunque 402
con 400
concedere 72

concentrarsi 123
concentrazione 122
concerto 162
concimare 310
concime 310
concordare 77
concorrente 182
concorrenza 303
concorso 152
condire 203
condizione 388
conferenza 140
conferma 245
confermare 245
confessare 346
confessione 331
confine 338
conflitto 339
confortevole 226
confrontare 384
congelatore 238
congratularsi 172
congresso 140
coniglio 212, 269
conoscente 46
conoscenza 45, 123
conquistare 321
consapevole 55
consegnare 96
conseguenza 388
conservare 204
considerare 54
consigliare 73
consiglio 73
consiglio di amministrazione 303
consolato 334
consumare 264
consumatore 302
consumatrice 302
contabile 142
contadina 143
contadino 143
contagioso 105
container 261
contanti 304
contare 375
contare su 94
contato 195
contattare 46
contatto 46
contenere 380
contento 56
contenuto 380
continente 271
continuamente 357

continuare 360
conto 222
conto corrente 307
contorno 220
contraccetivo 109
contrario 385
contrarre un'unione civile 43
contratto 155
contratto collettivo di lavoro 155
contro 75, 401
controllare 347
controllore 258
convincere 74
convinto 74
convivere 38
coperchio 235
coperta 234
coperto 222
copia di sicurezza 300
copiare 297
coppia 41
coprirsi 234
coraggio 22
coraggiosa 22
coraggioso 22
corda 192
cordiale 20
cordoglio 50
cordone 192
cornice 167
coro 164
corona 321
corpo 97
correggere 120
corrente 274, 312
correre 179
corridoio 230
corrispondenza 148
corsa 178
corso 116
corso di studio 132
cortese 20
corto 32
cosa 87
cosa in comune 47
Cosa succede? 82
coscia 211
coscienza 331
così 383
costa 272
costare 194
costituzione 346
costo 197

costoletta 212
costringere 73
costruire 225
costume 169
costume da bagno 32
cotone 318
cotto 203
crauti 210
cravatta 35
creare 165
credente 329
credere 329
crema 113
crema solare 114
cremare 50
crescere 49
criminalità 347
crisi 336
crisi di mezza età 50
cristiano 329
critica 75
criticare 75
croato 418
Croazia 418
croce 371
crociera 261
cronaca 288
crudo 203
cuccette 257
cucchiaino 236
cucchiaio 236
cucina 228
cucinare 202
cugino 37
cultura 250
culturale 250
cuocere 202
cuoco 143
cuore 98
cupola 251
cura 107
curare 107
curiosità 23
curioso 23
curriculum 153
cursore 298
curva 265
cuscino 233

D

da 400
d'accordo 74

da nessuna parte 366
da portar via 220
da qualche parte 366
dado 188
Dai! 83
danese 415
Danimarca 415
danza 169
dappertutto 362
dar il benvenuto 172
dare 95
dare da mangiare a 310
dare il resto 195
dare un passaggio a 267
darsi appuntamento 45
darsi da fare 90
data 354
database 300
dati 297
datore di lavoro 152
datrice di lavoro 152
davanti 363
davanti a 363
davvero 389
debito 306
debole 101
decidire 90
decimo 376
decina 381
decisione 90
decollare 260
decorazione 174
dedicarsi 189
definitivo 360
degli 392
dei 392
del 392
delfino 269
delinquente 347
delitto 345
della 392
delle 392
dello 392
deludere 60
delusione 60
democratico 333
democrazia 333
démodé 33
dente 97
dentifricio 113
dentista 142
dentro 230

denunciare 344
deposito bagagli 259
depressa 21
depresso 21
deputata 335
deputato 335
descrivere 120
descrizione 123
deserto 273
Desidera? 193
desiderare 70
desiderio 69
dessert 221
destino 62
destro 363
detenuta 347
detenuto 347
detersivo 240
dettaglio 166
dettato 127
deviazione 265
di 392, 400
di corsa 179
di fronte a 363
di lusso 196
di moda 33
Di niente! 69
di nuovo 360
di più 380
di solito 385
diabete 104
dialogo 168
diario 159
diarrea 105
diavolo 331
dicembre 350
dichiarare 65, 246
dichiarazione 65
diciannove 374
diciannovesimo 376
diciassette 373
diciassettesimo 376
diciottesimo 376
diciotto 373
dieci 373
dieta 205
dietro 363
dietro a 363
difendere 340
difesa 339
differenza 385
difficile 120
difficoltà 119
digerire 204
digestione 204
digitale 296

diligenza 121
dimagrire 28
dimenticare 52
dimenticarsi di 52
diminuire 306
dimostrare 346
dintorni 254
dio 330
dipendente 136
dipingere 166
dipinto 166
diplomatica 146
diplomatico 146, 337
dire 64
diretto 257
direttore 146
direttore d'orchestra 145
direttrice d'orchestra 145
direttrice 146
direzione 138, 364
dirigente 139
dirigere 137, 169
diritti umani 346
diritto 344, 365
diritto internazionale 337
disarmo 339
disattivare 295
discesa 181
disco fisso 298
discorso 64
discoteca 176
discriminare 328
discriminazione 328
discussione 76
discutere 76
disegnare 166
disegno 166
disinstallare 297
disoccupato 151
disoccupazione 151
disordine 241
disperato 62
dispiacere 57, 62
dispiacersi 57
disponibile 196
distanza 365
distribuire 96
distributore automatico di biglietti 256
distributore di benzina 263
distruggere 282

distruzione 282
disturbare 78
dito 98
ditta 302
dittatura 333
divano 233
diventare 360
diverso 383
divertente 177
divertimento 177
divertirsi 177
dividere 375
divieto 72
divisione 342
divorziare 43
divorziata 17 17
divorziato 17
divorzio 43
dizionario 125
doccia 229
docciaschiuma 112
docente 144
documenti 147
documento d'identità 244
dodicesimo 376
dodici 373
dogana 246
dolce 201, 214
dollaro 305
dolore
domanda 67
domanda di lavoro 151
domani 355
domenica 351
donna 15 15
dopo 358
dopo che 359
dopodomani 355
doppio 381
dormire 86
dotato 124
dove 362
dovere 93, 306, 404
dramma 168
drink 216
droga 106
drogarsi 106
drogata 106
drogato 106
dubbio 61
dubitare 61
due 373
duomo 249
durante 354

durare 356
durata 357
duro 318
duro d'orecchi 104
dvd 296

E

e 402
e-book 299
ebraico 417
ebraico 330
eccellente 119, 201
eccetto 384
eccezionale 173
eccezione 384
eccitante 59
Ecco fatto! 82
Ecco! 82
ecologia 311
ecologico 282
economia 301
economia aziendale 135
economia politica 135
edicola 199
edificio 252
educare 122
educatore 144
educatrice 144
educazione 122
educazione artistica 135
effetto 388
efficace 316
efficiente 316
Egitto 418
egiziano 418
e-learning 121
elefante 269
elegante 29
elenco telefonico 294
elettricista 143
elettricità 312
elettrico 312
elettrodomestico 238
elettronico 314
elettrotecnica 134
elezione 335
elicottero 260
e-mail 292
emigrare 328
emigrata 327

emigrato 327
enciclopedia 123
energia 314
energie rinnovabili 283
ente per il turismo 254
entrambi 381
entrare 246, 368
entrata 228
entrate 307
entro 356
entusiasmo 59
entusiasta 59
Epifania 176
epoca 323
erba 268
erbe aromatiche 213
ereditare 51
eroe 341
eroina 341
errore 117
esagerare 77
esagerazione 77
esame 117
esatto 75
esaurito 194
esempio 116
esercitare 136
esercitarsi 116
esercito 339
esercizio 116
esistenza 330
esperienza 152
esperimento 315
esperta 153
esperto 153
esportare 302
espressione 66
esprimere 66
esprimersi 66
essere 403
essere abbonato a 286
essere alla prima esperienza lavorativa 153
essere amici 44
essere assente 120
essere bocciato 121
essere calvo 28
essere capace di 138
essere composto di 319

essere contento 56
essere d'accordo 77
essere di 17
essere di passaggio 245
essere fidanzato 42
essere fortunato 190
essere obbligatorio 266
essere parenti 39
essere portato per 124
essere pratico 138
essere separato 17
essere solito fare 88
essere stufo di 58
essere umano 47
essere vivente 269
essere vivo 47
est 275
estate 349
estero 245, 334
estremo 386
età 48
età della pietra 323
Etiopia 418
etiopico 418
etto 378
euro 305
Europa 414
europea 414
europeu 414
evento 173
evidente 75
extracomunitaria 327
extracomunitario 327

F

fa 355
faccenda 87
faccia 25
facciata 226
facile 120
facoltà 131
fagiolino 210
fagiolo 210
fame 200
famiglia 36
famiglia allargata 39
familiare 36
famoso 182
fantastico 173
fare 83
fare arrabbiare 78

fare attenzione a 93
fare benzina 263
fare cadere 88
fare caldo 278
fare conti separati 223
fare di conto 375
fare freddo 279
fare giochi di prestigio 190
fare i piatti 236
fare il bagno 112
fare il bricolage 188
fare il check-in 247
fare il login 292
fare il logout 292
fare il pieno 264
fare immersioni 185
fare inversione 263
fare jogging 181
fare l'amore 42
fare l'autostop 267
fare la coda 195
fare la doccia 112
fare la spesa 193
fare le pulizie 240
fare lo spelling di 124
fare male 101
fare merenda 218
fare reclamo 195
fare retromarcia 263
fare ridere 177
fare sapere 65
fare schifo a 61
fare shopping 193
fare una corsa 179
fare una radiografia 109
fare windsurf 185
farfalla 269
farina 208
farmacia 107
farmacista 142
farro 208
farsi la barba 113
fascicolo 149
fascismo 324
fast food 217
fatica 90
faticoso 90
fatto 289
fattoria 309
fatturato 302
fava 210
favola 159
favore 92

fazzoletto di carta 113
febbraio 350
febbre 102
fede 329
fedele 41, 329
federale 343
felice 55
felicità 55
femmina 18
femminile 18
ferie 242
ferirsi 102
ferita 102
fermaglio 35
fermare 257
fermarsi 263
fermata 255
fermo 368
ferragosto 175
ferro 317
ferro da stiro 237
ferrovia 256
fertile 310
festa 171
festa nazionale 175
festa religiosa 175
festeggiare 171
festival 174
fetta 203
fettina 212
fiammifero 239
fiction 159
fidanzamento 42
fidanzato 42
fiducia 93
fieno 310
figli 37
figlia 37
figlia adottiva 39
figlio 37
figlio adottivo 39
file 297
filetto 212
film 167
filo 192
filosofia 135
finale 185, 359
finalmente 359
finanziario 307
fine 361
finestra 228
finestrino 258
finire 361
finlandese 415
Finlandia 415

fino a 356
finocchio 210
finora 354
fioraio 199
fiore 268
fiorire 309
firma 342
firmare 342
fischiare 186
fisica 134
fisico 100
fisioterapista 144
fissare 88
fiume 272
flash 187
flauto 162
foglia 269
foglietto 148
foglietto illustrativo 109
foglio 148
folla 174
fon 237
fontana 251
forbici 149
forchetta 236
forma 183, 371
formaggio 212
formaggio fresco 213
formare 133
formazione 133
fornello 235
forno 235
forse 53
forte 101, 161
fortuna 187
forza 101
foto 187
fotocopia 147
fotocopiare 147
fotocopiatrice 150
fotografa 143
fotografare 187
fotografia 187
fotografo 143
foulard
fra 355, 401
fragile 318
fragola 209
francese 415
Francia 415
francobollo 284
frase 124
frate 332
fratelli 37

fratello 37
freccia 372
freddo 278, 279
frenare 265
freno 265
frequentare 120
frequente 357
fresco 201, 279
fretta 367
friggere 205
frigorifero 235
frittata 219
frittella 208
fritto misto di pesce 220
fronte 97
frutta 208
frutti di mare 212
fruttivendolo 198
fuggire 340
fumare 106
fumatore 106
fumatrice 106
fumetto 159
funerale 49
fungo 211, 270
funzionare 312
funzionaria 147
funzionario 147
funzione 311
fuochi 280
fuochi d'artificio 174
fuoco 280
fuori 230
Fuori! 83
furbo 21
furto 345
futuro 356

G

galleria 166, 254
gallina 268
gallo 268
gamba 98
gamberetto 212
gancio 191
gara 182
garage 229
garantire 71
garanzia 71
gas 317
gasolio 263
gatto 268
gay 42

gelare 281
gelateria 217
gelato 214
gelo 281
geloso 42
gemello 39
generale 147
generale 385
generalmente 390
generazione 50
generi alimentari 200
genero 39
generoso 23
geniale 173
genitore single 43
genitori 36
gente 44
gentile 20
geografia 134
Germania 414
germanistica 134
gesso 129
ghiacciaio 274
ghiaccio 215, 280
già 358
giacca 30
giallo 158, 370
Giappone 417
giapponese 417
giardiniere 143
giardino 229
ginocchio 98
giocare 187
giocatore 179
giocatrice 179
gioco 187
gioia 56
gioielleria 199
gioielli 35
giornale 286
giornaliero 352
giornalista 144
giorno 351
giorno di Natale 175
giorno feriale 349
giorno festivo 349
giovane 48
giovedì 350
gioventù 48
girare 44, 169, 265
girarsi 366
girasole 270
giro di amici 44
giro turistico 249
gita 249
giù 364

giudice 146
giugno 350
giurare 346
giurisprudenza 135
giustizia 344
giusto 117, 345
gli 392, 395
globalizzazione 304
glutine 207
gnocchi 219
godersi 177
gol 180
gola 97
golf 184
gomito 99
gomma 150, 265, 319
gonfiarsi 104
gonna 31
governare 333
governo 333
grado 378
graffeta 150
grammatica 126
grammo 378
Gran Bretagna 415
grande 25
grande magazzino 198
grandine 281
grano 208
grano duro 208
grano saraceno 208
grano tenero 208
grappa 215
grasso 26, 205, 206
gratifica 157
grato 60
grattacielo 226
grattugiato 205
gratuito 197
grave 280
gravidanza 50
Grazie mille! 69
Grazie! 69
Grecia 416
greco 416
gridare aiuto 111
grigio 27, 370
grigliare 205
grosso 26
grotta 275
gruccia 233
gruppo 163, 384
guadagnare 155

guadagnarsi da vivere 155
guadagno 155
guancia 99
guanto 35
guardare 62
guardare la televisione 287
guardaroba 230
guarire 100
guarito 100
guerra 338
guerra civile 323
guida 145
guidare 249
guidare 262
gusto 64

H
hacker 300
hackerare 300
hamburger 220
handicappata 103
handicappato 103
hindi 418
hockey su ghiaccio 184
home banking 293, 300

I
i 392
idea 336
ideologia 336
ieri 354
il 392
illegale 344
imbiancare 191
imbiancatura 191
imbrogliare 348
imbucare 285
immaginare 54
immaginarsi 54
immaginazione 160
immagine 289
immigrante 328
immigrare 328
imparare 115
impaziente 20
impedire di 72
impegnarsi 91
impegno 93
imperatore 321
imperatrice 321
imperialismo 324
impermeabile 30
impero 321
impianto stereo 164
impiegata 139, 151
impiegato 139, 151
importante 75
importanza 75
importare 302
impossibile 53
impreditore 146
imprenditrice 146
impresa 301
impressione 53
improvvisamente 389
imprudente 20
imputata 344
imputato 344
in 400
in diretta 289
in forma 183
in giro 366
In ogni caso 83, 391
in padella 219
in proprio 138
in punto 353
in tempo 359
in tinta unita 34
incapace 138
incaricare 73
incartare 174
incendio 110
incerto 91
incidente 110
incomprensibile 123
incontrare 45
incontro 45
incoraggiare 93
incredibile 290
incrocio 252
India 418
indiano 418
indice 99
indietro 364
indipendente 336
indipendenza 336
indirizzo 17
indirizzo e-mail 295
indovinare 191
indovinello 190
induista 330
industria 301
infanzia 48
infarto 105
infedele 41
infelice 56
infermiera 142
infermiere 142
inferno 332
infezione 104
infiammato 104
inflammazione 104
influenza 105
influenziare 333
informare 286
informatica 134
informazione 286
ingegnere 144
ingegneria meccanica 134
Inghilterra 415
ingiusto 345
inglese 415
ingrassare 28
ingresso 230, 250
iniezione 109
iniziare 360
inizio 360
innamorarsi 40
innamorato 40
innocente 345
inoltre 403
inquietante 62
inquinamento 282
insalata 209
insalatiera 238
insegnante 142
insegnare 128
inserire 300
insetto 269
insieme 382
insipido 202
insistere 72
insoddisfatto 58
insopportabile 104
installare 297
installazione 170
insufficienza 121
integrale 206
intelligente 122
intelligenza 122
intendere 89
intendersi di 138
intenzione 89
interattivo 297
interessante 116
interessarsi di 116
interessato 116
interesse 115, 308
interfaccia 299
internazionale 326
Internet 292
interno 294, 334
interprete 144
interrompere 361
interruttore 314
intervallo 128
intervento 108
intervista 288
intolleranza al lattosio 207
intorno a 363
inutile 92
inutilizzabile 312
invano 390
inventare 313
invenzione 312
inverno 349
investire 308
inviare 284
invidiare 61
invitare 45, 71
invito 71
io 393
Irlanda 415
irlandese 415
iscreversi all'università 133
iscrieversi 121
iscrizione 121
islamico 330
isola 272
isolato 225
Israele 417
israeliano 417
istituto professionale 131
istituto tecnico 130
istruzione 121
istruzioni 241
Italia 414
italianistica 134
italiano 414

J
jeans 30

L
la 392, 395
La 396
labbro 97
lacrima 62
lago 272
lamentarsi 78
lamentela 78

Índice remissivo

lampada 232
lampadina 239
lampone 210
lana 318
larghezza 365
largo 32, 365
lasagne 219
Lasciami in pace! 83
lasciare 83, 95, 246, 327
latino 135
latino-americano 416
lato 365
latte 212
latticino 212
lattosio 207
laurea breve 132
laurea magistrale 132
laurearsi 132
lavagna 129
lavanderia 199
lavare 236
lavarsi 112
lavarsi i denti 113
lavastoviglie 238
lavatrice 236
lavorare 136
lavoratore 152
lavoratrice 152
lavoro 136
lavoro straordinario 156
le 392, 395, 396
Le 396
Le serve altro? 82
leade 333
legale 344
legare 192
legge 344
leggere 158
legno 317
legumi 209
lei 393, 394
Lei 396
lente a contatto 35
lento 179
lenzuola 234
lenzuolo 234
leone 269
lesbico 43
lessare 202
lesso 218
lettera 124, 284
letterario 159
letteratura 159

lettere 134
letto 231
lettore 158
lettore cd 164
lettore dvd 298
lettore mp3 164
lettrice 158
lezione 116, 133
lì 362
li 396
liberare 322
liberazione 322
libero 345
libero professionista 138
libertà 345
libreria 198
libro 158
licenziamento 152
licenziare 152
licenziarsi 152
liceo 130
lieve 280
limitare 386
limite 386
limonata 216
limone 209
linea 25, 293, 371
lingua 97
lingua materna 126
lingua straniera 126
linguaggio 126
linkare 297
liquore 216
lisca 212
liscio 318
lista 149
lista della spesa 196
lite 77
litigare 77
litro 378
livello 386
lo 392, 395
Lo spero! 82
locale 254
logico 123
lontano 362
lordo 308
loro 393, 394, 397
low cost 261
luce 232, 371
luglio 350
lui 393, 394
Luna 276
luna park 172
lunedì 350

Lunedì dell'Angelo 176
Lunedì grasso 176
lunghezza 365
lungo 32, 356, 363
luogo 252
lupo 269
lusso 196
lutto 50

M

ma 402
macchia 240
macchina 262
macchina digitale 187
macchina fotografica 187
macchinario 311
macelleria 198
macellaio 143
macrobiótico 206
madre 36
maestra 142
maestro 142
Magari! 83
maggio 350
maggioranza 335
maggiorenne 18
maglia 31
maglietta 31
magro 26, 206
mai 357
maiale 211, 268
maionese 213
mais 210
mal di testa 102
malato 101
malattia 100
maldestro 141
male 119
maleducato 23
Malta 418
maltese 418
mamma 36
mancanza 325
mancia 223
mandare 284
mandare giù 204
mandarino 209
maneggiare 88
mangiare 200
manica 33
manifestare 337
manifestazione 172

mano 98
manzo 211
marca 386
marciapiede 253
mare 271
maree 277
margarina 214
marina militare 340
marinaio 146
marito 41
marketing 137
marmo 319
marocchino 419
Marocco 419
marrone 370
martedì 350
martello 191
marzo 350
maschile 18
maschio 18
massaggio 109
masterizzare 299
masticare 204
matematica 134
materasso 233
materia 128
materia prima 319
materiale 317
maternità 155
matrimonio 41
mattina 351
mattinata 351
maturità 131
maturo 204
me 394
meccanica 143, 314
meccanico 143, 314
medaglia 186
medicina 107, 135
medico 107, 142
medio 99, 385
medioevo 323
Mediterraneo 271
meglio 119
mela 209
melanzana 209
melodia 163
melone 209
membra 99
membro 44
memoria 122
memorizzare 122
meno 380
Meno male! 82
mensile 349
mentale 100

mentire 79
mento 99
mentre 354
menù 220
menzionare 66
meravigliarsi 55
mercato 198
mercato delle pulci 174
merce 301
merceria 199
mercoledì 350
Mercoledì delle Ceneri 176
merenda 218
meridionale 275
merluzzo 211
mescolare 319
mese 349
messaggiare 291
messaggino 291
messaggio 65
messagio di errore 297
mestiere 136
metà 379
metallo 317
metodo 316
metro 378
metropolitana 255
mettere 84
mettere giù 293
mettere in ordine 237
mettere in scena 168
mettere la cintura di sicurezza 266
mettere la freccia 265
mettere su 202
mettersi 29
mettersi d'accordo 76
mettersi in coda 196
mezz'ora 353
mezza pensione 248
mezzanotte 352
mezzo 353, 379, 390
mezzo pubblico 255
mezzogiorno 351
mi 394
Mi dispiace! 70
Mi scusi! 70
mia 397
microonde 238
mie 397
miei 397

miele 214
miglioramento 121
migliorare 118
migliore 119
mignolo 99
milimetro 378
milionesimo 377
mille 374
millesimo 377
minacciare 347
minestra 219
minestrone 219
ministro 335
minorenne 18
minuto 26, 353
mio 397
miscela 319
miseria 325
misura 87, 378
misurare 378
mittente 285
mobile 231
moda 29
modello 196
moderno 165
modesto 24
modo 388
modo di dire 126
modulo 342
moglie 41
moltiplicare 375
molto 379, 399
Molto piacere! 81
momento 354
monarchia 321
mondo 276
moneta 304
monologo 168
montagna 271
montare 302
monumento 251
moquette 233
morale 331
morbido 318
morire 49
moro 27
mortale 49
morte 49
morto 49
moschea 249
mostra 165
mostrare 165
motivo 34, 387
moto 262
motore 311
motore di ricerca 300

mouse 296
movimento 366
mucca 268
multa 266
mummia 323
municipio 343
muovere 366
muoversi 366
muro 227
muscolo 99
museo 250
musica 161
musica pop 164
musica popolare 165
musical 165
musicale 161
musicista 145
müsli 208
musulmano 330
mutande 32

N

narratore 160
narratrice 160
nascere 48
nascita 48
naso 97
Natale 174
nativo digitale 295
natura 270
nausea 102
nave 260
navicella spaziale 278
navigare 295
navigatore satellitare 264
nazionale 326
nazionalismo 324
nazionalità 332
nazione 326
ne 403
né ... 381
nebbia 280
negativo 189, 316
negozio 198
negozio di abbigliamento 198
negozio di alimentari 198
negozio di eletrodomestici 199
negozio di ferramenta 199

negozio di fotografia 199
negozio di scarpe 198
negozio di souvenir 199
nel frattempo 356
nemico 338
neozelandese 418
nero 27, 370
nervo 99
nervoso 24
nespola 210
netto 308
neve 280
nevicare 280
night 178
nipote 38
no 68
nobili 322
nocciola 210
noce 210
noi 393, 394
noia 60
noiosa 60
nome 16
nome utente 292
nominare 342
non 68
non ... neanche 390
non ... nessuno ... 380
non ... niente ... 380
Non c'è di che! 69
Non c'è problema! 82
non fumatore 106
non fumatrice 106
Non importa! 82
non più 380
Non se la prenda! 82
non sopportare 58
Non te la prendere! 82
nonna 38
nonni 38
nonno 37
nono 376
nord 275
nordamericano 416
normale 383
norvegese 414
Norvegia 414
nostra 397
nostre 397
nostri 397

nostro 397
nota 163
notizia 286
noto 186
notte 352
notturno 352
novanta 374
novantesimo 377
nove 373
novella 159
novembre 350
nubile 17
nucleare 315
nudo 34
numero 31, 286, 374
numero civico 17
numero di cellulare 18
numero di emergenza 111
numero di targa 266
numero di telefono 18
nuora 39
nuotare 181
Nuova Zelanda 418
nuovo 194
nuvola 279
nuvoloso 279

O

obbligare 72
obiettivo 189
o bloc-notes 150
occasione 173, 197
occhiali 35
occhiali da sole 35
occhio 97
Occhio! 111
occidentale 275
occupare 151, 340
occuparsi di 38
occupato 151, 248, 291
occupazione 151
oceano 271
ochiata 62
odiare 40
odio 40
odore 63
offendere 80
offendersi 80
offerta di lavoro 153
offerta speciale 192

officina 302
offrire 193
oggeto 87
oggettivo 289
oggi 354
ogni 398
Olanda 415
olandese 415
oleandro 270
olfatto 63
olimpiadi 186
olio 213
oliva 210
oltre a 382
ombra 281
ombrello 35
ombrellone 188
omicidio 345
onda 272
onestà 22
onesto 22
onomastico 174
onore 341
o ... o 384
opera 162
opera teatrale 167
operaio 139
operaio specializzato 142
operare 108
operatore sociale 144
operatrice sociale 144
operazione 108
opinione 73
opperatore turistico 245
opportunità 91
opposizione 335
ora 353
Ora basta! 83
orale 118
orario 257
orario delle lezioni 128
orario di lavoro 156
orario flessibile 156
orchestra 165
ordinare 71, 222
ordinato 241
ordine 71, 302, 384
ore di punta 256
orecchino 35
orecchio 97
organizzare 244

orgoglio 24
orgoglioso 24
orientale 275
originale 166, 387
origine 387
ornare 174
oro 317
orologio 35
orribile 59
orso 269
ortografia 126
orzo 208
ospedale 108
ospite 45
osservare 64
osservazione 66
osso 98
ostello della gioventù 247
osteria 217
ottanta 374
ottantesimo 377
ottavo 376
ottico 199
ottimo 119
otto 373
ottobre 350
ovest 275

P

pacco 284
pace 338
Pacifico 272
pacifico 338
padella 235
padre 36
padrona di casa 171, 227
padrone di casa 171, 227
paesaggio 270
paese 252, 326
paese in via di sviluppo 337
Paesi Bassi 415
pagare 222
pagella 118
pagina 117
paglia 310
paio 384
palazzo 224, 250
palcoscenico 169
palestra 179
palla 180

pallamano 184
pallavolo 184
pallido 28
pallone 180
pancetta 211
pancia 97
pane 207
pane bianco 208
pane nero 208
panettiere 143
panificio 198
panino 207, 218
paninoteca 217
panna 212
pannolino 114
pantaloncini 30
pantaloni 30
Papa 331
papà 36
paradiso 332
paragonabile 384
parcheggiare 263
parcheggio 253
parco 253
parco giochi 254
parecchio 399
parente 39
parere 73
parete 227
parlamento 335
parlare 64
parmigiano 213
parola 124
parruchiera 142
parrucchiere 142
part-time 156
parte 379
partecipare 45
partenza 182, 242
partigiana 324
partigiano 324
partire 242
partita 181
partito 333
pascolo 310
Pasqua 175
passaporto 244
passare 95, 290, 369
passare da 45
passatempo 188
passeggero 257
passeggiare 369
passeggiata 188
passione 23
passo 366
passo carrabile 230

password 300
pasta 207
pasticceria 217
pasticcino 207
pastiglia 107
pasto 201
patata 209
patatine 214, 218
patente di guida 262
patria 338
pattino a rotelle 185
pattino da ghiaccio 185
pattumiera 237
paura 58
pausa 154
pavimento 227
paziente 20, 108
pazienza 20
pazzo 24
peccato 332
Peccato! 83
pecora 268
pecorino 213
pedaggio 267
pedagogia 135
pedono 264
peggio 119
peggiore 119
pelle 99, 318
pelo 99
pena 345
pendio 273
penisola 274
penna 148
penna stilografica 148
pensare 52
pensare di 52
pensiero 52
pensione 155, 246
pensione completa 248
Pentecoste 175
pentola 235
pepe 213
peperoncino 213
peperone 209
per 387, 401
per caso 390
per esempio 75
per favore 68
per hobby 189
pera 209
percento 306
perché 386

percorrere 264
perdente 183
perdere 183, 257
perdere la vita 49
perdita 307
perdonare 70
perfezionare 140
perfino 390
perforatore 150
performance 170
pericolo 110
pericoloso 110
periferia 254
periodo 355
periodo di prova 157
permesso 71
permesso di lavoro 157
permesso di soggiorno 328
Permesso? 70
permettere 71
permettersi 197
pernottamento 246
pernottare 246
però 402
perseguitare 340
persona 18
personale 44, 136
personalità 22
pesare 378
pesca 189, 209, 311
pescare 189
pescatore 143
pescatrice 143
pesce 211, 268
pesce spada 211
pescheria 198
peso 378
petrolio 317
pettegolezzi 67
pettinare 27
pettinarsi 113
pettinatura 27
pettine 113
petto 97
pezzo 379
piacere 57, 201
piacevole 57
pianeta 277
piangere 56
pianificazione e controllo 137
piano 161, 225, 386
piano interrato 226
pianoforte 162

pianoterra 225
pianta 268
piantare 309
piantina 253
pianura 273
piatti 235
piattino 236
piatto 218, 235, 336
piatto del giorno 222
piazza 252
piccante 202
piccolo 26
picnic 205
piede 98
pieno 222
pietra 317
pigiama 32
pigra 21 21
pigro 21
pilota 145
pino 270
pioggia 279
piombo 319
piovere 279
pipa 214
piscina 181
pisello 210
pittore 145
pittrice 145
più ... 379
piuttosto 389
pizzeria 217
plastica 318
plurale 125
plurilinguismo 327
poco 356, 380, 399
podere 309
poesia 160
poeta 160
poetessa 160
poi 359
poichè 387
polacco 416
politica 146, 332
politico 146, 332
polizia 111
poliziotta 142
poliziotto 142
pollice 99
pollo 211
polmone 99
Polonia 416
polso 99
poltrona 233
polvere 240, 317
pomata 108

pomeriggio 351
pomodoro 209
pompa 313
pompelmo 210
ponte 253
popolare 163
popolazione 325
popolo 335
porta 180, 228
porta usb 298
portacenere 239
portafoglio 34
portare 29, 84, 95
portatile 297
portiere 143
porto 260
Portogallo 416
portoghese 416
portone 228
porzione 223
posate 236
positivo 316
posizione 327
possedere 94
possesso 96
possibile 53
Posso aiutarla? 82
Posso aiutarti? 82
posta 284
postare 292
postino 143
posto 362
posto a sedere 258
posto come apprendista 134
posto di lavoro 136
potente 333
potenza 312
potere 72, 333, 403
Potrebbe ... ? 68
povero di 207
povero 325
povertà 325
pozzanghera 282
pranzare 221
pranzo 221
pratica 133
prato 309
preciso 313
preferire 57
preferito 57
prefisso 291
pregare 67, 331
Prego! 68
premere 84
premio 157, 186

Índice remissivo 433

prendere 95, 180, 221
prendere il sole 188
prendere in affitto 226
prendere la pillola 109
prendere la qualifica di 137
prendersela 78
prenotare 222, 243
prenotazione 243, 258
preoccuparsi 58
preoccupato 58
preparare 90, 202
prepararsi 85
preparativo 91
presa di corrente 239
prescrivere 108
presentare 150
presentare domanda 151
presentazione 149
presente 120
preside 129
presidente del consiglio dei ministri 334
presidente della Repubblica 334
pressione 314
prestare 95
prestare i primi soccorsi 112
prestito 308
presto 359
prete 331
prevedere 55, 281
prevenire 108
preventivo 108
previsioni del tempo 281
prezzo 194
prima 358
prima che 358
prima di 358
prima Guerra mondiale 323
prima pagina 289
primavera 349
primo 220, 375
primo dell'ano 175
primo ministro 334
principale 385
principe 322

principessa 322
principiante 153
privato 325
privo di sensi 103
probabile 55
problema 120
procedere 361
processo 344
procurare 303
prodotto 301
produrre 301
produzione 301
professionale 137
professione 136
professionista 153
professore 129
professoressa 129
profondità 365
profondo 365
profugo 340
profumo 63, 114
progettare 90
progetto 90
programma 287, 296
programmare 299
programmatore 144
programmatrice 144
progresso 361
promessa 69
promettere 69
promozione 156
promuovere 93, 121
pronto 85
pronto soccorso 112
pronuncia 126
pronunciare 126
proporre 74
proposito 92
proposta 74
proprietà 94
proprietà privata 225
proprietario 227
proprio 95, 389
prosciutto 211
prossimo 355
protagonista 160
protesta 79
protestante 329
protestare 79
prova 118, 346
provare 29, 55, 90
proverbio 125
provider 294
provincia 343
provocare 387
prudente 20

psicologia 135
pubblicità 303
pubblico 169, 325
pubertà 50
publicco 325
pugno 98
pulire 236
pulito 237
punire 346
punta 371
punto 127, 371
punto di vista 76
punto esclamativo 127
punto interrogativo 127
purtroppo 57
puzzare 64
puzzle 191

Q

quaderno 116
quadrato 371
quadro 165
quadro dirigente 139
qualche 398
qualcuno 398
quale 398
qualità 383
qualsiasi 399
quando 354
quantità 380
quanto 398
Quanto costa? 194
quaranta 374
quarantesimo 377
quartiere 252
quarto 375
quarto d'ora 353
quasi 389
quattordicesimo 376
quattordici 373
quattro 373
quella 397
quello 397
quercia 270
questa 397
questo 397
qui 362
quindi 388
quindicesimo 376
quindici 373
quindici giorni 349
quinto 376

quiz televisivo 289
quotidiano 288, 352

R

rabbia 78
racchetta 184
raccogliere 87, 309
raccolta 309
raccolto 309
raccontare 64
racconto 158
radicchio 210
radio 286
radioattivo 315
raffreddato 102
raffreddore 102
ragazza 16
ragazzo 16
raggiungere 369
ragione 122
ragionevole 24
rallentare 368
rame 319
ramo 269
rapina 348
rapinare 348
rapire 348
rapporto 43
rappresentante 146
rappresentazione 168
raramente 357
raro 386
rasoio 114
razza 311
razzismo 328
razzista 328
re 321
reale 289
realizzare 70
realtà 289
reazione 388
recapitare 285
reception 247
recitare 169
reclamo 195
record 186
reddito 156
regalare 172
regalo 172
reggiseno 33
regina 321
regionale 271
regione 270

regista 145
regnare 321
regno 321
regola 190
regolare 314
relazione 140
religione 329
religioso 329
reparto 138, 196
reportage 288
reporter 144
reprimere 337
repubblica 334
Repubblica
  Ceca 416
requisito di sistema
  299
resistenza 183, 323
respirare 107
respiro 107
responsabilità 139
restare 360
restituire 96
resto 195, 383
rete fissa 291
rete mobile 294
retribuzione 155
rettangolo 371
riavviare 296
ricaricare 294
ricchezza 325
ricco 325
ricerca 132
ricetta 108, 205
ricevere 95, 107
ricevuta 195
richiamare 290
richiesta 67
riconoscere 54
riconoscimento
  vocale 299
ricordare 52
ricordarsi di 52
ricordo 52
ridere 56
ridere di 177
ridurre 306
riempire 85
rientro 243
riferire 288
rifiutare 79
rifiutarsi 79
rifiuti 283
rifiuto 79
riflessione 122
riflettere 122

riga 150
riguardare 76
rilassarsi 89
rimandare 140
rimanere in panne
  265
rimanere incinta 50
ringraziare 69
rinunciare 70
riparare 302
ripetere 116, 360
ripido 273
riposante 244
riposarsi 86
riposo 244
riprendersi 101
risate 56
riscaldamento 232
riscaldare 203, 232
rischiare 190
rischioso 190
riso 207
risolvere 117
risparmiare 305
risparmio 305
rispettare 92
rispetto 93
rispondere 68, 293
rispondere a qc. 68
risposta 68
ristorante 217
ristrutturare 191
risultato 316
ritenere 54
ritmo 163
ritorno 256
ritratto 189
ritrovare 85
riunione 46, 149
riuscire 91
riva 272
rivestire 342
rivista 286
rivoluzione 322
roaming 294
roba 88
roccia 273
Romania 419
romanistica 134
romanzo 158
rompere 89
rompersi 102
rosa 269, 370
rosmarino 213
rossetto 114
rosso 27, 370

rosticceria 217
rotondo 371
rovesciare 236
rovine 251
rubare 345
rubinetto 232
rullino 187
rumeno 419
rumore 63
ruolo 169
ruota 264
Russia 416
russo 416
ruvido 318

S

sabato 351
sabbia 274
sacchetto 204
sacco 240
sacco a pelo 247
saggistica 159
sala 250
sala d'attesa 109
sala da pranzo 229
salame 211
salame piccante 212
salario 154
salatino 214
salato 202
sale 213
salire 367
salire a bordo 261
salita 181
salmone 211
salsiccia 211
saltare 184
salumeria 198
salute 100
Salute! 200
salvare 111, 297
Salve 80
salvia 213
sandalo 33
sangue 98
sanguinare 101
sano 100
santo 330
Santo cielo! 83
Santo Stefano 175
sapere 65, 115, 404
sapere di 201
sapone 112
sapore 204

saporito 202
Sardegna 414
sardo 414
satellite 277
sbagliare 117
sbagliare numero
  290
sbagliarsi 117
sbagliato 117
sbrigarsi 368
sbucciare 203
scacchi 190
scaduto 244
scaffale 233
scala 191, 228, 314
scala mobile 197
scalo 260
scannerizzare 298
scaricare 292
scarpa 31
scarpa da
  ginnastica 33
scartare 174
scatola 204
scatoletta 204
scavo 322
scegliere 194
scelta 196
scena 168
scendere 367
scheda telefonica
  291
schermo 169, 298
scherzare 178
scherzo 177
schiavo 324
schiena 98
sci 180
sci di fondo 180
sciare 180
sciarpa 35
scientifico 315
scienza 315
scienza naturali 134
scienze politiche 135
scienze sociali 135
scienziato 144
scimmia 269
scioperare 154
sciopero 154
scivolare 368
scoglio 274
scolastico 127
scommettere 190
scomparire 369
scompartimento 257

Índice remissivo

sconfitta 183
sconto 197, 251
scontrarsi 110
scontrino 195
scontro 110
scopa 240
scoperta 312
scopo 91
scoppiare 338
scoprire 312
scorciatoia 265
scorso 355
scottarsi 104
screenshot 299
scritto 118
scrittore 144
scrittrice 144
scrivania 147
scrivere 148, 158
scrollare 298
scultore 145
scultrice 145
scultura 166
scuola 127
scuola a tempo pieno 131
scuola materna 130
scuola privata 131
scuola pubblica 131
scuola serale 140
scuole elementari 130
scuole medie 130
scuole superiori 130
scuro 28, 371
scusa 70
scusare 70
scusarsi 70
se 402
sé 394
secco 205
secolo 355
seconda Guerra mondiale 323
secondo 221, 353, 375
secondo me 73
sede 343
sedere 98
sedersi 231
sedia 231
sedia a rotelle 109
sedia girevole 150
sedicesimo 376
sedici 373
seduta 343

sega 192
segale 208
segnale stradale 266
segnare 148, 185
segretario 141
segreteria telefonica 293
segreto 79
sei 373
self-service 217
selfie 293
selvatico 310
sembrare 24, 53
semestrale 349
semestre 349
semifreddo 220
seminario 133
semplicemente 390
sempre 357
senape 214
seno 97
sensazione 59
sensibile 23
senso 63
sentenza 346
sentiero 273
sentimento 55
sentire 63
sentire la mancanza 61
sentirsi 100, 290
senza 401
senza che 402
senza lattosio 207
separare 85
separarsi 41
separazione 41
seppellire 50
sera 352
serata 177, 352
seria 20
serie 386
serio 20
serpente 269
serratura 234
servire 193, 223, 312
servirsi 221
Serviti 82
servizio 223, 288, 303
sessanta 374
sessantesimo 377
sesso 18, 42
sesto 376
seta 320
sete 200

settanta 374
settantesimo 377
sette 373
settembre 350
settentrionale 275
settimana 349
settimanale 349
settimo 376
settore 302
sfera 371
sfiducia 94
sfortuna 188
sfruttare 46
sgarbata 20
sgarbato 20
shampoo 112
shock 105
show 177
si 395
sì 68
Si accomodi! 81
Si serva! 81
Sì, grazie! 82
sia ... che 384
siccità 281
Sicilia 414
siciliano 414
sicuramente 71
sicurezza 338
sicuro 338
sigaretta 214
sigaro 214
significare 125
significato 125
signora 15
signore
signorina 15
silenzio 65
silenzioso 65
simbolo 125
simile 385
simpatica 21
simpatico 21
sinagoga 249
sincero 23
sindacato 154
sindicato 343
singolare 125
singolo 382
sinistro 363
sistema 313
sistema operativo 299
sistemare 384
sistematico 313
sito web 295

situazione 86
slitta 181
Slovenia 419
sloveno 419
smalto 114
smartphone 293
smettere 361
snello 26
snowboard 181
social network 293
sociale 324
socialismo 336
società 324
società dei consumi 303
società per azioni 303
socio 46
soddisfatto 58
sodo 218
soffitta 230
soffitto 227
soffrire 101
soggeto 187
soggiorno 228, 244
sogliola 212
sognare 89
sogno 89
soia 214
solare 315
soldato 146
soldi 304
Sole 276
solito 385
solo 59, 359, 382
soluzione 117
Somalia 419
somalo 419
somma 375
sommare 375
sopportare 104
sopra 364
soprannome 18
soprappensiero 55
soprattutto 389
sopravvivere 112
sordo 103
sorella 37
sorgente 274
sorgere 277
sorpassare 368
sorprendente 60
sorprendere 58
sorpresa 58
sorridere 56
sorriso 56

sorvegliare 341
sostantivo 124
sostanza 318
sostenibilità 282
sostituire 140
sotto 364
sottolineare 66
sottomettere 322
sottrarre 375
sovrano 322
Spagna 415
spagnolo 415
spalla 98
sparare 339
spaventarsi 60
spavento 60
spaziale 276
spazio di memoria 299
spazzare 240
spazzola 113
spazzolarsi 113
spazzolino da denti 113
specchio 237
speciale 383
specialista 140
specialità 218
specializzarsi 141
specialmente 383
specie 383
spedire 284
spegnere 194, 232
speranza 53
sperare 53
Speriamo! 82
Spero di no! 82
Spero di sì! 82
spesa 193
spese 227, 307
spesso 357
spettacolo 167
spezie 213
spiacevole 57
spiaggia 272
spiccioli 195
spiegare 116
spinaci 210
spingere 84
spirito 330
splendere 276
spogliarsi 29
sporco 237, 240
sport 178
sportello 285
sportivo 178

sposa 41
sposarsi 41
sposata 16
sposato 16
sposo 41
spot 287
spremere 205
spremuta 216
spumante 216
spuntino 218
squadra 179
squalo 269
squillare 293
squisito 201
stadio 179
stage 133
stagione 248, 349
stamattina 351
stampa 189, 288
stampante 298
stampare 298
stanco 86
stanotte 352
stanza 227
star 170
stare 30, 404
stare bene 100
stare in piedi 367
stare seduto 231
stasera 352
statale 341
Stati Uniti 416
stato 341
stato civile
Stato del Vaticano 414
stazione 256, 289
stazione degli autobus 255
stella 276
stendersi 367
stessa 397
stesso 397
stile 166
stipendio 154
stipulare 308
stirare 237
stivale 33
stomacho 99
storia 134, 158
storia dell'arte 135
storico 322
strada 252
strada a senso unico 266
strada statale 253

straniero 326
strano 61
straordinario 385
strappare 89
streaming 295
streetfood 203
stress 106
stretto 32
stringere la mano 46
strofinaccio 240
strumento 162
studente 129
studentessa 129
studi 129
studiare 115
stupida 22 22
stupidità 21
stupido 22
su 364, 401
Su! 83
sua 397
subito 359
subordinata 139
subordinato 139
succedere 86
successo 186
succo di frutta 215
sud 275
sudamericano 416
sudare 103
sudore 103
sue 397
sufficienza 121
suggerimento 73
suggerire 74
sugo 219
suo 397
suoceri 38
suocero 38
suoi 397
suonare 163, 293
suono 163
suora 332
superare 118
superficie 365
supermercato 198
supplemento 289
supporre 53
surf 185
surgelato 201
sussidio 343
sussurrare 67
svantaggio 77
svedese 414
sveglia 237
svegliare 89

svegliarsi 86
svenire 103
Svezia 414
sviluppare 189, 316
sviluppo 316
sviluppo economico 304
Svizzera 415
svizzero 415

T
tabaccheria 198
tabacco 214
tabella 149
tablet 297
tacchino 212
tacere 67
taglia 31
tagliare 203
tailleur 30
tale 397
talento 123
tamburo 164
Tante grazie 69
Tanti auguri! 172
Tanto meglio! 82
tanto 399
tappeto 233
tardi 359
tariffa flat 292
tasca 33
tasse 307
tastiera 164, 298
tasto 296
tatto 63
tavola 185
tavola calda 217
tavolo 231
taxi 262
tazza 235
tazzina 235
te 394
tè 215
team 139
teatro 167
tecnica 313
tecnico 144
tecnologia 313
tecnologico 313
tedesco 414
teiera 238
telefonare 290
telefonata 290
telefono 290

telegiornale 287
televisione 287
televisore 287
tema 127, 132
temperatura 278
tempesta 280
tempio 251
tempo 278, 354
tempo libero 188
temporale 280
tenda 233, 247
tenere 84, 94
tenero 42
tennis 184
tentativo 90
teologia 135
teoria 315
teorico 315
terminal 259
termometro 378
terrazza 229
terremoto 280
terreno 226, 273
terribile 59
territorio 273
terrorismo 339
terroristico 339
terzo 375
tesi 132
tessuto 320
test 117
testa 97
testamento 51
testare 117
testimone 344
testo 125
tetto 225
ti 395
tifoso 186
tigre 269
timbrare 256
timbro 150
timido 24
tipico 385
tipo 44, 383
tiramisù 220
tirare 84, 180
tirchio 23
tirocinio 133
tisana 216
titolo 159, 288
toast 207
toccare 63
toccare a 196
tofu 214

togliere 87
togliersi 29
toilette 229
tollerare 74
tomba 49
tonnellata 378
tonno 211
tono 163
topo 268
tornare 369
tornare a casa 243
torre 250
torrente 274
torta 208
tortura 341
tosse 102
tossire 102
tostapane 238
touchpad 298
touchscreen 298
tovaglia 239
tovagliolo 236
tradire 341
tradizionale 173
tradizione 173
tradurre 125
traduttologia 134
traduttore 144
traduttrice 144
traduzione 125
traffico 262
tragedia 168
traghetto 260
tragitto 264
traguardo 182
tram 255
trama 168
tramezzino 218
tramontare 277
tramonto 277
trasandato 28
trascurare 93
trasformare 86
trasmettere 287
trasmissione 287
trasportare 261
trasporto 261
trattare 85
trattattiva 337
trattoria 217
tre 373
tredicesimo 376
tredici 373
tremare 104
treno 256

trenta 374
trentesimo 377
triangolo 371
tribunale 344
trimestre 131
triste 59
tristezza 58
troppo 379, 399
trovare 85
truccarsi 114
trucco 114
truppa 340
tu 393
tua 397
tubetto 114
tue 397
tulipano 270
tuo 397
tuoi 397
tuorlo 213
Turchia 417
turco 417
turismo 243
turista 243
turistico 243
turno 156
tutto 379
Tutto bene! 82
tutto 379
twittare 292

U

ubbidire 73
ubriaco 106
uccello 268
uccidere 346
udito 64
UE 337
ufficiale 146, 341
ufficio 147
ufficio cambio 305
ufficio informazioni 257
ufficio personale 137
ufficio turistico 254
uguale 383
ultimo 359
ultimo dell'ano 175
umano 47
umore 23
umorismo 23
un 392

un altro 382
un'altra 382
un miliardo 374
un milione 374
un po' 380
una 392
undicesimo 376
undici 373
uniforme 341
unione 336
Unione Europea 337
unirsi 336
unirsi a 46
unità 336
università 129
università popolare 140
universo 277
uno 373, 392
uomini 15
uomo 15
uomo d'affari 146
uovo 213
urgente 360
urlare 79
urlo 78
USA 417
usanza 173
usare 84
usato 194
uscire 176, 369
uscita 228, 253
uscita di sicurezza 112
uso 86
utile 92
utili 307
utilizzabile 312
utilizzare 88
uva 209

V

va bene 72
Va bene! 74
vacanza 242
vacanze 242
vagone letto 258
vagone ristorante 258
Vai via! 83
valere la pena 306
valido 244
valigia 244
valle 273

valore 307
vantaggio 77
vari 399
vasca da bagno 232
vaso 239
vassoio 239
vecchiaia 48
vecchio 49
vedere 62
vedersi 44
vedersi in
 Skype® 292
vedova 17, 50
vedovo 17, 50
vegana 206
vegano 206
vegetale 310
vegetariana 206
vegetariano 206
veicolo 264
veloce 179
velocità 367
vendere 193
vendita 193
venerdì 351
Venerdì Santo 175
venire 368, 404
venire a prendere 261
venire da 17
ventesimo 376
venti 374
ventidue 374
ventiduesimo 377
ventiquattresimo 377
ventitreesimo 377
vento 279

ventoso 279
ventunesimo 377
ventuno 374
veramente 389
verbo 125
verde 370
verdura 208
vergogna 61
vergognarsi 61
verità 287
vernice 191
vero 288
versare 223, 307
verso 363
vertigini 105
vestirsi 29
vestito 30, 34
veterinario 143
vetrina 197
vetro 318
vi 395, 396
via 17
viaggiare 242
viaggio 242
vicino 44, 362
videogiochi 299
videogioco 299
vietare 72
vietato 72
vigili del fuoco 111
vigilia di Natale 174
vigliacca 22 22
vigliacco 22
villetta a schiera 225
villetta unifamiliare
 224

vincere 182
vincitore 182
vincitrice 182
vino 215
vino frizzante 216
viola 370
violentare 347
violento 347
violenza 347
violino 162
virgola 126
virtuale 296
virus 105
visita 107
visita guidata 249
visitare 107, 249
vista 64, 251
visto 245
vita 47
vitamina 207
vite 191, 270
vitello 211, 268
vittima 346
vittoria 182
vivavoce 291
vivere 47
vivo 47
voce 161
voi 393, 394, 396
volare 259
volentieri 389
voler bene a 40
volere 69, 404
volo 259
volontà 69
volpe 269

volta 357
volume 160, 161
Vorrebe ... ? 81
Vorrei ... 81
Vorresti ... ? 81
vostra 397
vostre 397
vostri 397
vostro 397
votare 335
voto 118, 335
vulcona 275
vuoto 222

W
wi-fi 291
würstel 211

Y
yogurt 212

Z
zaino 245
zero 373
zia 37
zio 37
zitto 65
zona 253
zona pedonale 254
zoom 189
zucchero 214
zucchina 209

A
a 394, 395
a/à 399
a/para ele 395
à(s) senhora(s) 396
abaixar 88, 197, 306
abandonar 89
abastado 326
abastecer 263
abatimento 197
aberto 192
abeto 270
abobrinha 209
aborto induzido
 106
abraçar 40

abraço 40
abridor de garrafa
 238
abridor de lata 239
abril 350
abrir 228
absolutamente 390
absolver 347
absurdo 55
acabar 361
academia 132, 179
acampamento 247
acampar 247
ação 87, 308
aceitar 74
acender 239

acertar 185
achar 52, 53, 54, 85
acidente 110
ácido 201
aço 317
a coisa em comum
 47
a colega de classe
 129
acomodar-se 231
acompanhamento
 220
acompanhar 46
aconchegante 232
aconselhar 73
acontecer 86, 172

acontecimento 173
acordar 86, 89
acordo 76
acordo coletivo de
 trabalho 155
acostumada 22
acostumado 22
acostumar-se 103
açougue 198
açougueira 143
açougueiro 143
acreditar 53
acrescentar 205
açúcar 214
acusado 344
acusar 344

adega 229
Adeus! 81
adiantar 312
à direita 363
adivinhar 191
adjetivo 125
administração 342
administrador 141
administradora 141
admiração 59
admirar 59
admirar-se 55
adoecer 101
adormecer 86
adotar 39
adquirir 193
adubar 310
adubo 310
adulta 48
adulto 48
advérbio 125
adversária 182
adversário 182
advertir 66, 281
advogada 142
advogado 142
a ela 395
à época 356
aeronáutica 340
aeroporto 259
à esquerda 363
afeto 43
a fim de que 387
afirmar 76
afixar 88
afresco 166
África 418
africana 418
africano 418
afundar 260
agência de empregos 154
agência de trabalho temporário 154
agência de viagem 243
agenda 147
agir 83
agitada 59
agitado 59
agora 354
agora mesmo 359
agosto 350
agradar 57
agradável 57
agradecer 69

agradecida 60
agradecido 60
agressiva 60
agressivo 60
agrícola 308
agricultura 308
agroturismo 245
água 271
água mineral 215
aguar 309
aguardente 216
aguardente de bagaço 215
aguda 163
agudo 163
agulha 192
aids 105
ainda 356
ainda que 402
ajuda 92
ajudar 92
ajustar 314
ajustar-se 30
alaranjado 370
alarme 111
albanês 418
Albânia 418
albergue da juventude 247
alcachofra 210
alcançar 369
alçar 88
álcool 215
alcoólatra 106
aldeia 252
alecrim 213
alegre 21
alegria 56
além de 382
além disso 403
Alemanha 414
alemão 414
alergia 104
alfabeto 124
alfândega 246
algo diferente 382
algo mais 382
algodão 318
alguém 398
alguma vez 357
algumas 398
alguns 398, 399
alho 210
ali 362, 403
alimentação 203
alimentos 200

alimentos naturais 206
alma 332
almoçar 221
almoço 221
alojamento 246
alpinismo 181
alpino 274
alta 26
alternativo 311
alto 26, 161, 364
alto-falante 164
altura 364
alugar 225, 226
aluguel 225
alumínio 317
aluna 128
aluno 128
amanhã 355
amanhecer 277
amar 40
amar-se 40
amarelo 370
amargo 201, 216
amarrar 192
ambiente 47
ambos 381
ambulância 111
ameaçar 347
América 416
América do Norte 416
América do Sul 416
América Latina 416
americano 416
a mesma 397
a meu ver 73
amiga 43
amigável 44
amigo 43
amistoso 44
amizade 43
amor 39
amoral 331
ancestral 39
andar 225
andar a cavalo 181
andar de barco a vela 184
anel 35
anexar 295
anfitriã 171
anfitrião 171
anglicística 134
ângulo 371

animal 268
animal doméstico 269
aniversário 171
aniversário de casamento 171
anjo 331, 349
ano letivo 132
anotação 148
anotar 148
anteontem 355
antepassado 39
antes 358
antes de 358
anticoncepcional 109
antiga 165
antigo 165
Antiguidade 323
antipática 21
antipático 21
anual
anúncio 261
anúncio de emprego 153
anúncio publicitário 303
ao 399
ao ar livre 230
ao contrário 403
ao longo de 363
ao menos 388
ao senhor 396
ao vivo 289
ao(s) senhor(es) 396
aonde 362
apagar 297
apaixonada 23
apaixonado 23, 40
apaixonante 186
apaixonar-se 40
aparelho 313
aparelho de som 164
aparência 24, 55
apartamento 224
a pé 366
apelido 18
apenas 359, 390
aperfeiçoar 140
aperitivo 216
apertado 32
apetite 200
apitar 186
aplaudir 170
aplauso 169
aplicativo 299

440 Índice remissivo

apoio 93
aposentadoria 155
apostar 190
aprender 115
aprendiz 133
apresentação 149, 168
apresentar 150
apressar-se 368
a propósito
aprovar 74
aproveitar 85
aproximadamente 380
aproximar-se 365
apto, apta 138
a que horas 353
aquecimento 232
aquela 397
aquele 397
aqui 362
aqui perto 362
aquilo 397
aquisição 193
ar 277
ar-condicionado 237
árabe 417
Arábia 417
árbitra 186
árbitro 186
área 253
área de pedágio 267
área de repouso 267
areia 274
Argentina 417
argentina 417
arma 339
armado 339
armário 231
aroma 63
arquiteto 143
arquitetura 134
arquivo 297
arranha-céu 226
arranjar 303
arredores 254
arriscado 190
arriscar-se 190
arroz 207
arrumado 241
arrumar 237, 384
arte 165
artesã 143
artesão 143
artigo 286, 301
artista 145

artística 167
artístico 167
árvore 268
as 396
as pessoas 44
às vezes 357
Ascensão de Maria 175
à senhora 396
Ásia 417
asiático 417
asilo 328
asno 269
aspirador de pó 240
assado 219
assaltar 348
assar 205
assassinar 346
assegurar 70
assemelhar-se 26
assento 258
assim 383
Assim espero! 82
assinalar 185
assinar 286, 342
assinatura 286, 342
assistência 343
assistente 142
assistente social 144
assistir à televisão 287
assunto 87
assustar-se 60
astronauta 278
astuta 21
astuto 21
atadura 109
atalho 265
ataque 105, 340
atar 192
até 356, 399
até agora 354
Até amanhã! 81
Até breve! 80
até lá 403
Até logo! 80
Até mais ver! 80
até mesmo 390
ateia 330
ateliê 167
a tempo 359
atenção 120
Atenção! 111
atender 107, 293
atenta 120
atentar a 93

atento 120
aterrissar 260
atestado médico 110
ateu 330
atirar 339
atitude 47
atividade 87
ativo 87
Atlântico 272
atleta 183
atlética 183
atlético 183
atletismo 183
atmosfera 277
ato 87, 168
ator 145
atraente 25
atrapalhar 78
atrás 363, 364
atrás de 363
através 364
atravessar 263
atriz 145
atual 361
atualização 137, 295
atualmente 361
atuar 169
atum 211
audição 64
audiovisual 300
auferir 155
aula 116
aumentar 306
aumento 155
Austrália 418
australiana 418
australiano 418
Áustria 415
austríaco 415
auto 149
autoestrada 253
automática 314
automático 314
automóvel 262
autônomo 138
autor 145
autora 145
autorização 71, 72
autorização de trabalho 157
autorizar 72
auxílio 92, 343
avarento 23
avaro 23
avelã 210
aventura 245

a vez 357
avião 259
avisar 65, 66, 281
avô 37
avó 38
a vocês 394
avós 38
a vós 394
azar 188
azedo 201
azeite 213
azul (claro) 370
azul (escuro) 370

B

bacalhau 212
bacharelado 132
bactéria 105
bagagem 244
bagunça 241
bailarina 145
bailarino 145
baile 176
bairro 252
baixa 26
baixar 88, 197, 292, 306
baixo 26, 161, 162, 364
baixo teor de 207
bala 214
balança 238
baldear 255
balé 168
baleia 269
balsa 260
banana 209
banca de jornal 199
banco 304
banco de dados 300
banda 163
bandeira 338
bandeja 239
banheira 232
banheiro 229
bar 217
bar noturno 178
barato 194, 261
barba 28
barbeador 114
barco 260
barraca 247
barriga 97

barulho 63
basílica 249
basquete 184
bastante 379, 399
bastar 222
batalha 339
batata 209
batatas fritas 214, 218
bater 88, 183, 192
bater papo por internet 292
bateria 164, 314
batida 110
batismo 173
batizar 173
batom 114
bêbada 106
bêbado 106
bebê 15
beber 200
bebida 215
bebida não alcoólica 216
bed and break-fast 247
beijar 40
beijar-se 40
beijo 40
bela 25
beleza 25
belga 415
Bélgica 415
belo 25
bem 118, 301
Bem-vindo! 81
Bem, obrigado! 81
berinjela 209
best-seller 160
Bíblia 332
biblioteca 159
bicicleta 262
bicicleta de pedal assistido 264
bife 211, 212
bigode 28
bilhete 148, 255
bilhete de ida e volta 258
bilhete único 255
bilheteria 257
biocombustível 267
biografia 159
biologia 134
biológico 311
biquíni 32

biscoito 214
bisteca suíça 212
bloco de apartamentos 225
bloco de notas 150
blog 293
bloquear 265
boa 19
boa forma 183
Boa noite! 80
Boa viagem! 243
boate 176
boca 97
bocado 203
bochecha 99
bola 180
bola de futebol 180
boletim 118
bolo 208
bolsa 34, 308
bolsa de estudos 133
bolsa de viagem 245
bolso 33
bom 19, 119
Bom apetite! 200
Bom dia! 80
Bom divertimento! 177
bom humor 23
bomba 313
bombeiros 111
bombom 214
bonde 255
boné 34
bonificação 157
bonita 24
bonito 24
bônus 157
borboleta 269
borda 371
borracha 150, 319
bosque 272
bota 33
botar 84
botões 34
boutique 199
bracelete 35
braço 98
branco 370
Brasil 417
brasileiro 417
brava 78
bravo 78
breve 356
brilhar 276

brincadeira 177
brincar 178, 187
brinco 35
brioche 207
britânico 415
brócolis 210
bruto 308, 318
budista 330
bula de remédio 109
bule 238
boi 268
burro 269
buscar 123

C

cabeça 97
cabeleireira 142
cabelo 27, 99
cabide 233
cabine 261
cabo 313
cabra 268
caça 189
caçada 189
cachecol 35
cachimbo 214
cada 398
cada um 398
cadáver 51
cadeia 347
cadeira 231
cadeira de rodas 109
cadeira giratória 150
caderno 116
café 215
café com leite 215
café da manhã 221
cafeteria 217
cair 367
caixa 194, 204, 240
caixa de correio 285
caixa de mensagens 294
caixa eletrônico 305
calar 67
calçada 253
calçadão 254
calças 30
calculadora 150
calcular 375
calendário 147
calma 21
calmo 21
calor 278

cama 231
camada 327
camarão 212
camareira 142
camareiro 142
caminhada 181
caminhão 264
caminho 273
camisa 31
camiseta 31, 33
camiseta regata 33
camisola 32
campainha 234
campanário 250
campeonato mundial 185
camping 247
campo 182, 252, 309
camponês 143
camponesa 143
Canadá 417
canadense 417
canal 274
canção 161
cancelar 243, 260
câncer 105
candidatar-se 151
candidatura de emprego 151
canedele 219
caneta 148
caneta esferográfica 149
caneta-tinteiro 148
canivete 189
cansada 86
cansado 86
cansativo 90
cantar 161
canto 164
cantor 145
cantora 145
cão 268
CAP 285
capa de chuva 30
capacete 266
capacidade 141
capaz 138
capela 250
capitã 146
capital 342
capitalismo 336
capitão 146
capítulo 160
cappuccino 215
captura de tela 299

caqui 210
cara 16, 25, 44
característica 318
característico 385
Caramba! 83
caráter 22
carbono 319
cárcere 347
cardápio 220
carência 325
carga 261
carga horária de trabalho 156
cargo 342
cárie 106
carimbar 256
carinhosa 42
carinhoso 42
Carnaval 175
carne 211
carne bovina 211
caro 194
carpete 233
carregar 84, 261
carreira 152
carreira acadêmica 132
carrinho de compras 197
carro 262
carta 284
carta de vinhos 223
cartão de crédito 305
cartão de débito 305
cartão de visita 147
cartão-postal 284
cartão recarregável 291
cartão telefônico 291
cartas 188
carteira 34, 143
carteira de identidade 244
carteira de motorista 262
carteiro 143
carvalho 270
casa 224
casa de câmbio 305
casa geminada 225
casa popular 226
casaco 30
casado 16
casal 41
casamento 41

casar-se 41
casca 203
castanho 27
castelo 250
catástrofe natural 282
catedral 249
categoria 248
católico 329
catorze 373
causa 387
causar 387
cavalgar 181
cavalo 268
caverna 275
CD 163
CD-ROM 296
cear 221
cebola 210
cedo 359
cédula 304
cego 103
ceia 221
celebrar 171, 173
célebre 182
celular 291
cem 374
cem gramas 378
cemitério 253
cena 168
cenoura 209
censurar 160
centavo 305
centeio 208
centésimo 377
centímetro 378
central elétrica 315
central nuclear 315
centro 252
centro comercial 198
centro de informações turísticas 254
CEP 285
cerca de 380
cereais 208
cérebro 98
cereja 209
certa 91
certeza 91
certidão 342
certificado 342
certo 91
cerveja 215
cervejaria 217
céu 276
cevada 208

chá 215
chá de ervas 216
chamar 16, 65
chamar-se 16
chance 152
chanceler 334
chantilly 212
chapéu 34
chata 60
chato 60
chave 234
chave de fenda 191
chefe 139
Chega! 83
chegada 242
chegar 222, 242
chegar a um acordo 76
chegar perto 365
cheia 277
cheio 222
cheirar mal 64
cheiro 63
chicória 210
China 417
chinês 417
chocar-se 110
chocolate 214
choque 105, 110
chorar 56
chover 279
chucrute 210
chumbo 319
chuva 279
chuveiro 229
cidadã 246, 341
cidadania 19
cidadão 246, 341
cidade 17, 252
ciência 315
ciências naturais 134
ciências políticas 135
ciências sociais 135
científico 315
cientista 144
cigarro 214
cimento 319
cinco 373
cinema 167
cinquenta 374
cinto, cinta 35
cinto de segurança 266
cinza 370
cinzeiro 239

circo 173
círculo 371
círculo de amizades 44
citação 160
ciumento 42
civil 327
clandestino 328
clara 28, 75
clara do ovo 213
claro 28, 75, 371
classe 128
classe social 327
clássica 163
clássico 163
clicar 296
clicar em (curtir) 292
cliente 196
clima 278
clínica 108
clube 46
coagir 73
coberta 234
cobertura 294
cobra 269
cobrador 258
cobre 319
cobrir-se 234
coca 215
código de endereçamento postal 285
coelho 212, 269
cogumelo 270
coisa 87, 88
cola 150
colaboração 139
colar 35
colchão 233
coleção 190
colecionar 190
colega 137
colheita 309
colher 236, 309
colherzinha 236
colina 271
colinoso 271
colisão 110
colocar 84
colocar o cinto de segurança 266
colônia 324
colonizar 324
colorido 371
colunas 251
com 399, 400
com certeza 71

com frequência 357
Com licença? 70
com preço bom 194
com todas as letras 75
combate 339
combater 339
combinado 74
combinar um encontro 45
começar 360
começo 360
comédia 168
comentário 288
comer 200
comer merenda 218
comercial 137, 261, 287
comerciante 146
comércio 301
cômica 21
cômico 21
comida 200
comida de rua 203
comissária de bordo 145
comissário de bordo 145
como 27, 388, 402
Como vai o senhor, a senhora? 81
Como vai você? 81
Como? 67
comodidade 226
cômodo 232
comover 61
compaixão 60
companheira 42
companheiro 42
companhia aérea 259
comparar 384
comparável 384
compartimento 257
competência 153
competente 138, 139, 141
competição 182
competidor 182
completamente 390
completo 194
compositor 145
compositora 145
compra 193
compras 193
compreender 115

compreensão 123
compreensível 123
comprido 32
comprimento 365
comprimido 107
computador 296
comum 44
comumente 385
comuna 343
comunicação 140
comunicado 66
comunicar 66
comunismo 336
conceder 72
concentração 122
concentrar-se 123
concerto 162
concordar 77
concorrência 303
concreto 319
concurso 152
condição 388
condimento 213
condolências 50
conexão 257
confeitaria 217
conferência 140
confessar 346
confiança 93
confiar 94
confirmação 245
confirmar 245
confissão 331
conflito 339
confortável 226, 232
conforto 226
congelado 201
congelador 238
congelar 281
congestionamento 265
congratular 172
congresso 140
conhecido 46
conhecimento 45, 123
conquistar 321
consciência 331
consciente 55
conseguir 91
conselho 73
conselho administrativo 303
consequência 388
consertar 302
conservar 204

considerar 54
constante 357
constituição 346
construção 225
construir 225
consulado 334
consulta 107
consultório 107
consumidor 302
consumidora 302
consumir 264
conta 195, 222, 292
conta-corrente 307
contador 142
contadora 142
contagiosa 105
contagioso 105
contaminar 283
contar 64, 375
contar com 94
contatar 46
contato 46
contêiner 261
contente 56
conter 380
conteúdo 380
continente 271
continuamente 357
continuar 360
conto 158
contra 75, 401
contraceptivo 109
contrário 385
contratar 151
contrato 155
controlador 258
convencer 74
convencida 74
convencido 74
conversa 64
conversar 66
converter 305
convicta 74
convicto 74
convidar 45, 71
cooperação 139
cópia de segurança 300
copiar 297
copo 235
coquetel 216
cor 370
cor da pele 28
coração 98
coragem 22
corajosa 22

corajoso 22
coral 164
corda 192
cordão 192
cordeiro 212
cordial 20
coro 164
coroa 321
corpo 97
corredor 230
correio 284
correndo 179
corrente 274
correnteza 274
correr 179, 181
correspondência 148
correta 117
correto 117
corrida 178
corrigir 120
cortar 203
corte de cabelo 27
cortina 233
costa 272
costas 98
costeleta 212
costume 173
cotidiano 352
cotovelo 99
couro 318
couve-flor 210
couvert 222
covarde 22
coxa de frango 211
cozido 203, 218, 219
cozinha 228
cozinhar 202
cozinheiro 143
cremar 50
creme 113
creme dental 113
crente 329
crer 329
crescer 49
criação 311
criança 16
criar 49, 165, 311
crime 345, 347
criminalidade 347
crise 336
crise da meia-idade 50
cristã 329
cristão 329
crítica 75
criticar 75

Croácia 418
croata 418
cru 203, 318
cruz 371
cruzamento 252
cruzeiro 261
cueca 32
cuidado 121
cuidadoso 20
cuidar de 38
culpa 345
culpado 345
cultivar 309
cultura 250
cultural 250
cume 271
cunhada 38
cunhado 38
cúpula 251
curada 100
curado 100
curar-se 100
curativo 109
curiosidade 23
curioso 23
currículo 153
curso 116
curso universitário 132
cursor 298
curta 32
curto 32, 356
curva 265
custar 194
custo 197

D

dado 188
dados 297
damasco 209
dança 169, 176
dançar 176
daqui a 355
daquilo 403
dar 72, 95
dar a seta 265
dar as boas-vindas 172
dar de comer a 310
dar marcha a ré 263
dar nojo 61
dar o troco 195
dar sinal 265
dar uma carona a 267
dar uma corrida 179
dar-se 172
data 354
datilografar 149
da União Europeia 326
de 400
de acordo 74
de bom grado 389
de cor 122
de cor única 34
de costume 385
de fora da União Europeia 327
de frente para 363
de listras 34
de luxo 196
de memória 122
de mim 394
De nada! 69
de novo 360
de outro modo 391
de propósito 92
de repente 389
debaixo 364
decepção 60
decepcionar-se 60
decidir 90
décimo 376
décimo nono 376
décimo oitavo 376
décimo primeiro 376
décimo quarto 376
décimo quinto 376
décimo segundo 376
décimo sétimo 376
décimo sexto 376
décimo terceiro 376
decisão 90
declaração 65
declarar 65, 246
decolar 260
decoração 174
dedicar-se 189
dedo 98
dedo anelar 99
dedo indicador 99
dedo médio 99
defender 340
defesa 339
deficiente 103
deficiente físico 103
definitivo 360
deitar-se 367
deixar 83, 246, 327, 361
deixar cair 88
deixar para 95
Deixe-me em paz! 83
delicada 26
delicado 26
delicioso 201
delinquente 347
delito 345
demais 379, 399
demandar 67
demissão 152
demitir 152
demitir-se 152
democracia 333
democrático 333
demonstrar 346
dente 97
dentista 142
dentro 230
dentro de 356
denunciar 344
departamento 138
departamento de recursos humanos 137
depois 358, 359
depois de amanhã 355
depois que 359
depositar 307
deprimida 21
deprimido 21
deputado 335
derrota 183
derrotar 183
desacelerar 368
desagradável 57
desajeitada 141
desajeitado 141
desaparecer 369
desarmamento 339
desativar 295
descansar 86
descanso 244
descascar 203
descer 367
descida 181
descoberta 312
descobrir 312
desconfiança 94
desconto 197, 251
descrever 120
descrição 123
descuidado 28
desculpa 70
desculpar 70
desculpar-se 70
Desculpe-me 70
desde 400
desejar 70
desejo 69
desembrulhar 174
desempregada 151
desempregado 151
desemprego 151
desenhar 166
desenho 166
desentendimento 77
desenvolver 316
desenvolvimento 316
desenvolvimento econômico 304
deserto 273
desesperada 62
desesperado 62
desfrutar 177
desgosto 62
desilusão 60
desinstalar 297
desleixado 28
desligar 232, 293, 296
desmaiar 103
desnatado 206
desordem 241
despedir 152
despertador 237
despertar 86, 89
despesas 227, 307
despir-se 29
desprazer 62
destino 62
destruição 282
destruir 282
desvantagem 77
desvio 265
detalhe 166
detento 347
detergente 240
deus 330
dever 93, 306, 404
devolver 96
dez 373
dezembro 350
dezena 381
dezenove 374
dezesseis 373
dezessete 373
dezoito 373

Índice remissivo

dia 351
dia de Natal 175
dia de são Estevão 175
dia do ano-novo 175
dia onomástico 174
dia útil 349
diabetes 104
diabo 331
diálogo 168
diante de 363
diário 159, 352
diarreia 105
dicionário 125
dieta 205
diferença 385
diferente 383
difícil 120
dificuldade 119
digerir 204
digestão 204
digestivo 216
digital 296
digitar texto 300
dígito 374
diminuir 306, 375
Dinamarca 415
dinamarquês 415
dinheiro 304
dinheiro trocado 195
diplomata 146
diplomático 337
direção 138, 364
direito 135, 344, 363
direito internacional 337
direitos humanos 346
direto 257
diretor 129, 139, 145, 146
diretora 129, 146
diretora de teatro/cinema 145
diretoria 139
dirigir 137, 169, 262
discar 290
discar o número errado 290
disciplina 128
disco rígido 298
discoteca 176
discriminação 328
discriminar 328
discurso 76
discussão 76, 77
discutir 76, 77

disponível 196
dispositivo 313
distância 365
distanciar-se 365
disto 403
distraidamente 55
distribuir 96
ditado 127
ditadura 333
divã 233
diverso 383
diversos 399
divertido 177
divertimento 177
divertir-se 177
dívida 306
dividir 375
dividir a conta 223
divorciado 17
divorciar-se 43
divórcio 43
dizer 64
dizer respeito 76
do Estado 341
do que 398
do sul 275
dobrar 265
doce 201, 214
docente 144
documento de identificação 244
documentos 147
doença 100
doente 101
doer 101
dois 373
dólar 305
demanda 303
domesticado 310
domingo 351
dor
dor de cabeça 102
dormir 86
dormitório 229
dotado 124
doze 373
drama 168
drinque 216
droga 106
drogada 106
drogado 106
drogar-se 106
ducha 229
duplo 381
duração 357
durante 354

durar 356
duro 318
dúvida 61
duvidar 61
dvd 296

E

e 402
É isso aí! 82
e-book 299
ecologia 311
ecológico 282
economia 301, 305
economia empresarial 135
economia política 135
econômico 261
economizar 305
edição 286
edifício 224, 252, 253
editora 160
educação 122
educação artística 135
educador 144
educadora 144
educar 122
efeito 388
efetivo 316
eficaz 316
eficiente 316
egípcio 418
Egito 418
Eis! 82
ela 393, 394
elas 394
ele 393, 394
elefante 269
elegante 26, 29
eleição 335
eles 393, 394
eletricidade 312
eletricista 143
elétrico 312
eletrodoméstico 238
eletrônico 314
eletrotécnica 134
elevador 228
em 355, 399, 400, 401
em algum lugar 366
em casa 224

em cima 364
em dinheiro vivo 304
em espécie 304
em forma 183
em frente 363, 364, 365
em frente a 363
em linha reta 365
em lugar nenhum 366
em ordem 241
em parte alguma 366
em período integral 156
em ponto 353
em razão de 387
em seguida 359
em tempo 359
em todo caso 391
Em todo caso 83
em torno de 363
em vão 390
em volta de 363
emagrecer 28
e-mail 292
embaixada 334
embaixador 146
embaixatriz 146
embaixo 364
embarcar 261, 367
embriagada 106
embriagado 106
embrulhar 174
emigrado 327
emigrar 328
empenhar-se 91
empolgante 59
empregada 136
empregada doméstica 141
empregado 136, 151
empregado doméstico 141
empregador 152
empregadora 152
empregar 88, 151
emprego 151
empresa 301, 302
empresária 146
empresário 146
emprestar 95
empréstimo 308
empurrar 84
encarregar 73
encenar 168
enchente 282

encher 85, 223
encher o tanque 264
enciclopédia 123
encontrar 45, 85
encontrar-se 44
encontro 45, 149
encorajar 93
encosta 273
endereço 17
endereço de e-mail 295
energia 314
energias renováveis 283
enfeitar 174
enfermeira 142
enfermeiro 142
enganar 348
enganar-se 117
engarrafamento 265
engenharia mecânica 134
engenheira 144
engenheiro 144
engolir 204
engordar 28
engraçada 21
engraçado 21, 178
enigma 190
enjoo 102
enojar 61
enquanto 354
enraivecer-se 78
enredo 168
ensinar 128
ensino a distância 121
ensino fundamental 130
ensino médio 130
ensopado 219
então 356, 388
entediar-se 60
entender 115
entender de 138
entender-se 46
entornar 236
entrada 167, 220, 228, 250, 307
entrar 246, 368
entrar em contato 46
entrar em/num acordo 76
entrar na fila 196
entre 401
Entre! 81

entregar 96, 285
entrevista 288
entrevista de emprego 152
entusiasmado 59
entusiasmo 59
envelope 285
envergonhar-se 61
enviar 284, 285
enxergar 62, 113
enxugar(-se) 237
Epifania 176
época 323, 355
equipamento 248, 313
equipe 139, 179
equivocar-se 117
errada 117
errado 117
errar 117
erro 117
erva aromática 213
erva-doce 210
ervilha 210
esbarrar 110
escada 191, 228
escada rolante 197
escala 260, 314
escalar 185
escanear 298
escavação 322
esclarecer 116
escola 127
escola em período integral 131
escola noturna 140
escola particular 131
escola profissionalizante 131
escola pública 131
escola técnica 130
escolar 127
escolha 196
escolher 194
escorregar 368
escova 113
escova de cabelos 113
escova de dentes 113
escravo 324
escrever 148, 158
escrever em um blog 295
escrita 118
escrito 118

escritor 144
escritora 144
escritório 147
escrivaninha 147
escultor 145
escultora 145
escultura 166
escura 28
escuridão 371
escuro 28, 371
escutar 161
esfera 371
esforçar-se 90
esforço 90
esgotado 194
Eslovênia 419
esloveno 419
esmalte 114
espacial 276
espaço 276
espaço de memória 299
Espanha 415
espanhol 415
espantoso 60
esparadrapo 109
especial 383
especialidade 218
especialista 140, 153
especialista em direito comercial 146
especializar-se 141
especialmente 383
especiaria 213
espécie 383
espelho 237
espelta 208
esperança 53
esperar 53, 54, 256
Espero que não! 82
Espero que sim! 82
esperta 21
esperto 21
espetáculo 167
espinafre 210
espinha 212
espírito 330
esporte 178
esportiva 178
esportivo 178
esposa 41
espremer 205
espumante 216
esquecer-se 52
esquecer(-se) 52
esquentar 203

esquerdo 363
esqui 180
esqui cross-country 180
esquiar 180
esta 397
esta manhã 351
esta noite 352
estabelecer/contrair uma união civil 43
estação 248, 256, 289, 349
estação de ônibus 255
estação final 256
estacionamento 253
estacionar 263
estada 244
estádio 179
Estado 341
estado civil 19
Estado do Vaticano 414
Estados Unidos 416
estágio 133
estampa 34
estante 233
estar 404
estar ausente 120
estar bem 100
estar cansado/cansada 58
estar com dor 101
estar com tédio 60
estar comprometido/comprometida 42
estar contente 56
estar de acordo 77
estar de passagem 245
estar em greve 154
estar errado 74
estar farto/farta 58
estar inconsciente 103
estar namorando 42
estar no primeiro emprego 153
estar sentado 231
estar vivo/viva 47
estar/fazer frio 279
estatal 341
este 397
estender a mão 46
estilo 166
estimulante 59

Índice remissivo 447

estipular 308
estômago 99
estrada 252
estrada vicinal 253
estragar 204
estrangeira 326
estrangeiro 326, 334
estranha 61
estranho 61, 62
estrela 170, 276
estresse 106
estudante 129
estudar 115
estudos 129
estupidez 21
estúpido 22
etíope 418
Etiópia 418
eu 393
Eu gostaria de ... 81
Eu sinto muito! 70
EUA 417
euro 305
Europa 414
europeu 414
evento 173
evidente 75
exagerar 77
exagero 77
exame 117
exame nacional de conclusão do ensino médio 131
examinar 347
exatamente 389
exato 75, 195, 313
exceção 384
excelente 119, 201
excepcional 173
exceto 384
excitante 59
excursão 249
executar 70
exemplo 116
exercer 136, 342
exercício 116
exercitar-se 116
exército 339
exigência 67, 71
exigir 67
existência 330
exortar 71
expedir 284
experiência 152
experimentar 29
experimento 315

expirado 244
explicar 116
explodir 338
expor 165
exportar 302
exposição 165
exposição oral 140
expressão 66
expressar 66
expressar-se 66
exprimir 66
exprimir-se 66
exterior 245, 334
externo 334
extraordinário 385
extremo 386

F

fábula 159
faca 236
face 25, 99
fachada 226
fácil 120
faculdade 131
falar 64
falar com 76
falar por Skype 292
falar por telefone 290
falta 325
faltar 120
família 36
família ampliada 39
familiar 36
famosa 186
famoso 182, 186
fantástico 173
farinha 208
farmacêutica 142
farmacêutico 142
farmácia 107
farol 263
fascismo 324
fast-food 217
fatia 203
fato 289
faturamento 302
fava 210
favor 57, 92
favorito 57
faz 355
fazenda 309
fazer 83
fazer a barba 113
fazer a limpeza 240

fazer amor 42
fazer bricolagem 188
fazer calor 278
fazer compras 193
fazer conta 375
fazer contas separadas 223
fazer corrida 181
fazer download 292
fazer fila 195
fazer greve 154
fazer log-in 292
fazer log-out 292
fazer mágicas 190
fazer mergulho 185
fazer o cabelo 27
fazer o *check-in* 247
fazer o pedido 222
fazer reclamação 195
fazer rir 177
fazer saber 65
fazer soar 234
fazer trabalhos manuais 188
fazer troça de 177
fazer um lanche 218
fazer uma radiografia 109
fé 329
febre 102
fechado 192
fechadura 234
fechar 228
fechar à chave 234
fecho 34
feder 64
federal 343
federativo 343
feia 25
feijão-branco 210
feijão-verde 210
feio 25
feira de antiguidades 174
felicidade 55
felicitação 172
feliz 55
feminino 18
feno 310
feriado 349
feriado nacional 175
feriado religioso 175
férias 242
ferida 102
ferimento 102

ferir-se 102
ferramenta 188
ferramenta de busca 300
ferro 317
ferro de passar 237
ferrovia 256
ferry-boat 260
fértil 310
fertilizante 310
fertilizar 310
ferver 202
festa 171
festejar 171
festival 174
fevereiro 350
ficar 94, 30, 360
ficar chateado/ chateada 78
ficar com raiva 78
ficar de pé 367
ficar doente 101
ficar grávida 50
ficar sentado 231
ficar/estar/ser careca 28
ficção 159
fiel 41, 329
figurino 169
fila 195
filé 212
filha 37
filha adotiva 39
filho 37
filho adotivo 39
filhos 37
filme 167
filme fotográfico 187
filosofia 135
filtro solar 114
fim 361
fim de semana 185, 359
final 185, 359
finalmente 359
financeiro 307
finlandês 415
Finlândia 415
fio 192
Fique à vontade! 81
firma 301
física 134
físico 100
fisioterapeuta 144
fixar 88
flash 187
flauta 162

flecha 372
flor 268
florescer 309
florista 199
fofoca 67
fogão 235
fogo 280
fogos de artifício 174
folha 148, 269
Folia de Reis 176
fome 200
fonte 251, 274
fora 230
fora da validade 244
fora de moda 33
Fora! 83
força 101
força elétrica 312
forçar 73
forma 25, 183, 371, 388
formação 133
formar 133
formar-se 132
formulário 342
forno 235
forte 26, 101, 161
fósforo 239
foto 187
fotocópia 147
fotocopiadora 150
fotocopiar 147
fotógrafa 143
fotografar 187
fotografia 187
fotógrafo 143
fraco 101
frade 332
frágil 318
fralda 114
framboesa 210
França 415
francês 415
frango 211
frase 124
frear 265
freio 265
freira 332
frequentar 120
frequente 357
fresco 201, 279
frigideira 235
frio 278, 279
frios 211
fritar 205
fronteira 338

fruta 208
frutos do mar 212
fugir 340
fumante 106
fumar 106
função 311
funcionar 312
funcionária 139, 147
funcionário 139, 147
funeral 49
fungo 211, 270
furado 265
furto 345
futebol 180
futuro 356

G

gado 310
galeria 166, 254
galho 269
galinha 268
galo 268
gancho 191
ganhar 155
ganhar a vida 155
garagem 229, 253
garantia 71
garantir 70, 71
garfo 236
garota 16
garrafa 215
gás 317
gasolina 263
gastar 194
gato 268
gaveta 233
gay 42
geada 280, 281
gear 281
geladeira 235
geleira 274
gelo 215, 280
gema do ovo 213
gêmeo 39
general 147
gênero policial 158
generoso 23
genial 173
genro 39
gente 44
gentil 20
gentileza 57
geografia 134
geração 50

geral 385
geralmente 390
germanística 134
ginásio de esportes 179
girar 84
girassol 270
giz 129
globalização 304
glúten 207
gol 180
gola 33
golfe 184
golfinho 269
gorda 26
gordo 26
gordura 205
gorduroso 206
gorjeta 223
gostar 40, 57
gostar de 201
gosto 64
governar 333
governo 333
GPS 264
Grã-Bretanha 415
grama 268, 378
gramática 126
grampeador 150
grande 25
granizo 281
granola 208
grata 60
gratificação 157
gratinado 205
grátis 197
grato 60
gratuito 197
grau 378
gravar 299
gravata 35
grave 163, 280
gravidez 50
Grécia 416
grego 416
grelhado 219
grelhar 205
greve 154
gripe 105
grisalha 27
grisalho 27
gritar 79
gritar/pedir por socorro 111
grito 78
grupo 384

guarda-chuva 35
guarda-roupa 230
guarda-sol 188
guarda-volumes 259
guarda-volumes com moeda 259
guardanapo 236
guerra 338
guerra civil 323
guia turístico 145
guiar 249, 262
guichê 285
guitarra elétrica 162

H

há 355
hábil 141
habilidade 141
habitante 342
hábito 103
habituada 22
habituado 22
habitual 385
habitualmente 385
habituar-se 103
hackear 300
hacker 300
hall de entrada 230
hambúrguer 220
handebol 184
hebraico 417
helicóptero 260
herdar 51
herói 341
heroína 341
hindu 418
hinduísta 330
história 134, 158
história da arte 135
histórico 322
hoje 354
hoje à noite 352
hoje de manhã 351
Holanda 415
holandês 415
home banking 293
homem 15
homem de negócios 146
homicídio 345
honesta 22
honestidade 22
honesto 22
honra 341

Índice remissivo 449

hóquei no gelo 184
hora 149, 353
hora extra 156
horário 257
horário das aulas 128
horário de pico 256
horário flexível 156
horrível 59
hospedagem 246
hóspede 45
hospital 108
hotel 246
humano 47
humor 23

I

ida 256
idade 48
Idade da Pedra 323
Idade Média 323
ideia 52, 336
ideologia 336
idosos 50
igreja 249
igual 383
ilegal 344
ilha 272
imagem 289
imaginação 160
imaginar 54
imbecil 22
imigrante 328
imigrante ilegal 328
imigrar 328
imóvel de dois
  cômodos 226
impaciente 20
impedir 72
imperador 321
imperatriz 321
imperialismo 324
império 321
implementar 70
importância 75
importante 75
importar 302
impossível 53
impostos 307
imprensa 288
impressão 53, 189
impressora 298
imprimir 298
imprudente 20
inacreditável 290

incapaz 138
incêndio 110
incerto 91
inchar 104
incluído 222
incomodar 57, 78
incompetente 138
incompreensível 123
independência 336
independente 336
Índia 418
indiana 418
indiano 418
individual 382
indústria 301
infância 48
infarto 105
infecção 104
infeliz 56
infelizmente 57
inferno 332
infiel 41
inflamação 104
inflamado 104
influenciar 333
informação 286
informar 286
informática 134
informe 288
Inglaterra 415
inglês 415
íngreme 273
ingresso 167
iniciante 153
iniciar 360
início 360
inimigo 338
injeção 109
injusto 345
inocente 345
inquietante 62
insatisfeita 58
insatisfeito 58
inserir 300
inseto 269
insípido 202
insistir 72
instalação 170
instalar 297
instrução 121
instruções 241
instrumento 162
insuportável 104
integral 194, 206
inteligência 122
inteligente 122

intenção 89
interativa 297
interativo 297
interessada 116
interessado 116
interessante 116
interessar-se por
  116
interesse 115
interface 299
interior 334
internacional 326
internet 292
interno 334
intérprete 144
interromper 361
interruptor 314
intervalo 128
intervenção 108
intimar 71
intolerância à lacto-
  se 207
inútil 92
inutilizável 312
invadir 300
invejar 61
invenção 312
inventar 313
inverno 349
investir 308
iogurte 212
ir 368
ir ao shopping 193
ir apanhar 261
ir embora 368
ir para a frente 262
ir pegar 261
ira 78
Irlanda 415
irlandês 415
irmã 37
irmão 37
irmãos 37
irrigar 309
irritada 78
irritado 78
irritar 78
irritar-se 78
irromper 338
islâmica 330
islâmico 330
isqueiro 239
Israel 417
israelense 417
israelita 417
isto 397

isto é 75
Itália 414
italianística 134
italiano 414

J

já 358, 359
jamais 357
janeiro 350
janela 228, 258
jantar 221
Japão 417
japonês 417
jaqueta 30
jardim 229
jardim de infância
  130
jardineira 143
jardineiro 143
jeans 30
joalheria 199
joelho 98
jogador 179
jogador de futebol
  180
jogadora 179
jogadora de futebol
  180
jogar 89, 187
jogar fora 283
jogo 181, 187
jogo final 185
joia 35
jornal 286
jornal diário 288
jornalista 144
jovem 15, 16, 48
jovens 48
judaico 330
judeu 330, 417
juiz 146, 186
juíza 146, 186
julho 350
junho 350
juntar-se 369
juntar-se a 46
junto com 363
juntos 382
jurar 346
juro 308
justiça 344
justo 345
juventude 48

L

lã 318
lá 362
la 394, 395
lábio 97
lactose 207
lado 365
lago 272
lágrima 62
lamentar 57
lamentar-se 78
lâmpada 239
lançar 89, 180
lanche 218
lanchonete 217
laranja 209
laranjada 216
lareira 230
larga 32
largada 182
largo 32, 365
largura 365
lasanha 219
lata 204
lata de lixo 237
laticínio 212
latim 135
latino americano 416
lava-louça 238
lavanderia 199
lavar 236
lavar a louça 236
lavar-se 112
leão 269
legal 344
legumes 209
lei 344
leite 212
leitor de CD 164
leitor de DVD 298
leitor de MP3 164
leitor 158
leitora 158
lembrança 52
lembrar 52
lembrar-se 52
lenço de papel 113
lençol 234
lentes de contato 35
lento 179
ler 158
lésbica 43
leste 275
letra 124
letras 134
levantar 86, 88
levar 46, 84, 95
levar a mal 78
levar em conta 54
leve 280
lhe 395
lhe(s) 396
lhes 395
liberdade 345
libertação 322
libertar 322
lição 116, 128
licença-maternidade 155
liceu 130
licor 216
lidar com 88
líder 333
ligação 290
ligação/chamada interurbana 294
ligação/chamada local 294
ligar 88, 232, 290, 296
ligar de volta 290
ligar o aquecedor 232
limão 209
limitar 386
limite 386
limonada 216
limpar 236, 240
limpo 237
língua 97
língua estrangeira 126
língua materna 126
linguado 212
linguagem 126
linguiça 211
linha 371
linha de chegada 182
linkar 297
líquido 308
lisa 34
liso 318, 366
lista 149
lista de compras 196
lista telefônica 294
listrado 34
literário 159
literatura 159
litro 378
livraria 198
livre 345
livro 158
livros de não ficção 159
lixeira 150, 237
lixo 283
lo 394, 395
lobo 269
local 254, 362
lógica 123
lógico 123
logo 359
loira 27
loiro 27
loja de departamentos 198
loja de eletrodomésticos 199
loja de equipamentos fotográficos 199
loja de ferragens 199
loja de roupas 198
loja de souvenirs 199
longa 32
longamente 357
longe 362
longo 32, 356
lotado 248, 258
louca 24
louco 24
lousa 129
Lua 276
lucrar 155
lucro 307
lugar 252
lugar 362
luminária 232
lutar 339
luto 50
luva 35
luxo 196
luz 232, 371

M

má 19
maçã 209
macaco 269
machucar-se 102
macrobiótico 206
madeira 317
maduro 204
mãe 36
mãe solteira 43
maestrina 145
maestro 145
magra 26
magro 26, 206
maio 350
maionese 213
maior de idade 18
maioria 335
mais 380, 389
mais ... 379
mal 119, 359
mal-educada 20, 23
mal-educado 20, 23
mala 244
mala de mão 34
malcriada 23
malcriado 23
Malta 418
maltês 418
mamãe 36
mancha 240
manchete 288
mandar 71, 284
maneira 388
manejar 88
manequim 31
mangas 33
manhã 351
manifestação 172
manifestar 337
manjericão 213
manteiga 212
manter 84, 94
manusear 88
mão 98
mapa 253
maquiagem 114
maquiar-se 114
máquina de café expresso 235
máquina de lavar roupas 236
máquina de venda automática de bilhetes 256
máquina digital 187
máquina fotográfica 187
maquinário 311
máquinas 311
mar 271
maravilhar-se 55
marca 386
marcar 185

março 350
maré alta 277
maré baixa 277
marés 277
margarina 214
margem 272, 371
marido 41
marinha 340
marinheira 146
marinheiro 146
marketing 137
mármore 319
Marrocos 419
marrom 370
marroquino 419
martelo 191
mas 402
masculino 18
massa 207
massagem 109
mastigar 204
matar 346
matemática 134
matéria 128
matéria-prima 319
material 88, 317
matrícula 121
matricular-se 121, 133
matrimônio 41
mau 19
me 394
mecânica 143, 314
mecânico 143, 314
medalha 186
média 121
medicamento 107
medicina 135
médico 107, 142
medida 87, 314, 378
médio 385
medir 378
Mediterrâneo 271
medo 58
meia 31
meia hora 353
meia pensão 248
meia-calça 33
meia-noite 352
meio 47, 353, 379, 390
meio ambiente 280
meio de transporte público 255
meio período 156
meio-dia 351

mel 214
melancia 210
melão 209
melhor 119
Melhor assim! 82
melhora 121
melhorar 118, 140
melodia 163
membro 44
membros 99
memória 122
memorizar 122
mencionar 66
menina 16, 18
menino 16, 18
menor de idade 18
menos 380
Menos mal! 82
mensagem 65
mensagem de erro 297
mensal 349
mental 100
mentir 79
mentira 79
mercado 198
mercado de pulgas 174
mercadoria 301
mercearia 198, 199
merenda 218
mergulhar 185
meridional 275
merluza 211
mês 349
mesa 231
mesmo 385, 389
mesmo assim 402
mesquita 249
mestrado 132
metade 379
metal 317
método 316
metrô 255
metro 378
meu 397
Meu Deus! 83
mexerica 209
micro-ondas 238
mil 374
milésimo 377
milho 210
milímetro 378
milionésimo 377
mim 394
mindinho 99

minestrone 219
minha 397
ministro 335
minoria 335
minuto 353
miséria 325
misto 319
mistura 319
misturar 319
mobiliado 231
mobiliar 233
mobiliário 232
moça 15
mochila 245
moda 29
modelo 196
moderna 165
moderno 165
modesta 24
modesto 24
modo 388
modo de dizer 126
moeda 304
moldura 167
mole 318
molhado 279
molho 219
momento 354
monarquia 321
monografia 132
monólogo 168
montanha 271
montar 302
monumento 251
moral 331
morango 209
morar 47, 224
morena 27
moreno 27
morrer 49
morta 49
mortal 49
morte 49
morto 49
mostarda 214
mostrar 165
motivo 34, 187, 387
moto 262
motocicleta 262
motor 311
motorista 262, 264
mouse 296
móvel 231
mover 366
mover-se 366
movimento 366

mp3-player 164
muçulmano 330
mudar 361
mudar de casa 226
Muitas felicidades! 172
Muitíssimo obrigado! 69
muito 379, 399
Muito obrigado 69
Muito prazer! 81
mulher 15, 41
mulher de negócios 146
multa 266
multidão 174
multiplicar 375
múmia 323
mundo 276
municipal 343
município 343
muro 227
músculo 99
museu 250
música 161
música pop 164
música popular 165
musical 161, 165
musicista 145
músico 145

N

nação 326
nacional 326
nacionalidade 332
nacionalismo 324
nadar 181
nádega 98
na direção de 363
na frigideira 219
na moda 33
na verdade 389
namorada 42
namorado 42
não 68
não ... nada 380
não ... ninguém 380
não fumante 106
Não há de quê! 68, 69
Não importa! 82
não mais 380
não obstante 402
Não se preocupe! 82

não suportar 58
Não tem problema! 82
Não, obrigado! 82
nariz 97
narrador 160
narradora 160
narrar 64
nas redondezas 366
nascer 48, 277
nascimento 48
nata 212
Natal 174
nativa digital 295
natureza 270
náusea 102
náuseas 102
navegar 295
navio 260
neblina 280
nebuloso 279
negativo 189, 316
negligenciar 93
negociação 337
negócio 198, 302
negro 27
nem ... nem 381
nem mesmo 390
neozelandês 418
nervo 99
nervosa 24
nervoso 24
nêspera 210
nesse ínterim 356
nesse meio-tempo 356
neta 38
nevar 280
neve 280
nhoque 219
nível 386
no 400
no momento 361
no vermelho 308
nobre 322
noitada 352
noite 177, 352
noiva 41
noivado 42
noivo 41
nome 16
nome de usuário 292
nomeado 342
nonagésimo 377
nono 376

nora 39
normal 383
normalmente 390
norte 275
norte-americano 416
Noruega 414
norueguês 414
nos 394, 395
nós 393, 394
Nossa Senhora! 83
nosso 397
nota 118, 304
nota de dinheiro 304
nota fiscal 195
nota insuficiente 121
nota musical 163
nota suficiente 121
notar 54
notebook 297
notícia 286
noticiário 288
noturno 352
Nova Zelândia 418
novamente 360
nove 373
novela 159
novembro 350
noventa 374
novilho 211
novo 194
noz 210
nu 34
nublado 279
nuclear 315
numeral 374
número 31, 286, 374
número da placa 266
número de celular 18
número de emergência 111
número de endereço 17
número de telefone 18
numeroso 399
nunca 357
nuvem 279

O

o 394, 395
o, a 392
obedecer 73
objetiva 189

objetivo 91, 289
objeto 87
obra 162
obrigação 93
Obrigado! 69
obrigar 72, 73
observação 66
observar 64
ocasião 173
oceano 271
ocidental 275
ocidente 275
o colega de classe 129
ocorrer 172
octogésimo 377
óculos 35
óculos de sol 35
ocupação 151
ocupada 151
ocupado 151, 248, 291
ocupar 340, 342
odiar 40
o dinheiro em espécie 304
ódio 40
odor 63
oeste 275
ofender 80
ofender-se 80
oferecer 193
oferta de trabalho 153
oferta especial 192
oficial 146, 341
oficina 302
ofício 136
Oi! 80
oitavo 376
oitenta 374
oito 373
Olá! 80
oleandro 270
óleo *diesel* 263
olfato 63
olhada 62
olhar 62
olho 97
olimpíada 186
oliva 210
ombro 98
omelete 219
o mesmo 397
onda 272
ônibus 255

ônibus espacial 278
ontem 354
onze 373
ópera 162
operação 108
operador turístico 245
operar 108
operária 139
operária especializada 142
operário 139
operário especializado 142
opinião 73
oportunidade 91, 197
oposição 335
óptica 199
o que 398
O que deseja? 193
O que se passa? 82
O que você deseja ... ? 81
oral 118
orar 331
ordem 71, 384
ordenado 154
ordenar 71
orelha 97
orgânico 206
organizar 244, 384
orgulho 24
orgulhosa 24
orgulhoso 24
oriental 275
origem 387
original 166, 387
orquestra 165
ortografia 126
os 396
os senhores 396
os, as 392
O senhor/a senhora poderia ... 68
osso 98
o tempo todo 357
ótima 119
ótimo 119
ou ... ou 384
ou então 391
ou seja 75
ouro 317
outono 349
outra coisa 382
outro 382

outubro 350
ouvir 63, 161
ovelha 268
ovo 213

P

paciência 20
paciente 20, 108
Pacífico 272
pacífico 338
pacote 284
padaria 198
padeira 143
padeiro 143
padrão 34
padre 331
pagamento 155
pagar 222
página 117
pago 267
pai 36
pai solteiro 43
país 326
pais 36
país em vias de desenvolvimento 337
paisagem 270
Países Baixos 415
paixão 23
palacete 250
palácio 250
paladar 64
palavra 124
palco 169
palestra 133
palha 310
pálida 28
pálido 28
panceta 211
panela 235
pano 240
pão 207
pão branco 208
pão preto 208
pão-duro 23
pãozinho 207
papa 331
papai 36
papel 148, 169
papel de parede 191
papel higiênico 114
papelaria 199
par 384

para 387, 399, 400, 401
para a frente 364
para baixo 364
para casa 224
para cima 364
para lá 403
para levar 220
para mim 73
para que 387
para viagem 220
parabenizar 172
parabéns 172
Parabéns! 172
parada 255
parada de autoestrada 267
parado 368
parafuso 191
paraíso 332
parar 257, 263, 361
parecer 24, 53, 73
parecer(-se) 26
parede 227
parente 39
parlamento 335
parmesão 213
parque 253
parque de diversões 172, 254
parte 379
participante 182
participar 45
particular 325
partida 181, 242
partidário 324
partido 333
partir 242, 369
Páscoa 175
passado 355
passageiro 257
passagem 255
passaporte 244
passar 95, 118, 237, 290, 369
passar de ano 121
passar na casa de alguém 45
pássaro 268
passatempo 188
passe 255
passear 369
passeio 188, 249, 253
passeio turístico 249
passo 366

pasta 300
pasta de dente 113
pasto 310
patins de gelo 185
patins de rodas 185
pato 269
pátria 338
pausa 154
paz 338
pé 98
peça 379
peça de teatro 167
pecado 332
pechincha 197
pedaço 203, 379
pedágio 267
pedagogia 135
pedestre 264
pedido 67, 302
pedir 67, 221, 222
pedra 317
pegar 95, 180
peito 97
peixaria 198
peixe 211, 268
peixe-espada 211
pelado 34
pele 99
pelo 99
pelo contrário 403
pelo menos 388
pena 345
pendrive 298
pendurar 233
península 274
pensamento 52
pensão 246
pensão completa 248
pensar 52
pente 113
pentear 27
pentear-se 113
Pentecostes 175
pepino 211
pequena 26
pequeno 26
pera 209
perceber 54
percorrer 264
perdedor 183
perdedora 183
perder 183, 257
perder a vida 49
perder os sentidos 103

perdoar 70
performance 170
perfume 63, 114
perfurador 150
pergunta 67
perguntar 67
perguntar-se 54
periferia 254
perigo 110
perigoso 110
período 355
período de experiência 157
permissão 71
permitir 71
permitir-se 197
perna 98
pernoitar 246
pernoite 246
perseguir 340
personalidade 22
pertencer 94
perto 362
perturbador 62
peru 212
pêsames 50
pesar 378
pesca 189, 311
pescador 143
pescadora 143
pescar 189
pescoço 97
peso 378
pesquisa 132
pesquisar 123
pêssego 209
pessoa 18
pessoal 44, 136
petit four 207
petróleo 317
piada 177
piano 162
picante 202
pijama 32
pilha 314
piloto 145
pimenta 213
pimentão 209
pinheiro 270
pintar 166, 191
pintor 145
pintora 145
pintura 166, 191
pior 119
piquenique 205
pires 236

piscina 181
piso 227
pizzaria 217
placa 263
planejar 90
planeta 277
planície 273
planificação e controle 137
plano 90, 366
planta 268
plantar 309
plástico 318
plataforma 259
plural 125
plurilinguismo 327
pneu 265
pó 240, 317
pobre 325
pobre em 207
pobreza 325
poça 282
Pode ser outro? 82
poder 72, 333, 403
poderoso 333
poesia 160
poeta 160
poetisa 160
polegar 99
polícia 111
policial 142
política 146, 332
político 146, 332
polonês 416
Polônia 416
poltrona 233
poluição 282
pomada 108
ponderação 122
ponta 371
ponte 253
pontiagudo 372
ponto 127, 255, 371
ponto de exclamação 127
ponto de interrogação 127
ponto de vista 76
ponto final 256
pontuar 185
pontudo 372
população 325
popular 163
por 401
pôr 84, 202
pôr a mesa 222

por acaso 390
por causa de 387, 401
por cento 306
por conseguinte 388
por conta própria 138
pôr do sol 277
pôr em ordem 237
por exemplo 75
por favor 68
por hobby 189
por hora 156
por isso 387
por que 386
por toda a parte 362
pôr-se 277
porção 223
porco 211, 268
porém 402
porque 386
porta 228
porta da rua 228
porta USB 298
portanto 388
portão 228, 259
porteira 143
porteiro 143
porto 260
Portugal 416
português 416
posição 327
positivo 316
posse 96
possível 53
Posso ajudar? 82
possuir 94
postar 292
posto de gasolina 263
posto de turismo 254
potência 312
pouco 356, 380, 399
povo 335
povoado 252
praça 252
prado 309
praia 272
prancha 185
prata 318
prática 133
praticar windsurfe 185
prato 218, 235
prato do dia 222

prazer 57
pré-escola 130
precisar de 85
preciso 313
preço 194, 197
prédio 224
preencher 85, 342
prefeito 343
prefeitura 343
preferido 57
preferir 57
prefixo 291
prego 192
preguiçosa 21
preguiçoso 21
prejuízo 307
prêmio 157, 186
prendedor de cabelo 35
prender 347
preocupada 58
preocupado 58
preocupar-se 58
preparar 90, 202
preparar-se 85
preparativo 91
prescrever 108
presente 120, 172
presentear 172
presidente da República 334
pressa 367
pressão 314
pressionar 84
prestar 312
prestar atenção a 93
prestar os primeiros socorros 112
presumo 211
pretender 89
preto 370
prevenir 108
preventivo 108
prever 55, 281
previsão do tempo 281
prima 37
primavera 349
Primeira Guerra Mundial 323
primeira página 289
primeiramente 358
primeiro 358, 375
primeiro dia do ano 175
primeiro prato 220

primeiro-ministro 334
primo 37
princesa 322
principal 385
príncipe 322
prisão 347
privado 325
problema 120
proceder 361
processo 149, 344
procurar 85, 123
produção 301
produto 301
produzir 301
professor 129, 142
professora 129, 142
profissão 136
profissional 137, 153
profissional liberal 138
profundidade 365
profundo 365
programa 287, 296
programador 144
programadora 144
programar 299
progresso 361
proibição 72
proibida 72
proibido 72
proibir 72
projeto 90
promessa 69
prometer 69
promoção 156
promover 93
pronta 85
pronto 85
pronto-socorro 112
pronúncia 126
pronunciar 126
propaganda 303
propor 74
proposição 92
propósito 92
proposta 74
propriedade 94, 309
propriedade particular 225
proprietária 227
proprietária do imóvel 227
proprietário 227
proprietário do imóvel 227

Índice remissivo

próprio 95
prosseguir 361
protagonista 160
protestante 329
protestar 79
protesto 79
protetor solar 114
prova 117, 118, 346
prova escrita 118
prova oral 118
provar 29, 346
provável 55
provedor 294
provérbio 125
província 343
provocar 387
próximo 355
prudente 20
psicologia 135
puberdade 50
publicidade 303
público 169, 325, 341
pulmão 99
pulôver 31
pulso 99
punho 98
punir 346
puxar 84

Q

quadra de tênis 184
quadrado 371
quadragésimo 377
quadro 165
quadro-negro 129
qual 398
qualidade 383
qualificar-se como 137
qualquer 399
quando 354, 400
quanta 398
quantidade 380
quanto 398
Quanto custa? 194
quarenta 374
quarta-feira 350
quarta-feira de Cinzas 176
quarto 227, 229, 375
quarto de hora 353
quarto duplo 248
quarto simples 248

quase 389
quatro 373
que 402
Que pena! 83
que tipo de 398
quebra-cabeça 191
quebrar 89, 102
queijo 212
queijo de cabra 213
queijo de ovelha 213
queijo fresco 213
queimar 280
queimar-se 104
queixa 78, 195
queixo 99
quem 398
Quem sabe! 83
quente 278
querer 69, 221, 404
querer bem 40
questão 87
questionar-se 54
quieta 65
quieto 65
quilo 378
quilograma 378
quilômetro 378
química 134, 144
químico 144
quinquagésimo 377
quinta-feira 350
quinto 376
quinze 373
quinzena 349
quiz televisivo 289

R

raça 311
racismo 328
racista 328
radical 386
rádio 286
radioativo 315
rainha 321
raiva 78
ramal 294
ramo 269
rapaz 16
raposa 269
raptar 348
raquete 184
raramente 357
raro 386
rasgar 89

rato 268
razão 122
razoável 24
reação 388
real 289
realidade 289
realizar 70
realmente 389
recarregar 294
receber 95, 171
receita 108, 205, 307
receitar 108
recepção 247
recibo 195
reclamação 78, 195
reclamar 78, 195
recolher 87
recomendação 73
recomendar 74
reconhecer 54
reconhecimento de voz 299
recordação 52
recordar 52
recordar-se 52
recorde 186
recuperar-se 101
recusa 79
recusar 79
recusar-se 79
rede 293, 294
rede de telefonia fixa 291
rede móvel 294
rede social 293
redondo 371
reduzir 306
refeição 201
referir-se 288
refletir 122
reflexão 122
reformar 191
refugiado 340
regar 309
regente 145
região 253, 270
regime 205
regional 271
regra 190
régua 150
rei 321
reinar 321
reiniciar 296
reino 321
relação 43

relaxar(-se) 89
religião 329
religioso 329
relógio 35
reluzir 276
remédio 107
remetente 285
remuneração 155
rendimento 156
renunciar 70
repetir 116, 360
reportagem 288
repórter 144
repousante 244
repousar 86
repouso 244
representante 146
representar 169
reprimir 337
república 334
República Tcheca 416
requisito de sistema 299
reserva 243, 258
reservar 222, 243
resfriada 102
resfriado 102
resíduo 283
resistência 183, 323
resolver 117
respeitar 92
respeito 93
respiração 107
respirar 107
resplandecer 276
responder 68
responder a algo 68
responsabilidade 139
responsável 139
resposta 68
ressaltar 66
restante 383
restaurante 217
restituir 96
resto 383
resultado 316
retângulo 371
reter 84
reto 365
retorno 243, 256
retrato 189
reunião 46, 149, 343
revelar 189
revista 286

revista em quadrinhos 159
revolução 322
rezar 331
riacho 274
rico 325
rio 272
riqueza 325
rir 56
rir de 177
risada 56
riso 56
ritmo 163
roaming 294
robalo 212
rocha 273, 274
rochedo 273, 274
roda 264
rodar 169
rolar 298
romance 158
romanística 134
Romênia 419
romeno 419
rosa 269, 370
rosca 208
rosquinha 208
rosto 25
roubar 345, 348
roubo 348
roupa 29, 169, 236
rua 17
rude 20
ruído 63
ruim 19, 119
ruim de ouvido 104
ruína 251
ruiva 27
ruivo 27
Rússia 416
russo 416

S

sábado 351
saber 65, 115, 404
sabonete 112
sabonete líquido 112
sabor 204
saboroso 202
saca-rolhas 238
saco 204, 240
saco de dormir 247
sacola de compras 196
saia 31
saída 228, 253
saída de automóveis 230
saída de emergência 112
sair 176, 246, 369
sair para beber 176
sal 213
sala de aula 128
sala de espera 109
sala de estar 228
sala de jantar 229
salada 209
saladeira 238
salame 211
salame picante 212
salão 250
salário 154
salgado 202, 214
salmão 211
salsicha 211
salsicha Viena 211
saltar 184
salvar 111, 297
sálvia 213
sandália 33
sanduíche 218
sanduicheria 217
sangrar 101
sangue 98
santo 330
são 100
sapataria 198
sapato 31
sarar 100
Sardenha 414
sardo 414
satélite 277
satisfeito 58
saudável 100
saúde 100
Saúde! 200
se 394, 395, 402
seca 281
secador de cabelo 237
seção 196
secar 113
secar(-se) 237
seco 205, 279
secos e molhados 198
secretária 141
secretaria de informações turísticas 254
secretária eletrônica 293
secretário 141
século 355
seda 320
sede 200, 343
segredo 79
seguir 73
segunda-feira 350
segunda-feira de Páscoa 176
segunda-feira gorda 176
Segunda Guerra Mundial 323
segundo 353, 375
segundo ciclo do ensino fundamental 130
segundo prato 221
segurança 338
segurar 84
seguro 306, 338
seio 97
seis 373
seja como for 391
selar 285
self-service 217
selfie 293
selo 159
selo de carta 284
selvagem 310
sem 401
sem esperanças 62
sem gordura 206
sem gosto 202
sem lactose 207
sem que 402
semáforo 263
semana 349
semanal 349
semelhante 385
semestral 349
semestre 349
semicongelado 220
seminário 133
sempre 357
senão 391
senha 300
senhor 15, 396
senhora 396
senhorita 15
sensação 59
sensível 23
sentar-se 231
sentença 346
sentido 63
sentimento 55
sentir 55, 63
sentir a falta 61
sentir enjoo 102
sentir muito 57
sentir-se 100
sentir-se bem 100
separação 41
separar 85
separar-se 41
septuagésimo 377
sepultar 50
sequestrar 348
ser a vez de alguém 196
ser amigos 44
ser capaz de 138
ser composto/ constituído de 319
ser de 17
ser humano 47
ser obrigatório 266
ser parente 39
ser reprovado/a 121
ser separado/ separada 17
ser suficiente 222
ser versado em 138
ser vivo 269
será 404
séria 20
série 386
sério 20
serpente 269
serra 192
serviço 223, 303
serviço de informações 257
servir 30, 193, 223, 312
servir-se 221
sessenta 374
seta 372
sete 373
setembro 350
setenta 374
setentrional 275
sétimo 376
setor 302, 342
seu 397
sexagésimo 377
sexo 18, 42
sexta-feira 351
Sexta-Feira Santa 175

Índice remissivo 457

sexto 376
shorts 30
show 177
Sicília 414
siciliano 414
significado 125
significar 125
silêncio 65
silencioso 65
sim 68
Sim, obrigado! 82
símbolo 125
simpática 21
simpático 21
simplesmente 390
simpósio 140
sinagoga 249
sinal 263
sinal de trânsito 266
sincera 23
sincero 23
sindicato 154
singular 125
sino 251
Sirva-se! 81, 82
sistema 313
sistema de posicionamento global 264
sistema operacional 299
sistemático 313
site 295
situação 86
smartphone 293
SMS 291
snowboard 181
só 59, 359, 382
soar 163
sob 364
soberano 322
sobre 401
sobremesa 221
sobrenome 16
sobretudo 383, 389
sobreviver 112
sobrinha 38
sobrinho 38
social 324
socialismo 336
sociedade 324
sociedade de consumo 303
sociedade por ações 303
sócio 46
socorro 92

Socorro! 111
sofá 233
sofrer 101
sogra 38
sogro 38
sogros 38
soja 214
Sol 276
solar 315
soldado 146
soletrar 124
solteira 17
solteiro 17
solução 117
som 163
soma 375
somali 419
Somália 419
somar 375
sombra 281
somente 359, 382
sonhar 89
sonho 89
sopa 219
sorrir 56
sorriso 56
sorte 187
sortimento 196
sorvete 214
sorveteria 217
sótão 230
sotaque 126
sozinha 59
sozinho 59
status 327
streaming 295
sua 397
suar 103
subida 181
subir 367
subitamente 389
sublinhar 66
submeter 322
subordinada 139
subordinado 139
subsídio 343
subsolo 226
substância 318
substantivo 124
substituir 140
subtrair 375
suceder 86
sucesso 186
suco 216
suco de fruta 215
Suécia 414

sueco 414
suéter 31
suficiente 379
sugerir 74
sugestão 73
Suíça 415
suíço 415
sujeira 240
sujo 237
sul 275
sul-americano 416
sumir 369
suor 103
superfície 365
supermercado 198
supervisionar 341
suplemento 289
supor 53
suportar 104
surda 103
surdo 103
surfe 185
surgir 277
surpreendente 60
surpreender 58
surpresa 58
sussurrar 67
sustentabilidade 282
susto 60
sutiã 33

T

tabacaria 198
tabaco 214
tabela 149
tablet 297
tábua de peixe frito 220
tailleur 30
tal 385, 397
talento 123
talher 236
talvez 53
tamanho 31
também 389, 403
também não 390
tambor 164
tampa 235
tanto 399
tanto ... quanto 384
tão 383
tapete 233
tarde 351, 359
tarefa 128

tarifa fixa 292
tato 63
táxi 262
tcheco 416
te 394, 395
teatro 167
tecido 320
tecla 296
teclado 164, 298
técnica 313
técnico 144
tecnologia 313
tecnológica 313
tecnológico 313
tédio 60
tediosa 60
tedioso 60
tela 169, 298
telefonar 290
telefone 290
telefonema 290
telejornal 287
televisão 287
televisor 287
tema 127, 132, 187
temperar 203
temperatura 278
tempero 213
tempestade 280
templo 251
tempo 278, 354
tempo livre 188
temporal 280
Tenha um bom dia! 81
Tenha uma boa noite! 81
tênis 33, 184
tentar 90
tentativa 90
teologia 135
teoria 315
teórico 315
ter 94
ter ... anos de idade 48
ter assinatura 286
ter cheiro 63
ter gosto de 201
ter necessidade de 85
ter o hábito de 88
ter razão 74
ter sorte 190
ter talento para 124
ter um problema 265

ter uma avaria 265
terça-feira 350
terceiro 375
terminal 259
terminar 361
termômetro 378
terno 30
Terra 276
terraço 229
terremoto 280
terreno 226, 273
térreo 225
território 273
terrível 59
terrorismo 339
terrorista 339
tesoura 149
testa 97
testamento 51
testar 117
teste 117
testemunha 344
teto 225, 227
teu 397
texto 125
tez 28
ti 394, 395
tia 37
tigre 269
tímida 24
tímido 24
tio 37
típico 385
tipo 383
tiramisù 220
tirar 29, 87
tirar a roupa 29
tirar fotocópias 147
tiritar 104
tisana 216
título 159
toalha 239
toalha de mão 237
toca 35
toca-CDs 164
tocar 61, 63, 163, 234, 293
todo 379, 398
tofu 214
tolerar 74
tom 163
tomada 239
tomar 95, 180
tomar banho 112
tomar nota 148
tomar pílula 109

tomar por 54
tomar sol 188
tomar uma ducha 112
Tomara! 82
tomate 209
tonelada 378
tontura 105
topo 271
toranja 210
torcedor 186
tornar 369
tornar-se 360
torneira 232
tornozelo 99
torpedo 291
torrada 207
torradeira 238
torre 250
tortura 341
tosse 102
tossir 102
touchpad 298
touchscreen 298
toucinho 211
trabalhador 152
trabalhadora 152
trabalhar 136
trabalho 136
trabalho de classe 128
tradição 173
tradicional 173
tradução 125
tradutologia 134
tradutor 144
tradutora 144
traduzir 125
tragédia 168
trailer 247
trair 341
traje de banho 32
trajeto 264
trama 168
transferência 307
transferir 140, 290
transformar 86
trânsito 262
transmissão 287
transmitir 287
transportar 261
transporte 261
tratamento 107
tratar 85
tratar-se 107
trattoria 217

trave 180
travesseiro 233
trazer 95
treinar 133, 178
treino 178
trem 256
tremer 104
trenó 181
três 373
treze 373
triângulo 371
tribunal 344
trigésimo 377
trigo 208
trigo duro 208
trigo mole 208
trigo sarraceno 208
trigo vermelho 208
trimestre 131
trinta 374
triste 59
tristeza 58
trocado 304
trocar 195
trocar de roupa 29
trocar mensagens 291
trocar moedas 305
trocar-se 29
troco 195
tropas 340
tu 393
tua 397
tubarão 269
tubo 114, 379
tudo bem 72
Tudo bem! 74, 82
tulipa 270
túmulo 49
turco 417
turismo 243
turista 243
turístico 243
turno 156
Turquia 417
twittar 292

U

último 359
ultrapassar 368
um 373, 382
um bilhão 374
um milhão 374
um pouco 380

um, uma 392
uma vez que 387
união 336
União Europeia 337
único 382
unidade 336
uniforme 341
unir-se 336
universidade 129
universidade pública 140
universo 277
urgente 360
urso 269
usado 194
usar 29, 46, 84, 88
uso 86, 173
útil 92
utilizar 88
utilizável 312
uva 209

V

Vá embora! 83
vaca 268
vaga de aprendiz 134
vaga de trabalho 136
vagão 258
vagão-beliche 257
vagão-dormitório 258
vagão-leito 258
vagão-restaurante 258
vagem 210
vale 273
valer a pena 306
validar 256
válido 244
valise 34
valor 307
Vamos! 83
vantagem 77
varanda 229
variedade 196
vários 399
varrer 240
vaso 239
vassoura 240
vazante 277
vazio 222
vegano 206
vegetal 310

vegetariano 206
veículo 264
vela 239
velejar 184
velha 49
velhice 48
velho 49
velocidade 367
veloz 179
vencedor 182
vencedora 182
vencer 182, 183
vencido 244
venda 193
vendedor 141
vendedora 141
vender 193
vento 279
ventoso 279
ver 62
ver-se 44
verão 349
verbo 125
verdade 287
verdadeiro 288
verde 370
verdura 208
verduraria 198
vergonha 61
verificar 347
vermelho 370
verniz 191
vertigem 105
véspera de ano-novo 175
véspera de Natal 174
vestíbulo 230
vestida 34

vestido 30, 34
vestir 29
vestir-se 29
vestuário 29
vetar 72
veterinária 143
veterinário 143
via de mão única 266
viagem 242
viagem de ida 256
viajar 242
viajar de carona 267
vibrante 186
vida 47
videira 270
video game 299
vidro 318
vigésimo 376
vigésimo primeiro 377
vigésimo quarto 377
vigésimo segundo 377
vigésimo terceiro 377
vigiar 341
vilarejo 252
vinagre 213
vinho 215
vinho frisante 216
vinte 374
vinte e dois 374
vinte e um 374
violão 162
violência 347
violentar 347
violento 347

violeta 370
violino 162
vir 368
vir de 17
virar 263, 265
virar-se 366
vírgula 126
virtual 296
vírus 105
visão 64
visita guiada 249
visitar 45, 107, 249
vista 251
visto 245
visto de permanência 328
visto que 387
vitamina 207
vitela 211, 268
vítima 346
vitória 182
vitrine 197
viúva 50
viúvo 17, 50
viva 47
viva-voz 291
viver 47
viver juntos 38
vivo 47
vizinha 44
vizinho 44
voar 259
você 393
vocês 393, 394
vôlei 184
voleibol 184
volta 243, 256
voltar 369

voltar para casa 243
volume 160, 161
vontade 69
voo 259
vos 394, 395
vós 393
vossa 397
vosso 397
votar 335
voto 335
vovô 37
voz 161
vulcão 275

W
website 295

X
xadrez 34, 190
xale 35
xampu 112
xícara 235
xícara de café 235

Z
zangada 78
zangado 78
zero 373
zíper 34
zona 253
zona pedonal 254
zoom 189

1ª edição fevereiro de 2020 | **Fonte** Helvetica Neue, Trade Gothic LT
Papel Offset 75 g/m² | **Impressão e acabamento** Bartira